教 学 做 合 一 会 计 系 列 教 材

财务会计

曾 艳 李 丹 成 茜 编著

上海财经大学出版社

图书在版编目(CIP)数据

财务会计:含《财务会计同步操作》/曾艳,李丹,成茜编著.
—上海:上海财经大学出版社,2015.11
ISBN 978-7-5642-2202-4/F·2202

Ⅰ.①财… Ⅱ.①曾… ②李… ③成… Ⅲ.①财务会计-高等学校-教材 Ⅳ.①F234.4

中国版本图书馆 CIP 数据核字(2015)第 161486 号

□ 责任编辑 袁春玉
□ 封面设计 钱宇辰
□ 责任校对 王从远

CAIWU KUAIJI
财 务 会 计
(含《财务会计同步操作》)
曾 艳 李 丹 成 茜 编著

上海财经大学出版社出版发行
(上海市武东路 321 号乙 邮编 200434)
网 址:http://www.sufep.com
电子邮箱:webmaster @ sufep.com
全国新华书店经销
上海译文印刷厂印刷
上海景条印刷有限公司装订
2015 年 11 月第 1 版 2015 年 11 月第 1 次印刷

787mm×1092mm 1/16 10.25 印张 249 千字
(财务会计同步操作 18 印张 438 千字)
印数:0 001—4 000 定价:49.00 元
(全书共两册)

总　序

高职教育有两条路径可走：一条是知而行之的教育之路；另一条是行而知之的教育之路。在两条路径之中择一而行，是高职教育的必然选择。多年来的高职教育实践证明，知而行之的教育之路不利于培养高素质高技能人才，因而不是一条理想之路。行而知之的教育之路虽然是一条较为理想的教育之路，但却不是一条平坦之路，需要高职教育工作者在这条路上开拓创新，才能走出一条光明大道。

多年以来，我们一直在行而知之的教育之路上探索前行。在高职教育教学实践中，我们坚持行动导向，构建工学结合的人才培养模式，创新教学做合一的模式与方法，在课程设计、教材开发、教学组织等方面取得了一系列研究成果。在此基础上，我们组织骨干教师编写了"教学做合一会计系列教材"一套 16 本，包括：《基础会计》、《基础会计同步操作》、《财务会计》、《财务会计同步操作》、《成本会计》、《成本会计同步操作》、《企业涉税会计》、《企业涉税会计同步操作》、《金蝶财务软件操作》、《金蝶财务软件操作同步训练》、《用友财务软件操作》、《用友财务软件操作同步训练》、《财务管理》、《财务管理同步操作》、《会计仿真实训》、《会计分岗实操》。

"教学做合一会计系列教材"是体现陶行知先生生活教育思想和教学做合一理论的特色教材，它与传统教材有着根本的区别，它强调以"做"为中心，着重培养学生的生活能力、工作能力、创造能力。这套教材的特色具体表现在以下几个方面：

一是教材内容理论实践一体化。传统教材总的来讲是以知识为中心的，有的教材虽然也提到理论与实践相结合，但任何一种传统教材都没有做到两者的有机结合，教材中的相关举例只是论证其理论知识的。所谓的实践只是理论的从属，不是教材的主体。有的教材为了加强实践性，采取双本配套的办法，即一本理论教材相应地配备一本实训教材，理论教材和实训教材在教学中分别使用。这种教材，不是理论与实践结合，而是理论与实践分离，并且实践是为理论服务的。"教学做合一会计系列教材"一改传统教材之弊，在以做为中心的前提下，将理论知识与实践操作有机地结合在一起，形成一个完整的统一体。在理论知识和实践操作两者关系的处理上，以实践操作为引领，理论知识不按其知识的逻辑联系排序，而是按工作（生活）过程逻辑联系进行排序，即按实践操作所需要的知识及其先后进行排序；理论知识的多少及其深度，以实践操作的需要为度。

二是教材体系工作任务过程化。传统教材按其理论知识的逻辑联系构建教材体系。一个专业按其知识的逻辑关系进行分工，形成若干种教材，并由这些在知识上具有逻辑关系的教材构成一个专业的教材体系。一种教材按其知识的逻辑关系进行分工，形成若干章节，并由这些在知识上具有逻辑关系的章节构成一种教材的体系。每一章节又按知识的逻辑关系进行组织和编排。传统教材体系强调知识的逻辑性和理论的完整性。"教学做合一会计系列教材"完全打破了传统教材按理论知识的逻辑联系构建教材体系的做法，而是按工作(生活)过程的逻辑关系构建教材体系。一个专业按其所对应的职业岗位的工作过程的逻辑关系进行分工，形成若干种教材，并由这些在工作过程中具有逻辑关系的教材构成一个专业的教材体系。一种教材按其工作过程的逻辑关系进行分工，形成若干部分，并由这些在工作过程上具有逻辑关系的部分构成一种教材的体系。一种教材中的每一个部分，仍要符合工作过程的逻辑关系，通常按照"要求做什么"、"根据什么做"、"应该怎样做"来组织与编排。教学做合一的教材体系强调做的逻辑性和全面性。

三是教材有利于教学做一体化。传统教材是教与学的材料，注重的是知识的传授，教材中缺乏做的材料。因此，传统教材只方便知识的传授，不利于能力的培养。同时，通过传统教材所获得的知识，其有用性较差，遗忘率较高。传统教材由于缺乏做的材料，运用这样的教材是不能实施教学做合一的。"教学做合一会计系列教材"以做为中心，教材中编排了丰富的做的材料。这套教材不是以学习知识为切入点，而是以做事为切入点。教材内容的编排是以工作过程为线索的，知识的学习是通过做事来实现的。所以，"教学做合一会计系列教材"有利于教师在做中教，学生在做中学，充分实现教学做合一；有利于让学生在做中学知识，在做中长智慧，在做中练技能，在做中悟道理，在做中升素质。

"教学做合一会计系列教材"是我们勇于探索、不断创新的结晶。为了编制这套教材，我们付出了大量的时间、精力和心血。为了出版这套教材，上海财经大学出版社给予了大力支持。由于我们水平有限、研究不深，加之时间仓促，书中难免存在不足之处，敬请读者批评、指正。

余　浩

2015 年 8 月 10 日于武昌

前 言

高职高专教育是我国高等教育的重要组成部分，为加强会计实践性教学，我们组织有多年从事会计实践教学经验的教师精心编写了这本《财务会计》，以更好地完成财务会计的教学工作。目前，在会计专业或非会计专业的职业教学中，越来越多的院校采用“教学做合一”模式，该模式的核心思想是：事情怎样做就怎样学，怎样学就怎样教；教的法子要根据学的法子，学的法子要根据做的法子。我们结合近几年运用新会计准则体系的情况，将教材内容的理论教学与会计岗位基本技能训练相结合，以会计工作过程中的工作任务为核心，以真实的经济业务情景为载体，编写了本教材。

本教材以新会计准则为依据，以有限责任公司的经济活动为实例，设计了货币资金、应收及预付款项、金融资产、存货、长期股权投资、固定资产、无形资产、流动负债、非流动负债、所有者权益、收入、费用和利润、财务报告 12 个项目，每个项目按照工作任务、理论知识、操作指南 3 个部分来编写，从而便于以做求学、以学定教、以行获知，有利于实施教学做合一。

本教材由武昌职业学院曾艳副教授任主编，李丹副教授任副主编，成茜讲师参编。教材编写的具体分工为：成茜老师编写项目 1～项目 4，曾艳老师编写项目 5～至项目 8，李丹老师编写项目 9～项目 12，最后由余浩教授主审。

本书是集体智慧的结晶。在编写过程中吸收了会计实践教学的最新研究成果，并以最新会计准则为准绳，融入作者多年会计实践教学经验，同时也参阅和借鉴了部分同类教材及有关文献。在此，向这些作者表示衷心的感谢。本书在编写的过程中得到了上海财经大学出版社各位同仁的大力帮助和支持，在此表示衷心的感谢。限于作者的水平，书中难免存在错误和疏漏，恳请广大读者批评、指正。

曾 艳

2015 年 8 月 12 日

目 录

总序 …………………………………………………………（1）

前言 …………………………………………………………（1）

项目1 货币资金 ………………………………………………（1）
1.1 货币资金·工作任务…………………………………………（1）
1.1.1 货币资金·工作任务·师生教学做……………………………（1）
1.1.2 货币资金·工作任务·学生独立做……………………………（2）
1.2 货币资金·理论知识…………………………………………（3）
1.3 货币资金·操作指南…………………………………………（8）

项目2 应收及预付款项…………………………………………（13）
2.1 应收及预付款项·工作任务 …………………………………（13）
2.1.1 应收及预付款项·工作任务·师生教学做……………………（13）
2.1.2 应收及预付款项·工作任务·学生独立做……………………（14）
2.2 应收及预付款项·理论知识……………………………………（15）
2.3 应收及预付款项·操作指南……………………………………（17）

项目3 金融资产 ………………………………………………（20）
3.1 金融资产·工作任务…………………………………………（20）
3.1.1 金融资产·工作任务·师生教学做……………………………（20）
3.1.2 金融资产·工作任务·学生独立做……………………………（21）
3.2 金融资产·理论知识…………………………………………（22）
3.3 金融资产·操作指南…………………………………………（25）

项目4 存货 …………………………………………………（29）
4.1 存货·工作任务………………………………………………（29）

4.1.1 存货·工作任务·师生教学做…………(29)
4.1.2 存货·工作任务·学生独立做…………(30)
4.2 存货·理论知识…………(32)
4.3 存货·操作指南…………(35)

项目5 长期股权投资 …………(44)
5.1 长期股权投资·工作任务…………(44)
5.1.1 长期股权投资·工作任务·师生教学做…………(44)
5.1.2 长期股权投资·工作任务·学生独立做…………(45)
5.2 长期股权投资·理论知识…………(46)
5.3 长期股权投资·操作指南…………(49)

项目6 固定资产 …………(52)
6.1 固定资产·工作任务…………(52)
6.1.1 固定资产·工作任务·师生教学做…………(52)
6.1.2 固定资产·工作任务·学生独立做…………(53)
6.2 固定资产·理论知识…………(54)
6.3 固定资产·操作指南…………(58)

项目7 无形资产 …………(65)
7.1 无形资产·工作任务…………(65)
7.1.1 无形资产·工作任务·师生教学做…………(65)
7.1.2 无形资产·工作任务·学生独立做…………(66)
7.2 无形资产·理论知识…………(67)
7.3 无形资产·操作指南…………(69)

项目8 流动负债 …………(72)
8.1 流动负债·工作任务…………(72)
8.1.1 流动负债·工作任务·师生教学做…………(72)
8.1.2 流动负债·工作任务·学生独立做…………(73)
8.2 流动负债·理论知识…………(74)
8.3 流动负债·操作指南…………(80)

项目9 非流动负债 …………(88)
9.1 非流动负债·工作任务…………(88)
9.1.1 非流动负债·工作任务·师生教学做…………(88)
9.1.2 非流动负债·工作任务·学生独立做…………(89)

9.2 非流动负债·理论知识…………………………………………………………………………(90)
9.3 非流动负债·操作指南…………………………………………………………………………(92)

项目 10 所有者权益 ……………………………………………………………………………(96)
10.1 所有者权益·工作任务 ………………………………………………………………………(96)
10.1.1 所有者权益·工作任务·师生教学做 ……………………………………………………(96)
10.1.2 所有者权益·工作任务·学生独立做 ……………………………………………………(97)
10.2 所有者权益·理论知识 ………………………………………………………………………(97)
10.3 所有者权益·操作指南………………………………………………………………………(100)

项目 11 收入、费用和利润 ……………………………………………………………………(103)
11.1 收入、费用和利润·工作任务 ………………………………………………………………(103)
11.1.1 收入、费用和利润·工作任务·师生教学做 ……………………………………………(103)
11.1.2 收入、费用和利润·工作任务·学生独立做 ……………………………………………(105)
11.2 收入、费用和利润·理论知识 ………………………………………………………………(106)
11.3 收入、费用和利润·操作指南 ………………………………………………………………(119)

项目 12 财务报告 ………………………………………………………………………………(127)
12.1 财务报告·工作任务…………………………………………………………………………(127)
12.1.1 财务报告·工作任务·师生教学做…………………………………………………………(127)
12.1.2 财务报告·工作任务·学生独立做…………………………………………………………(127)
12.2 财务报告·理论知识…………………………………………………………………………(127)
12.3 财务报告·操作指南…………………………………………………………………………(134)
12.3.1 资产负债表各项目的列报…………………………………………………………………(134)
12.3.2 利润表各项目的列报………………………………………………………………………(137)
12.3.3 现金流量表的各项目的列报………………………………………………………………(138)
12.3.4 所有者权益变动表各项目的列报…………………………………………………………(151)

项目 1

货币资金

1.1 货币资金·工作任务

货币资金是以货币形态存在的资产，货币资金是企业资产的重要组成部分，是企业资产中流动性较强的一类资产。任何企业要进行生产经营活动都必须拥有货币资金，持有货币资金是企业进行生产经营活动的基本条件。货币资金包括库存现金、银行存款和其他货币资金。以下是关于货币资金的两项工作任务，一项由老师和学生共同完成，一项由学生独立完成。

1.1.1 货币资金·工作任务·师生教学做

武汉天河有限责任公司（以下简称天河公司）为增值税一般纳税人，增值税税率为 17%。纳税人识别号：420110842903788；地址：武汉市东湖高新区光谷创业街 121 号，电话：027－54808382；开户行及账号：中国工商银行虎泉支行 12341234。2013 年发生如下经济业务，据以进行账务处理（原始单据见同步操作）：

1. 6 月 3 日，收到业务员夏天的"借款单"，出差借支 3 000 元，经审核无误后以现金付讫。

2. 6 月 6 日，填写"现金支票"一张，提取现金 5 000 元备用，留下支票存根，持支票到开户银行办理取款手续。

3. 6 月 6 日，收到司徒公司"转账支票"1 张，系收原欠货款 23 400 元，经审核无误，填写"进账单"（一式两联），到银行办理进账手续，取回"进账单"第一联回单联。

4. 6 月 7 日，填写"信汇"凭证（一式四联），支付前欠腾达公司钢材款 85 100 元。填好结算凭证后去开户银行办理相关手续，取回"信汇"凭证第一联回单联。（腾达公司开户行：中国工商银行山城市支行；账号：623552。）

5. 6 月 7 日，收到开户行转来大宇公司 6 月 1 日签发的"信汇"凭证第四联收款通知联。系应收货款 150 000 元。

6. 6 月 7 日，销售给武汉市大地公司库存商品电脑 20 台，销售单价为 5 000 元，增值销项税额为 17 000 元，商品发出，收到仓库开具的"产品出库单"记账联，填写"增值税专用发票"和"托收凭证"（一式五联），委托金额为 117 000 元，向银行办理托收手续，收到银行退回"托收凭证"第一联回单联。（大地公司开户行：中国工商银行武汉市支行；账号：756326。）

7.6月8日，收到银行转来的“托收凭证”第四联收账通知联，系上月托收华美公司的货款58 500元，已如数收回。

8.6月14日，准备向江东公司购买电脑零部件一批，向银行申请银行汇票，填送“银行汇票申请书”(一式三联)，银行受理后，在“银行汇票申请书”的第一联“存根联”上盖章，同时签发面额为25 000元的“银行汇票”(一式四联)。收到“银行汇票申请书”的第一联存根联以及“银行汇票”的第二联“汇票联”和第三联“解讫通知联”。(江东公司开户行：工商银行上海第七支行；账号：025898。)

9.6月16日，收到开户银行转来的“银行汇票”第四联“多余款收账通知”，收到多余款1 600元。

10.6月25日，用“信用卡”支付办公用品费500元，取得“商业普通发票”发票联与“信用卡”结算凭条。经领导批准作“管理费用”列支。

11.6月28日，为购进口设备，向开户银行买入8 000美元，以中国人民银行公布的人民币汇率中间价作为即期汇率，当日的即期汇率为：1美元＝6.85元人民币，银行当日美元卖出价为：1美元＝6.90元人民币。签发“转账支票”支付人民币，填写“进账单”购入美元。到银行办理相关手续。

12.6月29日，向美国吉娃公司购入先进设备一台，交易价70 000美元，收到“固定资产验收单”会计记账联及购买进口设备的“商业发票”的发票联，经审核无误后填写“信汇”凭证，到银行办理美元汇兑手续，取回“信汇”回单。当日的即期汇率为：1美元＝6.10元人民币。(引进先进设备，减免关税及增值税；境内外运杂费均由供货方承担。)

13.6月30日，收到顺达有限责任公司“收据”的付款方凭证联，通过网上银行，向开户行发出支付指令，退给顺达有限责任公司原支付的包装物押金5 000元。

14.6月30日，对出纳员张磊经管的现金进行清查，清查当日，现金日记账余额与总账“库存现金”账户余额相等，均为7 850元，清点现金实存数为7 550元，没有未入账的凭证。依据现金的清查结果，填制“库存现金盘点报告表”，并对现金盘点结果进行账务处理。

15.6月30日，领导批示：现金短缺由出纳张磊赔偿，开出“收据”一张收回现金。

16.7月30日，收到开户行“对账单”一份。将“银行存款”日记账与银行“对账单”进行核对，并编制“银行存款余额调节表”。(6月份无未达账项，银行存款日记账账实相符。)

1.1.2 货币资金·工作任务·学生独立做

武汉晨光有限责任公司(以下简称晨光公司)为增值税一般纳税人，增值税税率为17%。纳税人识别号：420101032635924；地址：武汉东湖高新开发区121号，电话：027－86250966；开户行及账号：工行光谷支行003456。2013年发生如下经济业务，据以进行账务处理(原始单据见同步操作)。

1.6月1日，收到行政管理部门“费用报销单”，报销办公用品800元，经审核无误，以现金付讫。

2.6月5日，收到业务科的“业务招待费汇总表”及所附36张单据，经审核无误后，核销金额为5 600元。当即签发“现金支票”付给业务科，留下支票存根。

3.6月13日，收到司法局的“武汉市行政事业单位收款票据”的收据联，经审核无误，填写“转账支票”(司法局开户行：中国工商银行武汉市支行；账号：11223355)，付诉讼费1 500元，留下支票存根，持支票到银行办理转账手续。

4. 6月16日，外购顺达公司电脑零部件两箱，货款200 000元，增值税34 000元，收到“增值税专用发票”的第二联（发票联）和第三联（抵扣联）及“材料入库单”的会计记账联，据以填写“电汇”凭证（一式三联），到开户银行办理相关手续，取回“电汇”凭证第一联回单联。（顺达公司开户行：中国工商银行北京市支行；账号：100256。）

5. 6月9日，收到银行转来蚕桑公司“托收凭证”第五联付款通知及“增值税专用发票”发票联和抵扣联，列明：购买电脑配件10箱，单价2 000元，货款20 000元，税额3 400元。经审核无误后同意付款23 400元，电脑配件尚未到达。

6. 6月22日，收到“增值税专用发票”的会计记账联。收到“银行本票”一张，据以填写“进账单”向开户银行进账，银行受理并盖章后退回“进账单”回单联。

7. 6月18日，填写“电汇凭证”，委托开户行汇款80 000元到中国银行上海市第八支行，开立临时采购专户（账号：103695），取回“电汇凭证”第一联回单联。

8. 6月27日，使用“信用卡”偿还前欠黄光商贸公司账款2 000元，收到信用卡结算凭条一张。

9. 6月29日，将现钞2 000港元兑换为人民币现钞，当日的即期汇率为：1港元＝0.90元人民币，银行当日港元买入价为：1港元＝0.87元人民币。到银行办理相关手续，收到“外汇兑换水单”和人民币现钞。

10. 6月30日，对库存现金进行清查盘点，依据编制的“库存现金盘点表”进行相关账务处理。

11. 9月30日，收到开户行“对账单”一份。将“银行存款”日记账与银行“对账单”进行核对，并编制“银行存款余额调节表”。（8月份无未达账项，其他银行存款日记账账实相符。）

1.2 货币资金·理论知识

一、货币资金

货币资金是以货币形态存在的资产，货币资金是企业资产的重要组成部分，是企业资产中流动性较强的一类资产。任何企业要进行生产经营活动都必须拥有货币资金，持有货币资金是企业进行生产经营活动的基本条件。

根据货币资金的存放地点及其用途的不同，可将货币资金分为库存现金、银行存款及其他货币资金。就会计核算而言，货币资金的核算并不复杂，但是，由于货币资金具有高度的流动性，在组织会计核算过程中，加强货币资金的管理和控制是非常重要的。

二、库存现金的核算

（一）库存现金的概念

库存现金是货币资金的重要组成部分，是流动性最强的一种货币资金性资产，既可直接用于支付各项费用和清偿各种债务，也可立即投入流通，随时随地用以购买商品。现金有狭义和广义之分。狭义的现金仅指企业的库存现金，是存放在财会部门，由出纳人员把关，作为日常零星开支所需的那部分货币资金。广义的现金，是指库存现金、银行存款及其他符合现金特征的票证。

（二）库存现金的管理

1. 根据国家《现金管理暂行条例》的规定，企业应该在下列范围内使用现金结算：

(1)职工工资、津贴；

(2)个人劳务报酬；

(3)根据国家制度条例的规定，颁发给个人的科学技术、文化艺术、体育等方面的各种奖金；

(4)各种劳保、福利费用以及国家规定的对个人的其他支出；

(5)收购单位向个人收购农副产品和其他物资的价款，如金银、工艺品、废旧物资的价款；

(6)出差人员必须随身携带的差旅费；

(7)结算起点(1 000元)以下的零星支出；

(8)中国人民银行确定需要现金支付的其他支出。

除上述(5)、(6)两项外，其他各项在支付给个人的款项中，支付现金每人不得超过1 000元，超过限额的部分根据提款人的要求，在指定的银行转存为储蓄存款或以支票、银行本票予以支付。企业与其他单位的经济往来除规定的范围可以使用现金外，应通过开户银行进行转账结算。

2. 库存现金的限额

为了加强企业现金的日常收支管理，企业应严格控制库存现金的限额，一般为企业3～5天的日常零星开支所需的库存现金。边远地区和交通不便地区的企业的库存现金限额，可按多于5天但不得超过15天的日常零星开支的需要确定。

库存现金限额一经确定，要求企业必须严格遵守，不能任意超过，超过限额的现金应及时存入银行；库存现金低于限额的，可以签发现金支票从银行提取现金。

(三)企业现金日常收支的管理

1. 企业现金收入的主要来源，是零售商品的销售收入、各种业务收入以及其他的零星收入。企业现金收入应当于当日送存银行，当日送存确有困难的由银行确定送存时间。企业一般不得从本单位的现金收入中直接支付现金(即坐支)。

2. 企业根据规定从开户银行提取现金，应当写明用途，由本单位财会部门负责人签字。经过开户银行审核后，予以支付现金。

3. 企业不得“白条抵库存”；不准谎报用途套取现金；不准将银行账户代其他单位和个人存入或支取现金；不准将企业收入的现金以个人名义存入储蓄，即不得“公款私存”；不准保留账外公款，即不得设置“小金库”等。

4. 出纳人员应定期编制“现金收入报表”，反映本企业收入款项情况。定期编制“现金支出报表”，可按照各项费用分类，也可按部门分类反映费用支出，通过现金支出管理加强费用管理。

(四)库存现金的清查

库存现金清查是指库存现金的盘点和核对，包括出纳人员在每日业务终了前进行的库存现金核对和清查小组进行的定期或不定期的库存现金盘点核对。

库存现金的清查一般采用实地盘点法。清查小组清查时，出纳人员必须在场，清查的内容主要是检查是否有挪用库存现金、白条抵库、超限额留存库存现金的情况，以及账款是否与账面相符等。

出纳错款是指出纳人员在现金结账或保管过程发现“现金库存簿”的结存数大于或小于银

行现金实有数额的差错。具体情况分为以下两种：

1. 现金溢出，又称为长款。

2. 现金短缺，又称为短款。

三、银行存款的核算

(一)银行存款的管理

企业除应遵守货币资金管理和控制原则、货币资金内部控制的规定外，还要按照银行存款的管理规定对银行存款进行管理。

1. 银行存款账户的管理

根据中国人民银行《人民币银行结算账户管理办法》，企业在银行开设的人民币存款账户包括四种：

(1)基本存款

存款人办理日常转账结算和现金收付的账户。存款人的工资、奖金等现金的支取需通过本账户办理。

(2)一般存款

办理基本存款账户之外的银行借款转存。与企业的基本存款账户不在同一地点的附属非独立核算企业，可申请开设一般存款账户。企业可以通过此账户办理转账结算和现金交存，但不能办理现金支取。

(3)临时存款

存款人因特定用途需要，依据当地工商行政机关核发的临时执照或当地有关部门同意设立外来临时机构的批件开立的账户。

(4)专用存款

企业因特定用途需要开立的账户。特定用途如基本建设、更新改造等。

2. 银行的结算纪律

根据中国人民银行颁布的《支付结算办法》规定，单位和个人办理支付结算，要遵守的银行结算纪律如下：

(1)不准签发没有资金保证的票据或远期支票，套取银行信用；

(2)不准签发、取得和转让没有真实交易和债权债务的票据，套取银行和他人资金；

(3)不准无理拒绝付款，故意占用他人资金；

(4)不准违反规定开立和使用账户。

(二)银行结算方式

银行结算方式，是指用一定的形式和条件来实现企业间或企业与其他单位和个人间货币收付的程序和方法，分为现金结算和支付结算两种。企业除按规定的范围使用现金结算外，大部分货币收付业务应使用支付结算。

1. 银行汇票

银行汇票是指汇款人将款项交存当地银行，由银行签发给汇款人持往异地办理转账结算或支取现金的票据，适用于单位和个人之间的商品交易和劳务供应以及其他异地款项的结算。

银行汇票一式四联，第一联为卡片，为承兑行支付票款时作付出传票；第二联为银行汇票，与第三联解讫通知一并由汇款人自带，在兑付行兑付汇票后此联作联行往来账付出传票；第三联解讫通知，在兑付行兑付后随报单寄签发行，由签发行作余款收入传票；第四联是多余款通知，并在签发行结清后交汇款人。

2. 银行本票

银行本票是指申请人将款项交存银行，由银行签发给申请人凭以办理转账结算或支取现金的票据，适用于单位和个人在同城范围内的商品交易和劳务供应以及其他款项的结算。

银行本票可以用于转账，注明“现金”字样的银行本票可以用于支取现金。

银行本票一式两联，第一联银行留存，以便兑付时看本票是否被涂改或者挖补；第二联为出票行结清本票时作借方凭证。

3. 商业汇票

详见项目 2 应收及预付款项的相关内容。

4. 支票

支票是指银行的存款人签发给收款人办理结算或委托开户银行将款项支付给收款人的票据，适用于全国各单位之间的商品交易、劳务供应及其他款项的结算。为防范支付风险，异地使用支票的单笔金额上限为 500 000 元。对于超过规定限额的支付，收、付款人可约定采用其他支付方式。

支票分为现金支票、转账支票和普通支票。现金支票只能用于支取现金；转账支票只能用于转账；支票上未印有“现金”或“转账”字样的为普通支票，普通支票可以用于支取现金，也可以用于转账。在普通支票左上角划两条平行线的，为划线支票，划线支票只能用于转账，不能支取现金。

5. 汇兑

汇兑是指汇款人委托银行将款项汇给外地收款人的结算方式，适用于异地之间各种款项的结算。汇兑可分为信汇和电汇两种。信汇是指汇款人委托银行通过邮寄方式将款项划转给收款人。电汇是指汇款人委托银行通过电报将款项划给收款人。

信汇凭证一式四联，第一联为汇出行给汇款人的回单；第二联为汇出行作借方凭证；第三联为汇入行作贷方凭证；第四联为收款人的收账通知或代取款收据。电汇凭证一式三联，第一联为汇出行给汇款人的回单；第二联为汇出行作借方凭证；第三联为汇出行凭以汇出汇款。

6. 委托收款

委托收款是指收款人委托银行向付款人收取款项的结算方式，适用于同城或异地在银行或其他金融机构开立账户的单位和个人的商品交易、劳务供应及其他款项的结算。单位和个人凭已承兑商业汇票、债券、存单等付款人债务证明办理款项的结算，均可以使用委托收款结算方式。但收款人如果在同城范围内使用委托收款结算方式收取公用事业费，必须具有收付双方事先签订的经济合同，由付款人向开户银行授权，并经开户银行同意，报经中国人民银行当地分支行批准。

7. 托收承付

托收承付是指根据经济合同由收款单位发货后委托银行向异地付款单位收取款项，由付款单位向银行承认付款的结算方式，适用于异地特定单位签订购销合同的商品交易及其产生的劳务供应的款项结算，代销、寄销和赊销商品的款项不得办理托收承付结算。

托收承付一式五联，第一联为收款人开户银行给收款人的受理回单；第二联为收款人开户银行作贷方凭证；第三联为付款人开户银行作借方凭证；第四联为付款人开户银行凭以汇款或收款人开户银行作收账通知；第五联为付款人开户银行给付款人的按期付款通知。

8. 信用卡

信用卡是指商业银行向个人和单位发行的，凭以向特约单位购物、消费和向银行存取现金，且具有消费信用的特制载体卡片。凡在中国境内金融机构开立基本存款账户的单位可申领单位卡。信用卡按使用对象分为单位卡和个人卡，按信誉登记分为金卡和普通卡。

9. 信用证

信用证是指开证行依照申请人（付款人）的申请，向受益人（收款人）开出的在一定期限内凭符合信用证条款的单据支付的付款承诺。信用证结算方式是国际结算的一种主要方式。

10. 电子支付

电子支付是指单位或个人通过电子终端，直接或间接向银行业金融机构发出支付指令，实现货币支付与资金转移的行为。电子支付的业务类型按电子支付指令发起方式可以分为网上支付、电话支付、移动支付、销售点终端交易、自动柜员机交易和其他电子支付等类型。

（三）银行存款的清查

企业在银行发生存取款项，委托银行转账结算款项后，企业与银行都要进行对账，为了保证双方账面记录的正确与一致，每月月末，企业都要与银行进行对账（银行存款日记账与银行对账单核对）。对账的结果表明，双方账面记录不尽一致，不一致的主要原因是由于存在未达账项，有时是账面记录有错误。

1. 未达账项

由于原始凭证的传递和入账时间不尽一致，企业与银行之间往往出现一方已入账、另一方尚未入账的账项。

2. 未达账项的内容

（1）企业已经收款入账、银行尚未收款入账的账项；

（2）企业已经付款入账、银行尚未付款入账的账项；

（3）银行已经收款入账、企业尚未收款入账的账项；

（4）银行已经付款入账、企业尚未付款入账的账项。

上述四类内容不能抵消，其中发生第（1）、第（4）类账项时，会使企业的银行存款日记账余额大于银行对账单余额；发生第（2）、第（3）类账项时，会使银行对账单余额大于企业的银行存款日记账余额。

四、外币业务的核算

（一）外币与外币交易

一般意义上的外币，是指本国货币以外的货币。由于我国货币是人民币，因而人民币以外的货币都是外币。

企业在生产经营活动中会发生大量以记账本位币计价的经济活动，也会或多或少地发生诸如外币兑换、引进设备、对外融资等以外币计价的经济活动。外币是企业记账本位币以外的货币。记账本位币是指企业经营所处的主要经济环境中的货币。企业通常应选择人民币作为记账本位币。业务收支以人民币以外的货币为主的企业，可以按规定选定其中一种货币作为记账本位币。但是，编报的财务报表应当折算为人民币。

（二）外币交易业务发生（交易日）的核算

企业对于发生的外币交易，应当将外币金额折算为记账本位币金额。外币交易应当在初始确认时采用交易发生日的即期汇率（通常为中间价）将外币金额折算为记账本位币金额；也可以采用按照系统合理的方法确定的、与交易日即期汇率近似的汇率折算。

（三）汇率

汇率的全称是外汇汇率，又称为汇价。它是指一个国家的货币兑换为另一个国家货币的比率，是两种不同货币之间的比价。买入汇率又称外汇买入价，是指银行以人民币买入外币的汇率，即银行收取外币时愿意支付的价格。卖出汇率又称外汇卖出价，是指银行卖出外币收入人民币的汇率，即银行卖出外币时愿意接受的价格。中间汇率是指银行买入汇率与卖出汇率之间的平均汇率，即根据某日的买入汇率与卖出汇率之和计算的平均数。即期汇率是相对于远期汇率而言的，一般是指中国人民银行公布的当日市场汇价的中间价，即当日市场汇率。

（四）外币交易资产负债表日的核算

在资产负债表日，要分外币货币性项目和外币非货币性项目分别进行处理。货币性项目，是指企业持有的货币资金和将以固定或可确定的金额收取的资产或者偿付的负债，包括现金、银行存款、应收账款、其他应收款、长期应收款、应付账款、其他应付款、长期应付款等。非货币性项目，是指货币性项目以外的项目，包括存货、长期股权投资、固定资产、无形资产、实收资本、资本公积等。

1. 外币货币性项目

在资产负债表日，应以资产负债表日即期汇率折算因资产负债表日即期汇率与初始确认时或者前一资产负债表日即期汇率不同而产生的汇兑差额，作为财务费用计入当期损益，同时调增或者调减外币货币性项目的记账本位币金额。

在月份（或季度、年度）终了，要对所有外币货币性账户余额，按期末即期市场汇率进行调整。按期末即期汇率高于外币交易发生时或者前一期末即期汇率而产生的汇兑差额，借记"银行存款——外币户"等账户，贷记"财务费用——汇兑差额"；反之，则做相反账务处理。

2. 外币非货币性项目

以历史成本计量的外币非货币性项目，在资产负债表日以及结算日，仍采用交易发生日的即期汇率折算，不改变其记账本位币金额。

1.3 货币资金·操作指南

一、库存现金的核算

1. 库存现金收付的核算

企业收入现金时，借记"库存现金"账户，贷记相关账户；支出现金时，借记相关账户，贷记"库存现金"账户。

（1）企业报销办公用品费时，依据审核无误的"费用报销单"及相关原始凭证的发票联，借记"管理费用"账户，贷记"库存现金"账户。

（2）企业采购员预借差旅费时，依据审批后的"借款单"，借记"其他应收款——××个人"账户，贷记"库存现金"账户。

（3）企业采购员出差回来报销差旅费，依据"差旅费报销单"及"收据"的会计记账联，借记"库存现金"（或贷方）、"管理费用"账户，贷记"其他应收款——××个人"账户。

2. 库存现金清查的核算

企业在每日终了结算现金收支、财产清查等时发现有待查明原因的现金短缺或溢余，应通过“待处理财产损溢”账户核算。依据“库存现金盘点表”，属于现金短缺，应按实际短缺的金额，借记“待处理财产损溢——待处理流动资产损溢”账户，贷记“库存现金”账户；属于现金溢余，按实际溢余的金额，借记“库存现金”账户，贷记“待处理财产损溢——待处理流动资产损溢”账户。待查明原因后做如下处理：

(1)如为库存现金短缺，属于应由责任人赔偿或保险公司赔偿的部分，计入其他应收款；属于无法查明的其他原因，计入管理费用。

(2)如为库存现金溢余，属于应支付给有关人员或单位的，计入其他应付款；属于无法查明原因的，计入营业外收入。

二、银行存款的核算

1. 基本账务处理

银行存款增加时，借记“银行存款”账户，贷记相关账户；银行存款减少时，借记相关账户，贷记“银行存款”账户。

2. 银行票据及结算方式及其会计处理

企业在不同的结算方式下，应当根据有关的原始凭证编制银行存款的收付款凭证，并进行相应的账务处理。

企业应设置“其他货币资金”账户，核算企业的银行汇票存款、银行本票存款、信用卡存款、信用证保证金存款、存出投资款、外埠存款等其他货币资金。企业增加其他货币资金，借记“其他货币资金”账户，贷记“银行存款”账户；减少其他货币资金，借记有关账户，贷记“其他货币资金”账户。“其他货币资金”科目期末借方余额，反映企业持有的其他货币资金。

商业汇票结算方式通过“应收票据”或“应付票据”科目核算(详见项目2)。

支票、汇兑、委托收款、托收承付等结算方式通过“银行存款”科目核算。

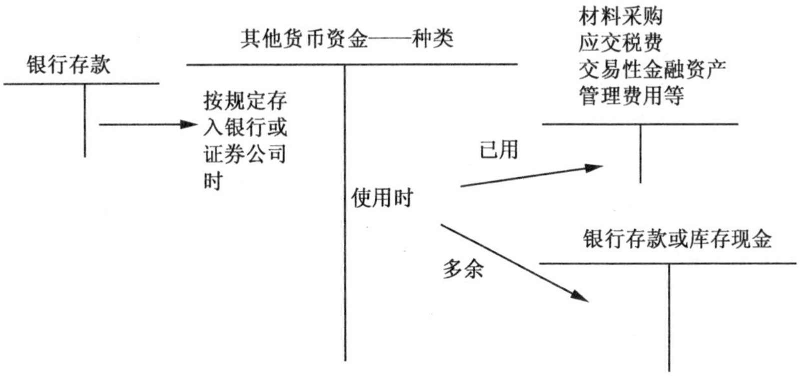

(1)银行汇票

①付款单位的账务处理。

收到银行汇票和解讫通知后，根据“银行汇票委托书”存根联，借记“其他货币资金——银行汇票存款”账户，贷记“银行存款”账户。

办理结算时，假定为购买材料支付货款，且汇票款项有余额，应根据“银行汇票”第四联“多余款收账通知”和购货发票联等原始凭证，借记“材料采购”、“应交税费——应交增值税(进项税额)”、“银行存款(多余金额)”等账户，贷记“其他货币资金——银行汇票存款”账户。

②收款单位的账务处理。

收款单位受理银行汇票后，应填制“进账单”，连同银行汇票和“解讫通知”一起送交银行，根据“进账单回单”和有关原始凭证，借记“银行存款”账户，贷记“主营业务收入”、“应交税费——应交增值税（销项税额）”等账户。

（2）银行本票

①付款单位的账务处理。

企业将款项交存银行并取得银行本票后，根据“银行本票申请书”（单位留存联），借记“其他货币资金——银行本票存款”账户，贷记“银行存款”账户。

企业持银行本票与收款人结算后，根据“增值税专用发票”的发票联借记“材料采购”账户，依据“增值税专用发票”抵扣联贷记“应交税费——应交增值税（进项税额）”账户，依据“银行本票”的解讫通知联贷记“其他货币资金——银行本票存款”账户。

②收款单位的账务处理。

企业收到银行本票后，连同进账单一并交开户银行办理转账，根据“进账单”回单联借记“银行存款”账户，依据“增值税专用发票”的记账联贷记“主营业务收入”、“应交税费——应交增值税（销项税额）”等账户。

（3）商业汇票

详见项目 2 应收及预付款项的相关内容。

（4）支票

企业签发现金支票提取现金时，必须在支票背面背书后才能向开户银行提取现金。根据现金支票存根联，借记“库存现金”账户，贷记“银行存款”账户。

企业采购材料等签发转账支票时，依据“增值税专用发票”的发票联借记“材料采购”等账户，根据转账支票存根联贷记“银行存款”账户。

企业对外销售产品或提供劳务收到转账支票时，应填制一式两联“进账单”，并在支票背面背书人签章栏签章，将支票连同进账单一并送存银行，根据进账单回单及有关原始凭证，借记“银行存款”账户，依据“增值税专用发票”的记账联贷记“主营业务收入”等账户。

（5）汇兑

①汇款单位的账务处理。

如果汇款是为了进行各种款项的结算，应根据汇兑结算凭证的回单联，借记“应付账款”账户，贷记“银行存款”账户。

如果汇款是为了到外地进行临时或零星采购而开立临时存款户，应根据汇兑结算凭证的回单联，借记“其他货币资金——外埠存款”账户，贷记“银行存款”账户。

②收款单位的账务处理。

收款单位收到款项时，根据银行转来的汇兑结算凭证收账通知，借记“银行存款”账户，贷记“应收账款（主营业务收入、应交税费等）”账户。

（6）委托收款

①付款单位的账务处理。

付出款项后，根据银行转来的付款通知及其他有关原始凭证，借记有关账户，贷记“银行存款”账户。

②收款单位的账务处理。

办妥委托收款手续后，根据委托收款凭证回单及其他有关的原始凭证，借记“应收账款”账户，贷记有关账户。

收到款项后，根据银行转来的收账通知，借记“银行存款”账户，贷记“应收账款”账户。

(7)托收承付

①付款单位的账务处理。

承付货款后，根据银行转来的付款通知及有关原始凭证，借记“材料采购”、“应交税费——应交增值税(进项税额)”等账户，贷记“银行存款”账户。

②收款单位的账务处理。

向银行办妥托收手续后，根据托收凭证回单及其他有关原始凭证，借记“应收账款”账户，贷记“主营业务收入”、“应交税费——应交增值税(销项税额)”等账户。

收到款项时，根据银行转来的收账通知，借记“银行存款”账户，贷记“应收账款”账户。

(8)信用卡

①付款单位的账务处理。

企业办理信用卡，存入备用金及支付手续费时，根据支票存根、手续费收据等原始凭证，借记“其他货币资金——信用卡存款(××持卡人)”、“财务费用”等账户，贷记“银行存款”账户。

持卡人持发票来报销凭卡购物、消费的开支时，根据审核无误的发票等原始凭证，借记“材料采购”、“应交税费——应交增值税(进项税额)”等账户，贷记“其他货币资金——信用卡存款(××持卡人)”账户。

②收款单位的账务处理。

收款单位根据汇(总)计单、进账单回单等原始凭证，借记“银行存款”账户，贷记“主营业务收入”、“应交税费——应交增值税(销项税额)”等账户。

3. 未达账项的调节

调节未达账项时，将“银行存款”日记账与银行“对账单”进行核对，通过编制“银行存款余额调节表”进行调节。

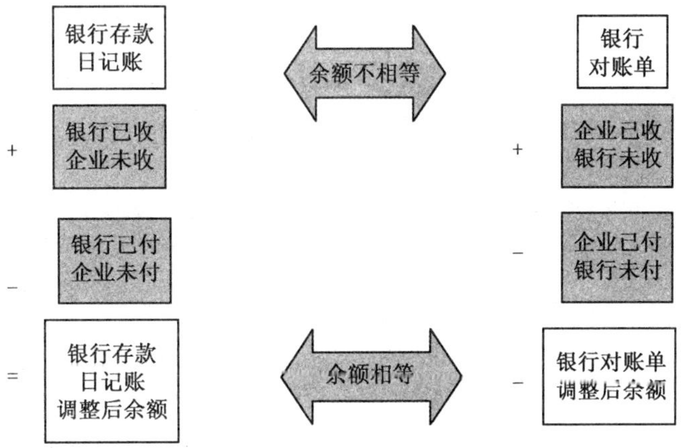

三、外币业务的核算

1. 兑换业务

将人民币兑换为外币，以中国人民银行公布的人民币汇率中间价作为即期汇率，按“进账单”借记“银行存款——外币户”账户，按卖出价折算为人民币，贷记“银行存款——人民币户”

账户，按即期汇率与卖出价折算产生的汇兑差额，借记“财务费用——汇兑差额”账户。

将外币兑换为人民币，按买入价折算，借记“银行存款——人民币户”账户；按当日的即期汇率折算为人民币，借记“银行存款——外币户”账户，按即期汇率与买入价折算产生的汇兑差额，借记“财务费用——汇兑差额”账户。

2. 购进商品

以外币计价购进商品时，按当日的即期汇率折算为人民币，借记“材料采购”、“固定资产”等账户，贷记“银行存款——外币户”、“应付账款——外币户”等账户。

3. 销售商品

以外币计价销售商品时，按当日的即期汇率折算为人民币，借记“银行存款——外币户”、“应收账款——外币户”等账户，贷记“主营业务收入”账户。

项目 2

应收及预付款项

2.1 应收及预付款项·工作任务

财务人员应了解往来结算业务管理制度，熟悉各往来结算业务的使用范围、特点和基本程序。结合企业实际情况和发生的具体经济业务，选择适宜的核算方法，合理、有效地管理好往来债务债权，充分利用往来债权降低企业资金成本。合理安排往来债务，控制好企业财务风险。以下是关于应收及预付款项的两项工作任务，一项由老师和学生共同完成，一项由学生独立完成。

2.1.1 应收及预付款项·工作任务·师生教学做

武汉天河有限责任公司(以下简称天河公司)为增值税一般纳税人，增值税税率为 17%。纳税人识别号：420110842903788；地址：武汉市东湖高新区光谷创业街 121 号，电话：027－54808382；开户行及账号：中国工商银行虎泉支行 12341234。2013 年发生如下经济业务，据以进行账务处理(原始单据见同步操作)：

1. 6 月 1 日，销售给金星公司电脑 5 台，货款为 20 000 元，增值税为 3 400 元，据以填写“增值税专用发票”，留下记账联。收到金星公司签发面额为 23 400 元、期限为 3 个月的“银行承兑汇票”第二联。

2. 6 月 3 日，应收晨曦公司商业承兑汇票到期，依据到期的“商业承兑汇票”第二联向晨曦公司提示承兑后，收到晨曦公司签发金额为 60 000 元的“转账支票”一张，当即填写“进账单”，向银行办理进账，取回银行盖章后的“进账单”第一联回单联。

3. 6 月 6 日，向简洁公司销售 B 产品 1 000 件，开具“增值税专用发票”，注明货款 130 000 元，增值税税额 22 100 元，留下记账联。双方约定 1 个月内付款。收到仓库开具的“产品出库单”记账联。

4. 6 月 8 日，收到银行转来的“托收凭证”第四联收账通知联，系上月托收融威公司的货款 585 000 元，已如数收回。

5. 因公司出现了资金周转的困难，为了及早收回货款，按不含税价款给予简洁公司现金折扣，折扣条件为“5/10，2/20，N/30”。简洁公司于 6 月 15 日以转账支票支付货款及税款，根据支票填写进账单，取得开户行盖章后的“进账单”收账通知联。

6.6月16日，向芝兰公司购特级钢材，开出“转账支票”预付其货款10万元。

7.6月16日，收到业务员张东东的“借款单”，出差借支5 000元，经审核无误后以现金付讫。

8.6月19日，向顶尖公司租入包装物支付的押金2 000元，以现金支付，收到顶尖公司“收据”的收据联。

9.6月16日，收到芝兰公司“增值税专用发票”的发票联与抵扣联，钢材款20万元，进项税额34 000元。收到本公司材料保管员送来“材料入库验收单”的记账联，余款签发“转账支票”补付给芝兰公司。

10.6月30日，获悉大东公司破产，应收其20 000元货款不能收回。填制“内部转账单”销户。

11.6月30日，本公司采用应收账款余额百分比法计提“坏账准备”。

12.12月31日，本公司与尘土公司签订债务重组协议，将减少尘土公司债务2 000 000元的30%，以最大限度控制坏账损失。前期已对该项债权计提了坏账准备10万元。填制“内部转账单”调账。

2.1.2 应收及预付款项·工作任务·学生独立做

武汉晨光有限责任公司(以下简称晨光公司)为增值税一般纳税人，增值税税率为17%。纳税人识别号:420101032635924;地址:武汉东湖高新开发区121号，电话:027－86250966;开户行及账号:工行光谷支行003456。2014年发生如下经济业务，据以进行账务处理(原始单据见同步操作)。

1.6月6日，将6月3日收到的银行承兑汇票向银行申请贴现。

2.6月6日，销售甲产品800件，货款为80 000元，增值税为13 600元，开出增值税专用发票，留下其记账联，依据“增值税专用发票”和“武汉市公路、内河货物运输业统一发票”的发票联与抵扣联，去银行办理托收手续，以现金代垫运杂费。

3. 因公司出现了资金周转的困难，为了及早收回货款，按不含税价款给予本月8日知行公司购货500 000元现金折扣，折扣条件为“4/10，2/20，N/30”。知行公司于6月17日开出“转账支票”支付货款及税款，根据支票填写进账单，取得开户行盖章后的“进账单”回单联据以进行账务处理。

4.6月18日，向达星公司购燃料，开出“转账支票”预付其货款21 500万元。

5.6月18日，收到公司销售部“领款单”，系市场调查误餐补贴6 000元，经审核无误后以现金付讫。

6.6月20日，向山河公司租入包装物支付的押金1 000元，以现金支付，收到山河公司“收据”的付款单位联。

7.6月23日，收到“网上银行收款凭证”的收账通知联，系秋叶公司所欠三年的货款40 000元，原已将“应收账款——秋叶公司”账户余额40 000元转销坏账准备。

8.12月30日，本公司采用应收账款余额百分比法计提“坏账准备”。

2.2　应收及预付款项·理论知识

一、应收票据

（一）应收票据的概念

应收票据是企业因销售商品、提供劳务等而收到的还没有到期的尚未兑现的商业汇票。票据作为一种债权凭证，是一种记载有一定的付款日期、付款地点、付款金额的流通证券，也是一种可以由持票人自由转让给他人的债权凭证，它包括企业持有的未到期兑现的汇票、本票和支票。

商业汇票是一种由出票人签发的、委托付款人在指定日期无条件支付确定金额给收款人或者持票人的票据，包括商业承兑汇票和银行承兑汇票。

由于商业汇票的期限一般比较短，最长不超过6个月，利息金额相对来说不大，用现值计价过于繁琐。因此，应收票据一般按其面值计价，即企业无论是收到带息票据还是不带息票据，一律按面值入账。

（二）应收票据的分类

1. 按是否计息分为计息票据和不计息票据

2. 按承兑人不同分为商业承兑汇票和银行承兑汇票

商业承兑汇票一式三联，第一联为卡片，由承兑人（付款单位）留存；第二联为商业承兑汇票，由收款人开户银行随结算凭证寄给付款人开户银行作付出传票附件；第三联为存根联，由签发人存查。

银行承兑汇票采用一式三联凭证，第一联为卡片联，此联承兑行留存备查，到期支付票款时作借方凭证附件；第二联为银行承兑汇票正联，此联收款人开户行随委托收款结算凭证寄给付款行作借方凭证的附件，可用于背书转让；第三联作存根联，此联出票人存查。

（三）应收票据的核算

1. 不带息票据

不带息票据是指商业汇票到期时，承兑人只按票面金额向收款人或被背书人支付款项的票据。

2. 带息票据

带息票据的利息，对收款人来说是一种收入，对付款人来说是一种费用。

3. 票据的背书转让

在票据或单证的背面签名。表示该票据或单证的权利，由背书者转让给被背书者。

4. 票据的贴现

票据贴现是指票据持有人将未到期的商业汇票通过背书手续，向银行收取等于票据到期价值扣除银行利息后的净额的一种融资行为。

5. 到期日的确定

商业汇票的持票人在票据到期日可向承兑人收取票据款项。商业汇票自承兑日起生效，其到期日是由票据有效期限的长短来决定的。

（1）按月计算票据到期日的确定。若应收票据期限按月计算，票据到期日不考虑各月份实际天数的多少，统一按到期月份的对应日计算。例如，1月9日签发的承兑期限为3个月的商业汇票,其到期日为4月9日。如果签发承兑汇票的日期为某月月末,不论月份大小,统一以到期月份的最末一天为到期日。例如,10月31日签发的承兑期限为1个月的商业汇票,其到期日为11月30日;再如,同日签发的承兑期限为6个月的商业汇票,则到期日为次年4月30日。

(2)按日计算票据到期日的确定。若应收票据期限按日计算,票据的到期日不考虑月数,采用票据签发日与到期日"算头不算尾"或"算尾不算头"的方法,统一按票据的实际日历天数计算到期日。例如,4月20日开出的60天商业汇票,到期日为6月19日。

二、应收账款

(一)应收账款的概念与特点

1. 概念

应收账款是指企业因销售商品、提供劳务等经营活动应向购货单位或接受劳务单位收取的款项,主要包括企业销售商品或提供劳务等应向有关债务人收取的价款及代购货单位垫付的包装费、运杂费等。

2. 特点

(1)应收账款是由于商业信用而产生的;

(2)应收账款是由于企业与外单位之间因销售商品或提供劳务等经营业务而产生的;

(3)应收账款一般都有表明商品销售和劳务提供过程已经完成、债权债务关系已经成立的书面文件;

(4)应收账款的回收期比较短,一般为3个月。

(二)应收账款的确认与计价

1. 应收账款确认的时间

由于应收账款是因为赊销业务而引起的,因而其入账时间与确认销售收入的时间一致。

2. 应收账款的入账价值

通常情况下,按历史成本计价原则,应收账款的入账价值根据买卖双方购买成交时的实际金额(包括发票金额和代购货单位垫付的运杂费等)确定。

(1)商业折扣

所谓商业折扣,是指为了鼓励购买者多买而给予的优惠。商业折扣通常以百分比表示,如5%、10%和15%等。

在存在折扣的情况下,企业的应收账款入账金额应按扣除商业折扣以后的实际售价确认。

(2)现金折扣

所谓现金折扣,是指销货企业为了鼓励顾客在一定期限内及早偿还货款而从发票价格中让渡给顾客的一定数额的款项。现金折扣通常按以下方式表示:2/10、1/20、N/30(即10天内付款,给予2%的现金折扣;20天内付款,给予1%的现金折扣;30天内付清全部款项。)

在现金折扣条件下,对应的收账款入账金额有两种不同的确认方法:一是总价法;二是净价法。它是按扣除现金折扣之后的净额确认销售收入和应收账款。我国采用总价法入账,将产生的现金折扣记入"财务费用"账户。

三、预付账款

预付账款是指企业在购买商品或接受劳务过程中按照合同规定预付的款项。企业应当设置"预付账款"科目,核算预付账款的增减变动及其结存情况。预付款项情况不多的企业,可以不设置“预付账款”科目，而直接通过“应付账款”科目核算。

四、其他应收款

其他应收款是指企业除应收票据、应收账款、预付账款等以外的其他各种应收及暂付款项，其主要内容包括以下几种：

1. 应收的各种赔款、罚款，如因企业财产等遭受意外损失而应向有关保险公司收取的赔款等。

2. 应收的出租包装物租金。

3. 向职工收取的各种垫付款项，如为职工垫付的水电费、应由职工负担的医药费、房租费等。

4. 存出保证金，如租入包装物支付的押金。

5. 其他各种应收、暂付款项。

五、应收款项减值

(一)应收款项减值损失确认

企业应当在资产负债表日对应收款项的账面价值进行检查，有客观证据表明该应收款项发生减值的，应当将该应收款项的账面价值减记至预计未来现金流量现值，减记的金额确认减值损失，计提坏账准备。应收款项发生减值的客观证据主要包括：

1. 债务人发生严重财务困难；

2. 债务人违反了合同条款，如发生违约或逾期等；

3. 债权人出于经济或法律等方面因素的考虑，对发生财务困难的债务人做出让步；

4. 债务人很可能倒闭或进行其他财务重组。

但对已确认为坏账的应收款项，并不意味着企业放弃其追索权，一旦重新收回，应及时入账。

(二)应收款项减值损失计量

对于企业对应收款项减值损失的核算，企业会计准则规定采用备抵法。备抵法，是指采用一定的方法按期(至少每年末)估计应收款项减值损失，提取坏账准备并转作当期费用，实际发生减值损失时，直接冲减已计提坏账准备，同时转销相应的应收款项余额的一种处理方法。

企业可以选用的应收款项减值损失的估计方法有两种：应收款项余额百分比法、账龄分析法。应收款项减值损失的估计方法一经确定，不得随意变更。

1. 应收款项余额百分比法，即根据期末应收款项余额和估计的坏账率估计应收款项减值损失并计提坏账准备的方法。

当期按照应收款项计算坏账准备期末余额＝期末应收款项余额×估计的坏账率

2. 账龄分析法，即根据应收账款账龄的长短以及当前的具体情况估计坏账损失的方法。账龄，是指客户所欠账款逾期的时间。通常情况下，账龄长短与发生坏账的可能性是呈正比的。

采用账龄分析法，应先将企业应收账款按账龄长短划分若干区段，计列各个区段上应收账款的金额，并为每一个区段估计一个坏账损失的百分比，在此基础上，进行坏账损失的估计。

2.3　应收及预付款项·操作指南

一、应收票据的账务处理

1. 取得应收票据

企业取得商业汇票有两种情况：一是企业因销售商品、提供劳务等而收到开出、承兑的商业汇票，按应收票据的面值，借记“应收票据”账户，根据增值税专用发票记账联，按实现的营业收入，贷记“主营业务收入”账户，根据增值税专用发票抵扣联，按注明的增值税额，贷记“应交税费——应交增值税（销项税额）”账户；二是企业收到应收票据以抵偿应收账款时，按应收票据面值，借记“应收票据”账户，贷记“应收账款”账户。

2. 到期应收票据

企业应收票据到期，应分别情况处理：一是收回应收票据时，应按票据面值借记“银行存款”账户，贷记“应收票据”账户；二是票据到期时付款人无力支付票款，收到银行退回的商业承兑汇票、委托收款凭证、未付票款通知书或拒绝付款等证明时，应按应收票据的账面余额借记“应收账款”账户，贷记“应收票据”账户。

3. 转让应收票据

企业将持有的应收票据背书转让以取得所需物资时，按应计入取得物资成本的价值，借记“材料采购”或“原材料”、“库存商品”等账户，按专用发票上注明的增值税额，借记“应交税费——应交增值税（进项税额）”账户，按商业汇票的票面金额，贷记“应收票据”账户，如有差额，借记或贷记“银行存款”、“应付账款”等账户。

4. 贴现应收票据

（1）银行不拥有追索权

借记“银行存款（扣除贴现息后的净额）”、“财务费用（贴现利息）”等账户，贷记“应收票据（面值）”账户。

（2）银行拥有追索权

贴现，借记“银行存款（扣除贴现息后的净额）”、“财务费用（贴现利息）”等账户，贷记“短期借款（面值）”账户。

承兑人按期支付，借记“短期借款”账户，贷记“应收票据”账户。

承兑人无力支付，先借记“应收账款”账户，贷记“应收票据（面值）”账户，再借记“短期借款”账户，贷记“银行存款（实际扣款）”账户。

二、应收账款的账务处理

1. 发生应收账款

企业发生应收账款时，按应收金额，借记“应收账款”账户，按增值税专用发票的记账联，贷记“主营业务收入”等账户，按增值税专用发票的抵扣联上注明的增值税额，贷记“应交税费——应交增值税（销项税额）”账户。根据转账支票，企业代购货单位垫付的包装费、运杂费，借记“应收账款”账户，贷记“银行存款”等账户。

2. 收回应收账款

收回应收账款时，根据对方交来的转账支票，借记“银行存款”等账户，贷记“应收账款”账户。收回代垫费用时，借记“银行存款”账户，贷记“应收账款”账户。

如果企业应收账款改用商业汇票结算，在收到承兑的商业汇票时，按账面价值，借记“应收票据”账户，贷记“应收账款”账户。

3. 出售应收账款

（1）不附追索权的应收债权出售

借记“银行存款（实际收到款项）”、“其他应收款（协议中约定预计发生的销售退回等）”、

“坏账准备(已提取的坏账准备金额)”、“财务费用(应支付的相关手续费)”、“营业外支出——应收债权融资损失”等账户,贷记“应收账款(售出应收债权的账面金额)”或贷记“营业外收入——应收债权融资收益”等账户。

(2)附追索权的应收债权出售

以应收债权为质押取得借款的方式进行账务处理。

三、预付账款的账务处理

企业因购货而预付的款项,借记“预付账款”账户,贷记“银行存款”账户。收到所购物资时,按发票账单等列明计入购入物资成本的金额,借记“材料采购”或“原材料”、“库存商品”等账户,按增值税专用发票记账联上注明的增值税额,借记“应交税费——应交增值税(进项税额)”账户,按应付金额,贷记“预付账款”账户。补付的款项,借记“预付账款”账户,贷记“银行存款”账户;退回多付的款项,借记“银行存款”账户,贷记“预付账款”账户。

四、其他应收款的账务处理

企业发生其他各种应收款项时,借记“其他应收款”账户,贷记相关账户;收回各种款项时,按照支付结算方式收到的金额,借记有关账户,贷记“其他应收款”账户。

五、应收款项减值的账务处理

1. 计提坏账准备

当期应计提坏账准备的计算用公式表示如下:

当期应计提的坏账准备=当期按应收款项计算应计提坏账准备金额－(或＋)“坏账准备”账户的贷方(或借方)余额

借记“资产减值损失——计提的坏账准备”账户,贷记“坏账准备”账户。冲销坏账准备做相反的账务处理。

2. 坏账损失确认

对于确实无法收回的应收款项,按管理权限报经批准后作为坏账,转销应收款项,根据内部转销单,借记“坏账准备”账户,贷记“应收账款”等账户。

3. 已确认并转销的坏账损失又重新收回

已确认并转销的坏账损失又重新收回,应按实际收回的金额,根据收账通知联,借记“应收票据”、“应收账款”、“预付账款”、“其他应收款”、“长期应收款”等账户,贷记“坏账准备”账户;同时,借记“银行存款”账户,贷记“应收票据”、“应收账款”、“预付账款”、“其他应收款”、“长期应收款”等账户;也可以按照实际收回的金额,借记“银行存款”账户,贷记“坏账准备”账户。

项目 3

金融资产

3.1　金融资产·工作任务

金融资产属于企业资产的重要组成部分，主要包括库存现金、银行存款、应收账款、应收票据、其他应收款、股权投资、债权投资、衍生金融工具形成的资产等。本项目不涉及以下金融资产的会计处理：货币资金（见项目 1）和对子公司、联营企业、合营企业投资以及在活跃市场上没有报价的长期股权投资（见项目 5）。以下是关于金融资产的两项工作任务，一项由老师和学生共同完成，一项由学生独立完成。

3.1.1　金融资产·工作任务·师生教学做

武汉天河有限责任公司（以下简称天河公司）为增值税一般纳税人，增值税税率为 17%。纳税人识别号：420110842903788；地址：武汉市东湖高新区光谷创业街 121 号，电话：027－54808382；开户行及账号：中国工商银行虎泉支行 12341234。2013～2014 年发生如下经济业务，据以进行账务处理（原始单据见同步操作）：

1. 2013 年 1 月 1 日，从二级市场购入远程公司发行的股票，收到“证券成交过户交割单”1 张，列明成交数量 2 万股，成交价格 9.50 元（含已宣告但尚未发放的现金股利 0.50 元），佣金 1 300元，印花税 75 元，共支付 191 375 元。本公司将持有的远程公司的股权划为交易性金融资产。

2. 2013 年 1 月 1 日，从工商银行购入发行 5 年期荣升公司债券，收到“公司债券”1 张，票面面值为 200 000 元，票面利率为 10%，按年支付利息，本金最后一次支付。共支付 185 500 元，其中：售价 185 000 元，佣金 500 元。本公司在购买该债券时，预计发行方不会提前赎回。本公司将购入的债券划分为持有至到期投资，该债券实际利率为 12%。

3. 2013 年 1 月 20 日，远程公司发放现金股利 10 000 元，收到“转账支票”一份，依此开出“收据”，填“进账单”送存银行。依据“收据”记账联及“进账单”收账通知联进行账务处理。

4. 2013 年 1 月 31 日，据“华泰证券网上证券交易分析系统”获悉，远程公司股票价格涨到每股 10 元，据此编制“公允价值变动计算表”。

5. 2013 年 4 月 8 日，远程公司宣告发放现金股利，每股 0.40 元，据此编制“投资收益计算表”。

6.2013年4月9日，通过证券交易机构将持有的远程公司2万股股票全部售出，每股售价10.30元。收到“股票成交过户交割单”1张，列明成交数量2万股，成交价格10.30元，佣金580元，印花税1 120元，共收金额204 300元(扣付税费后)。

7.2013年12月31日，确认本年度向荣升公司的债券投资所带来的投资收益和应收的票面利息，采用实际利率法调整利息。填制“内部转账单”。(在备查簿中将“荣升公司债券投资利息计算表”各年利息计算出来。)

8.2014年4月9日，收到华泰证券营业部“股票成交过户交割单”列示：锡业股份10万股、每股面值1元、购买价150万元、佣金20 000元、印花税900元、过户费1 000元，共支付1 521 900元。公司将该股票划分为可供出售金融资产。

9.2014年4月30日，据“华泰证券网上证券交易分析系统”获悉，本公司所拥有的锡业股票市价为每股13元，据此编制“公允价值变动计算表”。

3.1.2 金融资产·工作任务·学生独立做

武汉晨光有限责任公司(以下简称晨光公司)为增值税一般纳税人，增值税税率为17%。纳税人识别号:420101032635924;地址:武汉东湖高新开发区121号，电话:027－86250966;开户行及账号:工行光谷支行003456。2014年发生如下经济业务，据以进行账务处理(原始单据见同步操作)。

1.1月1日，从证券市场购入东山公司发行的股票，收到“股票成交过户交割单”1张，列明成交数量4万股，成交价格9元(含已宣告但尚未发放的现金股利0.40元)，佣金4 500元，印花税85元，共支付361 585.00元。本公司将持有的东山公司的股票划为交易性金融资产。

2.1月1日，从工商银行购入发行3年期国债债券，收到“凭证式债券”1张，票面面值为500 000元，票面利率为10%，第三年末一次还本付息。签发转账支票支付500 000元。本公司在购买该债券时，预计发行方不会提前赎回。本公司将购入国债划分为持有至到期投资。

3.1月1日，从证券交易机构购入黑土公司发行3年期债券，收到“凭证式债券”1张，票面面值为5 000 000元，票面利率为8%，第三年年末一次还本付息，共支付4 656 200元。其中：债券售价4 625 000元，佣金30 000元，印花税1 200元。本公司在购买该债券时，预计发行方不会提前赎回。本公司将购入的黑土公司债券划分为持有至到期投资，该债券实际利率为10%。

4.1月31日，据“华泰证券网上证券交易分析系统”获悉，东山公司股票价格涨到每股10元，据此编制“公允价值变动计算表”。

5.12月31日，东山公司宣告发放的现金股利，每股0.20元，据此编制“投资收益计算表”。

6.12月31日，将持有的东山公司的4万股股票全部售出，每股售价10.00元。收到“股票成交过户交割单”1张，列明成交数量4万股，成交价格10.00元，佣金1 200元，印花税95元，实收金额为398 705元(扣付税费后)。

7.12月31日，填制“内部转账单”以确认本年度向黑土公司债券投资所带来的投资收益和应收的票面利息，采用实际利率法调整利息。(在备查簿上将“黑土公司债券投资利息计算表”中各年利息计算出来。)

3.2 金融资产·理论知识

一、金融资产

1. 定义

金融资产是指一切代表未来收益或资产合法要求权的凭证，是一种索取实物资产的权利。

2. 形态

金融资产的形态包括库存现金、银行存款、应收账款、应收票据、其他应收款、股权投资、债权投资和衍生金融工具形成的资产等。

提示：虽然长期股权投资的确认和计量没有在"金融工具确认和计量"准则中规范，但长期股权投资属于金融资产。

3. 特征

金融资产的最大特征是能够在市场交易中为其所有者提供即期或远期的货币收入流量。

4. 金融资产和金融工具的关系

金融资产包括一切提供到金融市场上的金融工具。但不论是实物资产还是金融资产，只有当它们是持有者的投资对象时方能称作资产。例如，孤立地考察中央银行所发行的现金和企业所发行的股票、债券，就不能说它们是金融资产，因为对发行它们的中央银行和企业来说，现金、股票和债券是一种负债。因此，不能将现金、存款、凭证、股票、债券等简单地称为金融资产，而应称之为金融工具。金融工具对其持有者来说才是金融资产。例如，持有股票者表示有索取与投入资本份额相应的红利的权利。金融工具分为所有权凭证和债权凭证。股票是所有权凭证，票据、债券、存款凭证均属债权凭证。但在习惯上，这些金融工具有时也称为金融资产。

5. 金融资产的分类

金融资产的分类与金融资产的计量密切相关，企业应当在初始确认金融资产时，将其划分为下列四类：

(1)以公允价值计量且其变动计入当期损益的金融资产；

(2)持有至到期投资；

(3)贷款和应收款项；

(4)可供出售金融资产。

金融资产的分类一旦确定，不得随意改变。

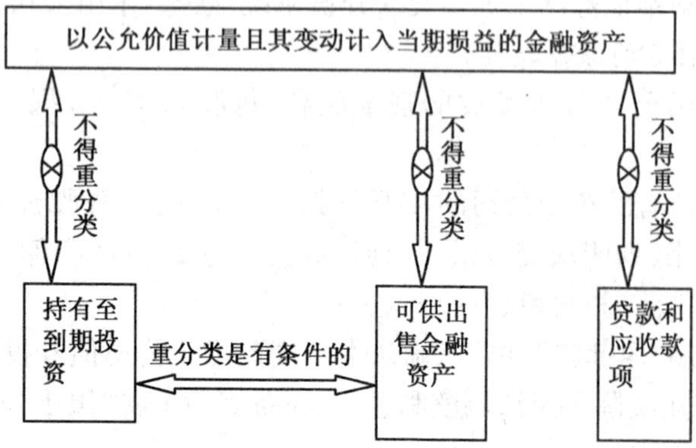

二、交易性金融资产

1. 定义

交易性金融资产主要是指企业为了近期内出售而持有的金融资产。例如,企业以赚取差价为目的从二级市场购入的股票、债券、基金等,就属于交易性金融资产。衍生工具不作为有效套期工具的,也应当划分为交易性金融资产或金融负债。

金融资产满足下列条件之一的,应当划分为交易性金融资产:

(1)取得该金融资产的目的,主要是为了近期内出售或回购。

(2)属于进行集中管理的可辨认金融工具组合的一部分,且有可观证据表明企业近期采用短期获利方式对该组合进行管理。在这种情况下,即使组合中有某个组成项目持有的期限稍长也不受影响。

(3)属于金融衍生工具,比如国债期货、远期合同、股指期货等,其公允价值变动大于零时,应将其相关变动金额确认为交易性金融资产,同时计入当期损益。

2. 账户设置

为了核算和监督交易性金融资产的取得、现金股利或利息的收取、处置等业务,企业应设置"交易性金融资产"、"公允价值变动损益"、"投资收益"等账户。

(1)"交易性金融资产"账户。属于资产类,核算企业为交易目的所持有的债券投资、股票投资、基金投资等交易性金融资产的公允价值。借方登记交易性金融资产的取得成本、资产负债表日其公允价值高于账面余额的差额等;贷方登记资产负债表日其公允价值低于账面余额的差额,以及企业出售交易性金融资产时结转的成本和公允价值变动损益。该账户可按交易性金融资产的类别和品种,分别设"成本"、"公允价值变动"等进行明细核算。

(2)"公允价值变动损益"账户。属于损益类账户,核算企业交易性金融资产等公允价值变动而形成的应计入当期损益的利得或损失。借方登记资产负债表日企业持有的交易性金融资产等的公允价值低于账面余额的差额,贷方登记资产负债表日企业持有的交易性金融资产等的公允价值高于账面余额的差额。期末,应将该账户的余额转入"本年利润"账户,结转后该账户无余额。

(3)"投资收益"账户。属于损益类,核算企业对外投资所发生的损益。借方登记在持有交易性金融资产等投资资产期间发生的投资损失,以及企业在对外投资活动中发生的交易费用等,贷方登记在持有交易性金融资产等投资期间取得的投资收益以及处置交易性金融资产等投资资产实现的投资收益。期末,应将该账户的余额转入"本年利润"账户,结转后该账户无余额。

三、持有至到期投资

1. 定义

持有至到期投资是指到期日固定、回收金额固定或可确定且企业有明确意图和能力持有至到期的非衍生金融资产。

通常情况下,企业持有的在活跃市场上有公开报价的国债、企业债券、金融债券等,可以划分为持有至到期投资。

2. 账户设置

为了核算和监督持有至到期投资的取得、收取利息、减值以及处置等业务,企业应设置"持有至到期投资"、"投资收益"、"持有至到期投资减值准备"等账户。其中,"持有至到期投资"账户核算企业持有至到期投资的摊余成本。该账户属于资产类，企业应当按照持有至到期投资的类别和品种，分别“成本”、“利息调整”、“应计利息”等进行明细核算。

总账	持有至到期投资	
明细账	成本	反映持有至到期投资的面值
	利息调整	反映持有至到期投资的初始确认金额与其面值的差额，以及按照实际利率法分期摊销后该差额的摊余金额
	应计利息	反映企业计提的到期一次还本付息持有至到期投资应计未付的利息

“持有至到期投资减值准备”账户核算企业持有至到期投资的减值准备。该账户是“持有至到期投资”的备抵账户，贷方登记资产负债表日计提的持有至到期投资减值准备，借方登记已计提减值准备的持有至到期投资价值以后又得以恢复，在原已计提的减值准备金额内恢复增加的金额，期末贷方余额反映企业已计提但尚未转销的持有至到期投资减值准备。该账户可按持有至到期投资类别和品种进行明细核算。

3. 实际利率法

实际利率法是指按照金融资产或金融负债(含一组金融资产或金融负债)的实际利率计算其摊余成本及各期利息收入或利息费用的方法。企业在初始确认以摊余成本计量的金融资产时，就应当计算确定实际利率，并在相关金融资产预期存续期间或适用的更短期间内保持不变。

4. 摊余成本

摊余成本是指该金融资产的初始确认金额经下列调整后的结果：一是扣除已偿还的本金；二是加上或减去采用实际利率法将该初始确认金额与到期金额之间的差额进行摊销形成的累计摊销额；三是扣除已发生的减值损失。

计算公式如下：

期末摊余成本＝期初摊余成本＋投资收益－应收利息－已收回的本金
－已发生的减值损失

投资收益(利息收入)＝期初摊余成本×实际利率×期限

应收利息(票面利息)＝债券面值×票面利率×期限

四、可供出售金融资产

1. 定义

可供出售金融资产是指初始确认时即被指定为可供出售的非衍生金融资产，以及除下列各类资产以外的金融资产：持有至到期投资、贷款和应收款项、以公允价值计量且其变动计入当期损益的金融资产。例如，企业购入的在活跃市场上有报价的债券、股票、基金等，没有划分为以公允价值计量且其变动计入当期损益的金融资产或持有至到期投资等金融资产的，可以划分为可供出售金融资产。

2. 账户设置

为了核算和监督可供出售金融资产的取得、现金股利或利息的收取、处置等业务，企业应设置“可供出售金融资产”、“资本公积——其他资本公积”、“投资收益”等账户。其中，“可供出售金融资产”属于资产类账户，核算企业持有的可供出售金融资产的公允价值，包括划分为可供出售的股票投资、债券投资等金融资产。期末余额在借方，反映企业可供出售金融资产的公允价值。该账户按可供出售金融资产的类别和品种，分别设置"成本"、"利息调整"、"应计利息"、"公允价值变动"等进行明细核算。

总账	可供出售金融资产	
明细账	成本	反映持有至到期投资的面值
	利息调整	反映持有至到期投资的初始确认金额与其面值的差额，以及按照实际利率法分期摊销后该差额的摊余金额
	应计利息	反映企业计提的到期一次还本付息持有至到期投资应计未付的利息
	公允价值变动	反映可供出售金融资产公允价值变动金额

3.3 金融资产·操作指南

一、交易性金融资产

1. 交易性金融资产的取得

企业购入交易性金融资产时，根据证券成交过户交割单，应按其公允价值(不含已宣告但尚未发放的现金股利或已到付息期但尚未领取的债券利息)，借记"交易性金融资产——成本"账户，按已宣告但尚未发放的现金股利或已到付息期但尚未领取的债券利息，借记"应收股利"或"应收利息"账户，按支付的相关交易费用，借记"投资收益"账户；按企业所支付的价款总额，贷记"其他货币资金——存出投资款"账户或"银行存款"账户。

2. 交易性金融资产的现金股利、债券利息及期末计量

(1)交易性金融资产取得时实际支付的价款中包含的已宣告而尚未领取的现金股利，或已到付息日尚未领取的债券利息，因在购买时已借记"应收利息"账户或"应收股利"账户，因此，在实际收到时冲减"应收利息"账户或"应收股利"账户；交易性金融资产持有期间被投资单位宣告发放的现金股利，或在资产负债表日按分期付息、一次还本债券投资的票面利率计算的利息，根据交来的转账支票、收据和进账单收账通知联，借记"应收利息"账户或"应收股利"账户，贷记"投资收益"账户。

(2)资产负债表日，交易性金融资产应当按照公允价值计量，公允价值与账面余额之间的差额计入当期损益。根据公允价值变动计算表，当公允价值高于账面余额时，借记"交易性金融资产——公允价值变动"账户，贷记"公允价值变动损益"账户；若资产负债表日公允价值低于账面余额，则做相反分录。

(3)交易性金融资产的处置

企业出售交易性金融资产时，应当将该金融资产出售时的公允价值与其初始入账价值金额之间的差额确认为投资收益，同时调整公允价值变动损益。企业应根据股票成交过户交割单，按出售交易性金融资产实际收到的金额，借记"银行存款"账户或"其他货币资金——存出投资款"账户，按该金融资产的账面余额，贷记"交易性金融资产——成本"账户，贷记或借记"交易性金融资产——公允价值变动"账户；按其差额，贷记或借记"投资收益"账户。同时，将原计入该金融资产的公允价值变动转出，借记或贷记"公允价值变动损益"账户，贷记或借记"投资收益"账户。

二、持有至到期投资的核算

1. 持有至到期投资的取得

企业为购入债券而付出的买价可能等于债券的面值，也可能高于或低于债券的面值。债券投入价格等于债券的面值，称为按面值购入；债券购入价格高于债券的面值，称为按溢价购入；债券购入价格低于债券的面值，称为按折价购入。

企业取得持有至到期投资时，应按该债券的面值，借记“持有至到期投资——成本”账户，按支付的价款中包含的已到付息期但尚未领取的债券利息，借记“应收利息”账户，按实际支付的金额，贷记“银行存款”账户，按其差额，借记或贷记“持有至到期投资——利息调整”账户。

2. 持有至到期投资的利息

(1)持有至到期投资利息的计算

资产负债表日，企业应采用实际利率法按摊余成本对持有至到期投资进行后续计量。

(2)账务处理

在资产负债表日，持有至到期投资为分期付息、一次还本债券投资的，应按票面利率计算确定的应收未收的利息，填制“内部转账单”并借记“应收利息”账户，按持有至到期投资摊余成本和实际利率计算确定的利息收入，贷记“投资收益”账户，按其差额，借记或贷记“持有至到期投资——利息调整”账户。

持有至到期投资为一次还本付息债券投资的，应于资产负债表日按票面利率计算确定的应收未收的利息，借记“持有至到期投资——应计利息”账户，按持有至到期投资摊余成本和实际利率计算确定的利息收入，贷记“投资收益”账户，按其差额，借记或贷记“持有至到期投资——利息调整”账户。

3. 持有至到期投资的减值

根据《企业会计准则第 22 号——金融工具确认与计量》的规定，企业应当在资产负债表日对持有至到期投资的账面价值进行检查，有可观证据表明该持有至到期投资发生减值的，应当将该持有至到期投资的账面价值减记至预计未来现金流量(不包括尚未发生的未来信用损失)现值，减记的金额确认为资产减值损失，计入当期损益。

资产负债表日，持有至到期投资发生减值的，按应减记的金额，借记“资产减值损失——计提的持有至到期投资减值准备”账户，贷记“持有至到期投资减值准备”账户；已计提减值准备的持有至到期投资价值又得以恢复，且客观上与确认该损失后发生的事项有关(如债务人的信用评级已提高等)，应在原计提的减值准备金额内予以转回，计入当期损益。但是，该转回后的账面价值不应当超过假定不计提减值准备情况下该金融资产在转回日的摊余成本。企业按恢复增加的金额借记“持有至到期投资减值准备”账户，贷记“资产减值损失——计提的持有至到期投资减值准备”账户。

4. 持有至到期投资的处置

出售持有至到期投资，应按实际收到的金额，借记“银行存款”等账户，按其账面余额，贷记“持有至到期投资——成本”、“持有至到期投资——利息调整”、“持有至到期投资——应计利息”等账户，按其差额，贷记或借记“投资收益”账户。已计提减值准备的，还应同时结转减值准备。

三、可供出售金融资产的核算

1. 可供出售金融资产的取得

(1)企业取得的可供出售金融资产为股票投资的，应按购入时的公允价值(不含已宣告尚未发放的现金股利)和支付的相关交易费用的金额之和，借记“可供出售金融资产——成本”账户，按已宣告但尚未发放的现金股利金额，借记“应收股利”账户，按企业所支付的价款总额，贷记“银行存款”等账户。

(2)企业取得的可供出售金融资产为债券投资的，应按购入债券的面值，借记“可供出售金融资产——成本”账户，按支付的价款中包含的已到付息期但尚未领取的利息，借记“应收利息”账户，按实际支付的金额，贷记“银行存款”等账户，按其差额，借记或贷记“可供出售金融资产——利息调整”账户。

2. 可供出售金融资产持有期间获取的现金股利、债券利息

可供出售金融资产持有期间取得的现金股利和利息，应当计入投资收益。

(1)可供出售金融资产为股票投资的，被投资单位宣告发放现金股利时，按相应金额，借记“应收股利”账户，贷记“投资收益”账户。

(2)可供出售金融资金为债券投资的，企业应当在可供出售金融资产持有期间，采用实际利率法，按照摊余成本和实际利率计算确认利息收入，计入投资收益。实际利率应当在取得持有至到期投资时确定，实际利率与票面利率差别较小的，也可以按票面利率计算利息收入。

企业在资产负债表日，如可供出售金融资产为分期付息、一次还本债券投资的，应按票面利率计算确定的应收未收利息，借记“应收利息”账户，按可供出售金融该资产摊余成本和实际利率计算确定利息收入，贷记“投资收益”账户，按其差额，借记或贷记“可供出售金融资产——利息调整”账户。可供出售金融资产为一次还本付息债券投资的，企业应于资产负债表日按照票面利率计算确定应收未收利息，借记“可供出售金融资产——应收利息”账户，按可供出售金融资产摊余成本和实际利率计算确定利息收入，贷记“投资收益”账户，按其差额，借记或贷记“可供出售金融资产——利息调整”账户。

3. 可供出售金融资产的期末计量

在资产负债表日，可供出售金融资产应当以公允价值计量，且公允价值变动计入资本公积(其他资本公积)。当可供出售金融资产公允价值高于账面价值时，企业应当按其差额，借记“可供出售金融资产——公允价值变动”账户，贷记“资本公积——其他资本公积”账户；在资产负债表日可供出售金融资产公允价值低于账面余额，企业应当按其差额，做相反的分录。

4. 可供出售金融资产的减值

在资产负债表日，企业应当对可供出售金融资产的账面价值进行检查，有客观证据表明该金融资产发生减值的，应当确认减值损失。企业确定可供出售金融资产发生减值的，按应减记的金额，借记“资产减值损失”账户，按应从所有者权益中转出原计入资本公积的累计损失金额，贷记“资本公积——其他资本公积”账户，按其差额，贷记“可供出售金融资产——公允价值变动”账户或“可供出售金融资产减值准备”账户。

对于已确认减值损失的可供出售金融资产，在随后的会计期间公允价值已上升且客观上与确认原减值损失事项有关的，应按原确认的减值损失，借记“可供出售金融资产——公允价值变动”账户或“可供出售金融资产减值准备”账户，贷记“资产减值损失”账户；但可供出售金融资产为股票等权益工具投资的(不含在活跃市场上没有报价、公允价值不能可靠计量的权益工具投资)，借记“可供出售金融资产——公允价值变动”账户或“可供出售金融资产减值准备”账户，贷记“资本公积——其他资本公积”账户。

5. 可供出售金融资产的处置

企业处置可供出售金融资产时，应将取得的价款与该金融资产账面价值之间的差额计入投资收益；同时，将原有直接计入所有者权益的公允价值变动累计额对应处置部分的金额转出计入投资损益。

企业按出售可供出售金融资产实际收到的金额，借记“银行存款”账户，按其账面余额，贷记“可供出售金融资产——成本、公允价值变动、利息调整、应计利息”账户，按应从所有者权益中转出的公允价值累计变动额，借记或贷记“资本公积——其他资本公积”账户，按其差额，贷记或借记“投资收益”账户。

项目 4

存　货

4.1　存货·工作任务

存货是企业流动资产的重要组成部分，是为企业带来经济效益的重要经济资源，其周转速度直接影响流动资产的利用效果，从而影响企业经济效益。正确进行存货的核算，对于加强企业资产的核算与管理，正确计算企业损益具有十分重要的意义。会计人员应了解存货管理制度，熟悉各类存货的特点和基本程序，结合企业实际情况和发生的具体存货业务，选择适宜的计量方法和核算方法，准确、及时地反映存货的会计信息，以加快存货的周转速度，充分发挥存货的作用，为企业创造更多的经济效益。以下是关于存货的两项工作任务，一项由老师和学生共同完成，一项由学生独立完成。

4.1.1　存货·工作任务·师生教学做

武汉天河有限责任公司(以下简称天河公司)为增值税一般纳税人，增值税税率为 17%。纳税人识别号：420110842903788；地址：武汉市东湖高新区光谷创业街 121 号，电话：027－54808382；开户行及账号：中国工商银行虎泉支行 12341234。2014 年 10 月发生如下经济业务，据以进行账务处理(原始单据见同步操作)：

1. 5 日，从达成公司购进原料及主要材料甲、乙材料。甲材料 50 吨，单价为 6 500 元，乙材料 80 吨，单价为 8 000 元，取得增值税专用发票的发票联和抵扣联，价款为 965 000 元，增值税税额为 164 050 元，签发金额为 1129050 元的“转账支票”付讫。(甲、乙材料采用计划成本计价，月末汇总入库。)

2. 5 日，从建达林场采购木材 500 立方米，单价为 800 元，取得“增值税专用发票”的发票联和抵扣联，价款为 400 000 元，增值税税额为 68 000 元，签发金额为 468 000 元的“转账支票”付讫。收到仓库保管员开具的“材料入库单”的会计记账联。(木材采用实际成本计价。)

3. 7 日，从武汉市燃料公司购入燃料，已运达入库，收到仓库保管员开具的“材料入库单”。取得“增值税专用发票”的发票联和抵扣联，数量 40 吨，单价 500 元，价款为 20 000 元，增值税税额为 3 400 元，货款未支付。(燃料采用实际成本计价。)

4. 12 日，收到“材料购进短缺报告单”一份，收到武汉市燃料公司开具的红字增值税专用发票的发票联和抵扣联，注明数量 1 吨，价款 500 元，增值税税额 85 元。签发“转账支票”一张支付 39 吨燃料款。

5. 14 日，向上海市五金公司采购工具一批，取得“增值税专用发票”的发票联和抵扣联，注明钢钳 100 个，单价 26 元，价款 2 600 元，扳手 180 个，单价 15 元，价款 2 700 元，锤子 120 个，单价 30 元，价款 3 600 元。合计价款 8 900 元，增值税税额 1 513 元。收到上海市五金公司面额为 10 413 元的“托收”凭证的付款通知联，另以现金支付武汉市运输公司 1 110 元运输费，取得运输公司开具的增值税专用发票的发票联和抵扣联。仓库保管员送来“材料入库单”会计记账联。（工具采用实际成本计价，运费按买价为分配标准进行分配。）

6. 16 日，上月委托精家公司加工的包装箱 600 只已完工收回，以现金支付其加工费1 800 元和增值税税额 306 元，取得增值税专用发票的发票联及抵扣联。仓库保管员送来“材料入库单”会计记账联。填制“委托加工物资成本计算单”并进行相关的账务处理。（包装箱采用实际成本计价，“委托加工物资——精家公司”期初余额 36 036 元为发出材料金额。）

7. 16 日，向步高公司销售 B 产品 200 台，单价为 2 100 元，开具增值税专用发票联和抵扣联，注明货款 420 000 元，增值税税额 71 400 元。货已发出，收到步高公司实际结算金额为 291 400 元的银行汇票一张，根据银行汇票填写进账单送开户银行进账。收到仓库开具的“产品出库单”记账联。

8. 16 日，收到仓库保管员交来产品总成本为 21 500 000 元“产品入库单”的记账联。

9. 本公司 2014 年 10 月 1 日结存木材 300 立方米，单价为 1 000 元；10 月 5 日和 10 月 20 日分别从建达林场购入木材 500 立方米和 200 立方米，单价分别为 800 元和 900 元；10 月 10 日生产产品领用 700 立方米，10 月 25 日生产产品领用 200 立方米。进行发出材料的账务处理。（木材采用先进先出法计算发出成本。）

10. 30 日，本期外购甲、乙材料全部验收入库，仓库保管员送来“计划成本计价的材料入库汇总表”。

11. 30 日，收到仓库保管员送来“发料凭证汇总表”，先依据本月“计划成本计价的材料入库汇总表”资料计算 10 月份甲、乙材料成本差异率，后填制完成“发料凭证汇总表”。

12. 31 日，报废在用的低值易耗品 2 160 元，仓库保管员送来“报废低值易耗品汇总表”及残料作价 36 元入库“收料单”会计记账联。

13. 31 日，公司对原材料进行定期盘存，收到仓库保管员转来的“材料盘存报告单”。

14. 31 日，收到供销部门转来的“库存商品期末可变现净值报告表”，结合库存商品明细账资料填制“库存商品跌价准备计提表”并进行账务处理。

4.1.2 存货 · 工作任务 · 学生独立做

武汉晨光有限责任公司（以下简称晨光公司）为增值税一般纳税人，增值税税率为 17%。纳税人识别号：420101032635924；地址：武汉东湖高新开发区 121 号，电话：027－86250966；开户行及账号：工行光谷支行 003456。2014 年 10 月发生如下经济业务，据以进行账务处理（原始单据见同步操作）：

1. 1 日，从吉庆公司采购 E 料 1 000 立方米，单价为 600 元，取得增值税专用发票的发票联和抵扣联，注明价款为 600 000 元，增值税税额为 102 000 元，签发金额为 702 000 元的“转账支票”付讫。收到仓库保管员开具的“材料入库单”会计记账联。（E 料采用实际成本计价。）

2.1 日，从上海市腾飞公司购进原料及主要材料。丙材料 20 吨，单价 700 元，丁材料 30 吨，单价 900 元，取得增值税专用发票的发票联和抵扣联，注明价款为 41 000 元，增值税税额为 6 970 元，签发金额为 47 970 元的“信汇”付讫。（丙、丁材料采用计划成本计价，月末汇总入库。）

3.6 日，从武汉市煤炭公司购入煤，已运达入库，收到仓库保管员开具的“材料入库单”的会计记账联。取得增值税专用发票的发票联和抵扣联，数量 20 吨，单价 500 元，价款为10 000 元，增值税税额为 1 700 元，货款未支付。（煤采用实际成本计价。）

4.13 日，收到“材料购进短缺报告单”一份，收到武汉市煤炭公司开具的红字增值税专用发票的发票联和抵扣联，煤 3 吨，价款为 1 500 元，增值税税额为 255 元。签发“转账支票”一张支付 17 吨煤炭款。

5.18 日，从武汉众乐公司购进原料一批。其中，H 料 30 吨，单价 800 元；J 料 50 吨，单价 600 元；K 料 20 吨，单价 400 元。合计价款为 8 900 元，增值税税额为 1 513 元。取得增值税专用发票的发票联和抵扣联，签发金额为 72 540 元的转账支票一张支付材料款，另以现金支付支付武汉市众乐公司 6 660 元运费，取得飞达公司开具的“货物运输业增值税专用发票”的发票联和抵扣联。仓库保管员送来“材料入库单”会计记账联。（采用计划成本计价，月末汇总入库，运费按重量为分配标准进行分配。）

6.26 日，上月委托幸福家具厂加工工具柜 100 个，已完工运达本公司仓库。仓库保管员送来“材料入库单”。以现金支付其加工费，价款为 5 000 元，增值税税额为 850 元。取得增值税专用发票的发票联和抵扣联，填制委托加工物资成本计算单并进行相关的账务处理。（采用实际成本计价，“委托加工物资——幸福家具厂”期初余额 8 800 元为发出材料金额。）

7.27 日向天天公司销售 M 产品 1 000 件，单价 560 元，560 000 元，增值税税额 95 200 元，开具增值税专用发票。货已发出，收到天天公司结算金额为 655 200 元的转账支票一张，根据转账支票填写进账单送开户银行进账，收到开户行盖章后的“进账单”回单。收到仓库开具的“产品出库单”记账联。填制产品出库单并进行相关核算。

8.28 日，收到“产品入库单”的记账联一份。

9. 本公司 2014 年 10 月 1 日结存 R 料 20 吨，单价为 510 元；10 月 15 日购入 60 吨，单价 490 元；10 月 25 日购入 80 吨，单价 480 元；10 月 6 日生产产品领用 18 吨，10 月 22 日生产产品领用 42 吨。进行发出材料的账务处理。（采用一次加权平均法计算发出材料成本。）

10.30 日，本期外购原料及主要材料丙、丁、H、J、K 材料全部验收入库，仓库保管员送来“计划成本计价的材料入库汇总表”。

11.30 日，收到仓库保管员送来发料凭证汇总表，先依据本月“计划成本计价的材料入库汇总表”资料计算 10 月份原材料材料成本差异率，后填制完成“发料凭证汇总表”。

12.31 日，报废在用的低值易耗品一批，成本为 7 500 元，残料入库作价 250 元，仓库保管员送来“报废低值易耗品汇总表”。

13.31 日，公司对原材料进行了定期盘存，收到仓库保管员转来的“材料盘存报告单”。

14.31 日，收到供销部门转来的“库存商品期末可变现净值报告表”，结合库存商品明细账资料填制“库存商品跌价准备计提表”并进行账务处理。

4.2 存货·理论知识

一、存货

(一)存货的概念及特征

存货是指企业在日常活动中持有以备出售的产成品或商品、处于生产过程中的在产品、在生产过程或提供劳务过程中耗用的材料和物料等。具体来说,存货包括各种原材料、燃料、包装物、低值易耗品、在产品、委托代销商品、自制半成品、库存商品以及发出商品等。

存货的特征如下:

(1)以一定的物质实体存在,是一项有形资产;

(2)具有较大的流动性,通常能在1年内转换成现金或其他资产;

(3)是日常活动中销售或为生产中耗用的流动资产。

(二)存货的分类

存货的分类		
按经济用途的分类	按存放地点的分类	按取得方式的分类
·原材料	·在库存货	·外购存货
·在产品	·在途存货	·自制存货
·自制半成品	·在制存货	·委托加工存货
·产成品	·在售存货	·投资者投入的存货
·商品		·接受捐赠取得的存货
·周转材料		·通过债务重组取得的存货
		·非货币性资产交换取得的存货
		·盘盈的存货

(三)存货的计量

存货是企业的重要资产,存货确认必须满足资产的定义和确认条件。存货同时满足下列条件的,才能予以确认:

(1)与该存货有关的经济利益很可能流入企业;

(2)该存货的成本能够可靠地计量。

取得存货的初始计价——计量原则是以取得存货的实际成本为基础。实际成本包括:

(1)采购成本——包括购买价款、相关税费、运输费、装卸费、保险费以及其他可归属于存货采购成本的费用。

(2)加工成本——即直接人工以及按照一定方法分配的制造费用。

(3)其他成本——是指除采购成本、加工成本以外的,使存货达到目前场所和状态所发生的其他支出。

注意,存货的成本不包括:

(1)非正常消耗的直接材料、直接人工和制造费用,直接计入"营业外支出"科目。

(2)仓储费用(不含生产性必须仓储费用),计入“管理费用”科目。

(3)商品流通企业在采购过程的运输费、装卸费、保险费、包装费、仓储费、入库前的整理挑选费等采购费用,计入“销售费用”科目。

(四)存货发出的核算

1. 个别计价法

个别计价法又称个别认定法、具体辨认法、分批实际法。采用个别计价法是指假设存货的成本流转与实物流转相一致,按照各种存货,逐一辨认各批发出存货和期末存货所属的购进批别或生产批别,分别按其购入或生产时所确定的单位成本作为计算各批发出存货和期末存货成本的方法。

优缺点及适用范围:

(1)优点:分摊发货与结货的成本较准确、合理。

(2)缺点:需对发货与结货逐批辨认所属收入批次,工作量大。

(3)适用范围:容易识别、存货品种数量不多、单位成本较高的存货,如房产、船舶、珠宝。

2. 先进先出法

先进先出法是指假定先购进的存货先发出(销售或耗用),并根据这种假定的成本流转顺序,对发出存货和期末存货进行计价的方法。具体做法是:收入存货时,逐笔登记收入存货的数量、单价和金额;发出存货时,按照先进先出的原则逐笔登记存货的发出成本和结存金额,即先按第一批入库存货的单价计算发出存货的成本,领发完毕后,再按第二批入库存货的单价计算。依此类推,若领发的存货属于前后两批入库且单价又不相同,就分别需要用两个单价计算。

优缺点及适用范围:

(1)优点:不能随意选择存货计价方法以调整当期利润。

(2)缺点:①计价繁琐,工作量较大;②涨价时高估当期利润与期末存货价值,跌价时低估。

(3)适用范围:受物价影响较小、存货收发不太频繁的存货。

3. 加权平均法

加权平均法也称月末一次加权平均法或综合平均法,是根据本月收入全部存货的数量加月初存货数量作为权数,除以本月收入存货全部成本和月初存货成本之和,计算出存货的加权平均单位成本,从而确定已销存货成本和期末存货成本的一种计价方法。

优缺点和适用范围:

(1)优点:①月末一次平均,较简便;②平均化的分摊方法可排除物价涨跌影响而折中。

(2)缺点:不能随时反映发出与结存存货的单价和金额,不便于管理。

(3)适用范围:收发比较频繁、单位价值不高的存货。

4. 移动加权平均法

移动加权平均法是指以本次进货入库前结存存货实际成本加本次收入存货实际成本,除以本次进货入库前结存存货数量加本次收入存货数量,据以计算移动加权平均单位成本,作为下次进货前计算发出存货成本和结存存货成本依据的一种方法。

优缺点及适用范围:

(1)优点:

①能及时反映存货的发出与结存;②计算的单位成本、发出与结存成本较为客观。

(2)缺点:计算工作量较大。

(3)适用范围:不适用于存货收发较频繁的企业。

各种存货计价方法的影响及选择

(1)影响——对企业财务状况、利润、所得税、现金流量等产生一定影响。

(2)选择——应充分考虑每一种计价方法对企业利润、财务状况、现金流量的影响,结合企业的实际情况,决定采用何种计价方法。一旦选择某种方法,以后就不得随意变更。

根据《中华人民共和国会计法》第十八条"各单位采用的会计处理方法,前后各期应当一致,不得随意变更;确有必要变更的,应当按照国家统一的会计制度的规定变更,并将变更的原因、情况及影响在财务会计报告中说明",以及第二十六条"公司、企业进行会计核算不得有下列行为:(三)随意改变费用、成本的确认标准或者计量方法,虚列、多列、不列或者少列费用、成本"的规定,企业关于存货的计价方法一经确定后,即应当按照该方法对存货的收、发、余等事项进行核算,而且不得随意变更。若确实需要变更的,应当依照法定程序处理。

二、原材料

原材料是指企业在生产过程中经加工改变其形态或性质并构成产品主要实体的各种原料、主要原材料和外购半成品,以及不构成产品实体但有助于产品形成的辅助材料。原材料具体包括原料及主要材料、辅助材料、外购半成品(外购件)、修理用备件(备品备件)、包装材料和燃料等。

(一)实际成本法

原材料采用实际成本核算时,无论是总分类核算还是明细分类核算,材料的收发及结存均按实际成本计价。这种核算方法一般适用于规模较小、原材料品种简单、采购业务不多的企业。

1. 购入材料

(1)货款已经支付或已开出承兑商业汇票,同时原材料已验收入库。这是材料采购业务中最简单的一种情况。

(2)货款已经支付或已开出承兑商业汇票,原材料尚未到达或尚未验收入库。

(3)货款尚未支付,原材料已经验收入库。

(4)货款已经预付,原材料尚未验收入库。

2. 发出材料

由于企业材料的日常领发业务频繁,为了简化日常核算工作,平时一般只记材料明细分类账,反映各种材料的收发和结存金额,月末根据"领料单"、"限额领料单"中有关领料的单位、部门等加以归类,编制"发料凭证汇总表",据以编制记账凭证、登记入账。

(二)计划成本法

原材料按计划成本进行计价的核算,是指原材料的日常收发及结存,无论是总分类核算还是明细分类核算,均按照计划成本计价的方法。材料计划成本的构成内容应当与实际成本的构成内容相同。这种方法的优点是既可以简化存货的日常核算手续,又有利于考核采购部门的工作业绩。

1. 购入材料

(1)货款已经支付,同时原材料验收入库。

(2)货款已经支付,原材料尚未验收入库。

(3)货款尚未支付,原材料已经验收入库。

2. 发出材料

在计划成本计价下,发出材料的总分类核算与按实际成本计价的账务处理程序基本相同。原材料的总分类核算要按计划成本结转发出材料的成本;同时,结转发出材料应负担的成本差异,从而将发出材料的计划成本调整为实际成本。

三、库存商品

工业企业的库存商品主要是指产成品。产成品是指企业已经完成全部生产过程并已验收入库,合乎标准规格和技术条件,可以按照合同规定的条件送交订货单位,或者可以作为商品对外销售的产品。企业接受外来原材料加工制造的代制品和为外单位加工修理的代修品,制造和修理完成并验收入库后,视同企业的产成品。

库存商品可以采用实际成本核算,也可以采用计划成本核算,其方法与原材料相似。

四、委托加工物资

委托加工物资是指企业由于本身生产条件的限制或其他原因,委托外单位加工的各种原材料、商品等物资。

企业委托外单位加工物资的实际成本包括:加工中耗用物资的实际成本;支付的加工费用;支付委托加工物资的往返运杂费;支付的税金,即委托加工物资应负担的消费税(即属于消费税应税范围的加工物资)。

五、周转材料

周转材料是指企业能够多次使用、逐渐转移其价值但仍保持原有形态不确认为固定资产的材料,主要包括包装物、低值易耗品等。

(一)包装物

包装物是指用于包装本企业产品而储备的各种包装容器,如桶、箱、坛、袋、瓶等。主要包括以下几种:

(1)生产过程中用于包装产品并作为产品组成部分的包装物。

(2)随同商品出售而不单独计价的包装物。

(3)随同商品出售单独计价的包装物。

(4)出租或出借给购买单位使用的包装物。

(二)低值易耗品

低值易耗品是指不能作为固定资产的各种用具物品(如工具、管理用具、玻璃器皿),以及在经营过程中周转使用的包装容器等。低值易耗品与固定资产同属企业的劳动资料,可多次使用而不改变原有的实物形态,使用过程中需要进行维修,报废时有残值,但低值易耗品属于价值较低或使用年限较短、易损易耗的工具和设备。因此,低值易耗品视同存货,作为流动资产核算和管理。

4.3 存货·操作指南

一、原材料

(一)采用实际成本计价核算

1. 账户设置

为了核算和监督原材料增减变动及结余情况，企业应设置“原材料”、“在途物资”、“应付账款”、“预付账款”、“应交税费——应交增值税(进项税额)”等账户。

(1)“原材料”账户。属于资产类，核算企业库存的各种材料，包括原料及主要材料、辅助材料、外购半成品(外购件)、修理用备件(备品备件)、包装材料、燃料等。借方登记验收入库的原材料的实际成本，贷方登记发出原材料的实际成本，期末借方余额反映库存材料的实际成本。“原材料”账户可按材料的保管地点(仓库)与材料的类别、品种和规格等进行明细核算。

(2)“在途物资”账户。属于资产类，企业采用实际成本(或进价)进行材料、商品等物资的日常核算，货款已付但尚未验收入库的购入材料或商品的采购成本通过该账户核算。借方登记企业购入的在途物资的实际成本，贷方登记已验收入库材料的实际成本，期末借方余额反映在途物资的实际采购成本。该账户可按供应单位的物资品种进行明细核算。

2. 外购原材料的核算

(1)单货同到。即结算凭证等单据与材料同时到达的采购业务，企业应根据“增值税专用发票”发票联和抵扣联以及收料单等单据，借记“原材料”、“应交税费”等账户，根据签发的转账支票，贷记“银行存款”、“应付账款”、“应付票据”等账户。

小规模纳税人或购入物资不能取得增值税专用发票的公司购入原材料，根据普通发票按购入原材料应支付的金额，借记“在途物资”、“原材料”、“销售费用”等账户，贷记“银行存款”、“应付账款”、“应付票据”等账户。

(2)单到货未到。即结算凭证等单据已到、材料未到达的采购业务，多数是企业向外地采购材料，采用“托收承付”或“商业汇票”等结算方式。企业应根据“增值税专用发票”发票联和抵扣联等单据，借记“在途物资”、“应交税费”等账户，根据签发的转账支票，贷记“银行存款”、“应付账款”、“应付票据”等账户；待收到材料验收入库后，根据收料单，借记“原材料”账户，贷记“在途物资”账户。

(3)货到单未到。即材料已验收入库，但发票账单未到无法确定其实际成本的采购业务。为了简化核算手续，月份内发生的业务可暂不进行账务处理，而只将收到的材料登记明细分类账，待收到发票账单再进行有关账务处理。如果至月末发票账单等仍未收到，则应先按同类材料的价格或合同价暂估入账，借记“原材料”账户，贷记“应付账款——暂估应付账款”账户；下月初用红字做同样的记录，予以冲回；待收到发票账单后，按正常购入材料的程序进行账务处理。

3. 采购材料在途中发生短缺和毁损的处理

(1)定额内合理的途中损耗，计入材料的采购成本。

(2)能确定由供应单位、运输单位、保险公司或其他过失人赔偿的，应向有关单位或责任人索赔，自“在途物资”账户转入“应付账款”账户或“其他应收款”账户。

(3)凡尚待查明原因和需要报经批准才能转销处理的损失，应将其损失从“在途物资”账户转入“待处理财产损溢”账户，查明原因后再分别处理：

①属于应由供货单位、运输单位、保险公司或其他过失人负责赔偿的，将其损失从“待处理财产损溢”账户转入“应付账款”账户或“其他应收款”账户；

②属于自然灾害造成的损失，应按扣除残料价值和保险公司赔偿后的净损失，从“待处理财产损溢”账户转入“营业外支出——非常损失”账户；

③属于无法收回的其他损失，报经批准后，将其从“待处理财产损溢”账户转入“管理费用”

账户。

(4)在第②和第③两种情况下,短缺和毁损的材料所负担的增值税额和准予抵扣的消费税额应自“应交税费——应交增值税(进项税额)”账户和“应交税费——应交消费税”账户随同“在途物资”账户转入相应对应账户。

4. 自制材料完工验收入库,按照实际成本,借记“原材料”账户,贷记“生产成本”账户。

5. 投资者投入的原材料,按照实际成本,借记“原材料”账户,按专用发票上注明的增值税额,借记“应交税费——应交增值税(进项税额)”账户,按照投资合同或协议约定的价值,贷记“实收资本”(或股本)等账户。

6. 从生产中回收的废料,根据废料交库单估计入账,借记“原材料”账户,贷记“生产成本”等有关账户,以冲减产品成本中的材料费用。

7. 发出原材料的账务处理

在实际工作中,企业各生产单位及有关部门领用的材料具有种类多、业务频繁等特点,为了简化核算,可以在月末根据“领料单”或“限额领料单”等发料凭证,按照领用部门和用途汇总编制“发料凭证汇总表”,据以编制记账凭证,登记总分类账。

企业应根据材料用途和领用部门,分别记入相应账户。凡车间生产产品领用的原材料金额,借记“生产成本”账户;车间管理及一般消耗领用的原材料金额,借记“制造费用”账户;厂部管理及一般消耗领用的原材料金额,借记“管理费用”账户;专设销售机构领用的原材料金额,借记“销售费用”账户;委托加工发出的原材料金额,借记“委托加工物资”账户;福利部门领用的原材料金额,借记“应付职工薪酬”等账户;在建工程领用的原材料金额,借记“在建工程”账户。同时企业原材料减少,贷记“原材料”账户。涉及增值税和消费税等相关税费的,还要进行相应的账务处理。

(二)采用计划成本计价核算

1. 账户设置

为了核算和监督原材料增减变动及结余情况,企业应设置“原材料”、“材料采购”和“材料成本差异”等账户。

(1)“原材料”账户。属于资产类,核算企业库存的各种材料,包括原料及主要材料、辅助材料、外购半成品(外购件)、修理用备件(备品备件)、包装材料、燃料等。借方登记验收入库的原材料的计划成本,贷方登记发出原材料的计划成本,期末借方余额反映库存材料的计划成本。“原材料”账户可按材料的保管地点(仓库)、材料的类别、品种和规格等进行明细核算。

(2)“材料采购”账户。属于资产类,核算企业采用计划成本进行材料日常核算而购入材料的采购成本。借方登记采购材料的实际成本,以及结转实际成本小于计划成本的差异数(节约额),贷方登记验收入库材料的计划成本,以及结转实际成本大于计划成本的差异额(超支额);期末借方余额反映企业在途材料的采购成本。该账户可按供应单位和材料品种进行明细核算。

(3)“材料成本差异”账户。属于资产类,核算企业采用计划成本进行日常核算的材料计划成本与实际成本的差额。企业可以在“原材料”、“周转材料”、“委托加工物资”等科目设置“材料成本差异”账户,该账户应分别“原材料”、“周转材料”、“委托加工物资”等,按照类别或品种进行明细核算,不能使用一个综合差异率。

2. 外购原材料的核算

材料成本差异

借方	贷方
①入库材料超支差异	①入库材料节约差异
②发出材料负担的节约差异	②发出材料负担的超支差异
期末借方余额：企业库存材料的实际成本大于计划成本的超支差异	期末贷方余额：企业库存材料的实际成本小于计划成本的节约差异

原材料按计划成本计价核算时，不论材料是否入库，取得的原材料都必须先通过“材料采购”账户进行核算。材料验收入库后，再转入“原材料”账户，同时结转材料成本差异，这是材料按计划成本进行核算的一般程序。

(1)单货同到。即结算凭证等单据与材料同时到达的采购业务。企业在办理款项结算并同时办理材料验收入库手续后，应根据“增值税专用发票”的发票联和抵扣联以及“材料入库单”等，按实际结算的款项借记“材料采购”、“应交税费——应交增值税(进项税额)”等账户，根据签发的转账支票，贷记“银行存款”、“其他货币资金”、“应付账款”、“应付票据”等账户；同时，根据收料单按计划成本借记“原材料”账户，贷记“材料采购”账户，并结转入库材料的材料成本差异额。超支差异借记“材料成本差异”账户，贷记“材料采购”账户；节约差异做相反的账务处理。

(2)单到货未到。即结算凭证等单据已到、材料未到达的采购业务。企业应根据“增值税专用发票”的发票联和抵扣联等，按实际结算的款项借记“材料采购”、“应交税费——应交增值税(进项税额)”账户，根据签发的转账支票贷记“银行存款”、“其他货币资金”、“应付账款”、“应付票据”等账户；待材料到达验收入库时，根据收料单按计划成本借记“原材料”账户，贷记“材料采购”账户，并结转入库材料的材料成本差异额。

(3)货到单未到。即材料已验收入库，但发票账单未到，无法确定其实际成本的采购业务，这种情况的处理与原材料按实际成本计价核算类似。月份内发生的，可暂不进行账务处理，月末按材料的计划成本暂估入账；下月初用红字冲回。

3. 发出原材料的核算

(1)按计划成本结转发出材料的成本，按材料领用部门和用途，借记“生产成本”、“制造费用”、“管理费用”、“销售费用”、“委托加工物资”、“其他业务成本”等成本费用类账户，贷记“原材料”账户。

(2)计算发出材料应负担的成本差异，结转发出材料应负担的超支成本差异，借记“生产成本”、“制造费用”、“管理费用”、“销售费用”、“委托加工物资”、“其他业务成本”等成本费用类账户，贷记“材料成本差异“账户；结转发出材料应负担的节约成本差异，则做相反的账务处理。

其中，材料成本差异的计算公式如下：

本期材料成本差异率＝(月初结存材料成本差异＋本月收入材料成本差异总额)/(月初结存材料计划成本＋本月收入材料计划成本总额)×100％

发出材料应负担的成本差异=发出材料的计划成本×材料成本差异率

发出材料的实际成本=发出材料的计划成本±发出材料应负担的成本差异

结存材料应负担的成本差异=结存材料的计划成本×材料成本差异率

结存材料的实际成本=结存材料的计划成本±结存材料应负担的成本差异

注意:发出材料应负担的成本差异,必须按月分摊,不得在季末或年末一次计算。发出材料应负担的成本差异,除委托外部加工发出材料可按上月的差异率计算外,都应使用当月的实际差异率。如果上月的成本差异率与本月成本差异率相差不大的,也可按上月的成本差异率计算。计算方法一经确定,不得随意变动。

二、库存商品

1. 账户设置

为了核算与监督库存商品的收发和结存情况,企业应设置“库存商品”账户。该账户属于资产类,借方登记验收入库的库存商品的成本,贷方登记发出库存商品的成本,期末借方余额反映企业结存库存商品的实际成本。该账户可按库存商品的种类、品种和规格等进行明细核算。

2. 账务处理

工业企业的产成品一般应按实际成本进行核算。产成品的收入、发出和销售,平时只记数量不记金额,月度终了,计算生产完工验收入库产成品的实际成本,按实际成本借记“库存商品”账户,贷记“生产成本——基本生产成本”等账户。对发出和销售的产成品,可以采用先进先出法、加权平均法、移动平均法或者个别计价法等方法确定其实际成本,借记“主营业务成本”等账户,贷记“库存商品”账户。盘盈与盘亏的库存商品核算,比照原材料核算相关规定进行账务处理。

三、委托加工物资

1. 科目设置

需要缴纳消费税的委托加工物资,加工物资收回后直接用于销售的,由受托方代收代缴的消费税计入委托加工物资成本,记入“委托加工物资”账户借方;如果收回的委托加工物资用于继续加工的,记入“应交税费——应交消费税”账户的借方。

为反映和监督委托加工物资增减变动及其结存情况,企业应当设置“委托加工物资”账户,借方登记委托加工物资的实际成本,贷方登记加工完成验收入库的物资的实际成本和剩余物资的实际成本,期末余额在借方,反映企业尚未完工的委托加工物资的实际成本等。委托加工物资也可以采用计划成本或售价进行核算,其方法与库存商品相似。

2. 账务处理

(1)发出物资

企业发出委托外单位加工的物资时,应按发出物资的实际成本,借记“委托加工物资”账户,贷记“原材料”账户;采用计划成本核算的企业,应按计划成本,借记“委托加工物资”账户,贷记“原材料”账户,同时结转材料成本差异,借记“委托加工物资”账户,贷记“材料成本差异”账户(如为节约差异,用红字登记)。

(2)支付的加工费、增值税和运杂费等

企业支付的加工费、应负担的运杂费和企业支付的不准予抵扣的增值税,应计入委托加工物资的成本,借记“委托加工物资”账户,企业支付的准予抵扣的增值税,作为进项税额处理,借记“应交税费——应交增值税(进项税额)”账户，贷记“银行存款”账户。

(3)加工完成收回加工物资

委托加工物资加工完毕收回后，应按加工收回物资的实际成本和剩余物资的实际成本，借记“原材料”、“库存商品”等账户，贷记“委托加工物资”账户。采用计划成本核算的企业，还应同时结转材料成本差异，借记或贷记“委托加工物资”账户，贷记或借记“材料成本差异”账户。

四、周转材料

(一)包装物

1. 账户设置

为了核算和监督包装物的增减变动及其价值损耗、结存等情况，企业应当设置“周转材料——包装物”账户进行核算。

包装物

外购、自制及委托加工收回的实际成本	生产使用、出售、出租、出借的实际成本
期末结存的实际成本	

2. 账务处理

企业包装物可按实际成本计价，也可按计划成本计价。企业购入、自制、委托外单位加工完成验收入库的包装物的核算，与原材料收入的核算完全相同，可以比照原材料的核算方法进行核算。发出包装物的核算，应按其用途的不同分别进行处理。

生产领用的包装物，多数属于内包装，成为产品不可分割的组成部分，这种包装物一般不单独计价，直接计入产品成本。

(1)一次摊销法——领用时，将其成本一次全部摊入成本或费用。

适用于一次领用数量不多、价值较低或易损坏的产品。缺点：比较简单，但费用负担不够均衡且会出现账外财产。

(2)随同商品出售不单独计价的包装——领用时作为销售费用处理。

按其实际成本，借记“销售费用”账户；按其计划成本，贷记“周转材料——包装物”账户；按其差额，借记或贷记“材料成本差异”账户。

(3)随同产品出售单独计价的包装物——视同材料销售处理。

按所售产品的增值税率计算增值税销项税额，其销售收入记入“其他业务收入”账户，包装物成本记入“其他业务成本”账户。如按计划成本核算，还应同时结转材料成本差异，借记或贷记“材料成本差异”账户。

(4)出租、出借包装物。

出租包装物是企业为了促进销售向客户提供的一种有偿服务，取得的租金收入作为企业的其他业务收入，出租包装物的摊销价值作为企业的其他业务成本。销售过程中出租包装物的租金收入按税法规定，应随产品销售计征增值税等。收到租金时，借记“库存现金”账户或“银行存款”账户，贷记“其他业务收入”、“应交税费——应交增值税(销项税额)”等账户。出租包装物摊销时，借记“其他业务成本”账户，贷记“周转材料——包装物”账户，如按计划成本核算，还应同时结转材料成本差异，借记或贷记“材料成本差异”账户。

出借包装物给购货单位免费使用，由于没有收入，应将出借包装物的成本视为企业在销售过程中的耗费，记入“销售费用”账户。借记“销售费用”账户，贷记“周转材料——包装物”账户，如按计划成本核算，还应同时结转材料成本差异，借记或贷记“材料成本差异”账户。

已使用的出租、出借包装物，不能继续周转使用而报废时，对其残料价值，应借记“原材料”、“库存现金”等账户，贷记“其他业务成本”（出租包装物）账户或“销售费用”（出借包装物）账户。

（二）低值易耗品

低值易耗品是指不能作为固定资产核算的各种用具物品，如工具、管理用具、玻璃器皿，以及在经营过程中周转使用的包装容器等。

低值易耗品，从性质上看属于劳动资料，可以多次参加周转，并且不改变原有的实物形态。但是，由于其价值较低，或易于损坏，为了简化核算与管理工作，会计上把它归入流动资产，视同存货进行核算与管理。

1. 账户设置

为了核算低值易耗品的收入、发出、结存情况，企业应设置“周转材料——低值易耗品”账户。该账户属于资产类账户，借方登记低值易耗品的增加，贷方登记低值易耗品的减少，期末余额在借方，通常反映企业期末结存低值易耗品的金额。

2. 账务处理

（1）一次摊销法是指在领用低值易耗品时，将其价值一次摊入有关成本、费用的方法。这种方法核算手续简便，但将领用低值易耗品的成本从账上一次转出，不利于财产的保管，并且各期负担的费用不够均衡。因此，该方法适用于价值较低或极易损坏的低值易耗品。

（2）五五摊销法是指低值易耗品在领用时先摊销其账面价值的50%，报废时再摊销其账面价值的50%，即低值易耗品分两次各按一半进行摊销。五五摊销法既适用于价值较低、使用期限较短的低值易耗品，也适用于每期领用数量和报废数量大体相等的低值易耗品。

五、存货清查与期末计量

（一）存货清查

存货清查是指通过对存货的实地盘点，确定存货的实有数量，并与账面结存数核对，从而确定存货实存数与账面结存数是否相符的一种专门方法。

（二）存货盘盈的核算

存货盘盈是指存货的实存数大于账存数。存货盘盈的原因很多，如收发计量或核算上的错误。企业发生存货盘盈，应及时办理存货入账手续，调整账面记录，即借记“原材料”账户，贷记“待处理财产损溢——待处理流动资产损溢”账户；待有关部门批准后，再冲减管理费用，即借记“待处理财产损溢——待处理流动资产损溢”账户，贷记“管理费用”等账户。

（三）存货盘亏和毁损的核算

存货盘亏是指存货的实存数小于账存数。存货毁损是指由于自然灾害、人为过失所造成的毁损。企业发生原材料盘亏和毁损时，批准前应先按盘亏原材料的账面价值结转到“待处理财产损溢”账户，调整账面记录，即借记“待处理财产损溢——待处理流动资产损溢”、“存货跌价准备”等账户，按盘亏原材料的账面余额，贷记“原材料”账户，涉及增值税和消费税的，还应进行相应处理。待有关部门批准后，再根据造成盘亏和毁损的原因，区别情况做出账务处理：

（1）属于自然损耗产生的定额内损耗，经批准后转作管理费用。借记“管理费用”账户，贷记“待处理财产损溢——待处理流动资产损溢”账户。

(2)属于计量收发差错和管理不善等原因造成的存货短缺或毁损,应先扣除残料价值、可以收回的保险赔偿和过失人的赔偿,然后将净损失计入管理费用。即按残料价值,借记"原材料"等账户,按可收回的保险赔偿,借记"其他应收款"账户,按"待处理财产损溢"账户余额,贷记"待处理财产损溢——待处理流动资产损溢"账户,按上述借贷差额,借记"管理费用"账户。

(3)属于自然灾害等不可抗拒的原因而造成的存货毁损,应先扣除残料价值和可以收回的保险赔偿,然后将净损失转作营业外支出。按残料价值,借记"原材料"等账户,按可收回的保险赔偿,借记"其他应收款"账户,按"待处理财产损溢"账户余额,贷记"待处理财产损溢——待处理流动资产损溢"账户,按上述借贷差额,借记"营业外支出——非常损失"账户。

(四)存货期末计量

1. 存货期末计量原则

企业期末存货的价值通常是以历史成本来确定。但是,由于存货市价的下跌以及存货陈旧、过失、毁损等原因,导致存货的价值减少,采用历史成本不能真实地反映存货的价值。因此,基于谨慎性要求,资产负债表日存货应当按照成本与可变现净值孰低法计量。其中,成本是指期末存货的实际成本;可变现净值是指在日常活动中存货的估计售价减去至完工时估计将要发生的成本、估计的销售费用以及相关税费后的金额。

企业应根据《企业会计准则第1号——存货》进行存货减值判断。当存货成本低于可变现净值时,存货按成本计量;当可变现净值低于成本时,存货按可变现净值计量。

2. 不同情况下存货可变现净值的确定

(1)直接用于出售的存货可变现净值的确定

①无销售合同:

可变现净值=市场销售价格-估计销售费用及相关税费

②有销售合同:

可变现净值=合同价格-估计销售费用及相关税费

(2)需要经过加工的存货可变现净值的确定

用于生产产品(该产品有合同)的材料:

第一步:计算产品的可变现净值

可变现净值=产品合同价格-估计销售费用及相关税费

第二步:比较产品的可变现净值与成本

当产品的可变现净值低于成本时,材料按照可变现净值计量。

可变现净值=产品合同价格-至完工进一步加工的成本-估计的销售费用及相关税费

当产品的可变现净值高于成本时,材料按照成本计量。

注意:如果该产品无销售合同,则按市场价格为基础计算可变现净值。

3. 存货跌价准备核算

为了核算和监督企业发生存货跌价准备的计提、转回等情况,企业应设置"存货跌价准备"账户。该账户属于资产类,是存货各项目的备抵账户。借方登记存货跌价准备的转回和结转金额,贷方登记存货跌价准备的提取金额,期末余额一般在贷方,反映企业已计提尚未转销的存货跌价准备。该账户可按存货项目或类别进行明细核算。

(1)存货跌价准备的计提

资产负债表日,企业应比较存货成本与可变现净值,当成本低于可变现净值时,无须做账务处理，资产负债表中的存货仍按期末账面价值列示；当可变现净值低于成本时，计算除应计提的存货跌价准备，再与已提数进行比较，若应提数大于已提数，应予以补提。企业计提的存货跌价准备，应计入当期损益（资产减值损失）。借记“资产减值损失——计提的存货跌价准备”账户，贷记“存货跌价准备”账户。

（2）存货跌价准备的转回

当以前减记存货价值的影响因素已经消失时，减记的金额应当予以恢复，并在原已计提的存货跌价准备金额内（即“存货跌价准备”余额冲减至零为限）转回，转回的金额计入当期损益（资产减值损失）。借记“存货跌价准备”账户，贷记“资产减值损失——计提的存货跌价准备”账户。

（3）存货跌价准备的结转

企业计提了存货跌价准备，如果其中有部分存货已经销售，则企业在结转销售成本时，应同时结转对其已计提的存货跌价准备。借记“存货跌价准备”账户，贷记“主营业务成本”、“其他业务成本”等账户。

项目 5

长期股权投资

5.1 长期股权投资·工作任务

市场经济条件下，企业生产经营日趋多元化，除传统的经过原材料投入、加工、销售方式获取利润外，通常采用投资、收购、兼并、重组等方式拓宽生产经营渠道、提高获利能力。投资是企业为了获得收益或实现资本增值向被投资单位投放资金的经济行为。企业对外进行的投资，从性质上划分，可以分为权益性投资和债权性投资。本项目适用于《企业会计准则第 2 号——长期股权投资》规划的权益性投资。以下是关于长期股权投资的两项工作任务，一项由老师和学生共同完成，一项由学生独立完成。

5.1.1 长期股权投资·工作任务·师生教学做

武汉天河有限责任公司(以下简称天河公司)为增值税一般纳税人，增值税税率为 17%。纳税人识别号：420110842903788；地址：武汉市东湖高新区光谷创业街 121 号，电话：027－54808382；开户行及账号：中国工商银行虎泉支行 12341234。2013～2015 年发生如下经济业务，据以进行账务处理(原始单据见同步操作)：

1. 2013 年 1 月 1 日，遵循与神马公司签订的"股权转让协议"购入中威有限责任公司 5% 的股份，收到"收款收据"的收据联，列明转让价格 300 000 元。签发"转账支票"付讫。

2. 2014 年 4 月 20 日，据"上海证券报公告"得知，中威公司 2013 年实现净利润 400 万元。中威公司宣告发放现金股利 120 万元，编制"内部转账单"按持股比例计算本公司投资损益。

3. 2014 年 5 月 16 日，收到中威公司股利，现金 66 000 元，开具"收款收据"，填"进账单"到银行办理进账手续，带回"进账单"回单联。

4. 2014 年 1 月 2 日，收到新元公司开具的"收款收据"的收据联，签发"转账支票"出资 500 万元，取得了大发公司 30%的份额后，派出高管人员参与大发公司的生产经营决策，对大发公司施加重大影响，实施联营。购买股权时大发公司的所有者权益的账面总额为 1 500 万元。(各项可辨认资产、负债的公允价值与账面价值相同；两公司采用的会计政策相同。)

5. 2015 年 4 月 30 日，收到大发公司 2014 年度"利润报"表上列示净利润为 220 万元。编制"内部转账单"，按持股比例调整长期股权投资。

6. 2015 年 5 月 1 日，据“上海证券报公告”得知大发公司宣告发放现金股利 100 万元，本公司按持股 30%比例可以分得现金股利 30 万元，据以填制“内部转账单”。

7. 2015 年 1 月 5 日，与武汉大化有限责任公司签订股权转让协议生效，转让对中威公司 5%的控股权价格为 85 万元，开具“收款收据”留置“收款方凭证联”，收到金额为 85 万元的“转账支票”一张，据以填写“进账单”，到开户行办理进账手续。

8. 2015 年 12 月 31 日，据“华泰证券网上证券交易分析系统”公告，联营企业仁生公司的资产市价当期大幅度下跌，按其跌幅计算本公司对其的股权投资可收回金额为 400 万元。查账得知：“长期股权投资——仁生公司”借方余额 527 万元，“长期股权投资减值准备——仁生公司”贷方余额 100 万元。编制“长期股权投资减值计算表”。

5.1.2　长期股权投资·工作任务·学生独立做

武汉晨光有限责任公司（以下简称晨光公司）为增值税一般纳税人，增值税税率为 17%。纳税人识别号：420101032635924；地址：武汉东湖高新开发区 121 号，电话：027－86250966；开户行及账号：工行光谷支行 003456。2012～2013 年发生如下经济业务，据以进行账务处理（原始单据见同步操作）：

根据《企业会计准则》规定，武汉晨光有限责任公司（以下简称晨光公司）对子公司的投资以及对不具有共同控制或重大影响，且在活跃市场中没有报价、公允价值不能可靠计量的公司的投资采用成本法核算；对具有共同控制和重要影响的公司的投资采用权益法核算。

1. 2012 年 1 月 1 日，向同一集团内的红紫公司的原股东定向增发 1 200 万股普通股，每股面值 1 元，市价 2.50 元，取得红紫公司 100%的股权，并于当日起能够对红紫公司实施控制。合并后，红紫公司仍维持其独立法人资格继续经营。两公司采用的会计政策相同。合并日，红紫公司的所有者权益账面总额为 2 000 万元。

2. 2012 年 1 月 1 日，以银行存款 1 000 万元购入安法有限责任公司 30%的股份（假设不考虑相关费用），对安法公司财务和经验政策具有重大影响。2012 年 1 月 3 日，安法公司所有者权益总额为 3 000 万元（与可辨认净资产公允价值相同）。签发金额为 1 000 万元的转账支票一份。

3. 2013 年 4 月 30 日，收到安法公司 2012 年度“利润报”表上列示净利润为 500 万元。编制“内部转账单”，按持股比例调整长期股权投资。

4. 2013 年 5 月 10 日，据“上海证券报公告”得知安法公司宣告发放现金股利 300 万元，本公司按持股 30%比例可以分得现金股利 90 万元，据以填制“内部转账单”。

5. 2013 年 5 月 20 日，收到安法公司“转账支票”一份，系其发放的现金股利 900 000 元，开具“收款收据”，填“进账单”到银行办理进账手续，带回“进账单”回单联。

6. 2013 年 12 月 31 日，据“华泰证券网上证券交易分析系统”公告，联营企业火炬公司的资产市价当期大幅度下跌，按其跌幅计算本公司对其的股权投资可收回金额为 700 万元。查账得知：“长期股权投资——火炬公司”借方余额 820 万元，“长期股权投资减值准备——火炬公司”贷方余额 20 万元。编制“长期股权投资减值计算表”。

5.2 长期股权投资·理论知识

一、长期股权投资

1. 定义

所谓股权投资，是指公司支付对价获取被投资单位一定的股权或资本份额的对外投资行为。长期股权投资包括企业持有的对其子公司、合营企业及联营企业的权益性投资，以及企业持有的对被投资单位不具有共同控制或重大影响且在活跃市场中没有报价、公允价值不能可靠计量的权益性投资。

2. 内容

(1)投资企业能够对被投资单位实施控制的权益性投资，即对子公司投资，被投资单位为本企业的子公司。

(2)投资企业与其他合营方一同对被投资单位实施共同控制的权益性投资，即对合营企业投资，被投资单位为本企业的合营企业。

(3)投资企业对被投资单位具有重大影响的权益性投资，即对联营企业投资，被投资单位为本企业的联营企业。

(4)投资企业持有的对被投资单位不具有共同控制或重大影响，并且在活跃市场中没有报价、公允价值不能可靠计量的权益性投资。

3. 核算方法

长期股权投资的核算方法有两种：一是成本法；二是权益法。

长期股权投资在持有期间，根据投资企业对被投资单位的影响程度及是否存在活跃市场、公允价值能否可靠计量等进行划分，应当分别采用成本法或权益法进行核算。长期股权投资在持有期间，因各方面情况的变化，可能导致其核算需要由一种方法转换为另外的方法。

长期股权投资的核算方法总结

投资方和被投资方的关系	持股比例	被投资方称为	投资方核算方法	是否纳入合并范围
控制	大于50%	子公司	成本法	子公司纳入合并范围，编制合并报表时，需调整为权益法核算
重大影响	20%或以上至50%(含50%)	联营企业	权益法	不纳入合并范围
共同控制	两方或多方对被投资方持股比例相同	合营企业	权益法	不纳入合并范围
没有共同控制和重大影响，活跃市场没有报价	20%以下		成本法	不纳入合并范围
备注	表中20%和50%的比例只是一种形式，最终要根据实质重于形式的会计信息质量要求进行判断。共同控制无法用准确的投资比例或者比例段来表达，因为当0<投资比例≤50%时，任何一个比例都有可能形成共同控制。			

二、长期股权投资成本法

1. 定义

成本法是指长期股权投资按投资成本计价核算的方法。在成本法下，取得长期股权投资时按其初始投资成本计价，在持有期间，除了投资企业追加投资或收回投资外，长期股权投资的账面价值一般应当保持不变。

2. 适用范围

(1)企业能够对被投资单位实施控制的长期股权投资。即企业对子公司的长期股权投资，但在编制合并财务报表时按权益法进行调整。

(2)企业对被投资单位不具有控制、共同控制或重大影响，且在活跃市场中没有报价、公允价值不能可靠计量的长期股权投资。

3. 核算步骤

(1)取得长期股权投资时

借：长期股权投资(金额为初始投资成本)

　　应收股利(金额为已宣告但尚未发放的现金股利或利润)

　　　贷：银行存款(金额为实际支付的价款、税费等)

(2)持有期间被投资单位宣告发放现金股利或利润

长期股权投资持有期间被投资单位宣告发放现金股利或利润时，企业按应享有的部分确认为投资收益。会计分录如下：

借：应收股利

　　　贷：投资收益

注意：被投资企业宣告分派无论属于投资企业投资前还是投资后实现的净利润，投资方均应该确认投资收益。

(3)企业收到现金股利或利润

借：银行存款

　　　贷：应收股利

(4)计提长期股权投资减值

企业计提长期股权投资减值准备，应当设置"长期股权投资减值准备"科目核算。

借：资产减值损失——计提长期股权投资减值准备

　　　贷：长期股权投资减值准备

(5)处置长期股权投资时

借：银行存款

　　长期股权投资减值准备

　　　贷：长期股权投资

　　　　应收股利(金额为尚未领取的现金股利或利润)

　　　　投资收益(也可能在借方)

三、长期股权投资权益法

1. 定义

权益法是指投资以初始投资成本计量后，在投资持有期间根据投资企业享有被投资单位所有者权益份额的变动对投资的账面价值进行调整的方法。

2. 适用范围

投资企业对被投资单位具有共同控制或重大影响的长期股权投资，即对合营企业投资及对联营企业投资，应当采用权益法核算。权益法核算的理念其实是将投资企业和被投资企业看成一个整体，所以当被投资方所有者权益发生变动的时候投资方要相应地按照持股比例调整长期股权投资的价值。

3. 核算步骤

权益法下，长期股权投资账户下开设“成本”“损益调整”和“其他损益变动”三个明细账户。

(1)取得长期股权投资时，要比较“初始投资成本”与“应享有被投资单位可辨认净资产公允价值份额”的大小。谁大按谁确认为长期股权投资的成本。其中：

“应享有被投资单位可辨认净资产公允价值份额”＝投资时被投资单位的所有者权益公允价值×持股比例

①“初始投资成本”大于“应享有被投资单位可辨认净资产公允价值份额”，不调整已经确认的初始投资成本。会计分录为：

借：长期股权投资——成本(金额为初始投资成本)
　　应收股利
　　　贷：银行存款

②“初始投资成本”小于“应享有被投资单位可辨认净资产公允价值份额”

借：长期股权投资——成本(金额为应享有被投资单位可辨认净资产公允价值份额)
　　应收股利
　　　贷：银行存款
　　　　营业外收入

(2)持有长期股权投资期间被投资单位实现净利润或发生净亏损

实现净利润：根据被投资单位实现的净利润计算应享有的份额。

借：长期股权投资——损益调整
　　　贷：投资收益

被投资单位发生净亏损，做相反的会计分录，但以“长期股权投资”的账面价值减记至零为限。长期股权投资的账面价值是“成本”“损益调整”“其他权益变动”三个明细账户的合计。长期股权投资账面价值减记至零，意味着“对××单位投资”的这三个明细账户合计为零。

(3)被投资单位以后宣告发放现金股利或利润时

借：应收股利
　　　贷：长期股权投资——损益调整

收到被投资单位宣告发放的股票股利，不进行账务处理，但应在备查簿中登记。

(4)在持股比例不变的情况下，被投资单位除净损益以外所有者权益的其他变动，企业按持股比例计算应享有的份额

借：长期股权投资——其他权益变动
　　　贷：资本公积——其他资本公积

或：

借：资本公积——其他资本公积
　　　贷：长期股权投资——其他权益变动

(5)处置长期股权投资时

处置长期股权投资时,按实际取得的价款与长期股权投资账面价值的差额确认为投资损益,并应同时结转已计提的长期股权投资减值准备。

借:银行存款

　长期股权投资减值准备

　　贷:长期股权投资——成本

　　　　　　　　　——损益调整

　　　　　　　　　——其他权益变动

　　　应收股利(金额为尚未领取的现金股利或利润)

　　　投资收益(也可能在借方)

同时,还应将原计入"资本公积"账户的相关金额转入"投资收益"账户。会计分录为:

借:资本公积——其他资本公积

　贷:投资收益

或者,编制相反的分录。

四、长期股权投资减值

1. 概念

长期股权投资减值准备是针对长期股权投资账面价值而言的,在期末时按账面价值与可收回金额孰低的原则来计量,对可收回金额低于账面价值的差额计提长期股权投资减值准备。而可收回金额是依据核算日前后的相关信息确定的。相对而言,长期股权投资减值这种估算是事后的,客观一些,不同时间计提的减值准备金额具有不确定性。

2. 计量

(1)企业对子公司、合营企业及联营企业的长期股权投资。

(2)企业对被投资单位不具有控制、共同控制或重大影响且在活跃市场中没有报价、公允价值不能可靠计量的长期股权投资。

5.3　长期股权投资·操作指南

一、长期股权投资成本法

1. 账户设置

对采用成本法核算的长期股权投资,为了核算和监督长期股权投资增减变动及结余情况,企业应设置"长期股权投资"、"应收股利"、"投资收益"、"长期股权投资减值准备"等账户。

在成本法下,"长期股权投资"账户核算企业持有的采用成本法核算的长期股权投资。该账户属于资产类,借方登记长期股权投资取得时的成本,贷方登记收回长期股权投资的成本,期末借方余额反映企业持有的长期股权投资的价值。该账户可按被投资单位进行明细核算。

2. 初始计量

投资企业以支付现金取得的长期股权投资,可根据"股权转让协议"按照实际支付的价款与取得长期股权投资直接相关的手续费、佣金等,作为长期股权投资的初始投资成本。根据收到的"收款收据"的收据联,借记"长期股权投资"账户,贷记"银行存款"等账户;如果实际支付的价款中包含已宣告但尚未发放的现金股利或利润,借记"应收股利"账户,贷记"长期股权投资"账户。

3. 后续计量

被投资单位宣告分派现金股利或利润时，企业编制"内部转账单"，按持股比例计算所获得的利润或现金股利确认为当期收益，借记"应收股利"账户，贷记"投资收益"账户，同时开具"收款收据"，填制进账单到银行办理进账手续，并带回"进账单"回单联。

4. 长期股权投资的处置

处置长期股权投资时，按实际取得的价款与长期股权投资账面价值的差额确认为投资损益，开具"收款收据"，留置"收款方凭证联"，并应同时结转已计提的长期股权投资减值准备。其会计处理是，企业处置长期股权投资时，按实际收到的金额，借记"银行存款"等科目，若收到款项，应按收到的"转账支票"填写"进账单"，到开户行办理进账手续，编制"长期股权投资减值计算表"，按原已计提的减值准备，借记"长期股权投资减值准备"等科目，按未领取的现金股利或利润，贷记"应收股利"科目，按其差额，贷记或借记"投资收益"科目。

二、长期股权投资权益法

1. 账户设置

对采用权益法核算的长期股权投资，为了核算和监督长期股权投资增减变动及结余情况，企业应设置"长期股权投资"、"应收股利"、"投资收益"、"长期股权投资减值准备"等账户。"长期股权投资"账户核算企业持有的采用权益法核算的长期股权投资，该账户应当分别"成本"、"损益调整"、"其他权益变动"等进行明细核算。

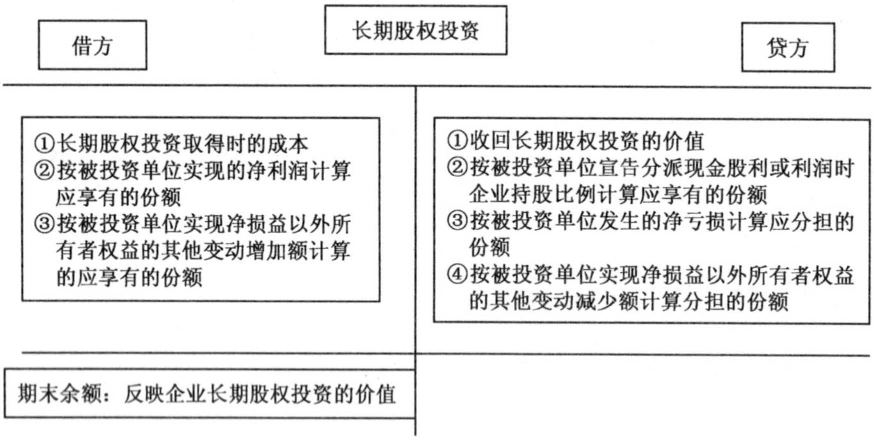

2. 初始计量

权益法下长期股权投资的初始计量可比照成本法下除企业合并形成的长期股权投资以外，以支付现金方式取得的长期股权投资，应当按照实际支付的购买价款作为初始投资成本，包括购买过程中支付的手续费等必要支出。但所支付价款中包含的被投资单位已宣告但尚未发放的现金股利或利润应作为应收项目核算，不构成取得长期股权投资的成本。

取得长期股权投资，长期股权投资的初始投资成本大于投资时应享有被投资单位可辨认净资产公允价值份额的，不调整已确认的初始投资成本，借记"长期股权投资——成本"账户，贷记"银行存款"等账户。长期股权投资的初始投资成本小于投资时，应享有被投资单位可辨认净资产公允价值份额的，借记"长期股权投资——成本"账户，贷记"银行存款"等账户，按其差额，贷记“营业外收入”账户。

3. 持有长期股权投资期间被投资单位实现净利润或发生净亏损

根据被投资单位实现的净利润，借记“长期股权投资——损益调整”账户，贷记“投资收益”账户。被投资单位发生净亏损做相反的分录，但以本科目的账面价值减记至零为限，借记“投资收益”账户，贷记“长期股权投资——损益调整”账户。上述以本科目的账面价值减记至零为限是指“长期股权投资——对××单位投资”账户，该科目由“成本”、“损益调整”、“其他权益变动”三个明细账户组成，账面价值减至零，即意味着“长期股权投资——××单位投资”的这三个明细账户合计为零。

4. 持有长期股权投资期间被投资单位除净损益以外的所有者权益的其他变动

在持股比例不变的情况下，被投资单位除净损益以外的所有者权益的其他变动，企业按照持股比例计算应享有的份额，借记或贷记“长期股权投资——其他权益变动”账户，贷记或借记“资本公积——其他资本公积”账户。

5. 长期股权投资的处置

处置长期股权投资时，实际取得的价款与长期股权投资账面价值的差额确认为投资损益，并应同时结转已计提的长期股权投资减值准备。其会计处理是：处置长期股权投资时，应按实际收到的金额，借记“银行存款”等账户，按原已计提的减值准备，借记“长期股权投资减值准备”账户，按该项长期股权投资的账面余额，贷记“长期股权投资”账户，按尚未领取的现金股利或利润，贷记“应收股利”账户，按其差额，贷记或借记“投资收益”账户。同时，还应结转原计入资本公积的相关金额，借记或贷记“资本公积——其他资本公积”账户，贷记或借记“投资收益”账户。

三、长期股权投资减值与处置

1. 科目设置

企业计提长期股权投资减值准备，应当设置“长期股权投资减值准备”科目。企业按减记的金额，借记“资产减值损失”科目，贷记“长期股权投资减值准备”科目。长期股权投资减值损失一经确认，在以后会计期间不得转回。

2. 账务处理

企业计提长期股权投资减值准备时，应按长期股权投资可收回金额小于长期股权投资账面价值的差额，借记“资产减值损失——计提的长期股权投资减值准备”账户，贷记“长期股权投资减值准备”账户。

3. 处置

企业处置长期股权投资时，应按实际收到的金额，借记“银行存款”等账户，按原已计提的减值准备，借记“长期股权投资减值准备”账户，按长期股权投资账面余额，贷记“长期股权投资”账户，按尚未领取的现金股利或利润，贷记“应收股利”账户，按其差额，贷记或借记“投资收益”账户。

企业采用权益法核算处置长期股权投资时，除上述规定外，还应结转原计入资本公积的金额，借记或贷记“资本公积——其他资本公积”账户，贷记或借记“投资收益”账户。

项目 6

固定资产

6.1 固定资产·工作任务

固定资产是企业非流动资产中的一项重要内容，在企业的资产负债表中占有重要地位，固定资产的确认和计量、取得、折旧、减值和处置等方面核算的正确与否直接关系到企业财务状况与经营成果的恰当反映，进而影响到会计信息使用者的经济决策。作为会计人员，应了解固定资产的定义、分类和确认条件，理解固定资产入账价值的构成和固定资产后续支出核算的原则，掌握固定资产取得的核算、折旧的计算方法、期末计价方法以及处置固定资产的核算方法，以提高固定资产的管理水平，增强企业的综合竞争力。以下是关于固定资产的两项工作任务，一项由老师和学生共同完成，一项由学生独立完成。

6.1.1 固定资产·工作任务·师生教学做

武汉天河有限责任公司(以下简称天河公司)为增值税一般纳税人，增值税税率为 17%。纳税人识别号：420110842903788；地址：武汉市东湖高新区光谷创业街 121 号，电话：027－54808382；开户行及账号：中国工商银行虎泉支行 12341234。2014 年 12 月发生如下经济业务，据以进行账务处理(原始单据见同步操作)：

1. 1 日，收到"武汉市建筑安装业统一发票"的发票联，签发"转账支票"支付山河公司办公楼建筑工程结算款 900 万元(系 2013 年 12 月 1 日动工兴建一幢办公楼，工期为一年，工程采用出包方式)。

2. 2 日，从北京红叶机床厂购入龙门刨床一台，货款 200 000 元，增值税税额为 34 000 元，收到"增值税专用发票"的抵扣联与发票联，从开户行取回"托收"付款通知联。设备已送达基本生产车间待安装。

3. 3 日，从武汉金尊公司购入设备安装零配件，货款 12 000 元，增值税税额为2 040元，收到增值税专用发票的抵扣联与发票联及"工程物资入库单"的会计记账联。签发"转账支票"支付 14 040 元。

4. 4 日，"工程物资出库单"会计记账联上列明，机修车间安装龙门刨床领用配件，金额为 850 元。

5.16 日，龙门刨床安装完工达到预定可使用状态。交基本生产车间使用，收到“固定资产验收单”的会计记账联。

6.18 日，本公司将暂时闲置的仓库出租给秋佳公司，开具“武汉市房屋出租专用发票”(留下会计记账联)，收到秋佳公司交来的 9 000 元现金。

7.29 日，办公楼工程竣工，达到预定可使用状态，交付使用。收到“固定资产验收单”的会计记账联。

8.31 日，公司的货车送汽车修配厂进行大修理，具体修配项目如下：汽车补胎 500 元，汽车轮胎充气 110 元，更换零部件 8 900 元。收到汽车修配厂的“增值税专用发票”发票联与抵扣联，经审核无误后以转账支票支付。

9.31 日，期末“内部转账单”上列示本公司为建造办公楼发生了专门借款，该工程应负担的资本化利息为 720 000 元。

10.31 日，依据固定资产账户资料，分别采用年数总和法、双倍余额递减法和平均年限法计提折旧。编制“固定资产折旧计算表”。

11.31 日，用于经营性出租的仓库因重建提前报废，“固定资产卡片”上列明仓库，原值 500 000元，已提折旧 375 000 元。收到“固定资产报废单”会计记账联。

12.31 日，仓库清理残料如下：青砖 1 000 000 块，每块 0.30 元，计 300 000 元，其他材料 8 000元，合计 308 000 元。材料全部入库作重建仓库用，编制“工程物资入库单”。

13.31 日，清理报废仓库的农民工蔡桂富等人领取清理费 860 元，清理仓库的项目经理在“费用报销单”单上签字：同意付款。出纳以现金付讫。仓库清理完毕，编制“内部转账单”，结平“固定资产清理——报废仓库清理”账户。

14.31 日，动力车间内燃发电机组主机损坏，已被停用。经测算该发电机组可收回金额为 10 万元，此时该内燃发电机组“固定资产卡片”上记录的账面价值为 28 万元。以前未对该内燃发电机组计提减值准备。编制“固定资产减值准备计提表”。

15.31 日，“固定资产盘存报告单”上列示：基本生产车间一台车床原值 20 万元，已提折旧 15 万元，已提减值准备 3 万元，盘亏原因为耗能超标，按车间李冒主任的要求搬出车间后，不知去向。

16.31 日，收到“固定资产清查结果审批表”，盘亏车床由李冒赔偿 2 000 元后转销。

6.1.2　固定资产·工作任务·学生独立做

武汉晨光有限责任公司(以下简称晨光公司)为增值税一般纳税人，增值税税率为 17%。纳税人识别号：420101032635924；地址：武汉东湖高新开发区 121 号，电话：027－86250966；开户行及账号：工行光谷支行 003456。2014 年 12 月发生如下经济业务，据以进行账务处理(原始单据见同步操作)：

1.7 日，从北京富康有限责任公司购入货车一辆，货款 200 000 元，增值税税额为34 000 元，收到“增值税专用发票”的抵扣联与发票联及“固定资产验收单”的会计记账联。到开户行办理“电汇”支付 234 000 元。

2.8 日，设备科决定对基本生产一车间原有车床的电机进行更新改造，改良工程出包给武汉市重型机床厂。“固定资产更新改造申请表”上列示：车床原值 30 万元，已提折旧 10 万元。改造后只提高其生产效率，不改变使用年限。

3. 9 日，开具“收款收据”，留会计记账联，系车床在技术改造过程中拆除旧电机，在二手市场出售，获变价收入 800 元现金。旧电机的原值为 6 万元，已计提折旧 2 万元。

4. 26 日，车床的技术改造完工，经过测试，运转良好。签发“转账支票”支付武汉市重型机床厂工程款 35 100 元，收到“增值税专用发票”发票联与抵扣联，列示：电机 85 000 元，技术改造费 5 000 元，税额 15 300 元。

5. 27 日，技术改造的车床交回基本生产车间使用，已在“固定资产卡片”记录改良情况。收到“固定资产验收单”的会计记账联。

6. 31 日，收到“固定资产报废单”，系基本生产车间加工所用的一台磨床，转入清理。其“固定资产卡片”上列示原值 6 万元，净残值率为 2%，预计使用 10 年，已提折旧 58 800 元。

7. 31 日，将报废磨床处置给武汉市经贸局回收公司，开“收据”收现金 1500 元。磨床清理完毕，根据“固定资产清理”明细账户余额编制“内部转账单”，结转清理损益。

8. 31 日，据办公室送来的“用车报告单”上列示厂部小轿车本月行驶 10 000 公里。“固定资产卡片”上标明该小轿车原值 150 000 元，规定行驶 100 万公里，预计净残值 3 000 元，采用工作量法计算折旧。

9. 31 日，依据固定资产卡片资料，采用年数总和法计提本月折旧。

10. 31 日，依据固定资产卡片资料，采用双倍余额递减法计提本月折旧。

11. 31 日，“固定资产盘存报告单”上列示：二车间一台钻床原值 30 万元，已提折旧 20 万元，已提减值准备 9 万元，盘亏原因为耗能超标，停用半年后，不知去向。

12. 31 日，收到“固定资产清查结果审批表”，盘亏钻床由相关责任人张线历赔偿1 000元后转销。

6.2 固定资产·理论知识

一、固定资产

1. 概念

固定资产是指同时具有以下特征的有形资产：为生产商品、提供劳务、出租或经营管理而持有的；使用寿命超过一个会计年度。使用寿命是指企业使用规定资产的预计期间，或者该固定资产所能生产产品或提供劳务的数量。

2. 特征

固定资产的特征包括：有形资产；供企业长期使用；不以投资和销售为目的；具有可衡量的未来经济利益。

3. 分类

(1)按经济用途分类，可分为：①生产经营用固定资产；②非生产经营用固定资产。

(2)按固定资产的使用情况分类，可分为：①使用中；②未使用；③不需用。

(3)按固定资产的经济用途和使用情况等综合分类，可分为：①生产经营用固定资产；②非生产经营用固定资产；③租出固定资产(指在经营租赁方式下出租给外单位使用的固定资产)；④不需用固定资产；⑤未使用固定资产；⑥土地(指过去已经评估单独入账的土地)；⑦融资租入固定资产。

二、固定资产折旧计算

（一）概念

固定资产折旧是指在固定资产的使用寿命内，按照确定的方法对应计折旧额进行的系统分摊，即固定资产由于损耗而减少的价值，包括有形损耗和无形损耗。其中，应计折旧额是指应当计提折旧的固定资产的原价扣除其预计净残值后的金额。已计提减值准备的固定资产还应当扣除已计提的固定资产减值准备累计金额。固定资产的折旧按期转入成本和费用，并随着产品销售的实现收回货款，弥补成本费用，从而使这部分价值损耗得到补偿。

（二）计量

1. 年限平均法

年限平均法是根据固定资产的应计折旧总额和规定的折旧年限来平均计算折旧的方法。其特点是将固定资产的应计折旧额均衡地分摊到固定资产预计使用寿命内。采用这种方法计算的每期折旧额都是相等的。

固定资产折旧率包括个别折旧率、分类折旧率和综合折旧率。现行制度规定按分类折旧率计提折旧。分类折旧率是指把性质与结构类似且使用年限大致相同的固定资产归为一类，分类计算平均折旧率。年限平均法的计算公式为：

年折旧率＝(1－预计净残值率)÷预计使用寿命(年)×100%

月折旧率＝年折旧率÷12

月折旧额＝固定资产原价×月折旧率

2. 工作量法

工作量法是指根据固定资产的应计折旧额和预计在使用寿命内的工作量(如行驶里程、工作小时等)来计算折旧的方法。

工作量法的基本计算公式为：

每单位工作量折旧额＝固定资产原价×(1－预计净残值率)÷预计总工作量

某项固定资产月折旧额＝该项固定资产当月工作量×单位工作量折旧额

3. 双倍余额递减法

双倍余额递减法是一种加速折旧的方法，它是在不考虑固定资产净残值的条件下，根据每年年初固定资产的折余价值和双倍的直线法折旧率计算固定资产折旧额的一种方法。双倍余额递减法有以下四个特点：

(1)不考虑固定资产净残值。

(2)采用的折旧率是直线法折旧率的双倍。

(3)每年计算折旧的基数是每年年初固定资产的折余价值。

(4)按我国制度规定，最后两年将固定资产账面净值扣除预计净残值后的余额平均摊销，即最后两年改用直线法计提折旧。

双倍余额递减法的计算公式为：

年折旧率＝2÷预计使用寿命(年)×100%

月折旧率＝年折旧率÷12

月折旧额＝每月月初固定资产账面净值×月折旧率

4. 年数总和法

年数总和法是指将固定资产的原价减去预计净残值后的余额，乘以一个逐年递减的分数来计算每年折旧额的一种方法。这个分数的分子代表固定资产尚可使用寿命，分母代表预计使用寿命逐年数字总和。采用年数总和法时，折旧率是逐年递减的，而计提折旧的基数是固定不变的。其计算公式为：

年折旧率＝尚可使用年限÷预计使用寿命的年数总和×100%

月折旧率＝年折旧率÷12

月折旧额＝(固定资产原价－预计净残值)×月折旧率

三、固定资产的后续支出核算

(一)概念

固定资产的后续支出是指固定资产在使用过程中发生的更新改造支出、修理费用等。企业的固定资产投入使用后，为了适应新技术发展的需要，或者为了维护或提高固定资产的使用效能，往往需要对现有的固定资产进行维护、改建、扩建或者改良，这些支出就是固定资产的后续支出。固定资产的后续支出通常包括固定资产在使用过程中发生的日常修理费、大修理费、更新改造支出和房屋的装修费等。

(二)计量

1. 资本化的后续支出

在对固定资产发生可资本化的后续支出后，企业应将该固定资产的原价、已计提的累计折旧和减值准备转销，将固定资产的账面价值转入“在建工程”，并停止计提折旧。固定资产发生的可资本化的后续支出，通过“在建工程”科目核算。在固定资产发生的后续支出完工并达到预定可使用状态时，应在后续支出资本化后的固定资产账面价值不超过其可收回金额的范围内，从“在建工程”科目转入“固定资产”科目，并按重新确定的使用寿命、预计净残值和折旧方法计提折旧。

2. 费用化的后续支出

固定资产的日常维护支出通常不满足固定资产的确认条件，应在发生时直接计入当期损益。企业生产车间和行政管理部门等发生的固定资产修理费用等后续支出计入管理费用；企业专设销售机构的，其发生的与专设销售机构相关的固定资产修理费用等后续支出，计入销售费用。固定资产更新改造支出不满足固定资产确认条件的，也应在发生时直接计入当期损益。

四、固定资产的清查核算

固定资产是一种价值较高、使用期限较长的有形资产，因此，对于管理规范的企业而言，盘盈、盘亏的固定资产较为少见。企业应当健全制度，加强管理，定期或者至少于每年年末对固定资产进行清查盘点，以保证固定资产核算的真实性，充分挖掘企业现有固定资产的潜力。在固定资产清查过程中，如果发现盘盈、盘亏的固定资产，应填制“固定资产盘盈盘亏报告表”，并及时查明原因，写出书面报告，并根据企业的管理权限，经股东大会或董事会，或经理(厂长)会议或类似机构批准后，在期末结账前处理完毕。

五、固定资产的减值核算

(一)概念

企业应当根据《企业会计准则第8号——资产减值》的规定在资产负债表日判断资产是否存在可能发生减值的迹象，当企业固定资产的可收回金额低于其账面价值时，即表明固定资产发生了减值，企业应当将该固定资产的账面价值减记至可收回金额，减记的金额确认为资产减值损失，计入当期损益，同时计提相应的资产减值准备。其中，可收回金额是指公允价值减去处置费用后的净额与资产预计未来现金流量的现值两者中的较高者。

固定资产减值准备应按单项资产计提。但在企业难以对单项资产的可收回金额进行估计的情况下，应当以资产所属的资产组为基础确定资产组的可收回金额，并据此判断是否需要计提资产减值准备及应当计提多少资产减值准备。其中，资产组是指企业可以认定的最小资产组合，其产生的现金流入应当基本上独立于其他资产或者资产组。资产组应当由创造现金流入的相关资产构成。

固定资产减值损失确认后，应当按照新的固定资产的账面价值（扣除预计净残值）以及尚可使用寿命重新计算确定折旧率和折旧额，因固定资产减值准备而调整固定资产折旧额时，对此前已计提的累计折旧不做调整。

（二）计量

1. 判断减值的迹象

每年年末，企业应对固定资产的账面价值进行检查。如果出现下列情况之一，表明该固定资产已出现减值迹象，应对固定资产的可收回金额进行估计：

（1）固定资产的市价当期大幅度下跌，其跌幅明显高于因时间的推移或者正常使用而预计的下跌。

（2）企业经营所处的经济、技术或者法律等环境以及固定资产所处的市场在当期或者将在近期发生重大变化，从而对企业产生不利影响。

（3）市场利率或者其他市场投资报酬率在当期已经提高，从而影响企业计算固定资产预计未来现金流量现值的折现率，导致固定资产可收回金额大幅度降低。

（4）有证据表明固定资产已经陈旧过时。

（5）固定资产已经或者将被闲置、终止使用或者计划提前处置。

（6）企业内部报告的证据表明固定资产的经济绩效已经低于或者将低于预期，如固定资产所创造的净现金流量或者实现的营业利润（或者亏损）远远低于（或者高于）预计金额等。

（7）其他表明固定资产可能已经发生减值的迹象。

2. 固定资产可收回金额的计量

（1）固定资产可收回金额应当根据固定资产的公允价值减去处置费用后的净额与固定资产预计未来现金流量的现值两者之间较高者确定。

（2）固定资产的公允价值应当根据公平交易中销售协议价格确定。不存在销售协议但存在资产活跃市场的，应当按照该固定资产的市场价格确定。固定资产的市场价格通常应当根据资产的买方出价确定。在不存在销售协议和固定资产活跃市场的情况下，应当以可获取的最佳信息为基础，估计固定资产的公允价值。

（3）企业按照上述规定仍然无法可靠估计固定资产的公允价值减去处置费用后的净额的，应当以该固定资产预计未来现金流量的现值作为其可收回金额。

六、固定资产处置

固定资产处置包括固定资产的出售、转让、报废和毁损、对外投资、非货币性资产交换、债务重组等。

当固定资产满足下列条件之一时，应当予以终止确认：一是固定资产处于处置状态；二是该固定资产预期通过使用或处置不能产生未来经济利益。企业在生产经营过程中，对那些不适用或不需要的固定资产，可以出售转让；对那些由于使用而不断磨损直至最终报废，或由于技术进步等原因发生提前报废，或由于遭受自然灾害等非常损失发生毁损的固定资产，应及时进行清理，并按规定程序办理有关手续，结转固定资产账面价值，确认和计量有关的清理收入、清理费用及残料价值等。

6.3 固定资产·操作指南

一、固定资产核算的账户设置

为了核算和监督固定资产取得、计提折旧、处置等业务，企业一般需要设置“固定资产”、“累计折旧”、“在建工程”、“工程物资”、“固定资产清理”等账户。

1.“固定资产”账户

属于资产类，核算企业持有的固定资产的原始价值。建造承包商的临时设施，以及企业购置计算机硬件所附带的、未单独计价的软件，也在该账户核算。借方登记增加固定资产的原始价值，贷方登记减少固定资产的原始价值，期末借方余额反映企业现有固定资产的原始价值。该账户可按固定资产类别和项目进行明细核算。

2.“累计折旧”账户

属于资产类，是“固定资产”的备抵账户，核算企业所提取的固定资产的累计折旧数额。借方登记因固定资产减少而转销的折旧数，贷方登记企业按月计提的折旧数，期末贷方余额反映现有固定资产的累计折旧额。该账户可按固定资产的类别或项目进行明细核算。

3.“在建工程”账户

属于资产类，核算企业基建、更新改造等在建工程发生的支出。借方登记企业各项在建工程的实际支出，贷方登记工程完工交付使用而结转的实际工程成本，期末借方余额反映企业尚未达到预定可使用状态的在建工程的成本。

4.“工程物资”账户

属于资产类，核算企业为在建工程准备的各种物资的成本，包括工程用材料、尚未安装的设备以及为生产准备的工器具等。借方登记购入工程物资的实际成本，贷方登记工程领用、工程完工后剩余结转等原因减少的工程物资的实际成本，期末借方余额反映企业为在建工程准备的各种物资的成本。

二、固定资产取得

（一）取得方式

固定资产应当按照成本进行初始计量。固定资产的成本是指企业购建某项固定资产达到预定可使用状态前所发生的一切合理、必要的支出。这些支出包括直接发生的价款、运杂费、包装费和安装成本等，也包括间接发生的，如应承担的借款利息、外币借款折算差额以及应分摊的其他间接费用。

固定资产的入账价值：固定资产应按取得时的实际成本作为入账价值。

取得途径	入账价值	备　注
外购	买价＋相关税费	
自行建造	建造成本	

续表

取得途径	入账价值	备　注
投资者投入	投资各方确认的价值	
接受捐赠	对方提供的账面价值＋相关税费	无凭据按市价或按同类、类似固定资产的市价估计
盘盈	重置完全价值－预计的折旧额	

1. 购入不需要安装的固定资产

购入不需要安装的固定资产，应按实际支付的购买价款、相关税费以及使固定资产达到预定可使用状态前所发生的可归属于该项资产的其他支出，作为固定资产成本，按收到的“增值税专用发票”抵扣联和发票联相关金额借记“固定资产”科目，按签发的“转账支票”金额贷记“银行存款”等科目，建立“固定资产卡片”。

2. 购入需要安装的固定资产

这种情况是指购入的固定资产需要经过安装以后才能达到预定可使用状态。会计核算时，企业购入的固定资产以及发生的安装调试成本等均应通过“在建工程”账户核算，待达到预定可使用状态后按收到的“固定资产验收单”再由“在建工程”账户转入“固定资产”账户，建立“固定资产卡片”。

3. 购入多项没有单独标价的固定资产

以一笔款项购入多项没有单独标价的固定资产，应当按照各项固定资产的公允价值比例对总成本进行分配，分别确定各项固定资产的成本，建立各项“固定资产卡片”。

4. 自行建造固定资产

企业自行建造固定资产，应根据“内部转账单”按建造该项资产达到预定可使用状态前所发生的必要支出，作为固定资产的成本入账。其中，建造该项资产达到预定可使用状态前所发生的必要支出包括工程所用物资的成本、人工成本、缴纳的相关税费、应予以资本化的借款费用，以及应分摊的间接费用等。企业为在建工程准备的各种物资，应按实际支付的购买价款、增值税、运输费、保险费等相关税费，作为实际成本，并按各种专项物资的种类进行明细核算。自建固定资产应先通过“在建工程”科目核算。

5. 出包方式建造的固定资产

出包工程是指企业通过招标等方式将工程项目发包给建造承包商，由建造承包商组织施工的建筑工程和安装工程。企业采用出包方式进行的固定资产工程，其工程的具体支出主要由建造承包商核算。在这种方式下，“在建工程”科目主要是企业与建造承包商办理工程价款的结算科目，企业支付给建造承包商的工程价款作为工程成本，通过“在建工程”科目核算。企业按合理估计的发包工程进度和合同规定向建造承包商结算的进度款，借记“在建工程”科目，贷记“银行存款”等科目；工程完成时按合同规定补付的工程款，借记“在建工程”科目，贷记“银行存款”等科目；工程达到预定可使用状态时，按其成本，借记“固定资产”科目，贷记“在建工程”科目。

6. 融资租入固定资产

在融资租赁方式下，承租人应于租赁开始日，将租赁开始日租入固定资产公允价值与最低租赁付款额现值两者中较低者，加上在租赁过程中发生的、可直接归属于租赁项目的手续费、律师费、差旅费、印花税等初始直接费用，作为租入固定资产入账价值，借记“固定资产——融资租入固定资产”科目，按最低租赁付款额，贷记“长期应付款”科目，按发生的初始直接费用，贷记“银行存款”、“库存现金”等科目，按其差额，贷记“未确认融资费用”科目。

7. 接受投资固定资产

企业接受投资的固定资产，按照投资合同或协议约定的价值，作为固定资产的入账价值（但投资合同或协议约定的价值不公允的除外），借记“固定资产”科目，贷记“实收资本（或股本）”等科目。

8. 接受捐赠固定资产

企业接受捐赠增加的固定资产，应按会计制度规定确定入账价值，借记“固定资产”或“在建工程”科目，贷记“营业外收入”科目，按接受捐赠过程中支付的相关税费，贷记“银行存款”等科目。

（二）账务处理

1. 购入不需要安装的固定资产：

原始价值＝买价＋相关税费＋包装运杂费

注：自2009年1月1日起，用于增值税应税项目的固定资产（生产经营用固定资产），增值税进项税额可以抵扣；用于非增值税应税项目的固定资产，进项税额不得抵扣，计入固定资产成本。购买不动产不缴纳增值税。小汽车等属于高档消费品，其增值税进项税额不得抵扣。

借：固定资产

　应交税费——应交增值税（进项税额）（应税项目）

　　贷：银行存款等

2. 购入需要安装的固定资产

原始价值＝买价＋相关税费＋包装运杂费＋安装费

购入时	借：在建工程 　贷：银行存款
领用安装材料， 支付安装费、 工资费用等	借：在建工程 　贷：原材料 　　应交税费——应交增值税（进项税额转出） 　　应付职工薪酬等
交付使用	借：固定资产 　贷：在建工程

3. 采用自营方式建造固定资产

（1）购入工程物资

借：工程物资

　应交税费——应交增值税（进项税额）（应税项目）

　　贷：银行存款

（2）自营工程领用工程物资

借：在建工程

　　贷：工程物资

（3）自营工程负担的职工工资和福利费

借:在建工程

贷:应付职工薪酬

(4)企业自营工程发生的其他支出

借:在建工程

贷:银行存款

(5)自营工程交付使用前应负担的长期负债利息

借:在建工程

贷:长期借款

(6)自营工程交付使用

借:固定资产

贷:在建工程

4. 采用出包方式建造固定资产

具体支出由建造承包商核算,“在建工程”账户实际成为企业与建造承包商的结算账户。

(1)预付工程价款时

借:在建工程

贷:银行存款

(2)工程完工补付工程价款时

借:在建工程

贷:银行存款

(3)出包工程在竣工结算之前应负担的长期负债利息

借:在建工程

贷:长期借款等

(4)出包工程完工后

借:固定资产

贷:在建工程

5. 接受投资的固定资产

借:固定资产

贷:实收资本等

6. 接受捐赠固定资产的核算

借:固定资产/在建工程

贷:营业外收入

三、固定资产折旧核算

1. 账户设置

设置“累计折旧”账户。

2. 账务处理

固定资产应当按月计提折旧,计提的折旧应当记入“累计折旧”科目,并根据用途计入相关资产的成本或者当期损益填制“固定资产折旧计算表”。企业自行建造固定资产过程中使用的固定资产,其计提的折旧应计入在建工程成本;基本生产车间所使用的固定资产,其计提的折旧应记入“制造费用”科目;管理部门所使用的固定资产,其计提的折旧应记入“管理费用”科目；销售部门所使用的固定资产，其计提的折旧应记入“销售费用”科目；经营租出的固定资产，其应提的折旧额应记入“其他业务成本”科目；闲置不用的固定资产，其应提的折旧额应记入“管理费用”科目。企业计提固定资产折旧时，借记“制造费用”、“销售费用”、“管理费用”、“其他业务成本”等科目，贷记“累计折旧”科目。

借：制造费用
　　管理费用
　　销售费用
　　贷：累计折旧

企业至少于每年年度终了，对固定资产的使用寿命、预计净残值和折旧方法进行复核。在固定资产使用过程中，由于经济环境、技术环境及其他环境等客观情况的改变，使原有的固定资产预计使用寿命、预计净残值和折旧方法已经不能恰当地反映其实际情况，使用寿命预计数与原先估计数有差异的，应当调整固定资产使用寿命；预计净残值预计数与原先估计数有差异的，应当调整预计净残值；与固定资产有关的经济利益预期实现方式有重大改变的，应当改变固定资产折旧方法。

四、固定资产的后续支出核算

1. 资本化支出

（1）账面价值转入在建工程。企业发生的可资本化的固定资产后续支出时，应停止对该固定资产计提折旧，将该固定资产的原价、已计提的累计折旧和减值准备转销，即固定资产的账面价值（固定资产账面价值＝固定资产原价－累计折旧－固定资产减值准备）转入在建工程，并在此基础上重新确定固定资产原价。

（2）固定资产发生的可资本化的后续支出（如领用工程物资、原材料、工程人员薪酬等），通过“在建工程”账户核算。

（3）达到预定可使用状态时，再从“在建工程”账户转到“固定资产”账户，并按重新确定的固定资产原价、使用寿命、预计净残值和折旧方法计提折旧。

2. 费用化支出

企业发生的与固定资产有关的修理费用以及企业固定资产更新改造支出等后续支出，不复核固定资产确认条件的，应当根据不同情况分别在发生时计入当期管理费用或销售费用。企业生产车间（部门）和行政管理部门等发生的固定资产修理费用等后续支出记入“管理费用”账户；企业设置专设销售机构的，其发生的与专设销售结构相关的固定资产修理费用等后续支出，记入“销售费用”账户。

五、固定资产的清查核算

1. 固定资产盘盈

企业在财产清查中盘盈的固定资产，作为前期差错处理。企业在财产清查中盘盈的固定资产，在按管理权限报经批准处理前应先通过“以前年度损益调整”科目核算。盘盈的固定资产，应按以下规定确定其入账价值：如果同类或类似固定资产存在活跃市场的，按同类或类似固定资产的价格，减去按该项资产的新旧程度估计的价值损耗后的余额，作为入账价值；如果同类或类似固定资产不存在活跃市场的，按该项固定资产的预计未来现金流量的现值，作为入账价值。企业应按上述规定确定的入账价值，借记“固定资产”科目，贷记“以前年度损益调整”科目。

2. 固定资产盘亏

企业在财产清查中盘亏的固定资产，按盘亏固定资产的账面价值，借记“待处理财产损溢”科目，按已计提的累计折旧，借记“累计折旧”科目，按已计提的减值准备，借记“固定资产减值准备”科目，按固定资产的原价，贷记“固定资产”科目。按管理权限报经批准后处理时，按可收回的保险赔偿或过失人赔偿，借记“其他应收款”科目，按应计入营业外支出的金额，借记“营业外支出——盘亏损失”科目，贷记“待处理财产损溢”科目。

六、固定资产的减值核算

为了核算固定资产减值准备的计提和转销情况，企业应设置“固定资产减值准备”账户，该账户属于资产类，是“固定资产”账户的备抵账户，期末为贷方余额，反映企业已提取的固定资产减值准备。

固定资产在资产负债表日存在可能发生减值的迹象时，其可收回金额低于账面价值的，企业应当将该固定资产的账面价值减记至可收回金额，减记的金额确认为减值损失，计入当期损益，同时编制“固定资产减值准备计提表”，计提相应的资产减值准备，借记“资产减值损失”科目，贷记“固定资产减值准备”科目。固定资产减值损失一经确认，在以后会计期间不得转回。

七、固定资产的处置核算

1. 科目设置

固定资产处置一般通过“固定资产清理”科目核算。

固定资产清理

转入清理的固定资产账面价值 清理过程发生的相关税费及其他费用	清理过程中发生的各项收入
借差：清理净损失	贷差：清理净收益
结转清理净收益	结转清理净损失
余：结转后无余额	

2. 账务处理

(1)固定资产清理的核算程序：先转入清理，再按收到的“固定资产清查结果审批表”做如下处理：

①出售、报废和毁损的固定资产转入清理时

借：固定资产清理(转入清理的固定资产账面价值)

　　累计折旧(已计提的折旧)

　　固定资产减值准备(已计提的减值准备)

　　　贷：固定资产(固定资产的账面原价)

②发生清理费用时

借：固定资产清理

　　　贷：银行存款

③计算缴纳营业税时，企业销售房屋、建筑物等不动产，按照税法的有关规定，应按其销售额计算缴纳营业税

借:固定资产清理

贷:应交税金——应交营业税

④收回出售固定资产的价款、残料价值和变价收入等时

借:银行存款/原材料等

贷:固定资产清理

⑤应由保险公司或过失人赔偿时

借:其他应收款

贷:固定资产清理

⑥固定资产清理后的净收益

借:固定资产清理

贷:长期待摊费用(属于筹建期间)

营业外收入——处理固定资产净收益(属于生产经营期间)

⑦固定资产清理后的净损失

借:长期待摊费用(属于筹建期间)

营业外支出——非常损失(属于生产经营期间由于自然灾害等非正常原因造成的损失)

——处理固定资产净损失(属于生产经营期间正常的处理损失)

贷:固定资产清理

(2)出售、报废和毁损固定资产的会计处理

①固定资产转入清理

②发生的清理费用

③收回出售固定资产的价款、残料价值和变价收入或保险赔偿

④清理净损益的处理

(3)对外投资固定资产的会计处理

企业对外投资减少的固定资产,首先,应按固定资产的账面价值,借记"固定资产清理"科目,按固定资产已提的折旧,借记"累计折旧"科目,按固定资产已提的减值准备,借记"固定资产减值准备"科目,按固定资产的原值,贷记"固定资产"科目;然后,按固定资产账面价值和相关税费合计数,借记"长期股权投资"科目,按固定资产清理的余额,贷记"固定资产清理"科目,按应负担的相关税费,贷记"应交税费"、"银行存款"等科目。

(4)捐赠固定资产的会计处理

企业捐赠转出的固定资产,首先,应按固定资产的账面价值,借记"固定资产清理"科目,按固定资产已提的折旧,借记"累计折旧"科目,按固定资产已提的减值准备,借记"固定资产减值准备"科目,按固定资产的原值,贷记"固定资产"科目;其次,按固定资产捐赠过程中应负担的相关税费,借记"固定资产清理"科目,贷记"应交税费"、"银行存款"等科目;最后,按"固定资产清理"科目的余额,借记"营业外支出"科目,贷记"固定资产清理"科目。

项目7

无形资产

7.1 无形资产·工作任务

在企业的生产经营过程中，除了必须具备货币资金、存货和固定资产这些重要的有形资产，产生应收款项，形成金融资产和长期股权投资外，往往还会具有一些特殊的资产，如无形资产。无形资产是指企业拥有或控制的没有实物形态的可辨认非货币性资产，主要包括专利权、非专利技术、商标权、著作权、土地使用权和特许权等。作为会计人员，应了解无形资产的分类、内容和其他资产的主要内容，理解无形资产的概念、特征、确认以及无形资产入账价值的构成，掌握无形资产取得、摊销、期末计价以及转让的核算方法。以下是关于无形资产的两项工作任务，一项由老师和学生共同完成，一项由学生独立完成。

7.1.1 无形资产·工作任务·师生教学做

武汉天河有限责任公司(以下简称天河公司)为增值税一般纳税人，增值税税率为17%。纳税人识别号：420110842903788；地址：武汉市东湖高新区光谷创业街121号，电话：027－54808382；开户行及账号：中国工商银行虎泉支行12341234。2014年12月发生如下经济业务，据以进行账务处理(原始单据见同步操作)：

1. 1日，签发“转账支票”缴纳土地出让金950万元，购入30年使用权的一块土地。收到金额为950万元的“武汉市行政事业单位收款收据”收据联。

2. 2日，收到“领料单”会计记账联，系经董事会批准开发电脑主机生产的专利技术领料7 000元，该项技术一旦研发成功，将会大幅度降低本公司电脑产品的生产成本。

3. 8日，墨色公司向本公司提供为期5年的专有技术，并为本公司培训该专有技术人员。预计使用了该项生产技术，其生产能力比原来提高25%，销售利润率增长20%，因此，按照协议签发“转账支票”支付墨色公司转让该专用技术的价款180万元，咨询费900元，收到“增值税专用发票”发票联和抵扣联。

4. 9日，收到武汉市知行公司“增值税专用发票”的发票联与抵扣联，签发“转账支票”支付自行开发成功电脑外观设计专利注册登记费12 000元，评估师相关费用4 000元。收到专利局批文：同意注册。聘请资产评估师对该外观设计的未来经济效益进行评估，可在10年内使本公司电脑销售利润率提高20%。“研发支出——电脑外观设计(资本化支出)”账户期初借方余额180 000元。

5. 10日,本公司技术开发部进行电脑机箱材料改进研究,领用原材料3 500元,收到“领料单”的会计记账联。

6. 31日,填制“内部转账单”,结平“研发支出——电脑外观设计(费用化支出)”账户借方余额70 000元。“研发支出——电脑机箱材料改进(费用化支出)”账户借方余额3 500元。

7. 31日,据市场调查,本公司拥有的“电脑显示器工艺流程”专有技术,同行业已有新的技术替代,收到技术开发部“电脑显示器工艺流程转销通知”,编制“无形资产报废单”。该项专有技术的账面余额为100万元,已累计摊销80万元。

8. 31日,将专利权出售给先锋公司,开具“增值税专用发票”(留下记账联),专利权成交价为110万元。收到先锋公司金额为1 166 000元的“转账支票”1张,填制“进账单”到银行办理进账手续。查账得知:“无形资产——专利权”账户余额为120万元,该项专利权已累计摊销60万元。

9. 31日,依据无形资产账户资料,采用直线法编制“无形资产摊销表”。

10. 31日,本公司拥有的非专利技术(工艺流程),已发现在同行业中普遍推广,经测试该项非专利技术可收回金额为5万元。该非专利技术的账面价值为25万元。

11. 31日,本公司以其自用的专利权与红光公司持有的交易目的的股票交换。本公司的专利权账面原价为100万元,已累计摊销30万元,未计提减值准备,在交换日的公允价值为80万元,红光公司的股票在交换日的公允价值为75万元,红光公司签发“转账支票”支付10万元给本公司,据支票填写进账单到开户行办理进账手续。开具“收款收据”红光公司,换入股票用于交易目的。两家公司之间不存在关联关系,交易具有商业实质。

7.1.2 无形资产·工作任务·学生独立做

武汉晨光有限责任公司(以下简称晨光公司)为增值税一般纳税人,增值税税率为17%。纳税人识别号:420101032635924;地址:武汉东湖高新开发区121号,电话:027－86250966;开户行及账号:工行光谷支行003456。2014年12月发生如下经济业务,据以进行账务处理(原始单据见同步操作):

1. 7日,收到“领料单”会计记账联,技术开发部开发非专利技术领料14 000元,该项技术一旦研发成功,将会大幅度降低产品的生产成本。

2. 8日,将专利权出售给四达公司,开具“增值税专用发票”(留下记账联),专利权成交价为689 000元。收到四达公司金额为689 000元的“转账支票”一张,填制“进账单”到银行办理进账手续。“无形资产——专利权”账户余额600 000元,该项专利权已累计摊销200 000元。

3. 9日,非专利技术自行开发成功,支付武汉市高山科技公司专利注册登记费21 200元,评估费6 360元,收到专利局批文:同意注册。聘请资产评估师对该非专利技术未来经济效益进行评估,预计可在5年内使本公司产品销售利润率提高20%。收到“增值税专用发票”发票联和抵扣联,签发“转账支票”付款。“研发支出——非专利技术(资本化支出)”期初借方余额740 000元。

4. 10日,本公司技术开发部进行产品材料改进研究,领用原材料7 500元,收到“领料单”会计记账联。

5. 31 日，填制“内部转账单”，结平“研发支出——电脑外观设计(费用化支出)”账户借方余额 56 000 元。“研发支出——产品材料改进(费用化支出)”账户借方余额 7 500 元。

6. 31 日，依据无形资产账户资料，采用直线法编制“无形资产摊销表”。

7. 31 日，本公司拥有的非专利技术，已发现在同行业中普遍推广，经测试该项非专利技术可收回金额为 8 万元。而该非专利技术的账面价值为 20 万元。该项技术已提减值准备 3 万元。

7.2　无形资产·理论知识

一、无形资产

(一)概念及特征

1. 概念

无形资产是指企业拥有或者控制的、没有实物形态的可辨认非货币性资产。

2. 特征

无形资产的特征如下：

(1)不具备实物的形态。

(2)给企业带来的经济效益具有不确定性。

(3)具有可辨认性。

(二)分类

1. 无形资产按有无法定使用期限分为：有期限的无形资产和无期限的无形资产。有期限的无形资产包括专利权、商标权、著作权、特许经营权和土地使用权等；无期限的无形资产包括非专利技术等。无形资产按有无法定使用期限分类，既有利于加强对无形资产的保护，也有利于会计核算时确定无形资产的摊销期限。

2. 无形资产按取得方式分为：外购的无形资产、自创的无形资产、按法律程序申请取得的无形资产、接受投资的无形资产和接受捐赠的无形资产。无形资产按取得方式分类，有利于合理确定无形资产的入账价值和摊销期限。

其他资产是指除货币资金、交易性金融资产、应收及预付款项、存货、长期股权投资、固定资产、无形资产等以外的资产，如长期待摊费用、特种储备物资、银行冻结存款、冻结物资、涉及诉讼中的财产及临时设施等。

(二)无形资产的确认

无形资产在满足以下两个条件时，企业才能加以确认：

(1)与该无形资产有关的经济利益很可能流入企业；

(2)该无形资产的成本能够可靠地计量。

(三)无形资产的初始计量

1. 基本原则

(1)外购的无形资产

外购无形资产的成本，包括购买价款、相关税费以及直接归属于使该项资产达到预定用途所发生的其他支出。按取得时实际支付的款项，借记“无形资产”科目，贷记“银行存款”等科目。

(2)自行开发的无形资产

企业内部研究开发项目,研究阶段的支出应当于发生时计入当期损益,即管理费用。

企业内部研究开发项目开发阶段的支出同时满足下列条件时才能确认为无形资产:

①完成该无形资产以使其能够使用或出售在技术上具有可行性;

②具有完成该无形资产并使用或出售的意图;

③归属于该无形资产开发阶段的支出能够可靠地计量。

(3)投资者投入的无形资产

投资者投入无形资产的成本,应当按照投资合同或协议约定的价值确定,但是合同或协议约定价值不公允的除外。

(4)企业取得的土地使用权

企业取得土地使用权,通常应当按照取得时所支付的价款及相关税费确认为无形资产。土地使用权用于自行开发建造厂房等地上建筑物时,土地使用权的账面价值不与地上建筑物合并计算其成本,而仍作为无形资产进行核算,并按期摊销。但是,如果是房地产企业取得的土地使用权用于建造对外出售的商品房的,其相关的土地使用权的价值应当计入所建造的房屋、建筑物的成本。

(四)无形资产的后续计量

1. 原则

(1)某些无形资产的取得来源于合同性权利或是其他法定权利,其使用寿命不应超过合同性权利或其他法定权利的期限。

(2)合同性权利或其他法定权利能够在到期时因续约等延续,且有证据表明企业续约不需要付出大额成本的,续约期应当计入使用寿命。

(3)合同或法律没有规定使用寿命的,企业应当综合各方面因素判断,以确定无形资产能为企业带来经济利益的期限。

经过上述方法仍无法合理确定无形资产为企业带来经济利益的期限的,才能将其作为使用寿命不确定的无形资产。

2. 无形资产使用寿命的确定

无形资产初始确认和计量后,在其后使用该项无形资产期间内应以成本减去累计摊销额和累计减值损失后的余额计量。要确定无形资产在使用过程中的累计摊销额,基础是估计其使用寿命。

企业应当于取得无形资产时分析判断其使用寿命。无形资产的使用寿命包括法定寿命和经济寿命两个方面。无形资产的使用寿命是有限的,应当估计该使用寿命的年限或者构成使用寿命的产量等类似计量单位数量,应摊销金额应当在使用寿命内系统合理摊销。无法预见无形资产为企业带来经济利益期限的,应当视为使用寿命不确定的无形资产。使用寿命不确定的无形资产不应摊销,按公允价值计量。企业摊销无形资产,应当从无形资产可供使用时起,至不再作为无形资产确认时止。

(五)无形资产减值

企业应当根据《企业会计准则第 8 号——资产减值》的规定在资产负债表日判断使用寿命有限和使用寿命不确定的无形资产是否存在可能发生减值的迹象,当企业无形资产的可收回金额低于其账面价值时,即表明无形资产发生了减值,企业应当将该无形资产的账面价值减记至可收回金额，减记的金额确认为资产减值损失，计入当期损益，同时计提相应的资产减值准备。

（六）无形资产的处置

无形资产的处置主要是指无形资产的出售、对外出租、对外捐赠。对预期不能为企业带来经济利益的，应当将该无形资产的账面价值予以转销，并终止确认。

企业转让无形资产有两种情形：一是因出售无形资产而转让所有权；二是因出租无形资产而转让使用权。情形不同，账务处理方法也有不同。

二、长期待摊费用

长期待摊费用是指企业已经发生但应由本期和以后各期负担的分摊期限在一年以上的各项费用，如以经营租赁方式租入的固定资产发生的改良支出及开办费等。长期待摊费用本身没有价值，不可转让，不能为企业带来经济效益。因此，在核算长期待摊费用时，不得随意增加费用的项目，不得将应计入当期损益的费用计入长期待摊费用。

7.3　无形资产·操作指南

一、无形资产

（一）账户设置

1.“无形资产”账户

“无形资产”账户借方核算取得无形资产的实际成本，贷方核算按规定摊销的无形资产价值、出售无形资产以及进行债务重组和非货币性交易而减少的无形资产的账面价值；期末余额在借方，反映企业无形资产的成本。

2.“累计摊销”账户

“累计摊销”账户的贷方核算按月计提的无形资产摊销额；借方核算因无形资产出售而冲销的无形资产的累计摊销额；期末余额在贷方，反映企业无形资产的累计摊销额。

3.“无形资产减值准备”账户

“无形资产减值准备”账户的贷方核算按规定计提的无形资产减值准备；借方核算无形资产处置时结转的已计提的无形资产减值准备；期末余额在贷方，反映企业已计提但尚未转销的无形资产减值准备。

4.“研发支出”账户

“研发支出”账户借方核算企业自行研发无形资产发生的不满足资本化条件的研发支出，以及研发项目达到预定用途形成无形资产的研发支出；贷方核算结转本账户归集的费用化支出；期末余额在借方，反映企业正在进行的无形资产研发项目满足资本化条件的支出。

该账户可按研究开发项目分别“费用化支出”、“资本化支出”等账户进行明细核算。

（二）账务处理

1. 无形资产取得

企业无形资产的初始计量是指企业取得无形资产时入账价值的确定。企业无形资产一般应按取得时的实际成本计量。

（1）外购无形资产

企业从外部购入无形资产的成本，按实际支付的价款确定，包括购买价款、进口关税和其他税费以及直接归属于使该项资产达到预定用途所发生的其他支出，按收到的“增值税专用发票”“发票联”和“抵扣联”，借记“无形资产”账户，按签发的“转账支票”金额贷记“银行存款”账户。

（2）自行研发无形资产

对于企业自行研究开发无形资产，应当区分为研究阶段与开发阶段。企业应当根据研究与开发的实际情况加以判断。企业内部研究开发费用处理的基本原则是：企业研究阶段的支出全部费用化，计入当期损益；开发阶段的支出符合条件的才能资本化，不符合资本化条件的计入当期损益。

企业自行开发无形资产的研发支出，不满足资本化条件的，借记“研发支出——费用化支出”账户，贷记“原材料”、“银行存款”、“应付职工薪酬”等账户。期（月）末，应将“研发支出——费用化支出”账户归集的费用化支出金额转入“管理费用”账户，借记“管理费用”账户，贷记“研发支出——费用化支出”账户。

企业自行开发无形资产的研发支出，满足资本化条件的，借记“研发支出——资本化支出”账户，贷记“原材料”、“银行存款”、“应付职工薪酬”等账户。研究开发项目达到预定用途形成无形资产的，应按“研发支出——资本化支出”账户的余额，借记“无形资产”账户，贷记“研发支出——资本化支出”账户。

月末或者期末时，应按“内部转账单”结平“研发支出”账户余额。

（3）其他单位投入的无形资产

其他单位投资转入的无形资产，以评估确认价值或合同、协议约定金额计价，借记“无形资产”账户，按注册资本乘以投资比例，贷记“实收资本”账户，按两者的差额贷记“资本公积”账户。

（4）接受捐赠的无形资产

接受捐赠的无形资产，以发票所列示价格或同类无形资产的市场价格计价，借记“无形资产”账户，贷记“递延所得税负债”、“营业外收入”等账户。

2. 无形资产摊销

（1）使用寿命有限的无形资产摊销

①摊销期间：自可供使用时至终止确认时止，即当月增加的无形资产，当月开始摊销；当月减少的无形资产，当月不再摊销。

②摊销方法：直线法、生产总量法。

③企业进行无形资产摊销时，应编制“无形资产摊销表”，对于自用的无形资产，摊销其价值时应借记“管理费用”账户；对于出租的无形资产，相关的无形资产摊销价值应借记“其他业务成本”账户，贷记“累计摊销”账户。

④企业应当至少于每年年度终了，对使用寿命有限的无形资产的使用寿命及未来经济利益消耗方式进行复核。无形资产的预计使用寿命及未来经济利益消耗方式与以前估计不同的，应当改变摊销期限和摊销方法。

（2）使用寿命不确定的无形资产不摊销，在每个会计期间应对使用寿命不确定的无形资产的使用寿命进行复核。

3. 无形资产减值

为了核算和监督无形资产减值准备的计提和转销等业务，企业应设置“无形资产减值准备”账户，属于资产类账户，是“无形资产”账户的备抵账户，期末贷方余额反映企业已提取的无形资产减值准备。

若企业所持有的无形资产的账面价值高于其可收回金额，应编制“无形资产报废单”，按其差额，借记“资产减值损失——计提的无形资产减值准备”账户，贷记“无形资产减值准备”账户。

无形资产减值准备一旦提取就不得转销或冲回。

4. 无形资产处置

(1)企业出售无形资产

企业出售无形资产时，应开具“增值税专用发票”(留下记账联)，并按实际收到的金额，借记“银行存款”等账户，按已计提的累计摊销，借记“累计摊销”账户，原已计提减值准备的，借记“无形资产减值准备”账户，按应支付的相关税费，贷记“应交税费”等账户，按其账面余额，贷记“无形资产”账户，按其差额，贷记“营业外收入——处置非流动资产利得”账户或借记“营业外支出——处置非流动资产损失”账户。

(2)企业出租无形资产

企业让渡无形资产使用权形成的租金收入，借记“银行存款”等账户，贷记“其他业务收入”等账户；摊销出租无形资产成本并发生与出租有关的各种费用支出时，借记“其他业务成本”账户，贷记“无形资产”账户。

(3)无形资产的报废

如果无形资产预期不能为企业带来未来经济利益，不再符合无形资产的定义，应将其转销，比如该无形资产已被其他新技术所替代，不能为企业带来经济利益；再如无形资产不再受到法律保护，且不能给企业带来经济利益等。

转销时，应按已计提的累计摊销，借记“累计摊销”账户；按其账面余额(原值)，贷记“无形资产”账户；按其差额，借记“营业外支出”账户。已计提减值准备的，还应同时结转减值准备。

二、长期待摊费用

(一)科目设置

“长期待摊费用”账户用于核算企业已经支出，但摊销期限在1年以上(不含1年)的各项费用，包括固定资产修理支出、租入固定资产的改良支出以及摊销期限在1年以上的其他待摊费用。在“长期待摊费用”账户下，企业应按费用的种类设置明细账，进行明细核算，并在会计报表附注中按照费用项目披露其摊余价值以及摊销期限、摊销方式等。

(二)账务处理

企业发生的长期待摊费用，借记“长期待摊费用”账户，贷记有关账户。摊销时，借记“制造费用”、“销售费用”、“管理费用”等账户，贷记“长期待摊费用”账户。

项目 8

流动负债

8.1 流动负债·工作任务

流动负债是指将在一年(含一年)或者超过一年的一个营业周期内偿还的债务。流动负债主要包括短期借款、交易性金融负债、应付票据、应付账款、预收账款、应付职工薪酬、应交税费、应付利息、应付股利、其他应付款、一年内到期的非流动负债和其他流动负债等。以下是关于流动负债的两项工作任务,一项由老师和学生共同完成,一项由学生独立完成。

8.1.1 流动负债·工作任务·师生教学做

武汉天河有限责任公司(以下简称天河公司)为增值税一般纳税人,增值税税率为17%。纳税人识别号:420110842903788;地址:武汉市东湖高新区光谷创业街121号,电话:027—54808382;开户行及账号:中国工商银行虎泉支行12341234。2014年12月发生如下经济业务,据以进行账务处理(原始单据见同步操作):

1.1日,因生产急需资金,从虎泉支行贷款200万元,期限为6个月,年利率为7.5%。从2014年12月1日至2015年6月30日,自贷款之日起,按月计算利息,按季结息,到期归还本金。

2.6日,填制"税收通用缴款书",上缴上月未交增值税90 000元,应交消费税50 000元,应交城建税9 800元,应交教育费附加4 200元。

3.10日,向真皇公司购买钢材一批,取得真皇公司"增值税专用发票"第二联(发票联)和第三联(抵扣联),计货款300 000元,税额51 000元。收到本公司保管员送来的"材料入库单"会计记账联,签发并承兑面值为351 000元、期限为2个月的"商业承兑汇票"(一式三联),留下第一联,将"商业承兑汇票"第二、三联交真皇公司。

4.11日,收到光民公司出纳员送来的到期"商业承兑汇票"第二联,经审核无误,签发金额为20 000元的"转账支票"一张,偿还应付光民公司到期的商业承兑汇票款。

5.10日,向河南中飞公司销售Y商品,开出"增值税专用发票",留下会计记账联,售价为200 000元,增值税税额为34 000元。该批商品已经发出,上月已预收货款100 000元。收到开户行转来河南中飞公司12月7日签发的"信汇"凭证第四联收款通知联。系汇入补付的货款 134 000 元。

6. 15 日，发放职工工资，结转代扣款项。将职工个人工资条送到开户行签发“转账支票”，转账进入职工工资卡，依据工资结算原始资料，将每个职工的工资计算出来并加以汇总，编制“工资结算汇总表”。

7. 30 日，按工资总额的 28%计提社会保险费、2%计提工会经费、1.5%计提职工教育经费。按 8%计提住房公积金。

8. 30 日，以其自产 Z 产品 200 台，作为非货币性福利发放给职工。开具“增值税专用发票”留下会计记账联，价款为 160 000 元，增值税额为 27 200 元。收到“物资发放表”一份。

9. 31 日，债权单位依琴公司因故撤销而产生无法支付的应付账款，填写“内部转账单”转销其账面贷方余额 6 000 元。

10. 31 日，公司在建的办公大楼因施工需要，领用钢材一批，成本 50 000 元。材料仓库保管员送来“领料单”会计记账联。

11. 31 日，依据本月发生相关增值税业务，编制“增值税纳税申报表”，结转未交增值税。

12. 31 日，编制“消费税纳税申报表”，本公司本月销售汽油 13 880 升、柴油 11 760 升，另提供本公司车辆、设备使用柴油 1 760 升，计算当月应纳消费税税额(汽油、柴油的消费税税率分别为每升 0.2 元和每升 0.1 元)。

13. 31 日，编制“地方税收综合纳税申报表”，核算本月应交城建税和教育费附加。

14. 31 日，开具“收款收据”，留下会计记账联，收取武家公司现金 8 000 元，系出借给武家有限责任公司的包装物押金。

15. 31 日，本月初短期借款 200 万元，期限 6 个月，年利率为 7.5%。贷款之日起，按月计算利息，按季结息，到期归还本金。填制“内部转账单”，计提本月利息。

8.1.2 流动负债·工作任务·学生独立做

武汉晨光有限责任公司(以下简称晨光公司)为增值税一般纳税人，增值税税率为 17%。纳税人识别号：420101032635924；地址：武汉东湖高新开发区 121 号，电话：027－86250966；开户行及账号：工行光谷支行 003456。2014 年 12 月发生如下经济业务，据以进行账务处理(原始单据见同步操作)：

1. 1 日，公司因急需流动资金，经与中南支行协商，取得一项为期半年的生产周转借款 150 万元，年利率 6%，借款利息按月计提，按季支付，到期还本。

2. 6 日，向雪花公司购买钢材一批，取得雪花公司“增值税专用发票”第二联(发票联)和第三联(抵扣联)，计货款 500 000 元，税额 85 000 元。收到本公司保管员送来的“材料入库单”会计记账联，签发并承兑面值为 585 000 元、期限为 3 个月的“商业承兑汇票”(一式三联)，留下第一联，将“商业承兑汇票”第二、三联交海威公司。

3. 11 日，收到实诚公司出纳员送来的到期“商业承兑汇票”第二联，经审核无误，签发金额为 30 000 元的“转账支票”一张，偿还应付实诚公司到期的商业承兑汇票款。

4. 15 日，公司购入武汉市飘扬公司甲材料 50 吨，每吨 2 000 元，增值税税率为 17%，收到飘扬公司开出增值税专用发票发票联和抵扣联，并开出(2/30，n/40)现金折扣条件进行结算。收到本公司保管员送来的“材料入库单”会计记账联。

5. 15 日，从开户行取回“信汇”收款通知联，系按合同向三星公司预收货款 15 万元。

6.15 日，发放职工工资，结转代扣款项。将职工个人工资条送到开户行签发转账支票，转账进入职工工资卡，依据工资结算原始资料将每个职工的工资计算出来并加以汇总，编制“工资结算汇总表”。

7.29 日，开具增值税专用发票，向三星公司发售 L 产品，货款为 12 万元，增值税为20 400元。

8.29 日，签发“转账支票”支付武汉市飘扬公司 50 吨甲材料款。

9.30 日，收到仓库保管员送来“材料盘存报告单”，因火灾毁损库存外购材料一批，其实际成本为 20 000 元。

10.30 日，收到“武汉市房屋出租专用发票”发票联，系公司为部门经理每人租赁住房一套供个人免费使用，外租住房的月租金为 1.5 万元，现金付讫。

11.30 日，按工资总额的 28%计提社会保险费、2%计提工会经费、1.5%计提职工教育经费。按 8%计提住房公积金。

12.31 日，依据本月发生相关增值税业务，编制“增值税纳税申报表”，结转未交增值税。

13.31 日，编制“消费税纳税申报表”，本公司本月销售汽油 20 000 升、柴油 15 000 升，另提供本公司车辆、设备使用柴油 2 000 升，计算当月应纳消费税税额(汽油、柴油的消费税税率分别为每升 0.2 元和每升 0.1 元)。

14.31 日，编制“地方税收综合纳税申报表”，核算本月应交城建税和教育费附加。

15.31 日，本月初短期借款 150 万元，期限为 6 个月，年利率为 6%。填制“内部转账单”，计提本月利息。

8.2 流动负债·理论知识

一、流动负债

(一)概念

流动负债是指将在 1 年内(含 1 年)或者超过 1 年的一个营业周期内偿还的债务。流动负债主要包括短期借款、应付账款、预收账款、应付票据、应付职工薪酬、应交税费、应付股利、应付利息、其他暂收应付款项和 1 年内到期的非流动负债等。

(二)特征

流动负债具有以下特点：

(1)偿还期限短。这是流动负债的最大特点。流动负债是债权人提出要求时即期偿付，在 1 年内以及超过 1 年的一个经营周期内必须偿付的债务。

(2)负债到期必须要用企业资产、提供劳务或者举借新的负债来偿还。

(3)企业举借流动负债的目的一般是为了满足生产经营资金周转的需要。

(4)流动负债中的各项负债项目的数额与长期负债相比，数额较小。

(三)计价

从理论上说，负债的计价应按未来应付金额的现值来计量，但由于流动负债一般都应在短期内偿还，到期价值与现值的差额不大，折现计算并不是很重要，所以，流动负债通常是按实际发生额计价入账的。根据我国现行规定，各项流动负债应当按实际发生额入账。必须注意，带息应付票据按期计算的应付利息也作为负债额计价入账。

二、短期借款

短期借款是企业向银行或其他金融机构借入的期限在1年以下(含1年)的各种借款。短期借款一般是企业为了维持正常的生产经营所需要的资金而借入的,或者是为了偿还某项债务而借入的款项。短期借款主要包括以下几种:

(1)临时借款,是指企业由于临时性、季节性等原因申请取得的借款。

(2)生产经营周转借款,是指企业为了满足生产经营活动中资金周转的需要,向银行申请借入的款项。

(3)票据贴现借款,是指持有银行承兑汇票或商业承兑汇票的企业,在流动资金发生困难时,向银行申请票据贴现取得的借款。

(4)结算借款,是指企业在采用托收承付结算方式进行销售的情况下,在发出商品后委托银行收款时至收款银行通知购买单位承付货款之前,为解决结算资产占用的资金需要,以托收承付结算凭证为保证向银行取得的借款。

三、应付账款

应付账款是企业在生产经营过程中因购买材料、商品和接受劳务等形成的应付给供应单位的款项。其应付金额一般是确定的。凡非购买货物或接受劳务而发生的其他应付款项,不属于应付账款核算范围,应分别另设账户记载。

在实际工作中,应分别以下两种情况分别处理:

(1)货物与发票账单同时到达,应付账款一般按发票账单等凭证上记载的应付金额入账,而不按到期应付金额的现值入账。

(2)对于货物已到或劳务已接受但发票账单等凭证未到而于月末估计入账的,应于下月收到发票账单等凭证后根据实际应付金额重新入账。

企业在销售时,可以采取销售折扣的手段,销售折扣有商业折扣和现金折扣两种形式。商业折扣是指企业为了促销,将价目单中的报价打一个折扣后提供给客户。商业折扣通常明列出来,以百分数如5%、10%的形式表示,买方只需按照标明价格的百分比付款即可。现金折扣是指在赊销方式下,销货方为鼓励购货方在一定时期内早日偿还货款而给予的一种价格折扣。需在会计上进行账务处理的仅指现金折扣。带现金折扣的应付账款按发票上记载的应付金额的总值作为入账金额予以记账。在这种方法下,应按发票上记载的全部应付金额,借记有关科目,贷记“应付账款”科目,获得的现金折扣冲减财务费用。

四、预收账款

预收账款是指企业在销售商品或提供劳务前,根据购销合同的规定,向购货方预先收取的部分或全部货款。预收账款具有定金的性质,企业在收到款项后,应在合同规定的期限内给购货单位发出货物或提供劳务。但预收账款的偿还一般不需要支出货币资金,而是提供商品或劳务,会计上将其作为负债处理。

五、应付票据

应付票据是指企业因购买材料、商品和接受劳务供应等开出、承兑的商业汇票,是承兑人在制定日期无条件支付确定的金额给收款人或者持票人的书面凭证。应付票据与应付账款不同,虽然都是由于交易而引起的流动负债,但应付账款是未结清的债务,而应付票据是一种期票,是延期付款的证明。

应付票据按是否带息分为带息票据和不带息票据两种。带息票据到期除应支付票面金额外，还应按票据上载明的利率计算支付利息。

无论票据是否带息，都应按面值计价入账。带息票据计提的应付利息，应增加应付票据的账面价值。

六、应付职工薪酬

（一）内容

职工薪酬是指企业为获得职工提供的服务而给予各种形式的报酬以及其他相关支出，包括职工在职期间和离职后提供给职工的全部货币性薪酬和非货币性福利。企业提供给职工配偶、子女或其他被赡养人的福利等，也属于职工薪酬。

职工薪酬具体包括以下几项：

（1）职工工资、奖金、津贴和补贴

即按照国家统计局的规定构成工资总额的计时工资、计件工资、奖金、津贴和补贴、加班加点工资和特殊情况下支付的工资。

（2）职工福利费

主要是指尚未实行医疗统筹企业职工的医疗费用、职工因工负伤赴外地就医路费、职工生活困难补助，以及按照国家规定开支的其他职工福利支出。

（3）社会保险费

即按照国务院、各地方政府或企业年金计划的基准和比例计算，向社会保险经办机构交纳的医疗保险费、养老保险费、失业保险费、工伤保险费和生育保险费等社会保险费。

（4）住房公积金

即企业按照国家《住房公积金管理条例》规定的基准和比例计算，向住房公积金的管理机构缴存的住房公积金。

（5）工会经费和职工教育经费

即企业为了改善职工文化生活，为职工学习先进技术、提高文化水平和业务素质，用于开展公会活动和职工教育及职业技能培训等相关支出。

（6）非货币性福利

即企业以自己生产的产品或外购商品发放给职工作为福利，将自己拥有的或租赁的资产无偿提供给职工使用，为职工无偿提供医疗保健服务，或向职工提供企业支付了一定补贴的商品或服务等。

（7）因解除与职工的劳动关系而给予的补偿

主要包括：①职工劳动合同到期前，不论职工本人是否愿意，企业决定解除与职工的劳动关系而给予的补偿；②职工劳动合同到期前，为鼓励职工自愿接受裁减而给予的补偿，职工有权选择继续在职或接受补偿离职，即国际财务报告准则中所指的辞退福利。

（8）其他与获得职工提供的服务相关的支出

即除上述七种情况以外的职工薪酬，如股份支付是指企业为获取职工和其他方服务而授予权益工具或者承担以权益工具为基础确定的负债的交易。

（二）确认和计量

1. 货币性职工薪酬的确认和计量

企业在职工为其提供服务的会计期间，除解除劳动关系补偿全计入当期费用以外，其他职工薪酬均应根据职工提供服务的受益对象，将应确认的职工薪酬计入有关资产成本或当期费用，同时确认为应付职工薪酬负债。其中：

(1)应由生产产品、提供劳务负担的职工薪酬，计入产品成本或劳务成本。

(2)应由在建工程、无形资产负担的职工薪酬，计入建造固定资产或无形资产成本。

(3)除上述(1)(2)之外的其他职工薪酬，计入当期损益。

企业为职工缴纳的社会保险和住房公积金应当在职工为其提供服务的会计期间，根据工资总额的一定比例计算，并按照上述(1)的办法处理。

注意：

(1)在企业应付给职工的各种薪酬中，国家有规定计提基础和计提比例的，应按照国家规定的标准计提；国家没有规定计提基础和计提比例的，如职工福利费等，企业应当根据历史经验数据和情况，合理预计当期的应付职工薪酬。当期实际发生金额大于预计金额的，应当补提应付职工薪酬；当实际发生金额小于预计金额的，应当冲回多提的应付职工薪酬。

(2)对于在职工提供服务的会计期末以后1年以上到期的应付职工薪酬，企业应当选择合理的折现率，以应付职工薪酬折现后金额，计入相关资产成本或当期损益；应付职工薪酬折现后金额相差不大的，也可以以未折现金额计入相关资产成本或当期费用。

2. 非货币性职工薪酬的确认与计量

(1)企业以其自产产品或外购商品作为非货币性福利发放给职工的，应当根据受益对象，按照该产品或商品的公允价值，计入相关资产成本或当期损益，同时确认职工薪酬。

(2)将企业拥有的住房等资产无偿提供给职工使用的，应当根据受益对象，将该住房每期应计提的折旧计入相关资产成本或费用，同时确认应付职工薪酬。租赁住房等资产提供职工无偿使用的，应当根据受益对象，将每期应付的租金计入相关资产成本或费用，并确认应付职工薪酬。难以认定受益对象的非货币性福利，直接计入管理费用和应付职工薪酬。

七、应交增值税

增值税是就货物或应税劳务的增值额征收的一种流转税。增值额是企业在生产经营过程中新创造的价值，即企业销售收入扣除相应的外购材料、商品等成本的差额。增值税是一种价外税，凡在我国境内销售货物，提供加工、修理修配劳务以及进口货物的单位和个人，均应按期缴纳增值税。

增值税的纳税人按照经营规模及会计核算的健全程度，分为一般纳税人和小规模纳税人两类。

(一)应交增值税税额的确定

一般纳税企业应纳增值税税额是根据当期销项税额减当期进项税额计算确定的，其计算公式为：

应交增值税税额＝当期销项税额－当期准予抵扣的进项税额

当期销项税额若小于当期准予抵扣的进项税额而不足抵扣时，其不足部分可结转下期继续抵扣。

1. 销项税额

销项税额是指企业销售货物或提供应税劳务，按照销售额和规定的税率计算应向购货方或接受劳务方收取的增值税额。企业销售货物或提供应税劳务时，一般应开具增值税专用发票，分别注明货款和销项税额，一并计算。

销项税额＝销售额×增值税税率

“销售额”是指不含增值税销售额。若企业直接向消费者销售货物，按规定只能开具普通发票，收取的价款中含有销项税额，则应先计算出不含增值税销售额，再据以计算销项税额。其计算公式为：

不含税销售额＝含增值税销售额/(1＋增值税税率)

企业将自产或委托加工的货物用于非应税项目，如作为投资、用于计提福利消费、赠送他人等，应视同销售货物计算销项税额。

2. 进项税额

进项税额是指企业购进货物或接受应税劳务所支付或负担的，准予从销项税额中抵扣的增值税税额。

准予从销项税额中抵扣的进项税额，限于下列增值税扣税凭证上注明的增值税额：①从销售方取得的增值税专用发票上注明的增值税税额；②进口货物时，从海关取得的完税凭证上注明的增值税税额；③购进免税农产品，按经税务机关批准的收购凭证上注明的价款和13%的扣除率计算的准予抵扣的进项税额；④企业外购物资(固定资产除外)和销售产品所支付的运输费用，按运费结算单据(普通发票)所列运费金额的7%计为进项税额；⑤接受投资转入物资取得的增值税专用发票注明的增值税税额等。

下列项目的进项税额不得从销项税额中抵扣：①购进固定资产；②用于非应税项目的购进货物或者应税劳务；③用于免税项目的购进货物或应税劳务；④用于集体福利或个人消费的购进货物或者应税劳务；⑤非正常损失的购进货物；⑥非正常损失的在产品、产成品所耗用的购进货物或应税劳务。

小规模纳税人的应纳增值税按销售额(不含增值税)和规定的征收率6%或4%计算确定，计算公式为：

应纳增值税税额＝销售额(不含增值税)×6%(或4%)

因此，小规模纳税人计算确定应交增值税时，不必考虑进项税额。

八、应交消费税

消费税是国家对某些需要限制和调节的消费品或消费行为征收的一种流转税。在对货物普遍征收增值税的基础上，选择少数消费品再征收一道消费税，主要是为了调节产品结构，引导消费方向，保证国家财政收入。我国现行税制规定的应税消费品包括14个大类：烟、酒及酒精、鞭炮与烟火、木制一次性筷子、实木地板、贵重首饰及珠宝玉石、化妆品、高尔夫球及球具、高档手表、游艇、小轿车、摩托车、成品油、汽车轮胎等。凡在我国境内生产、委托加工和进口应税消费品的单位和个人，均应按规定计算缴纳消费税。消费税实行从价定率计征和从量定额计征两种征收办法。

九、应交营业税

营业税是对我国境内提供应税劳务、转让无形资产或者销售不动产的单位和个人，就其取得的营业收入征收的一种流转税。

提供应税劳务是指应纳营业税的劳务，包括从事交通运输业、建筑业、金融保险业、邮电通信业、文化体育业、娱乐业、服务业等的应税劳务，但不包括加工、修理修配等已列入增值税征收范围的劳务。

转让无形资产是指企业转让无形资产的所有权或使用权的行为。

销售不动产是指有偿转让不动产所有权的行为，包括企业销售建筑物及其土地附着物。

营业税按照营业额和规定的税率计算应纳税额，其公式为：

应纳税额＝营业额×税率

这里的营业额是指企业提供应税劳务、转让无形资产或者销售不动产向对方收取的全部价款和价外费用。价外费用包括向对方收取的手续费、基金、集资费、代收款项、代垫款项及其他各种性质的价外收费。

十、其他应交税费

（一）应交城市维护建设税

城市维护建设税是国家对缴纳增值税、消费税、营业税的单位和个人，就其实际缴纳的三项税额的合计数为计税依据而征收的一种附加税。按照现行税法规定，城市维护建设税应根据纳税人所在地的不同而实行地区差别税率，具体为：市区7%；县城、镇5%，其他1%。

城市维护建设税应纳税额的计算公式为：

应纳税额＝（应交增值税＋应交消费税＋应交营业税）×适用税率

（二）应交土地增值税

土地增值税是指对我国境内转让国有土地使用权、地上建筑物及其附着物（即转让房地产）并取得收入的单位和个人征收的一种税。

土地增值税按照转让房地产所取得的增值额和规定的税率计算征收。所谓土地增值额，是指转让房地产所取得的收入减除扣除项目金额后的余额。计算土地增值税的扣除项目有：①取得土地使用权所支付的金额；②开发土地的成本、费用；③新建房屋及配套设施的成本、费用，或者旧房及建筑物的评估价格；④与转让房地产有关的税金。企业转让房地产所取得的收入，包括货币收入、实物收入和其他收入。土地增值税实行四级超率累进税率。

（三）应交资源税

资源税是对在我国境内从事原油、天然气、煤炭、金属矿产品和其他矿产品开发以及生产盐的单位和个人征收的一种税。资源税的应纳税额，按照应税产品的课税数量和规定的单位税额计算，其计算公式如下：

应纳税额＝课税数量×单位税额

这里的课税数量为：开采或者生产应税产品销售的，以销售数量为课税数量；开采或者生产应税产品自用的，以自用数量为课税数量。

（四）应交房产税、土地使用税、车船税和印花税

房产税是国家对在城市、县城、建制镇和工矿区征收的，由房屋产权所有人缴纳的一种税。房产税依照房产原值一次扣减10%～30%的余值计算缴纳。没有房产原值作为依据的，由房产所在地税务机关参考同类房产核定；房产出租的，以房产租金收入为房产税计税依据。

土地使用税是国家为了合理利用城镇土地、调节土地级差收入、提高土地适用效率、加强土地管理而征收的一种税。土地使用税以纳税人实际占用的土地面积为计税依据，按照规定税额计算征收。

车船税是对拥有并适用车船的单位和个人征收的一种税。车船税以应税车船为征税对象，以征税对象的计量标准（辆、净吨位、载重吨）为计税依据。

（五）应交教育费附加

教育费附加是以企业实际缴纳的增值税、消费税、营业税的税额为计算依据，由税务机关负责征收的一项纳税附加费。其征收率为3%。

企业应缴纳的教育费附加应区别业务类型列支：①产品销售业务应缴纳的教育费附加，列入“营业税金及附加”账户；②材料出售、租赁业务、无形资产转让等其他业务应缴纳的教育费附加，列入“其他业务成本”等账户；③固定资产出售应缴纳的教育费附加，列入“固定资产清理”账户。

（六）应交矿产资源补偿费

为了发展矿业，加强矿产资源的勘查、开发利用和保护工作，维护国家对矿产资源的财产权益，国家规定在我国领域和其他管辖海域开采矿产资源的，应当按照规定缴纳矿产资源补偿费。

（七）应交个人所得税

个人所得税是以个人（自然人）取得的各项应税所得为征税对象所征收的一种税。个人所得税的纳税人是指在中国境内有住所或者虽无住所但在境内居住满一年从中国境内和境外取得所得的个人，以及无住所又不居住或居住不满一年但有从中国境内取得所得的个人。我国个人所得税实行分项税制，采用定额和定率两种方法扣除费用计算应纳税所得额。个人所得税实行代扣代缴和自行申报两种征收方式。

十一、应付利息

应付利息是指企业按照合同约定应支付的利息，包括吸收存款、分期付息到期还本的长期借款、企业债券等应支付的利息。在尚未支付前，形成企业的负债。

十二、应付股利

应付股利是指企业经股东大会或类似机构审议批准分配的现金股利或利润。企业股东大会或类似机构审议批准的利润分配方案、宣告分派的现金股利或利润，在实际支付前，形成企业的负债。

十三、其他应付款

其他应付款是指与企业购销业务没有直接关系的一切暂收、应付款项，包括应付租入固定资产或周转材料的租金、存入保证金、职工未按期领取的工资等。

8.3 流动负债·操作指南

一、短期借款的核算

1. 短期借款的利息计算

企业各种短期借款，均应按期结算或支付利息。由于短期借款期限在一年以内，且数额不大，所以，其利息一般采取单利计算。其计算公式为：

$$借款利息=借款本金\times借款期限\times借款利率$$

短期借款利息有以下三种结算办法：

(1)按月计算，通过预提方式计入当期损益，按季度与银行办理结算；

(2)按月计算并支付；

(3)利息在借款到期时连同本金一起归还。

2. 短期借款的核算

为了总括地核算和监督短期借款的取得和偿还情况，应设置“短期借款”账户。该账户属负债类账户，贷方登记企业取得的短期借款数额；借方登记企业偿还的短期借款本金。余额在贷方，表示企业尚未偿还的短期借款本金。该账户应按债权人设置明细账，并按借款种类进行明细核算。

无论短期借款用于哪方面的用途，都需要到期偿还本金和支付利息。因此，短期借款的核算一般分为三个部分：借款的取得；计息；归还本金及利息。短期借款的具体账务处理如下：

(1)企业从银行借入各种短期借款时，应根据贷款凭证(第三联)(收账通知)借记“银行存款”账户，贷记“短期借款”账户；借款到期偿还时做相反的会计分录。

(2)短期借款利息的核算分以下两种情况：

①借款是按月计付利息的，或利息是在借款到期时连同本金一起归还但数额不大的，可在支付时直接计入当期损益，借记“财务费用”账户，贷记“银行存款”账户。

②借款利息是按季支付的，或者利息是在借款到期时连同本金一起归还，并且数额较大的，应采取预提办法，设置“应付利息”账户，按月预提计入财务费用。

二、应付账款的核算

为了总括地核算和监督应付账款的发生和偿还情况，应设置“应付账款”账户。该账户属于负债类账户，贷方登记企业因购货、接受劳务供应而产生的应付款项以及因无款支付到期商业汇票转入的应付票据款；借方登记企业偿还、抵付的应付账款以及转销无法支付的应付账款；余额一般在贷方，表示企业尚未支付的应付账款。该账户按供应单位设置明细账。

(1)发生应付账款。企业购入材料、商品等验收入库，但货款尚未支付，根据有关凭证(发票账单、随货同行发票上记载的实际价款或暂估价值)，借记“材料采购”、“在途物资”等账户，按应付的款项，贷记“应付账款”账户。

企业接受供应单位劳务而发生的应付未付款项，根据供应单位的发票账单，借记“生产成本”、“管理费用”等账户，贷记“应付账款”账户。

(2)偿还应付账款。发生的应付账款，企业用货币资金清偿时，借记“应付账款”账户，贷记“银行存款”账户或“其他货币资金”账户，也可用开出的商业汇票抵付，借记“应付账款”账户，贷记“应付票据”账户。

(3)转销应付账款。企业转销因债权单位撤销或其他原因而产生无法支付的应付账款，应按其账面余额计入营业外收入，借记“应付账款”账户，贷记“营业外收入”账户。

三、预收账款的核算

企业应设置“预收账款”账户，核算预收账款的形成及结算情况。该账户贷方登记预收账款的数额和购货单位补付的数额；借方登记企业向购货方发货后冲销的预收货款数额和退回购货方多付货款的数额；“预收账款”账户应按购货单位设置明细账。

预收账款业务不多的企业，可以不设置“预收账款”账户，而直接计入“应收账款”账户的贷方。

预收账款的账务处理主要包括预收货款、发出货物以及补收或退回多余货款等业务事项。

企业向购货单位预收款项时，借记“银行存款”账户，贷记“预收账款”账户；销售实现时，按实现的收入和应交的增值税销项税额，借记“预收账款”账户，按照实现的营业收入，贷记“主营业务收入”账户，按照增值税专用发票上注明的增值税额，贷记“应交税费——应交增值税(销项税额)”等账户；企业收到购货单位补付的款项时，借记“银行存款”账户，贷记“预收账款”账户；向购货单位退回其多付的款项时，借记“预收账款”账户，贷记“银行存款”账户。

四、应付票据的核算

为了总括地核算和监督企业商业汇票的签发、承兑和支付情况，应设置“应付票据”账户。该账户属于负债类账户，贷方登记开出并承兑商业汇票的面值，以及带息票据在会计报告日计算的未付利息；借方登记支付票据的款项；余额在贷方，表示尚未支付票据的账面价值。

（1）企业开出并承兑商业汇票购货或抵付应付账款时，应按票据的面值借记“材料采购”、“原材料”、“应交税费”、“应付账款”等账户，贷记“应付票据”账户。若企业开出承兑的是银行承兑汇票，须按票面金额支付一定的手续费，借记“财务费用”账户，贷记“银行存款”账户。

（2）汇票到期，如期付款时，借记“应付票据”账户，贷记“银行存款”账户；若为带息票据，应于期末计算应付利息，借记“财务费用”账户，贷记“应付票据”账户；票据到期支付本息时，按票据账面余额，借记“应付票据”账户，按应计未计的利息，借记“财务费用”账户，按实际支付的金额，贷记“银行存款”账户。

（3）应付票据到期，如企业无力支付票款，属商业承兑汇票的，应按应付票据账面余额，借记“应付票据”账户，贷记“应付账款”账户；属于银行承兑汇票的，应按应付票据账面余额，借记“应付票据”账户，贷记“短期借款”账户。到期不能支付的带息应付票据，转入“应付账款”等账户后，期末时不再计提利息。

五、应付职工薪酬的核算

企业应设置“应付职工薪酬”账户，核算企业根据有关规定应付给职工的各种薪酬。本科目贷方反映应付职工薪酬的发生增加数，借方反映应付职工薪酬发放减少数，期末贷方余额反映企业应付未付的职工薪酬。

本账户按照“工资”、“职工福利”、“社会保险费”、“住房公积金”、“工会经费”、“职工教育经费”、“非货币性福利”、“辞退福利”和“股份支付”等进行明细核算。

1. 应付职工薪酬——工资

（1）工资的结算

企业发放工资时，可发放现金，也可用银行存款发放，将工资输入职工工资卡。借记“应付职工薪酬——工资”账户，贷记“银行存款”、“其他应付款”、“应交税费——应交个人所得税”账户。

（2）工资费用的分配

货币性职工薪酬。即生产部门人员的职工薪酬，计入“生产成本”、“制造费用”、“劳务成本”等账户；管理部门人员的职工薪酬，计入“管理费用”账户；销售人员的职工薪酬，计入“销售费用”账户；应由在建工程、研发支出负担的职工薪酬，计入“在建工程”、“研发支出”等账户；外商投资企业按规定从净利润中提取的职工奖励及福利基金，计入“利润分配——提取的职工奖励及福利基金”账户。

非货币性职工薪酬。企业以其自产产品作为非货币性福利发放给职工的，应当根据受益对象，按照该产品的公允价值，计入相关资产成本或当期损益，同时确认应付职工薪酬，借记“管理费用”、“生产成本”、“制造费用”等账户，贷记“应付职工薪酬——非货币性福利”账户。

企业将拥有的房屋等资产无偿提供给职工使用的，应当根据受益对象，将该房屋每期应计提的折旧计入相关资产成本或当期损益，同时确认应付职工薪酬，借记“管理费用”、“生产成本”、“制造费用”等账户，贷记“应付职工薪酬——非货币性福利”科目，同时借记“应付职工薪酬——非货币性福利”科目，贷记“累计折旧”账户。

2. 应付职工薪酬——职工福利

企业根据工资总额的一定比例计提职工福利费，应借记“生产成本”、“制造费用”、“管理费用”、“销售费用”、“在建工程”、“研发支出”等账户，贷记“应付职工薪酬——职工福利”账户。

3. 应付职工薪酬——社会保险费

企业计提社会保险费，国家或地方政府规定了计提基础和计提比例的，应当按照规定的标准计提，没有规定计提基础和计提比例的，企业应当根据历史经验数据和实际情况，合理预计当期应付职工薪酬。计提时，借记相关资产成本或当期损益科目，贷记“应付职工薪酬——社会保险费”账户。

4. 应付职工薪酬——住房公积金

企业按国家规定向住房公积金管理中心缴存住房公积金时，应借记“应付职工薪酬——住房公积金”账户，贷记“银行存款”等账户。

5. 支付非货币性福利

企业以自产产品作为职工薪酬发放给职工时，按照税法应视同销售确认主营业务收入，借记“应付职工薪酬——非货币性福利”账户，贷记“主营业务收入”账户，同时结转相关成本，涉及增值税销项税额的，还应进行相应的处理。企业支付租赁住房等资产供职工无偿使用所发生的租金，借记“应付职工薪酬——非货币性福利”账户，贷记“银行存款”等账户。

6. 因解除与职工的劳动关系给予的补偿

辞退福利在核算时，应借记“管理费用”账户，贷记“应付职工薪酬——辞退福利”账户。企业因解除与职工的劳动关系而支付给予职工的补偿时，借记“应付职工薪酬——辞退福利”账户，贷记“银行存款”、“库存现金”等账户。

六、应交增值税的核算

为了核算企业应交增值税的发生、抵扣、缴纳、退税及转出等情况，一般纳税企业应在“应交税费”账户下设置“应交增值税”和“未交增值税”两个明细账户。

“应交增值税”明细账户应设置“进项税额”、“已交税金”、“转出未交增值税”、“减免税款”、“销项税额”、“出口退税”、“进项税额转出”等专栏。月份终了，企业应将“应交增值税”明细账户的余额转入“未交增值税”明细账户。

小规模纳税人企业，只需设置“应交增值税”明细账户。

1. 进项税额的账务处理

(1)购进货物

企业在国内采购的货物，按照取得“增值税发票”抵扣联和发票联上注明的增值税额，借记“应交税费——应交增值税(进项税额)”账户；按照专用发票上记载的应采购成本的金额，借记“材料采购”、“在途物资”、“原材料”等账户，按照应付或实际支付的金额，贷记“应付账款”、“应付票据”、“银行存款”等科目。

购入免税农产品，可以按照根据买家和规定扣除率10%计算进项税额，借记“应交税费——应交增值税(进项税额)”账户，按买价扣除按规定计算的进项税额后的差额，借记“在途物资”或“材料采购”、“原材料”等账户，按照应付或实际支付的总额，贷记“应付账款”、“银行存款”等账户。

(2)接受投资转入货物

企业接受投资转入货物，应按照专用发票上注明的增值税额，借记“应交税费——应交增值税(进项税额)”账户，按照确认的投资货物价值(已扣增值税)，借记“原材料”等账户，按照增值税与货物价值的合计数，贷记“实收资本”等账户。

(3)接受捐赠转入的货物

企业接受捐赠转入的货物，应按照增值税专用发票上注明的增值税额，借记“应交税费——应交增值税(进项税额)”账户；按照确认的捐赠货物价值(已扣增值税)，借记“原材料”等账户；按照增值税额与货物价值的合计数，贷记“资本公积”等账户。

(4)接受应税劳务

企业接受应税劳务，应按增值税专用发票上注明的增值税额，借记“应交税费——应交增值税(进项税额)”账户；按照专用发票上记载的应计入加工、修理修配等货物成本的金额，借记“其他业务支出”、“制造费用”、“委托加工材料”、“加工商品”、“销售费用”、“管理费用”等账户；按应付或实际支付的金额，贷记“应付账款”、“银行存款”等账户。

2. 进项税额转出的账务处理

企业购进物资、在产品、产成品发生非正常损失以及购进物资改变用途等原因，其购进时已支付的进项税额应当转出。企业转出进项税额时，借记“待处理财产损溢”、“在建工程”等账户，贷记“应交税费——应交增值税(进项税额转出)”、“材料采购”、“原材料”、“生产成本”、“库存商品”等账户。

3. 销项税额的账务处理

(1)销售货物或提供劳务

企业销售货物或提供应税劳务，应按实现的销售收入和按“税收通用缴款书”收取的增值税税额，按“进账单”等借记“银行存款”、“应收账款”、“应收票据”、“预收账款”等账户，贷记“应交税费——应交增值税(销项税额)”、“主营业务收入”、“其他业务收入”等账户。

(2)自产或委托加工货物用于非应税项目

企业将自产或委托加工的货物用于非应税项目(如固定资产工程项目等)，会计上按照货物成本转账，税收上应视为销售计算应交增值税税额，借记“在建工程”等账户，贷记“应交税费——应交增值税(销项税额)”、“库存商品”等账户。

(3)货物对外投资或捐赠

企业将自产、委托加工或购买的货物对外投资或捐赠，会计上按照货物的账面价值转账，税收上应视同销售计算应交增值税，开出“增值税专用发票”，留下会计记账联，借记“长期股权投资”或“营业外支出”等账户，贷记“应交税费——应交增值税(销项税额)”、“原材料”、“库存商品”等账户。

(4)随产品出售单独计价包装物和出租、出借包装物应纳增值税的账务处理

随同产品出售但单独计价的包装物，视同材料销售计算缴纳增值税，借记“应收账款”、“银行存款”等账户，贷记“应交税费——应交增值税(销项税额)”账户。出租、出借包装物逾期未收回而没收的押金，也应按规定计算应纳的增值税，借记“其他应付款”账户，贷记“应交税费——应交增值税(销项税额)”账户。

4. 出口退税的账务处理

按照国际惯例，出口货物应以不含税价格进入国际市场。因此，我国规定，企业出口的货物的增值税适用零税率，即出口货物不开具增值税专用发票，不收取销项税额。但企业在国内采购这些货物或者为生产这些货物采购原材料时已支付了进项税额，这些已支付的增值税税

额应由税务机关退还企业。企业向海关办理报关出口手续后，凭出口报关单等有关凭证，按月向税务机关办理出口货物进项税额的退税。当企业收到退回的税款时，借记“银行存款”账户，贷记“应交税费——应交增值税(出口退税)”账户。

5. 缴纳增值税的账务处理

按期结算后，企业“应交税费——应交增值税”账户的贷方余额，表示应缴纳的增值税。企业在规定期限内，以银行存款上缴税款时，借记“应交税费——应交增值税(已交税金)”账户，贷记“银行存款”账户。

6. 结转应交未交或多交增值税

月份终了，企业应将本月应交未交增值税自“应交增值税”明细账户转入“未交增值税”明细账户贷方，借记“应交税费——应交增值税(转出未交增值税)”账户，贷记“应交税费——未交增值税”账户；将本月多交的增值税自“应交增值税”明细账户转入“未交增值税”明细账户借方，借记“应交税费——未交增值税”账户，贷记“应交税费——应交增值税(转出未交增值税)”账户。

小规模纳税企业需要按照销售额的一定比例(6%或4%)缴纳增值税，不享有进项税额的抵扣权，其购进货物和接受应税劳务时支付的增值税，直接计入有关货物和劳务的成本。

七、应交消费税的核算

1. 销售产品应交消费税的账务处理

消费税是一种价内税，企业销售商品应缴纳的消费税是对商品销售收入的抵减，因而企业应纳的消费税应列入“营业税金及附加”账户，并通过“应交税费——应交消费税”账户核算。“应交消费税”明细账户的借方发生额，反映企业实际缴纳的消费税和待抵扣的消费税；其贷方发生额，反映按规定应交的消费税；期末贷方余额，反映尚未缴纳的消费税；期末借方余额，反映多交或待抵扣的消费税。

企业随同产品出售、单独计价的包装物收入以及出租、出借包装物逾期未收回而没收的押金按“税收通用缴款书”上列明应缴纳的消费税，借记“其他业务成本”账户，贷记“应交税费——应交消费税”账户，并填制“消费税纳税申报表”。

2. 自产自用产品应交消费税的账务处理

企业将资产的应税消费品用于对外投资、在建工程、职工福利、捐赠等，除了按规定缴纳增值税外，还应计算缴纳消费税。其应纳的消费税，应借记“长期股权投资”、“在建工程”、“应付职工薪酬——职工福利”、“营业外支出”等账户，贷记“应交税费——应交消费税”等账户。

3. 委托加工应税消费品的账务处理

需要缴纳消费税的委托加工物资，一般于委托方提货时，由受托方代收代交税款，受托方按应交税款金额，借记“应收账款”、“银行存款”等账户，贷记“应交税费——应交消费税”账户。委托加工物资收回后，直接用于销售的，应将代收代交的消费税计入委托加工物资的成本；委托加工物资收回后用于连续生产的，按规定准予抵扣的，应按代收代交的消费税，借记“应交税费——应交消费税”账户，贷记“应付账款”、“银行存款”等账户。

4. 上缴消费税及退税的账务处理

企业按期缴纳消费税时，应借记“应交税费——应交消费税”账户，贷记“银行存款”账户。企业纳税后，如因销售退回或折让而收到税务机关退税，则做相反会计分录。

八、应交营业税的核算

企业按规定应交的营业税，在“应交税费”账户下设置“应交营业税”明细账户核算。“应交营业税”明细账户的借方发生额，反映企业已缴纳的营业税；其贷方发生额，反映应交的营业税；期末借方余额，反映多交的营业税；期末贷方余额，反映尚未缴纳的营业税。

企业主营业务应纳的营业税，应按营业额和规定的税率，借记“营业税金及附加”账户，贷记“应交税费——应交营业税”账户。

企业提供运输等非工业性劳务、租赁等业务，应纳的营业税应借记“营业税金及附加”等账户，贷记“应交税费——应交营业税”账户。

企业销售不动产，应当向不动产所在地主管税务机关申报缴纳营业税，应纳税款作为固定资产清理支出处理，借记“固定资产清理”账户，贷记“应交税费——应交营业税”账户。但房地产开发企业经营房屋不动产所缴纳的营业税，记入“营业税金及附加”账户。

九、其他应交税费的核算

（一）应交城市维护建设税的核算

城市维护建设税也是一种价内税，应由形成应交税金的各种收入来补偿。企业应交城市维护建设税应通过“应交税费——应交城建税”明细账户核算。月末应编制“地方税收综合纳税申报表”，核算本月应交城建税和教育费附加金额。应交城市维护建设税应分业务类型计列：主营业务的应纳税额，列入“营业税金及附加”账户；租赁、材料销售，代购代销、非工业性劳务等其他业务的应纳税额，列入“营业税金及附加”账户；出售固定资产（指不动产）的应纳税额，列入“固定资产清理”账户。企业实际缴纳城市维护建设税时，借记“应交税费——应交城建税”账户，贷记“银行存款”账户。

（二）应交土地增值税的核算

为了核算土地增值税的应交及上缴情况，企业应设置“应交税费——应交土地增值税”账户，贷方登记应缴纳的土地增值税，借方登记已缴纳的土地增值税，期末贷方余额为尚未缴纳的土地增值税。企业计算结转转让国有土地使用权连同地上建筑物及附着物应缴纳的土地增值税，借记“固定资产”或“在建工程”等账户，贷记“应交税费——应交土地增值税”账户；实际缴纳税款时，借记“应交税费——应交土地增值税”账户，贷记“银行存款”账户。主营房地产业务的企业，应由当期营业收入负担的土地增值税，记入“营业税金及附加”账户；兼营房地产开发业务的企业，其房地产开发业务应缴纳的土地增值税，记入“营业税金及附加”账户。

（三）应交资源税的核算

企业计算结转销售应税产品应纳资源税时，借记“营业税金及附加”账户，贷记“应交税费——应交资源税”账户；企业结转自产自用应税产品应纳资源税时，借记“生产成本”账户，贷记“应交税费——应交资源税”账户。企业以银行存款上缴资源税时，借记“应交税费——应交资源税”账户，贷记“银行存款”账户。

（四）应交房产税、土地使用税、车船税和印花税的核算

企业按规定计算缴纳的房产税、土地使用税、车船税时应借记“管理费用”账户，贷记“应交税费——应交房产税（或土地使用税、车船税）”账户；以银行存款上交税款时，借记“应交税费”账户，贷记“银行存款”账户。

印花税是对书立、领受购销合同等凭证行为而征收的税款，实行由纳税人根据规定自行计算应纳税额，购买并一次贴足印花税票的缴纳方法。应纳税凭证包括购销、加工承揽、建设工

程承包、财产租赁、货物运输、仓储保管、借款、财产保险、技术合同或者具有合同性质的凭证；产权转移书据；企业账簿；权利、许可证照；等等。纳税人根据应纳税凭证的性质，分别按比例税率或者按件定额计算应纳税额。

企业购买印花税票时，借记“管理费用”账户，贷记“银行存款”或“库存现金”账户。企业一次购买印花税票数额较大的，为均衡费用负担，可以分期摊销。

（五）应交矿产资源补偿费的核算

企业按规定计算应交的矿产资源补偿费，应借记“管理费用”账户，贷记“应交税费——应交矿产资源补偿费”账户；企业实际缴纳时，借记“应交税费——应交矿产资源补偿费”账户，贷记“银行存款”账户。

（六）应交个人所得税的核算

支付职工薪酬的单位，代扣代缴的个人所得税应通过“应交税费——应交个人所得税”账户核算。企业在提取应付职工薪酬的同时，应计算结转代扣代缴的个人所得税，借记“应付职工薪酬——工资”账户，贷记“应交税费——应交个人所得税”账户；实际缴纳代扣税款时，借记“应交税费——应交个人所得税”账户，贷记“银行存款”账户。

十、应付利息的核算

企业应设置“应付利息”账户核算应付利息的计提与偿还情况。该账户贷方登记企业按照合同约定的利率计提的利息，借方登记实际支付的利息，期末贷方余额，反映企业按照合同约定应支付但尚未支付的利息。该账户应当按债权人进行明细核算。

资产负债表日，企业应按摊余成本和实际利率计算确定的利息费用，同时填制“内部转账单”计提本月利息，借记“在建工程”、“财务费用”、“研发支出”等账户，按合同约定的名义利率计算确定的利息金额，贷记“应付利息”账户，按其差额贷记“长期借款——利息调整”等账户；合同利率与实际利率差额较小的，也可采用合同名义利率计算确定利息费用。实际支付利息时，借记“应付利息”账户，贷记“银行存款”账户。

十一、应付股利的核算

企业应设置“应付股利”账户核算应付股利的分配情况。该账户贷方登记应支付的现金股利或利润，借方登记实际支付的现金股利或利润，期末贷方余额反映企业尚未支付的现金股利或利润。

企业根据通过的股利或利润分配方案确认应付给投资者的股利或利润时，借记“利润分配——应付股利”账户，贷记“应付股利”账户；向投资者支付股利或利润时，借记“应付股利”账户，贷记“库存现金”等账户。

十二、其他应付款的核算

为了总括地反映和监督企业其他应付款项的应付、暂收和支付情况，应设置“其他应付款”账户。该账户属于负债类账户，贷方登记企业发生的各种应付、暂收款项；借方登记企业实际支付或转销的应付款项。余额在贷方，表示企业尚未支付的其他应付款项。该账户应按应付和暂收款项的类别以及单位或个人设置明细账，进行明细分类核算。

项目 9

非流动负债

9.1 非流动负债·工作任务

非流动负债是指流动负债以外的负债,通常是偿还期在一年以上,或超过一年的一个营业周期以上的债务和其他债务,包括长期借款、应付债券、长期应付款、专项应付款、预计负债、递延所得税负债和其他非流动负债。非流动负债中有些项目具有金额大、偿还期限长、可分期偿还等特征,借款费用成为其固定的支出。以下是关于非流动负债的两项工作任务,一项由老师和学生共同完成,一项由学生独立完成。

9.1.1 非流动负债·工作任务·师生教学做

武汉天河有限责任公司(以下简称天河公司)为增值税一般纳税人,增值税税率为17%。纳税人识别号:420110842903788;地址:武汉市东湖高新区光谷创业街121号,电话:027－54808382;开户行及账号:中国工商银行虎泉支行12341234。2011～2016年发生如下经济业务,据以进行账务处理(原始单据见同步操作):

1. 2011年1月1日,公司建造一幢办公楼,工期一年半。向开户行借入期限为两年的长期专门借款8 000 000元,收到"贷款凭证"收账通知联。借款利率为9%,每年计息一次,期满后一次还本付息。

2. 2011年1月2日,签发"转账支票",支付工程价款共计7 500 000元。

3. 2011年1月1日起,发行两年期面值为100元的债券200 000张,债券票面利率为3%,每年7月1日和12月31日付息两次,到期时归还本金和最后一次利息。该债券折价发行,收款为19 619 210元,债券实际利率为年利率4%。该债券所筹措资金全部用于新生产线的建设。生产线建设期为半年。该生产线于2011年6月底完工并交付使用。债券溢折价采用实际利率法摊销,每年6月30日和12月31日计提利息。

4. 2011年6月30日,计提应付债券利息,填制"内部转账单"。

5. 2011年7月1日,签发"转账支票",支付湖北证券公司半年债券利息。

6. 2011年12月31日,填制"内部转账单",计算长期借款的利息费用。

7. 2011年12月31日,计提并支付债券利息,填制"内部转账单"及签发"转账支票"支付湖北证券公司半年债券利息。

8.2012 年账务处理略。

9.2013 年 1 月 1 日，签发“转账支票”支付湖北证券公司债券本金。

10.2013 年 1 月 1 日，签发“转账支票”归还开户银行长期借款本金和利息。

11.2013 年 12 月 1 日，本公司与武汉固守租赁公司签订了一份生产设备融资租赁合同。租赁合同规定：租赁期开始日为 2014 年 1 月 1 日；租赁期为 3 年，每年年末支付租金 2 000 000 元；租赁期届满，生产线的估计残余价值为 400 000 元；其中，担保余值为 300 000 元，未担保余值为 100 000 元。该生产线为全新生产线，租赁开始日的公允价值为 6 000 000 元；租赁内含利率为 6%。最低租赁付款额现值为 5 597 880 元。该生产线于 2013 年 12 月 31 日运抵公司，当日投入使用。收到“固定资产验收单”。

12.2014 年 12 月 31 日，编制“未确认融资费用分摊表”，确认当年融资费用。

13.2014 年 12 月 31 日，收到固守租赁公司“增值税专用发票”发票联及抵扣联，签发“转账支票”支付当年五台数控机床租金 200 万元。

14.2015 年和 2016 年支付租金、分摊未确认融资费用账务处理略。

15.2016 年 12 月 31 日，归还租用的 5 台数控机床，填制“固定资产转销单”。

16.2016 年 12 月 5 日，大世界公司状告本公司生产并销售的新产品侵犯了其专利权，要求赔偿 100 万元。但是，本公司认为，所生产并销售的新产品并没有侵犯大世界公司的专利权。为此，本公司已依法向法院提起诉讼，反诉大世界公司侵犯本公司的名誉权，并赔偿损失 120 万元。截至 2016 年 12 月 31 日，两起诉讼尚处在审理当中。

2016 年 12 月 31 日，根据有关分析、测试情况及法律顾问的意见，认为新产品很可能侵犯了大世界公司的专利权。公司估计败诉的可能性为 60%，胜诉的可能性为 40%；如果败诉，估计要赔偿 95 万元(含对方支付的诉讼费 10 万元)。据公司法务部意见填制“内部转账单”，确认预计负债。

9.1.2 非流动负债·工作任务·学生独立做

武汉晨光有限责任公司(以下简称晨光公司)为增值税一般纳税人，增值税税率为 17%。纳税人识别号：420101032635924；地址：武汉东湖高新开发区 121 号，电话：027－86250966；开户行及账号：工行光谷支行 003456。2011～2017 年发生如下经济业务，据以进行账务处理(原始单据见同步操作)：

1.2011 年 1 月 1 日，建造厂房，工期两年，向开户行借入期限为两年的长期专门借款 5 000 000元，收到“贷款凭证”收账通知联。借款利率为 8%，每年计息一次，期满后一次还本付息。

2.2011 年 1 月 2 日，收到东风公司“建筑业统一发票”发票联，签发“转账支票”支付工程价款共计 4 800 000 元。

3.2011 年 1 月 1 日起发行五年期面值为 100 元的债券 100 000 张，债券票面利率为 6%，每年 12 月 31 日付息一次，到期时归还本金和最后一次利息。该债券发行价 10 200 000 元，委托代售手续费 232 700 元，债券实际利率为年利率 5%。该债券所筹措资金全部用于扩大再生产，债券溢价采用实际利率法摊销，每年末计提利息。

4.2011 年 12 月 31 日，填制“内部转账单”计提应付债券利息，签发“转账支票”支付湖北证券公司一年债券利息。

5.2011 年 12 月 31 日，填制“内部转账单”计算长期借款的利息费用。

6.2012 年 12 月 31 日，计提并支付债券利息，填制“内部转账单”及签发“转账支票”支付湖北证券公司半年债券利息。

7.2013 年相关账务处理略。

8.2013 年 1 月 1 日，签发“转账支票”归还开户银行长期借款本金和利息。

9.2013 年 12 月 1 日，与百舸租赁公司签订了一份设备融资租赁合约，设备全新，2014 年 1 月 1 日的公允价值为 551 万元，最低租赁付款额 611 万元；预计使用年限 5 年，租赁开始日：2014 年 1 月 1 日，租赁期共 4 年，租赁开始日起每年年末支付 150 万元，担保租赁期满时设备余值为 11 万元，没有未担保余值，租赁合同利率 7%，租赁内含利率 4.16%，租赁期满时，公司应将设备归还租赁公司。公司对该融资租赁固定资产采用年限平均法计提折旧，与租赁有关的未确认融资费用在相关资产的折旧期限内采用实际利率法摊销并在年末进行。收到“固定资产验收单”。

10.2014 年 12 月 31 日，编制“未确认融资费用分摊表”确认当年融资费用。

11.2014 年 12 月 31 日，收到百舸租赁公司“增值税专用发票”发票联及抵扣联，签发“转账支票”支付当年 3 台数控车床租金 150 万元。

12.2015 年至 2017 年支付租金、分摊未确认融资费用账务处理略。

13.2016 年 12 月 31 日，签发“转账支票”支付湖北证券公司债券本金。

14.2017 年 12 月 31 日，归还租用的 3 台数控车床，填制“固定资产转销单”

15.2017 年 12 月 31 日，本公司因与追风公司签订了互相担保协议，而成为相关诉讼的第二被告。截至 2017 年 12 月 31 日，诉讼尚未判决。但是，由于追风公司经营困难，本公司很可能要承担还款连带责任。据预计，追风公司承担还款金额 200 万元责任的可能性为 60%，而承担还款金额 100 万元责任的可能性为 40%。填制“内部转账单”确认预计负债。

9.2　非流动负债·理论知识

一、非流动负债

非流动负债是指偿还期在一年或超过一年的一个营业周期以上的债务。非流动负债因长期性理财活动而产生，与流动负债相比，具有数额大、期限长等特点。举借非流动负债不会影响企业原有的资本结构，可以在一定程度上降低企业筹资成本，并会给投资者带来更多的盈余。但举借非流动负债可能会限制企业的财务活动，影响财务活动的灵活性，会给企业带来较大的财务风险。因此，企业举借非流动负债一定要合理、适度。

非流动负债主要包括长期借款、应付债券、长期应付款、专项应付款等。

二、长期借款

（一）长期借款的概念及内容

长期借款是指企业从银行或其他金融机构借入的期限在 1 年以上（不含 1 年）的各项借款。企业举借长期借款主要是为了扩大生产规模或用于固定资产购置和建造工程等。它具有借款数额大、借款期限长等特点。

长期借款按取得途径，可分为政策性银行贷款、商业银行贷款、其他金融机构贷款；按借款用途，可分为基本建设借款、生产经营借款、技术改造借款；按有无抵押担保，可分为抵押借款、担保借款、信用借款；按偿还方式，可分为定期偿还借款、分期偿还借款；按借款币种，可分为人民币借款、外币借款。

（二）长期借款利息的计算

长期借款利息的计算有单利和复利两种方法。

1. 单利

单利是指只按照本金计算利息，其所发生的利息不加入本金重复计算利息，计算公式如下：

利息＝本金×利率×期数

本利和＝本金＋利息＝本金×（1＋利率×期数）

2. 复利

复利是在一定时间（如1年）按一定利率将本金所发生利息加入本金再计算利息，也就是说，不仅要计算本金的利息，还要计算利息的利息，其本利和计算公式如下：

$$本利和=本金\times(1+利率)^{期数}$$

三、应付债券

（一）应付债券的性质和种类

债券是依照法定程序发行的、约定在一定期限内还本付息的一种有价证券。应付债券是企业发行一年期以上的债券形成的一种长期负债。

企业通过向社会公开发行债券，可以从非银行的单位、个人筹措资金，债券可在证券市场上自由流通转让，是企业筹集长期资金的方式之一。企业因资金不足发行债券必须经过中国人民银行批准。发行债券筹集的资金可用于购建固定资产，也可用于补充流动资金。

公司债券按其性质可分为一般公司债券和可转换公司债券两种。

1. 一般公司债券

企业债券发行价格的高低一般取决于债券票面金额、债券票面利率、发行当时的市场利率以及债券期限的长短等因素。债券发行有面值发行、溢价发行和折价发行三种情况。假定其他条件不变，如果债券的票面利率等于同期银行存款利率，则按票面价格发行，称为平价发行（或面值发行）；如果债券的票面利率高于同期银行存款利率，可按超过债券面值的价格发行，称为溢价发行；如果债券的票面利率低于同期银行存款利率，可按低于债券面值的价格发行，称为折价发行。

债券发行价格是到期偿还的债券面值按发行时的市场利率折算的复利现值和债券按票面利率计算的各期利息按市场利率折算的年金现值之和。其计算公式如下：

债券发行价格＝债券面值按市场利率的折现值＋每期债券利息按市场利率的折现值

其中：

债券面值按市场利率的折现值＝债券面值×复利现值系数

每期债券利息按市场利率的折现值＝每个付息期的利息额×年金现值系数

上述复利现值系数和年金现值系数均可查表求得。

此外，企业发行债券时，如果发行费用大于发行期间冻结资金所产生的利息收入，其差额根据发行债券所筹集资金的用途，分别计入财务费用和相关资产成本；反之，则作为发行债券的溢价收入，在债券存续期内计提应付利息时摊销。

2. 可转换公司债券

可转换公司债券是指发行人依照法定程序发行、在一定期间内依据约定的条件可以转换程股份的公司债券。可转换公司债券既有债券的性质，又有股票的性质。若债券持有者在转换期内行使转换权利，将债券转换成股份，则成为企业的股东，享受股东的权利；若债券持有者在转换期内未行使转换权利，则仍作为债权人享有相应权益。

我国发行可转换公司债券采取记名式无纸化发行方式，债券最短期限为3年，最长期限为5年。在会计核算中，企业发行的可转换公司债券作为非流动负债，在“应付债券”账户下设置“可转换公司债券”明细账户进行明细分类核算。

四、长期应付款

长期应付款是指企业除长期借款和应付债券以外的其他各种长期应付款项，包括应付融资租入固定资产的租赁费、具有融资性质的延期付款购买资产等。

五、预计负债

企业在生产经营过程中，会受到众多不确定因素的影响，从而产生或有事项。或有事项是指过去的交易或事项形成的一种状况，其结果需通过不完全由企业控制的未来不确定事项的发生或不发生予以证实。常见的或有事项有未决诉讼、未决仲裁、对售后商品的担保、附追索权的票据贴现、为其他单位提供的债务担保等。如果或有事项会给企业带来有利影响而形成潜在资产，称为或有资产；如果或有事项会给企业带来不利影响而承担义务，称为或有负债。在会计处理中，对或有负债应分别情况进行确认或披露；对于或有资产一般不确认或披露，除非其很可能导致未来经济利益流入企业。

如果与或有事项相关的义务同时符合以下条件，企业应将其确认为负债：

(1)该项义务为企业承担的现实义务；

(2)该项义务的履行很可能导致经济利益流出企业；

(3)该项义务的金额能够可靠得计量。

如果与或有事项有关的义务不同时具备以上三个条件，则不能将其确认为一项负债，而只能将其作为或有负债处理，即或有负债不应确认。此外，在理解“可能性”时，应注意其层次划分。通常，“可能性”可划分为四个层次，即基本确定、很可能、可能和极小可能。“基本确定”是指发生的可能性大于95%但小于100%；“很可能”是指发生的可能性大于50%但小于或等于95%；“可能”是指发生的可能性大于5%但小于或等于50%；“极小可能”是指发生的可能性大于0但小于或等于5%。

因或有事项而确认的负债的金额，应是清偿该负债所需支出的最佳估计数。如果所需支出存在一个金额区间，则最佳估计数应按该区间的上、下限金额的平均数确定。如果所需支出不存在一个金额区间，则最佳估计数应分别情况处理；或有事项涉及单个项目时，最佳估计数按最可能发生金额确定；或有事项涉及多个项目时，最佳估计数按各种可能发生金额及其发生概率确定。

9.3 非流动负债·操作指南

一、长期借款

1. 账户设置

为了反映企业的各种长期借款，应设置“长期借款”账户，用来核算长期借款的借入、应计利息、归还和结欠情况。该账户属于负债类账户，贷方登记借入长期借款的本金及应计利息，借方登记偿还的长期借款本息和借入长期借款时本金与实际收到的金额的差额，余额在贷方，反映企业尚未偿还的长期借款和摊余成本，该账户应按照贷款单位和贷款种类，分别“本金”、“利息调整”、“应计利息”等进行明细核算。

2. 账务处理

企业借入长期借款，应按实际收到的现金净额，借记“银行存款”账户，贷记“长期借款——本金”账户，按其差额，借记“长期借款——利息调整”账户。

资产负债表日，应按摊余成本和实际利率计算确定的长期借款的利息费用，借记“在建工程”、“制造费用”、“财务费用”、“研发支出”等账户；按合同约定的名义利率计算确定的应付利息金额，贷记“长期借款——应计利息”或“应付利息”账户；按其差额，贷记“长期借款——利息调整”账户。

实际利率与合同约定的名义利率差异很小的，也可以采用合同约定的名义利率计算确定利息费用。

归还长期借款本息时，借记“长期借款——本金”、“长期借款——利息调整”或“应付利息”账户，贷记“银行存款”账户。

二、应付债券

1. 账户设置

应付债券的核算，通过设置“应付债券”账户进行。该账户属负债类，用于核算应付债券发行、计提利息、还本付息等情况。该账户贷方登记应付债券的本金和利息，借方登记归还的债券本金和利息，期末贷方余额反映企业尚未偿还的长期债券。企业还应在该账户下设置“面值”、“利息调整”、“应付利息”等明细账户进行明细分类核算。

2. 账务处理

(1)发行债券。企业发行债券时，应按实际收到的金额，借记“银行存款”账户，按债券票面金额，贷记“应付债券——面值”账户；存在差额的，还应借记或贷记“应付债券——利息调整”账户。

(2)利息调整的摊销。发行长期债券的企业，应按期计提利息。如果存在溢价或折价，还应采用一定的方法按期进行摊销，在计算出实际利息支出的基础上进行相应的账务处理。

①按面值发行的债券利息的核算。对于按面值发行的债券，在每期采用票面利率计提利息时，应当按照与长期借款相一致的原则计入有关成本费用，借记“在建工程”、“制造费用”、“财务费用”、“研发支出”等账户。其中，对于分期付息、到期一次还本的债券，其按票面利率计算确定的应付未付利息记入“应付利息”账户；对于一次还本付息的债券，其按票面利率计算确定的应付未付利息记入“应付债券——应计利息”账户。

②溢折价发行的债券利率调整的摊销。溢价或折价是发行债券企业在债券存续期内对利息费用的一种调整。溢价是企业以后各期多付利息而事先得到的补偿，折价是企业以后各期少付利息而预先给投资者的补偿。溢折价金额应在债券存续期内进行摊销，调整实际利息收入，即利息调整。

根据我国企业会计准则的规定，利息调整应采用实际利率法。实际利率法是指按照应付债券的实际利率计算其摊余成本及各期利息费用的方法。实际利率是指应付债券在债券存续期内的未来现金流量折现为该债券当前账面价值所适用的利率。

在折价发行债券的情况下,随着摊销的利息调整,应付债券的摊余成本逐渐增加,至债券到期时,所有的债券折价金额摊销完毕,应付债券的摊余成本等于面值,"应付债券——利息调整"账户的金额为零。

对于一次还本、分次付息的债券,应于资产负债表日按摊余成本和实际利率计算确定的债券利息费用,借记"财务费用"、"在建工程"等账户;按票面利率计算的利息费用,贷记"应付利息"账户;按其差额,借记或贷记"应付债券——利息调整"账户。

(3)债券的偿还。

企业发行的债券通常分为到期一次还本付息和一次还本、分期付息两种。

三、可转换公司债券

(一)发行可转换公司债券的核算

企业发行的可转换公司债券,应当在初始确认时将其包含的负债成分和权益成分进行分拆,将负债成分确认为应付债券,将权益成分确认为资本公积。在进行分拆时,应当先对负债成分的未来现金流量进行折现以确定负债成分的初始确认金额,再按发行价格总额扣除负债成分初始确认金额后的金额确定权益成分的初始确认金额。发行可转换公司债券发生的交易费用,应当在负债成分和权益成分之间按照各自的相对公允价值进行分摊。

企业应按实际收到的款项,借记"银行存款"账户,按可转换公司债券包含的负债成分面值,贷记"应付债券——可转换公司债券(面值)"账户;按权益成分的公允价值,贷记"资本公积——其他资本公积"账户;按借贷双方之间的差额,借记或贷记"应付债券——可转换公司债券(利息调整)"账户。

对于可转换公司债券的负债成分,在转换为股份前,其会计处理与一般公司债券相同,即按照实际利率和摊余成本确认利息费用,按照面值和票面利率确认应付债券,差额作为利息调整。

(二)可转换公司债券转换为股份时的核算

可转换公司债券持有者在债券存续期间内行使转换权利,将可转换公司债券转换为股份时,对于债券面额不足转换1股股份的部分,企业应当以现金偿还。

可转换公司债券持有人行使转换权利,将其持有的债券转换为股票,按可转换公司债券的金额,借记"应付债券——可转换公司债券(面值、利息调整)"等账户;按其权益成分的金额,借记"资本公积——其他资本公积"账户;按股票面值和转换的股数计算的股票面值总额,贷记"股本"账户;按其差额,贷记"资本公积——股本溢价"账户。如用现金支付不可转换股票的部分,还应贷记"库存现金"、"银行存款"等账户。

四、长期应付款

(一)应付融资租入固定资产的租赁费

企业采用融资租赁方式租入的固定资产,应在租赁开始日,将租赁开始日租赁资产公允价值与最低租赁付款额现值两者中较低者,加上初始直接费用,作为租赁资产的入账价值,借记"固定资产"等账户;按最低租赁付款额,贷记"长期应付款"账户;按发生的初始直接费用,贷记"银行存款"等账户;按其差额,借机"未确认融资费用"账户。

企业在计算最低租赁付款额的现值时,能够取得出租人租赁内含利率的,应当采用租赁内涵利率作为折现率;否则,应当采用租赁合同规定的利率作为折现率。企业无法取得出租人的租赁内涵利率且租赁合同没有规定利率的，应当采用同期银行贷款利率作为折现率。租赁内含利率是指在租赁开始日，使最低租赁收款额的现值与未担保余值的现值之和等于租赁资产公允价值与出租人的初始直接费用之和的折现率。

未确认融资费用应当在租赁期内的各个期间进行分摊。企业应当采用实际利率法计算确认当期的融资费用。

（二）具有融资性质的延期付款购买资产

企业购买资产有可能延期支付有关价款。如果延期支付的购买价款超过正常信用条件，实质上具有融资性质的，所购资产的成本应当以延期支付购买价款的现值为基础确定。实际支付的价款与购买价款的现值之间的差额，应当在信用期间内采用实际利率法进行摊销，计入相关资产成本或当期损益。具体来说，企业购入资产超过正常信用条件，延期付款实质上具有融资性质时，应按购买价款的现值，借记“固定资产”、“在建工程”等账户；按应支付的价款总额，贷记“长期应付款”账户；按其差额，借记“未确认融资费用”账户。

企业采用补偿贸易方式引进国外设备时，应按设备、工具、零配件等的价款以及国外运杂费的外币金额和规定的汇率折合为人民币确认长期应付款。

五、预计负债

或有负债的核算，主要通过设置“预计负债”账户进行。该账户借方登记负债了结时的数额；贷方登记负债确认时的数额；余额在贷方，反映已预计尚未支付的债务。该账户可按预计负债项目设置明细账户。

对或有负债，除应予以确认外，还应当分别不同情况加以披露。对因或有事项形成的负债，企业应在资产负债表中单列项目反映，并在会计报表附注中作相应披露；对已贴现商业承兑汇票、未决诉讼、为其他单位提供债务担保等事项形成的或有负债，应在报表附注中分类披露其形成原因、预计产生的财务影响等内容。

项目 10

所有者权益

10.1 所有者权益·工作任务

企业要进行生产经营活动，必须要有一定数量的资金，这些资金的来源渠道主要有两条：一条是由投资者提供，另一条是由债权人提供。投资者和债权人向企业提供资金是有条件的，他们对企业使用这些资金形成的资产具有要求权，便形成了所有者权益和债权人权益，投资者提供资金在债权人之前，享受权益在债权人之后，所享有的是资产减去负债以后的剩余权益。以下是关于货币资金的两项工作任务，一项由老师和学生共同完成，一项由学生独立完成。

10.1.1 所有者权益·工作任务·师生教学做

武汉天河有限责任公司(以下简称天河公司)为增值税一般纳税人，增值税税率为 17%。纳税人识别号：420110842903788；地址：武汉市东湖高新区光谷创业街 121 号，电话：027－54808382；开户行及账号：中国工商银行虎泉支行 12341234。2013～2014 年发生如下经济业务，据以进行账务处理(原始单据见同步操作)：

1. 2013 年 12 月 2 日，收到东方责任有限公司签发的金额为 150 万元的“转账支票”一份，开具“收款收据”，填写“进账单”到开户行办理进账手续。投资协议约定公司在注册资本中所占的份额为 20%，本公司原有资本金 300 万元，在工商行政管理局已办妥增加资本金 200 万元的手续。

2. 2013 年 12 月 15 日，收到东风工厂投入的机器设备，合同价为 160 万元，按投资协议约定其在注册资本中所占的份额 20%，收到资产处送来“固定资产交接验收单”会计记账联。

3. 2014 年 5 月 31 日，公司决议用资本公积 80 万元转增资本，办理完增资手续后，编制“资本公积转增资本分配表”。

4. 2014 年 5 月 31 日，公司决议，按当日在登记在册的本公司投资者为盈余公积转增资本的对象，将盈余公积 120 万元转增资本。办理完增资手续后，编制“盈余公积转增资本分配表”。

5. 2014 年 12 月 31 日，编制“内部转账单”，将“本年利润”账户贷方余额 500 万元结转到“利润分配——未分配利润”账户。

6.2014年12月31日,依据公司决议编制“利润分配表”提取盈余公积。其中:法定盈余公积计提比例为本年净利润10%,任意盈余公积计提比例为6%。

7.2014年12月31日,编制“内部转账单”,将“利润分配——提取盈余公积”账户余额转入“利润分配——未分配利润”账户。

10.1.2 所有者权益·工作任务·学生独立做

武汉晨光有限责任公司(以下简称晨光公司)为增值税一般纳税人,增值税税率为17%。纳税人识别号:420101032635924;地址:武汉东湖高新开发区121号,电话:027-86250966,开户行及账号:工行光谷支行003456。2013~2014年发生如下经济业务,据以进行账务处理(原始单据见同步操作):

1.2013年12月1日,收到新元责任有限公司签发的金额为150万元的“转账支票”一份,开具“收款收据”,填写“进账单”到开户行办理进账手续。投资协议约定公司在注册资本中所占的份额为20%,本公司原有资本金250万元,在工商行政管理局已办妥增加资本金100万元的手续。

2.2013年12月20日,收到武汉高科有限责任公司投入的专利权,合同价50万元,按投资协议约定其在注册资本350万元中所占的份额12%,收到资产处送来“无形资产登记表”会计记账联。

3.2014年4月20日,公司决议用资本公积40万元转增资本,办理完增资手续后,编制“资本公积转增资本分配表”。

4.2014年12月31日,编制“内部转账单”,将“本年利润”账户贷方余额300万元结转到“利润分配——未分配利润”账户。

5.2014年12月31日,依据公司决议编制“利润分配表”,提取盈余公积,其中:法定盈余公积计提比例为本年净利润的10%,任意盈余公积计提比例为6%。

6.2014年12月31日,编制“内部转账单”,将“利润分配——提取盈余公积”账户余额转入“利润分配——未分配利润”账户。

10.2 所有者权益·理论知识

一、所有者权益

(一)含义与特征

所有者权益是指企业资产扣除负债后由所有者享有的剩余权益。公司的所有者权益又称为股东权益。所有者权益的来源包括所有者投入的资本、直接计入所有者权益的利得和损失、留存收益等。

企业的权益包括所有者权益和债权人权益两部分,二者都是资产的来源,都对资产具有要求权。但所有者权益与债权人权益相比,有其显著的特点:

(1)企业所有者只对净资产部分具有所有权,而不是对全部资产都具有这种权益。

(2)企业所有者有参与企业经营管理的权利。

(3)企业所有者以股利或利润的形式参与企业的利润分配,且分配的多少、分配与否与企业的业绩紧密联系。

(4)企业所有者不能在某一确定的日期收回其投入的资本，只有在企业清算等情况下，企业的资产在支付了破产、清算费用并优先偿还负债，如有剩余资产之后，才能在投资者之间按出资比例进行分配。

(5)企业所有者投入企业的资本，在企业持续经营期间，除依法转让外，不得以任何形式收回。

所有者权益要素与其他会计要素联系密切：所有者投入的资本形成了企业生产经营活动的最基本的启动资产；企业要举债、举债多少，都要考虑所有者权益数额；企业发生的收入、费用以及创造的利润都决定了所有者权益的变化。

(二)分类

1. 实收资本

实收资本是指投资者按照企业章程或合同、协议的约定，实际投入企业的各种财产、物资的价值。按投资主体，可分为国家投资、法人投资、外商投资和个人投资。

2. 资本公积

资本公积是指企业收到投资者的超出其在企业注册资本(或股本)中所占份额的投资，以及直接计入所有者权益的利得和损失等。资本公积包括资本溢价(或股份溢价)和直接计入所有者权益的利得和损失等。

3. 盈余公积

盈余公积是指按税后利润的一定比例提取、具有特定用途的留存收益。盈余公积包括法定盈余公积和任意盈余公积。

4. 未分配利润

未分配利润是指企业净利润分配后剩余部分。未分配利润有两层含义：一是留待以后年度处理的利润；二是未指定特定用途的利润。从数量上来讲，未分配利润是期初未分配利润，加上本期实现的净利润，减去提取的各种盈余公积和分出利润后的余额。

二、实收资本

实收资本是所有者权益的重要组成部分，是企业设立的必备条件，也是企业从事正常生产经营活动必需的基本资金。实收资本的构成比例即投资者的出资比例或股东的股份比例，是企业据以向投资者进行利润或股份分配的主要依据。

我国实行的是注册资本制度，要求企业的实收资本与其注册资本相一致。注册资本是企业在设立时由投资者出资的并向工商行政管理部门登记注册的资本总额，是企业的法定资本，也是企业承担法律责任的财力保证。《中华人民共和国企业法人登记管理条例》规定，除国家另有规定外，企业的注册资本应当与实有资金一致。企业实有资金比原注册资金数额增减超过20%时，应持资金使用证明或验资证明，向原登记主管机关申请变更登记。如果擅自改变注册资本或抽逃资金等，将受到工商行政管理部门处罚。

按投资方式的不同，投入资本分为直接投资和间接投资。直接投资是指投资人直接以固定资产、流动资产、无形资产等投入企业，从而按投资比例获取股权的一种投资方式，它是国有独资公司和有限责任公司采用的一种投资方式。间接投资是指投资人以购买股票的形式对企业进行投资，从而按购买股票的份额获取股权的一种投资方式，它是股份有限公司一般采用的一种投资方式。

一般而言，不论何种投资方式，被投资企业都应在接受投资时，按实际收到的出资额作为实收资本入账。但要注意以下几种情况：

（1）在某些特殊情况下，投资者实际投入的资金并不全部构成实收资本。前已述及，企业的实收资本应当等于注册资本。因此，在投资者的出资额中，只有按投资者占被投资企业注册资本比例计算的部分，才作为实收资本。如果投资者的出资额大于其在注册资本中所占的份额部分，作为资本溢价单独核算。

（2）如果接受的是实物资产或无形资产的投资，应按投资合同或协议约定的价值作为实收资本。

（3）如果接受股票投资，应按股票面值计入实收资本，超过面值部分作为股本溢价单独核算。

被投资企业在吸收投入资本时，既可以一次筹集，也可以分次筹集。分次筹集时，所有者最后一次投入企业的资本必须在营业执照签发之日起6个月内缴足。

三、资本公积

（一）资本溢价

资本溢价是指投资者的实际出资额大于其在注册资本中所占的份额的金额。除股份有限公司外的企业，在创办初期，投资者投入的资本一般与注册资本一致，不会出现资本溢价，即投资者投入的资本全部作为实收资本。但在企业投入生产经营后，如果出现企业重组或有新的投资者加入时，为了维护原投资者的利益，新加入的投资者的出资额并不一定全部记入“实收资本”。这是因为：在企业创办初期投入的资本，要经过筹建、试制产品、寻找和开辟市场等过程，其资本利润率低，且投资风险也大，而在企业进入正常生产经营后投入的资本，其资本利润率要高于初期阶段的资本利润率，显然这高于初期阶段的资本利润率是原始投资带来的，即企业原始投资者为此付出了代价。因此，新加入的投资者的出资额应高于原始投资者的出资额，才能取得与原始投资者相同的投资比例；同时，企业在生产经营过程中实现的利润，以盈余公积、未分配利润等形式形成留存收益，构成所有者权益的一部分，但未转为实收资本，而新的投资者与原投资者共同享有这部分留存收益。因此，新加入的投资者的出资额应高于原始投资者的出资额，才能取得与原始投资者相同的投资比例。

（二）股本溢价

股本溢价是股份有限公司溢价发行股票时实际收到的股款大于股票面值的数额。

（三）其他资本公积

其他资本公积是指除资本溢价（或股本溢价）项目以外所形成的资本公积，其中主要是直接计入所有者权益的利得和损失。此处仅以因被投资单位所有者权益的其他变动产生的利得或损失为例介绍其他资本公积的核算。

（四）资本公积转增资本

经股东大会或类似机构决议，用资本公积转增资本时，应冲减资本公积，同时按照转增前的实收资本（或股本）的结构或比例，将转增的金额记入“实收资本”（或“股本”）账户下各所有者的明细分类账户。

四、留存收益

留存收益是指企业从实现的利润中提取或留存于企业的一种内部积累。它是所有者权益的一个组成部分，包括盈余公积和未分配利润两部分。

（一）盈余公积

盈余公积是指企业按规定从实现的税后利润中按一定比例提取的、具有特定用途的一种内部积累资金。公司制企业的盈余公积包括法定盈余公积和任意盈余公积。公司制企业应当按照净利润(减弥补以前年度亏损)的10%提取法定盈余公积。非公司制企业法定盈余公积的提取比例可超过净利润的10%。法定盈余公积累计金额达到注册资本的50%时可不再提取。公司制企业可根据股东会决议提取任意盈余公积。非公司制企业经类似权力机构批准,也可以提取任意盈余公积。法定盈余公积和任意盈余公积的主要用途包括以下三方面:

(1)弥补亏损

企业发生的亏损一般有两种弥补方法:一是用以后年度实现的利润弥补;二是用盈余公积弥补。

(2)转增资本(或股本)

公司制企业经股东大会决议,在办理增资手续后,可用盈余公积转增资本(或股本)。但法定盈余公积在转增资本(或股本)后,留存的盈余公积不得少于注册资本的25%。

(3)分配股利

经股东大会决议,企业可按规定用盈余公积发放现金股利。

法定盈余公积和任意盈余公积的区别在于各自计提的依据不同,前者以国家的法律法规为依据,后者由企业的权力机构自行决定。

(二)未分配利润

未分配利润是指净利润中未作分配的部分。从数量上看,未分配利润等于期初未分配利润加上本年未分配利润。这部分留存利润可以留待以后年度进行分配。相对于其他所有者权益而言,因未分配利润未指定专门用途,所以企业对未分配利润有较大的使用权。

10.3 所有者权益·操作指南

一、实收资本

(一)账户设置

非股份制企业对投资者投入资本的核算,应设置"实收资本"账户。该账户属所有者权益类账户,贷方反映投入资本的增加,借方反映投入资本的减少,余额在贷方,表示投入资本的实际数额。为了反映每个投资者投入资本的实际情况,该账户可按投资者设置明细账,进行明细分类核算。

(二)实收资本的账务处理

企业对投资者投入资本的核算,应根据有关投资证明(如银行收款通知、投资清单等),分别不同的投资方式进行相应的会计处理。

1. 接受货币资产投资

企业收到投资者投入的货币资产(包括现金、银行存款)时,按实际收到的金额,借记"库存现金"、"银行存款"等账户,贷记"实收资本"账户。

2. 接受实物资产投资

投资者可以采用固定资产、原材料、库存商品等实物资产形式出资。根据《中华人民共和国公司法》的规定,作为出资的实物,必须进行评估作价,不得高估或低估资产价值。因此,企业收到投入的实物资产时,在办理实物转移手续后,如属固定资产,应按投资合同或协议约定的资产价值借记“固定资产”账户，按其在注册资本中所占的份额贷记“实收资本”账户，按其差额贷记“资本公积”账户；如属原材料、库存商品等实物资产，应按投资合同或协议约定的资产价值借记“原材料”、“库存商品”等账户，按增值税专用发票上注明的增值税额借记“应交税费——应交增值税(进项税额)”账户，按其在注册资本中所占的份额贷记“实收资本”账户，按其差额贷记“资本公积”账户。

3. 接受无形资产投资

企业可以接受专利权、土地使用权、非专利技术等无形资产投资。但按公司法规定：对作为出资的工业产权、土地使用权、专有技术等也必须进行评估作价，并且被投资企业吸收无形资产的总额不得超过注册资本总额的 20%；如遇特殊情况需要超过 20%时，必须报经工商行政管理部门审查批准，但以无形资产投资的总额占注册资本的比例最高不得超过注册资本总额的 30%。

企业收到投入的无形资产时，应按投资合同或协议约定的价值，借记“无形资产”账户；按其在注册资本中所占份额，贷记“实收资本”账户；按其差额，贷记“资本公积”账户。

4. 股份有限公司投入资本

为了核算股东投入的资本，应设置“股本”账户。该账户属所有者权益类账户。其贷方登记公司按核定的股份总额发行的股票面值总额；借方登记依法批准减少的股本数额；余额在贷方，表示公司实际持有的股本数。该账户应按普通股和优先股的种类及持股人等设置明细账，进行明细分类核算。该账户还应将核定的股本总额、股份总数、每股面值等指标在账户中作备查记录。公司发行股票时，按实际收到的款项借记“银行存款”账户，按股票面值和核定的股份总额的乘积计算的金额贷记“股本”账户，按其差额贷记“资本公积”账户。

股份有限公司股票的发行方式有三种：面值发行、溢价发行、折价发行。按股票面值发行的，称为面值发行；高于面值发行的，称为溢价发行；低于面值发行的，称为折价发行。我国不允许企业折价发行股票。发行股票发生的印刷费、手续费等发行费用，溢价发行的，从溢价中抵消；无溢价的，或溢价不足以抵消的部分，冲减盈余公积和未分配利润。

股份有限公司采用收购本公司股票方式减资的，按股票面值和注销股数计算的股票面值总额冲减股本，按注销库存款的账面余额与所冲减股本的差额冲减股本溢价，股本溢价不足冲减的，再冲减盈余公积直至未分配利润。如果购回股票支付的价款低于面值总额的，所注销库存股的账面余额与所冲减股本的差额作为增加股本溢价处理。

二、资本公积

(一)账户设置

为了核算资本公积的增减变动情况，应设置“资本公积”账户。该账户属于所有者权益类账户，贷方登记资本公积的增加数；借方登记资本公积的减少数；期末余额在贷方，表示资本公积的结存数额。该账户应当分别“资本溢价(股本溢价)”、“其他资本公积”进行明细核算。

1. 资本溢价

新加入的投资者的出资额中，属于按投资比例计算的其在注册资本中所占的份额部分，记入“实收资本”账户，超过部分记入“资本公积”账户。

2. 股本溢价

在溢价发行股票的情况下，企业发行股票取得的收入中，等于股票面值部分的金额，记入“股本”账户，发生的印刷费、手续费等发行费用从溢价收入中扣除。扣除发行费用后的溢价收入，记入“资本公积——股本溢价”账户。

3. 其他资本公积

企业对某被投资单位的长期股权投资采用权益法核算的，在持股比例不变的情况下，对因被投资单位除净损益以外的所有者权益的增加数额，借记“长期股权投资”账户，贷记“资本公积——其他资本公积”账户；如果是损失，则做相反的分录。在处置长期股权投资时，应转销与该笔投资相关的其他资本公积，借记或贷记“投资收益”账户，贷记或借记“资本公积——其他资本公积”账户。

4. 资本公积转增资本

四、留存收益

（一）盈余公积的账务处理

为了反映盈余公积的提取和使用情况，企业应设置“盈余公积”账户。该账户属于所有者权益类账户，贷方登记盈余公积的提取数额；借方登记盈余公积用于弥补或转增资本的数额；余额在贷方，反映盈余公积的结存数额。本账户应当分别“法定盈余公积”、“任意盈余公积”进行明细核算。

企业按规定提取法定盈余公积时，借记“利润分配——提取法定盈余公积”账户，贷记“盈余公积——法定盈余公积”账户；按规定提取任意盈余公积时，借记“利润分配——提取任意盈余公积”账户，贷记“盈余公积——任意盈余公积”账户。

企业用盈余公积转增资本时，借记“盈余公积”账户，贷记“实收资本”账户；用盈余公积补亏时，借记“盈余公积”账户，贷记“利润分配——盈余公积补亏”账户；用盈余公积派送新股时，按派送新股计算的金额，借记“盈余公积”账户，按股票面值和派送新股总数计算的股票面值总额，贷记“股本”账户。

（二）未分配利润的账务处理

未分配利润是通过“利润分配——未分配利润”明细账户核算。

企业在年度终了，结转全年实现的净利润时，借记“本年利润”账户，贷记“利润分配——未分配利润”账户；如果企业本年亏损，转出亏损时，借记“利润分配——未分配利润”账户，贷记“本年利润”账户；结清利润分配账户下的其他明细账户（如应付现金股份或利润、提取法定盈余公积、提取任意盈余公积、转作股本的股利等）余额时，应将这些明细账户的余额全部转入“未分配利润”明细账户。结转后，“未分配利润”明细账户余额如在贷方，反映期末累计未分配利润；余额如在借方，反映期末累计未弥补的亏损。

项目 11

收入、费用和利润

11.1 收入、费用和利润·工作任务

销售过程是企业生产经营过程中的重要环节，从资金的运动变化情况来看，是商品资金转化为货币资金的过程。在销售过程中，企业一方面取得销售收入，以弥补成本和费用；另一方面还可以实现价值增值，从而使企业的扩大再生产得以顺利进行，在市场竞争中立于不败之地。

收入是指企业在日常活动中形成、会导致所有者权益增加、与所有者投入资本无关的经济利益的总流入。收入包括销售商品收入、提供劳务收入、让渡资产使用权收入和建造合同收入。企业代第三方收取的款项，应当作为负债处理，不应当确认为收入。

在企业的生产经营过程中，会发生种种耗费，生产过程耗费的结果是形成产成品，其实质是改变了资产的存在形式，经营管理过程耗费的实质是经济利益的流出，目的是实现收入，使经济利益流入企业，实现价值增值，为企业的简单再生产和扩大再生产提供资金保证。企业在生产经营过程中的各种耗费的总称是广义费用，本项目指狭义费用，仅指与收入相配比的日常经营活动的耗费、经济利益的流出。

企业作为独立的经济实体，应当以其经营收入抵补成本费用，并且实现盈利。企业盈利的大小在很大程度上反映企业生产经营的经济效益，表明企业在每一会计期间的最终经营成果。实现利润是企业向国家缴纳所得税的前提，所得税是国家财政预算收入的重要来源，企业实现的利润上缴所得税后，剩余的部分是企业扩大再生产或提高职工福利待遇的重要资金来源。企业应当采取各种有效手段和措施，努力降低各项费用消耗，扩大销售，从而提高企业的经济效益。

以下是关于收入、费用和利润的两项工作任务，一项由老师和学生共同完成，一项由学生独立完成。

11.1.1 收入、费用和利润·工作任务·师生教学做

武汉天河有限责任公司(以下简称天河公司)为增值税一般纳税人，增值税税率为 17%。纳税人识别号：420110842903788；地址：武汉市东湖高新区光谷创业街 121 号，电话：027—

54808382；开户行及账号：中国工商银行虎泉支行 12341234。2015 年 12 月发生如下经济业务，据以进行账务处理(原始单据见同步操作)；

1.2 日，销售给满仓公司甲产品 1 000 件，开出“增值税专用发票”留下会计记账联，单价 600 元，售价为 600 000 元，增值税税额为 102 000 元；仓库保管员送来“产品出库单”会计记账联，已收到满仓公司开具的金额为 702 000 元的“转账支票”一张，填制“进账单”到银行办理进账手续。

2.6 日，委托卓越公司销售乙产品 2 000 件，合同约定卓越公司应按每件 100 元对外销售，本公司按售价的 10%向卓越公司支付代销产品的手续费。收到仓库保管员“产品出库单”记账联。按上月库存商品账上单位成本 60 元出库。

3.6 日，出售不需用机床已清理完毕，填制“内部转账单”，结转其净收益 62 000 元。

4.7 日，收到“武汉市行政事业单位收款收据”交款单位联，对本公司罚款 4 500 元，罚款项目为“使用包装袋造成环境污染”，经副总李冠平审批核实，以现金付讫。

5.8 日，向春晓公司销售丙商品 350 件，开出的“增值税专用发票”留下会计记账联，单价 290 元，售价为 101 500 元，增值税税额为 17 255 元；，该批商品成本为 70 000 元。在销售丙商品时已得知春晓公司资金流转发生暂时困难，但为了减少存货积压，同时也为了维持与春晓公司长期以来建立的商业关系，公司仍将丙商品发出，收到仓库保管员“产品出库单”记账联，填制“托收”，到开户行办理委托收款手续。

6.28 日，接到春晓公司总经理来电，告知其经营情况逐渐好转，并承诺在“托收”付款期限内付款。

7.30 日，销售给君臣子公司一批原材料，开出的“增值税专用发票”留下会计记账联，售价为 10 000 元，增值税税额为 1 700 元，收到君臣子公司签发的面值为 11 700 元的“转账支票”，据以填写“进账单”，送银行办理进账手续。

8.31 日，收到仓库保管员送来“领料单”会计记账联，该批原材料的实际成本为 9 000 元。结转已销原材料的实际成本。

9.31 日，卓越公司对外实际销售乙产品 1 000 件。开出的“增值税专用发票”销售价格为 100 000 元，增值税税额为 17 000 元，收到卓越公司签发的金额为 117 000 元的“转账支票”一份，据以填写“进账单”到开户行办理进账手续。收到卓越公司开具的代销清单时，向卓越公司开具一张相同金额的“增值税专用发票”，留下会计记账联。

10.31 日，收到卓越公司“增值税专用发票”的抵扣联与发票联，系已销 1 000 件的 10%代销手续费 11 700 元，据代销合同条款，手续费从应收款中抵扣。

11.31 日，收到湖北电视台“增值税专用发票”发票联与抵扣联，广告费 20 000 元。据以签发“转账支票”付讫。

12.31 日，“地方税收综合纳税(费)申报表”中列示，申报房产税 16 800 元、车船使用税 1 500元、土地使用税 2 000 元、印花税 243 元。

13.31 日，收到开户行的“银行存款利息凭证”，结算本期存款利息 1 500 元。

14.31 日，依据“产品出库单”及“库存商品”明细账资料，编制“产品销售成本汇总表”，结转本月产品销售成本。

15.31 日，编制“地方税收综合纳税申报表”，核算本月应交城建税和教育费附加。

16.31 日，编制“内部转账单”，将本月损益类账户发生额结转到“本年利润”账户。

17.31 日，计算本月的税前会计利润，申报所得税（税率为 25%）。按税法自查，公司本期无纳税调整因素。

18.31 日，填制“内部转账单”将所得税费用结转入“本年利润”账户。

11.1.2　收入、费用和利润·工作任务·学生独立做

武汉晨光有限责任公司（以下简称晨光公司）为增值税一般纳税人，增值税税率为 17%。纳税人识别号：420101032635924；地址：武汉东湖高新开发区 121 号，电话：027－86250966；开户行及账号：工行光谷支行 003456。2015 年 12 月发生如下经济业务，据以进行账务处理（原始单据见同步操作）：

1.2 日，销售给先行者有限责任公司 A 产品 500 台，开出“增值税专用发票”留下会计记账联，单价 1 500 元，售价为 750 000 元，增值税税额为 127 500 元；仓库保管员送来“产品出库单”会计记账联，已收到先行者公司开具的金额为 877 500 元的转账支票一张，填制“进账单”到银行办理进账手续。

2.5 日，委托共享有限责任公司销售 B 产品 6 000 件，合同约定共享公司应按每件 800 元对外销售，本公司按售价的 10%向共享公司支付代销产品的手续费。收到仓库保管员“产品出库单”记账联。备注：按上月库存商品账上单位成本 650 元出库。

3.6 日，出售不需用货车已清理完毕，填制“内部转账单”，结转其净收益 20 000 元。

4.7 日，填制“内部转账单”核销“待处理财产损溢”自然灾害造成的原材料净损失 93 600 元。

5.8 日，向金太阳有限责任公司销售 C 商品 40 台，开出的“增值税专用发票”，留下会计记账联，注明单价 5 500 元，售价为 220 000 元，增值税税额为 257 400 元；该批商品成本为 152 000元。在销售 C 商品时已得知金太阳公司资金流转发生暂时困难，但为了减少存货积压，同时也为了维持与金太阳公司长期以来建立的商业关系，公司仍将 C 商品发出，收到仓库保管员“产品出库单”记账联，填制“托收”，到开户行办理委托收款手续。

6.26 日，接到金太阳公司财务部长来电，告知其经营情况逐渐好转，并承诺在“托收”付款期限内付款。

7.30 日，销售给长江公司 10 吨钢材，开出“增值税专用发票”，留下会计记账联，售价为 70 000元，增值税税额为 11 900 元，收到长江公司签发的面值为 81 900 元的“转账支票”，据以填写“进账单”送银行办理进账手续。

8.31 日，收到仓库保管员送来“领料单”会计记账联，该批原材料的实际成本为 60 000 元。结转已销原材料的实际成本：

9.31 日，共享公司对外实际销售 B 产品 3 000 件。开出“增值税专用发票”，销售价格为 2 400 000元，增值税税额为 408 000 元，收到共享公司签发的金额为 2 808 000 元的“转账支票”一份，据以填写“进账单”到开户行办理进账手续。收到共享公司开具的代销清单时，向共享公司开具一张相同金额的“增值税专用发票”，留下会计记账联。

10.31 日，收到共享公司“增值税专用发票”的抵扣联与发票联，系已销 3 000 件的 10%代销手续费 280 800 元，据代销合同条款，手续费从应收款中抵扣。

11.31 日，“地方税收综合纳税（费）申报表”中列示，申报房产税 36 000 元、车船使用税 1 600元、土地使用税 3 000 元、印花税 1 032 元。

12. 31 日，收到开户行的“银行存款利息凭证”，结算本期存款利息 3 800 元。

13. 31 日，依据“产品出库单”及“库存商品”明细账资料，编制“产品销售成本汇总表”，结转本月产品销售成本。

14. 31 日，编制“地方税收综合纳税申报表”，核算本月应交城建税和教育费附加。

15. 31 日，编制“内部转账单”，将本月损益类账户发生额结转到“本年利润”账户。

16. 31 日，本月计算的税前会计利润申报所得税(税率为 25%)。按税法自查，公司本期无纳税调整因素。

17. 31 日，填制“内部转账单”，将所得税费用结转入“本年利润”账户。

11.2 收入、费用和利润·理论知识

一、收入概述

(一)收入的概念

收入是指企业在日常活动中形成的，会导致所有者权益增加的、与所有者投入资本无关的经济利益的总流入，包括商品销售收入、提供劳务收入、让渡资产所有权收入、建造合同收入等，但不包括为第三方或客户代收款项，如增值税等，企业应将此作为负债处理。

“日常活动”是指企业为完成其经营目标所从事的经营性活动以及与之相关的活动。比如，工业企业制造并销售产品、商业企业销售商品、咨询公司提供咨询服务、软件企业为客户开发软件、租赁公司出租资产等，均属于企业为完成其经营目标所从事的经常性经营活动，由此产生的经济利益的总流入构成收入；企业转让无形资产使用权、出售原材料等，属于与经常性活动相关的活动，由此产生的经济利益的总流入也构成收入。企业处置固定资产、无形资产等活动，不是企业为完成其经营目标所从事的经常性活动，也不属于与经常性活动相关的活动，由此产生的经济利益的总流入不构成收入，应当确认为营业外收入。

收入还可按照企业经营业务的主次分为主营业务收入和其他业务收入。不同行业的主营业务收入所包含的内容是不相同的。其他业务收入主要包括转让技术取得的收入、销售材料取得的收入、资产出租收入等。

在会计实务中应该区分收入、利得和收益概念。收益是指企业在会计期间内增加的除所有者投资以外的经济利益，包括收入和利得。通常表现为能导致所有者权益增加的资产流入、资产增值或负债减少。它的形成可能来源于企业的日常活动，也可能来源于日常活动以外的活动。由企业日常活动形成的收益，即为收入；源于企业日常活动以外的活动收益，称为利得。利得通常是从偶发的经济业务中取得，属于那种不经过经营过程就能取得或不曾期望获得的收益。一部分利得直接计入当期损益，一部分利得直接计入所有者权益。

(二)收入的特点

1. 收入是从企业日常活动中产生，而不是从偶发的交易或事项中产生

工商企业销售商品、提供工业性劳务的收入就是日常经营活动产生的，是收入，不是利得。有些交易也能为企业带来经济利益，但不属于企业的日常活动，其流入的经济利益是利得而不是收入，如企业出售固定资产的收益。

2. 收入可能表现为企业资产的增加，或负债的减少，或二者兼而有之

收入可能表现为企业资产的增加，如销售产品收到的货款或取得收取货款的权利则表现

为银行存款或应收账款等资产的增加；收入也可能表现为企业负债的减少，如企业以商品或劳务抵偿债务；或者二者兼而有之，如产品的销货款中部分收回现金，部分用于抵偿债务。这里需要指出的是，以商品或劳务抵偿债务不包括债务重组中的以商品抵债。

3. 收入的实质是企业所有者权益的增加

这里的收入是指企业销售商品的毛收入，而不是指收入扣除相关成本费用后的毛利对所有者权益的影响。

4. 收入是指包括本企业经济利益的总流入，不包括为第三方或客户代收的款项

在企业的生产经营活动中，常常会发生为第三方或客户代收款项的情况，如增值税等。企业代收的款项一方面增加企业的资产，同时也增加了企业的负债，但并未导致所有者权益的增加，因此，不能将其作为企业的收入来进行核算。

（三）收入的分类

根据不同的标准可以将收入分为不同的类别。

1. 按照企业所从事日常活动的性质进行分类

按照企业所从事日常活动的性质可以将收入分为三类：一是销售商品取得的收入；二是提供劳务取得的收入；三是让渡资产使用权而取得的收入，主要表现为对外贷款、对外投资或者对外出租等。

销售商品收入是指取得货币资产方式的商品销售及正常情况下以商品抵偿债务的交易等取得的收入；提供劳务的收入是指提供旅游、运输、饮食、广告理发、照相、洗染、咨询、代理、培训、产品安装等所取得的收入；让渡资产使用权所取得的收入包括因他人使用本企业现金而收取的利息收入，因他人使用本企业的无形资产而形成的使用费收入，因他人适用本企业固定资产、包装物而取得的租金收入等。

2. 按照企业经营业务的主次进行分类

按照企业经营业务的主次可以将收入分为主营业务收入和其他业务收入。主营业务收入是指企业为完成其经营目标而从事的日常活动中的主要活动所取得的收入，可根据企业营业执照上规定的主营业务范围确定；其他业务收入是指主营业务以外的其他日常活动所取得的收入，如工业企业销售材料、提供非工业性劳务、技术转让、出租固定资产、出租包装物等收入。在实际工作中，如果营业执照上注明的兼营业务量较大，而且为经常发生的收入，也可以归为主营业务收入。

（四）收入的确认

1. 商品销售收入的确认

收入准则规定，商品销售收入的确认必须同时满足以下五个条件，才能确认为收入：

（1）企业已将商品所有权上的主要风险和报酬转移给了购货方；

（2）企业既没有保留通常与所有权相联系的继续管理权，也没有对已售出的商品实施控制；

（3）收入的金额能够可靠的计量；

（4）相关的经济利益很可能流入企业；

（5）相关的已发生或将发生的成本能够可靠地计量。

2. 提供劳务收入的确认

企业提供劳务的种类有很多，如旅游、运输、饮食、广告理发、照相、洗染、咨询、代理、培训、

产品安装、物业管理等。提供劳务的内容不同，完成劳务的时间也不等，有的劳务一次就能完成，且一般均为现金交易，如饮食、理发、照相等；有的需要花较长一段时间才能完成，如安装、旅游、培训、远洋运输等。

(1)在资产负债表日，提供劳务交易的结果能够可靠地估计

在资产负债表日，提供劳务交易的结果能够可靠地估计，应当采用完工百分比法确认提供劳务收入。完工百分比法是指按照提供劳务交易的完成程度确认收入和费用的方法。

提供劳务交易的结果能够可靠地估计是指同时满足下列条件：

①收入的金额能够可靠地计量；

②相关的经济利益很可能流入企业；

③交易的完成进度能够可靠地确认；

④交易中已发生和将发生的成本能够可靠地计量。

企业确定提供劳务交易的完工进度，可以选用下列方法：

①已完工作的测量；

②已提供劳务占应提供劳务总量的比例；

③已经发生的成本占估计总成本的比例。

(2)在资产负债表日，提供劳务交易的结果不能够可靠地估计

在资产负债表日，提供劳务交易的结果不能够可靠地估计，应分别下述情况予以处理：

①已经发生的劳务成本预计能得到补偿，应按已经发生的劳务成本金额确认提供劳务收入，并按相同金额结转劳务成本。由于确认的收入与确认的成本相等，因而没有利润形成。

②已经发生的劳务成本预计不能得到补偿的，应将已发生的劳务成本计入当期营业成本，不确认提供劳务收入。

3. 让渡资产使用权收入的确认

让渡资产使用权收入包括他人使用本企业现金而收取的利息收入和他人使用本企业的无形资产(如商标权、专利权、软件、版权)等而形成的使用费收入等。

让渡资产使用权收入应在以下条件同时满足时，才能予以确认：

(1)相关的经济利益很可能流入企业；

(2)收入的金额能够可靠地计量。

二、主营业务收入

(一)主营业务收入的内容

不同性质企业的主营业务收入内容是有区别的。如旅游企业的客户收入、餐饮收入等；商业银行的贷款收入、办理结算的手续费收入等；商品流通企业的商品销售收入；工业企业的产品销售、自制半成品、代制品、代修品和提供工业性劳务等取得的收入。

(二)商品销售收入

企业实现的销售收入，应按实际收到的或应收的价款入账。

当企业销售商品已同时满足收入确认的五个条件时，应按确定的收入金额与应收取的增值税，借记“应收账款”、“应收票据”、“银行存款”等账户，贷记“主营业务收入”及“应交税费——应交增值税(销项税额)”账户；同时结转已实现销售的商品销售成本。

当没有满足收入确认的五个条件时，即使收到货款，也不能确认收入。为了单独反映已经发出但尚未确认销售收入的商品成本，企业应设置“发出商品”、“委托代销商品”等账户进行核算。

1. 一般销售商品业务

一般情况下，销售商品收入是在销售成立时确认收入。

2. 销售商品设计现金折扣、商业折扣、销售折让业务

（1）销售商品涉及现金折扣的，应当按照扣除现金折扣前的金额确定销售商品收入金额。现金折扣在实际发生时计入当期损益。

（2）销售商品涉及商业折扣的，应当按照扣除商业折扣后的金额确定销售商品收入金额。

（3）销售商品涉及销售折让是指企业因出售商品的质量不合格等原因而在售价上给予减让。

3. 销售退回业务

销售退回是指企业售出的商品由于质量、品种不符合要求等原因而发生的退货。

4. 预收款销售商品业务

购买方在商品尚未收到前按合同或协议约定分期付款，销售方在收到最后一批款项时才交货的销售方式称为预收款销售。在这种方式下，销售方直至收到最后一笔款项才将商品交付给购货方，表明商品所有权上的主要风险和报酬只有在收到最后一笔款项时才转移给购货方，因此，企业通常应在发出商品时确认收入，在此之前预收的货款应确认为负债。

5. 分期收款

分期收款销售是指商品已经交付但货款分期收回的一种销售方式，实质上具有融资性质。分期收款销售的特点是销售商品的价值大，如房产、汽车、重型设备等；收款期限较长；收取货款的风险较大。

6. 委托代销

委托代销有两种方式：一是视同买断；二是收取手续费。两者的区别在于前者受托方可以自行确定商品销售价格，后者受托方按委托方固定价格销售。无论何种代销方式，在会计上最为关键的是委托代销商品时是否标志着销售成立而确认收入。只要风险和报酬不转移就不能确认为收入。委托方收到受托方的代销商品清单时方可确认收入，而受托方在收到委托方交付的商品时不应当作购进商品处理。

（1）视同买断

视同买断是指由委托方和受托方签订协议，委托方按协议收取代销商品的货款，实际售价可由受托方自定，实际售价与协议价之间的差额归受托方所有的销售方式。

（2）收取手续费

收取手续费是指受托方根据所代销的商品数量向委托方收取手续费，对受托方而言实际上是劳务收入。

采用支付手续费方式委托代销商品是指委托方和受托方签订合同或协议，委托方根据合同或协议约定向受托方计算支付代销手续费，受托方按照合同或协议规定的价格销售代销商品的销售方式。在这种销售方式下，委托方在发出商品时通常不应确认销售商品收入，而应在收到受托方开出的代销清单时确认销售商品收入，同时将应支付的代销手续费计入销售费用；受托方应在代销商品销售后，按合同或协议约定的方法计算并确定代销手续费，确认劳务收入。

委托方的处理：

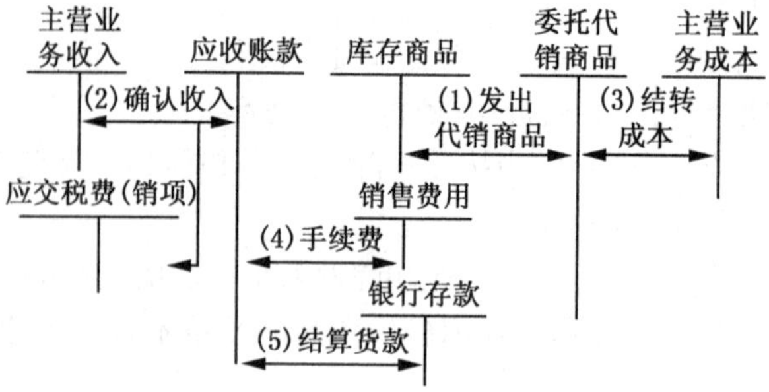

受托方的处理：

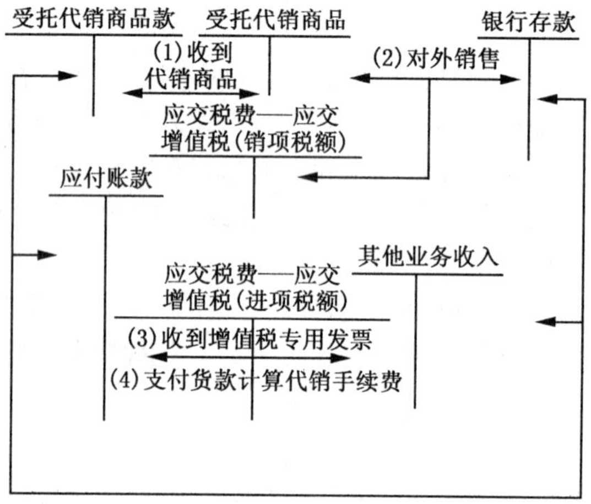

7. 销售材料等存货业务

企业在日常活动中还可能发生对外销售不需用的原材料、随同商品对外销售单独计价的包装物等业务。企业销售原材料、包装物等存货也视同商品销售，其收入确认和计量原则比照商品销售。

(三)提供劳务收入

企业提供劳务的收入，可以在劳务完成时确认，也可以按照完工百分比法确认。提供劳务取得的收入，一般按照企业与接受劳务方签订的合同或协议的金额确定，如有现金折扣的应在发生时计入财务费用。

企业在资产负债表日，如能对提供的交易结果做出可靠的估计，应采用完工百分比法确认劳务收入，同时结转相应的成本。在完工百分比法下，收入与费用按以下公式计算：

本年确认的收入＝劳务总收入×本年末止劳务的完成程度－以前年度已确认的收入

本年确认的费用＝劳务总成本×本年末止劳务的完成程度－以前年度已确认的营业成本

在劳务总收入和总成本能够可靠估计的情况下，企业应根据提供劳务的特点，选择确定劳务完成程度的方法。

(1)按已完工程的测量确定；

(2)按已提供的劳务量占应提供劳务总量的比例确定；

(3)按已发生的成本占估计总成本的比例确定。

三、其他业务收支

其他业务收支主要包括除出售商品或提供劳务以外的其他日常活动所取得的收入，包括无形资产转让、材料销售、固定资产出租、包装物出租、用材料进行非货币性资产交换（在非货币性资产交换具有商业实质且公允价值能够可靠计量情况下）或债务重组等实现的收入，以及采用成本模式计量的投资性房地产取得租金等业务所取得的收入和发生的相关费用。

四、费用

（一）费用概述

费用有广义和狭义之分。广义上的费用泛指企业生产经营过程中的资产消耗或负债的承诺，包括企业各种费用和损失。狭义上的费用仅指与当期营业收入直接相配比的耗费。

企业费用的特点包括：①费用发生最终会导致企业资产的减少；②费用最终会减少企业的净资产。

费用是资产的耗费，资产的耗费有的形成费用，有的形成另一种资产。费用有时有支出相伴随，但支出却不一定是当期费用。在实际工作中，我们应区分费用、支出与成本的关系。支出是指企业在生产经营过程中为获得另一项资产或为清偿债务所发生的耗费资产的流出。支出可分为收益性支出、资本性支出、偿付性支出和利润分配性支出等。除偿付性支出外，其他支出迟早会转化为费用。费用既包括企业生产经营过程中所发生的全部收益性支出，也包括在该会计期间内受益的部分资本性支出。成本有广义与狭义之分。广义成本泛指取得资产的代价，它是按一定对象所归集的支出，既包括资本性支出，也包括收益性支出。前者形成资产的成本，后者形成产品的成本。狭义上的成本仅指产品制造成本。成本是对象化的费用。生产成本是相对于一定的产品对象所发生的费用，它是按照成本计算对象对当期发生的费用进行归集所形成的。生产费用发生的过程也是产品成本归集的过程。费用是指某一期间为进行生产而发生的耗费，与一定期间相联系；产品成本是指为生产产品而消耗的费用，与一定种类和数量的产品相联系。

（二）费用分类

1. 按经济用途可以分为生产成本和期间费用

（1）生产成本

生产成本是构成产品实体、计入产品成本的费用，包括直接材料费用、直接人工费用和制造费用等。将生产费用要素按其经济用途划分为若干不同的项目，称为成本项目。通常情况下，工业企业一般设立以下成本项目：

①直接材料，即构成产品实体的原料及主要材料、外购半成品及有助于产品形成的辅助材料和其他材料费用。

②直接人工，即直接参与产品生产的工人的各种薪酬。

③制造费用，即应由产品生产成本负担的，不能直接计入各产品成本的间接费用。

对于成本项目的设置，企业应根据生产特点和成本管理要求来决定。企业根据实际情况也可以增设其他直接支出、废品损失、燃料及动力等成本项目。

（2）期间费用

期间费用是指企业当期发生的必须从当期收入中得到补偿的费用。期间费用包括：

①管理费用，即企业行政管理部门为组织和管理生产经营活动所发生的各项费用。

②财务费用，即企业为筹集和调度资金而发生的各项费用。

③销售费用，即企业在销售商品、提供劳务过程中所发生的各项费用以及专设销售机构的各项经费。

2. 按费用的经济内容（性质）分类

从费用的经济内容看，计入产品成本的费用分为活劳动消耗和物化劳动消耗，物化劳动消耗又分为劳动资料和劳动对象消耗，这种按经济内容进行分类后的费用称为费用要素。费用要素具体可划分为外购材料、外购燃料、外购动力、职工薪酬、折旧费、修理费用、利息支出、税金以及其他支出。

（三）费用的确认

费用的确认应遵循权责发生制原则和配比原则。其确认方法可从以下三个方面来考虑：

1. 按费用与营业收入的因果关系确认

凡与本期营业收入有因果关系的耗费，即为该期的费用，如主营业务成本。

2. 按合理、系统的分配方式确认

有些资本性支出形成的资产能在若干会计期间为企业带来收益，应按一定的分配方式将其成本分摊计入各受益期间，如固定资产折旧费用。

3. 在支出时直接确认

有些支出虽与收入无直接联系，但与会计期间紧密相连，应予以期间配比，即支出发生时直接确认为当期费用，由当期收入补偿，如管理费用。

因此，为保证费用核算的真实性与正确性，在确认费用时：

（1）应划清生产费用与非生产费用的界限。生产费用是指与企业日常生产经营活动有关的费用，如生产产品所发生的材料费、人工费等；非生产费用是指不应由生产费用负担的费用，如购建固定资产的费用等。

（2）划清生产费用与产品成本的界限。生产费用与一定时期相联系，与产品无关；产品成本与一定品种和数量的产品相联系，而无论发生在哪一期。

（3）应划清生产费用与期间费用的界限。生产费用计入产品成本，期间费用计入当期损益。

五、生产成本

（一）生产成本概述

产品生产成本是指企业为生产一定种类和一定数量的产品所发生的各项生产费用的总和。在实际工作中，产品成本的开支范围是由国家统一规定的。确定产品成本的开支范围和基本原则是：一切与生产有关的支出，都计入企业的生产成本。对工业企业而言，直接材料、直接人工和制造费用就构成了产品的制造成本，而管理费用、销售费用和财务费用不计入产品成本，直接作为期间费用处理。

（二）产品成本核算的一般程序

工业企业生产费用的发生过程是产品生产成本的形成过程。产品生产成本核算的过程就是各种要素费用按其经济用途进行分配和归集，最后计入本月各种产品生产成本，按成本项目反映完工产品和月末在产品成本的过程。

产品成本核算的一般程序为：

（1）对生产费用进行审核和控制，确定应否开支以及开支的费用应否计入产品生产成本；

（2）将应该计入产品生产成本的各要素费用在各种产品之间，按照成本项目进行归集和分配，计算各产品的生产成本。

(3)将按照各产品归集起来的生产费用在各种产品的完工产品和月末在产品之间进行分配。

(三)生产成本的归集和分配

对生产成本进行核算时，应将计入本月产品成本的各种要素费用在各有关产品之间，按照成本项目进行归集和分配，直接计入或间接计入产品成本。一般为产品生产直接发生的费用，直接计入产品成本。对于那些为产品生产服务发生的间接费用，可先按发生地点和用途进行归集汇总，然后分配计入各受益产品。产品成本的计算过程也是生产费用的分配和汇总过程。

(四)制造费用的归集和分配

企业发生的制造费用是按其用途和发生地点进行归集和分配的，制造费用发生时，根据支出凭证或其他费用分配表，借记“制造费用”账户，贷记其他有关账户。车间生产一种产品所发生的制造费用应直接计入产品成本；在生产多种产品的生产车间，归集起来的制造费用应按适当的标准在各产品之间进行分配。制造费用的分配标准有生产工时、定额工时、机器工时、直接人工费等。制造费用的分配计算公式如下：

制造费用分配率＝应分配的制造费用总额/各产品分配标准之和

某产品应分配的制造费用＝制造费用分配率×该产品的分配标准

(五)完工产品成本的结转

计算完工产品成本首先要解决期末在产品成本的计算问题。在产品成本计算的方法有：不计算在产品成本法、在产品按年初数固定计算法、在产品按完工产品成本计算法、约当产量法、在产品按所耗原材料费用计算法、在产品按定额成本计算法和定额比例法七种方法。在产品成本计算出来后，根据下列公式计算完工产品成本：

完工产品成本＝月初在产品成本＋本期生产费用－月末在产品成本

六、期间费用

期间费用按其发生的地点和用途，可分为管理费用、销售费用和财务费用。

(一)管理费用

管理费用是指企业为组织和管理生产经营活动而发生的各项费用，包括企业在筹建期间内发生的开办费、董事会和行政管理部门在企业的经营管理中发生的或者应当由企业统一负担的公司经费(包括行政管理部门职工工资及福利费、物料消耗、低值易耗品摊销、办公费和差旅费等)、工会经费、董事会费(包括董事会成员津贴、会议费和差旅费等)、聘请中介结构费、咨询费(含顾问费)、诉讼费、业务招待费、房产税、车船使用税、土地使用税、印花税、技术转让费、矿产资源补偿费、无形资产摊销、研究费用、排污费等。

(二)销售费用

销售费用是指企业在销售商品和材料、提供劳务的过程中发生的各种费用，包括运输费、装卸费、包装费、保险费、展览费和广告费、商品维修费、预计产品质量保证损失以及为销售本企业商品而专设的销售机构(含销售网点、售后服务网点)的职工薪酬、业务费、折旧费等经营费用。

(三)财务费用

财务费用是指企业为筹集生产经营所需资金等而发生的筹资费用，包括利息净支出(减利息收入)、汇兑损益以及相关的手续费、企业发生的现金折扣和收到的现金折扣等。

为筹建或生产满足资本化条件的资产发生的应予以资本化的借款费用，在“在建工程”、“制造费用”等账户中进行核算。

七、本年利润

利润是企业在一定期间内的经营成果，是综合反映企业经营成果的一项重要指标。企业利润包括收入减去费用后的净额、直接计入当期损益的利得和损失等。

直接计入当期损益的利得和损失是指应当计入当期损益、会导致所有者权益发生增减变动的、与所有者投入资本或者向所有者分配利润无关的利得和损失。

利润的相关计算公式如下：

营业利润＝营业收入－营业成本－营业税金及附加－销售费用－管理费用
－财务费用－资产减值损失＋公允价值变动收益＋投资收益

利润总额＝营业利润＋营业外收入－营业外支出

净利润＝利润总额－所得税费用

现将利润计算公式中相关项目介绍如下：

（一）资产减值损失

资产减值损失是指企业根据资产减值等准则计提各项资产减值准备所形成的损失。它包括坏账准备、存货跌价准备、长期股权投资减值准备、持有至到期投资减值准备、固定资产减值准备、在建工程减值准备、工程物资减值准备、无形资产减值准备、商誉减值准备、可供出售金融资产减值准备和未担保余值减值准备等。

企业发生的资产减值损失，通过“资产减值损失”账户进行核算。该账户按照资产减值损失的具体项目进行明细核算。期末将“资产减值损失”账户余额转入“本年利润”账户，结转后本账户无余额。

（二）公允价值变动收益（或损失）

公允价值变动收益是指企业在初始确认时划分为以公允价值计量且其变动计入当期损益的金融资产或金融负债（包括交易性金融资产或金融负债和直接指定为以公允价值计量且其变动计入当期损益的金融资产或金融负债），以及采用公允价值模式计量的投资性房地产、衍生工具、套期业务中公允价值变动形成的应计入当期损益的利得或损失。

（三）投资收益（或损失）

投资收益是指企业根据长期股权投资准则确认的投资收益或投资损失，以及企业持有交易性金融资产、持有至到期投资、可供出售金融资产期间取得的投资收益和企业处置交易性金融资产、交易性金融负债、持有至到期投资、可供出售金融资产实现的损益。

（四）营业外收入

营业外收入是指企业发生的与其日常活动无直接关系的各项利得，主要包括非流动资产处置利得、非货币性资产交换利得、债务重组利得、罚没利得、捐赠利得、盘盈利得、政府补助、确实无法支付而按规定程序经批准后转作营业外收入的应付款项。

企业发生营业外收入，应通过“营业外收入”账户进行核算，并按营业外收入的具体项目进行明细核算。发生营业外收入时，借记“库存现金”、“银行存款”、“待处理财产损溢”、“固定资产清理”、“应付账款”等账户，贷记“营业外收入”账户。期末，应将本账户的余额转入“本年利润”账户，结转后本账户应无余额。

（五）营业外支出

营业外支出是指企业发生的与其日常活动无直接关系的各项损失，包括非流动资产处置损失、非货币性资产交换损失、债务重组损失、罚款支出、捐赠支出、盘亏损失、非常损失等。

企业发生营业外支出，应通过"营业外支出"账户进行核算，并按营业外支出的具体项目进行明细核算。发生营业外支出时，借记"营业外支出"账户，贷记"待处理财产损溢"、"库存现金"、"银行存款"等账户。期末，应将本账户的余额转入"本年利润"账户，结转后本账户应无余额。

八、所得税

所得税会计是研究如何处理依据会计准则计算的税前会计利润与按照税法规定计算的应税所得之间差异的会计理论和方法。

我国所得税会计采用了资产负债表债务法，要求企业从资产负债表出发，通过比较资产负债表上列示的资产、负债按照会计准则规定确定的账面价值与按照税法规定确定的计税基础，对于两者之间的差异分别应纳税暂时性差异与可抵扣暂时性差异，确认相关的递延所得税负债与递延所得税资产，并在此基础上确定每一会计期间利润表中的所得税费用。

（一）计税基础

1. 资产的计税基础

资产的计税基础，是指企业在收回资产账面价值过程中，计算应纳税所得额时按照税法规定可以自应税经济利益中抵扣的金额，即该项资产在未来期间计税时可以税前扣除的金额。用公式表示如下：

资产的计税基础＝未来可税前扣除的金额

通常情况下，资产在取得时的入账价值与其计税基础是相同的。但是由于在后续计量过程中因企业会计准则规定与税法规定不同，使得资产的账面价值与计税基础之间产生差异。

2. 负债的计税基础

负债的计税基础，是指负债的账面价值减去未来期间计算应纳税所得额时按照税法规定可予抵扣的金额。用公式表示如下：

负债的计税基础＝负债的账面价值－未来可税前扣除的金额

通常情况下，短期借款、应付票据、应付账款和其他应付款等负债的确认和偿还不会对当期损益和应纳税所得额产生影响，其计税基础就是账面价值。但在某些情况下，对自费用中提取的负债的确认可能会影响损益，并影响不同期间的应纳税所得额，使其计税基础与账面价值之间产生差额，比如按会计准则规定确认的某些预计负债。

（二）暂时性差异

暂时性差异是指资产或负债的账面价值与其计税基础之间的差额。未作为资产和负债确认的项目，按照税法规定可以确定其计税基础的，其计税基础与账面价值之间的差额也属于暂时性差异。用公式表示如下：

暂时性差异＝账面价值－计税基础

资产的暂时性差异＝账面价值－未来可税前扣除的金额

负债的暂时性差异＝账面价值－（账面价值－未来可税前扣除的金额）

＝未来可税前扣除的金额

按照暂时性差异对未来期间应税金额的影响，可分为应纳税暂时性差异和可抵扣暂时性差异。

1. 应纳税暂时性差异

应纳税暂时性差异是指在确定未来收回资产或清偿负债期间的应纳税所得额时，将导致产生应税金额的暂时性差异。资产的账面价值大于其计税基础或是负债账面价值小于其计税基础时，会产生应纳税暂时性差异。其产生当期应当确认为递延所得税负债。

2. 可抵扣暂时性差异

可抵扣暂时性差异是指在确定未来收回资产或清偿负债期间的应纳税所得额时，将导致产生可抵扣金额的暂时性差异。资产的账面价值小于其计税基础或是负债账面价值大于其计税基础时，会产生应纳税暂时性差异。其产生当期应当确认为递延所得税资产。

3. 特殊项目产生的暂时性差异

有些项目有计税基础，但由于不符合资产、负债的确认条件而没有确认为资产、负债。按照税法规定可以确定其计税基础的，其计税基础与账面价值之间的差额也属于暂时性差异。比如开办费，会计于发生时计入管理费用，税法规定可以在5年内分期扣除，两者之间的差异也形成暂时性差异。

可抵扣亏损及税款抵减产生的暂时性差异，按照税法规定，允许用以后年度的所得弥补的可抵扣及可结转以后年度的税款抵减，均能减少未来期间的应交所得税，会计上视同可抵扣暂时性差异，符合条件，确认为递延所得税资产。

企业合并中取得资产、负债产生的暂时性差异，如果合并按会计准则属于非同一控制下企业合并，按税法规定属于免税合并，则取得资产、负债的账面价值与计税基础不同，形成暂时性差异。

（三）递延所得税资产及递延所得税负债的确认与计量

1. 递延所得税资产的确认和计量

(1)企业对于可抵扣暂时性差异可能产生的未来经济利益，应以很可能取得利用可抵扣暂时性差异的应税金额为限，确认相应的递延所得税资产，并减少所得税费用。

(2)企业对于能够结转以后年度的未弥补亏损，应视同可抵扣暂时性差异，以很可能获得的应纳税所得额为限，确认相应的递延所得税资产。

(3)对于与子公司、联营企业、合营企业的投资相关的可抵扣暂时性差异，如果有关的暂时性差异在可预见的未来很可能转回并且企业很可能获得用于利用该可抵扣暂时性差异的应税金额时，应确认相关的递延所得税资产。

(4)按照购买法核算的企业合并汇总，根据会计准则规定，合并中取得资产、负债的公允价值与其计税基础之间形成可抵扣暂时性差异的，应确认相应的递延所得税资产，同时调整购买日应确认的商誉或是计入当期损益的金额。

(5)与直接计入所有者权益的交易或事项相关的可抵扣暂时性差异，相应的递延所得税资产应计入所有者权益，如可供出售金融资产公允价值下降而应确认的递延所得税资产。

(6)除企业合并以外的交易中，如果交易发生既不影响会计利润也不影响应纳税所得额，则交易中产生的资产、负债的入账价值与计税基础之间的差额形成的可抵扣暂时性差异，相应的递延所得税资产不予确认。比如，融资租入固定资产在取得时不确认递延所得税资产。

(7)确认递延所得税资产时，应当以预计收回该资产或清偿该负债期间的适用税率为基础计算确定。无论转回期间如何，递延所得税资产均不要求折现。

(8)资产负债表日，企业应当对递延所得税资产的账面价值进行复核。如果未来期间很可能无法获得足够的应纳税所得额用以抵扣递延所得税资产带来的利益，应当减记递延所得税资产的账面价值。借记“所得税费用”、“资本公积”等账户，贷记“递延所得税资产”账户，以后期间能够产生足够的应纳税所得额用于利用可抵扣暂时性差异，减记的金额应当转回。

2. 递延所得税负债的确认和计量

(1)除明确规定不应确认递延所得税的情况外，企业应当确认所有应纳税暂时性差异产生的递延所得税负债。当按购买法核算的企业合并中形成应纳税暂时性差异的，应确认相应的递延所得税负债，同时调整购买日应确认的商誉或是计入当期损益的金额。与直接计入所有者权益的交易或事项相关的应纳税暂时性差异，相应的递延所得税负债应计入所有者权益，如可供出售金融资产公允价值上升应确认的递延所得税负债。除与直接计入所有者权益的交易或事项以及企业合并以外，确认递延所得税负债的同时，应增加利润表中的所得税费用。

(2)除下列交易中产生的递延所得税负债以外，企业应当确认所有应纳税暂时性差异产生的递延所得税负债：商誉的初始确认；不是企业合并的交易或事项，该交易或事项发生时既不影响会计利润也不影响应纳税所得额所产生的应纳税暂时性差异；企业对子公司、联营企业及合营企业的投资，企业能够控制暂时性差异转回的时间且该暂时性差异在可遇见的未来很可能不会转回所产生的应纳税暂时性差异。

(3)确认递延所得税负债时，应当以预计收回该资产或清偿该负债期间的适用税率为基础计算确定。无论转回期间如何，递延所得税负债均不要求折现。

适用税率发生变化的，应对已确认的递延所得税资产和递延所得税负债进行重新计量，除直接在权益中确认的交易或者事项产生的递延所得税资产和递延所得税负债以外，应当将其影响数计入变化当期的所得税费用。

(四)所得税费用的确认和计量

1. 当期所得税

当期所得税是指企业按照税法规定计算确定的针对当期发生的交易和事项，应交给税务部门的所得税金额，即当期应交所得税。用公式表示如下：

应纳税所得额＝(纳税年度的收入总额－不征税收入－免税收入)－扣除项目－允许弥补的以前年度亏损

应纳税额＝(会计利润＋纳税调增项目－纳税调减项目)×税率

2. 递延所得税

递延所得税是指按照会计准则规定应予以确认的递延所得税资产和递延所得税负债在期末应有的金额相对于原确认金额之间的差额，即递延所得税资产和递延所得税负债当期发生额的综合结果，不包括企业合并和直接在权益中确认的交易或事项的所得税影响。用公式表示如下：

递延所得税＝当期递延所得税负债的增加＋当期递延所得税资产的减少－当期递延所得税负债的减少－当期递延所得税资产的增加

3. 所得税费用

所得税费用由当期所得税和递延所得税两部分构成，计入企业当期损益的所得税费用不包括企业合并和直接计入权益的交易或者事项的所得税影响。用公式表示如下：

所得税费用＝当期所得税＋递延所得税

九、利润分配

根据《中华人民共和国公司法》等有关法规的规定，企业当年实现的净利润，一般应当按照如下顺序进行分配：

第一，弥补以前年度的亏损。

第二，提取法定盈余公积金。企业分配当年税后利润时，应当按税后利润的10%列入企业法定盈余公积。企业法定盈余公积累计额为企业注册资本的50%以上的，可不再提取。

第三，提取任意盈余公积。企业在从税后利润中提取法定公积金后，经股东大会决议可以提取任意公积金。

第四，向投资者分配利润或股利。企业弥补亏损和提取公积金后的所余税后利润，有限责任公司按照出资比例分配，股份有限公司按照股东持有的股份比例分配。

（一）利润分配的账务处理

1. 账户设置

“利润分配”账户用来核算企业利润的分配（或亏损的弥补）和历年利润分配（或亏损）后的余额。

本账户应设盈余公积补亏、提取法定盈余公积、提取任意盈余公积、应付现金股利或利润、转作股本的股利、未分配利润等明细账户。

企业用盈余公积弥补以前年度亏损，借记“盈余公积”账户，贷记本账户（盈余公积补亏）。企业还可以用税前利润、税后利润弥补亏损，但无论是用税前利润还是税后利润弥补亏损，都不需要进行专门的账务处理。

按规定从净利润中提取盈余公积时，借记本账户（提取法定盈余公积、提取任意盈余公积），贷记“盈余公积——法定盈余公积、任意盈余公积”账户。

分配给股东的现金股利或利润，借记本账户（应付现金股利或利润），贷记“应付股利”账户。

企业股东大会批准分配的股票股利的金额，在办理增资手续后借记本账户（转作股本的股利），贷记“股本”账户。

年度终了，企业应将全年实现的净利润，自“本年利润”账户转入本账户，借记“本年利润”账户，贷记本账户（未分配利润），如为亏损，做相反的会计分录。同时，将“利润分配“账户下的其他明细账户的余额转入本账户的“未分配利润”明细账户。结转后，除“未分配利润”明细账户外，本账户的其他明细账户应无余额。

本账户年末余额反映企业的未分配利润（或未弥补亏损）。

2. 税后利润补亏

企业发生的亏损可以以次年实现的税前利润弥补。在以次年实现的税前利润弥补以前年度亏损的情况下，企业将本年实现的利润结转到“利润分配——未分配利润”账户的贷方，其贷方发生额与“利润分配——未分配利润”账户的借方余额自然抵补。因此，以当年实现的利润弥补以前年度结转的未弥补亏损时，不需要进行专门的账务处理。

由于未弥补亏损形成的时间长短不同等原因，以前年度未弥补亏损有的可以以当年实现的税前利润弥补，有的则需用税后利润弥补。无论是以税前利润还是税后利润弥补亏损，其会计处理方法相同，所不同的只是两者计算缴纳所得税时的处理不同而已。在以税前利润弥补亏损的情况下，其弥补的数额可以抵减当期企业应纳税所得额，而以税后利润弥补的数额，则不能作为纳税所得扣除处理。

3. 提取盈余公积

企业按规定提取盈余公积时，应借记“利润分配——提取法定盈余公积”、“利润分配——提取任意盈余公积”等账户，贷记“盈余公积——法定盈余公积”、“盈余公积——任意盈余公积”等账户。

4. 向投资者分配利润

可向投资者分配利润的公式表示如下：

可向投资者分配的利润＝当年实现的净利润＋年初未分配利润(或：一年初未弥补亏损)
－提取法定盈余公积和任意盈余公积＋其他转入

(三)利润的年终结转

期末，企业应将本期实现的收入和发生的费用全部转入“本年利润”账户，通过“本年利润”计算当期的财务成果。年度终了进行利润结转时，首先将当年实现的利润，自“本年利润”账户转入“利润分配——未分配利润”账户的贷方(如果亏损，则转入“利润分配——未分配利润”账户的借方)。然后，再将“利润分配”账户下其他明细账户的余额，转入“未分配利润”明细账户。结转后，“未分配利润”明细账户的贷方余额，就是累积未分配利润的数额。如该明细账户出现借方余额，则表示累积未弥补亏损的数额。

11.3　收入、费用和利润·操作指南

一、主营业务收入

(一)账户设置

1.“主营业务收入”账户

该账户属于损益类账户，用来核算企业根据《企业会计准则第 14 号——收入》确认的销售商品、提供劳务等主营业务的收入。其贷方登记销售商品、提供劳务等取得的收入；借方登记因发生销货退回、销售折让等销售收入的冲减额；余额在贷方，表示本期累计实现的营业净收入。期末，应将该账户的余额转入“本年利润”账户，结转后该账户应无余额。该账户可按主营业务的种类设置明细账户进行明细分类核算。

2.“主营业务成本”账户

该账户属于损益类账户，用来核算企业根据《企业会计准则第 14 号——收入》确认的销售商品、提供劳务等主营业务收入时应结转的成本。其借方登记销售各种商品、提供各种劳务等的实际成本；贷方登记因发生销货退回等业务而冲减的商品成本；余额在借方，表示本期销售商品的累计成本。期末，应将该账户的余额转入“本年利润”账户，结转后该账户应无余额。该账户可按主营业务的种类设置明细账户进行明细分类核算。

3.“营业税金及附加”账户

该账户属于损益类账户，用来核算企业经营活动发生的消费税、营业税、城市维护建设税、资源税、土地增值税和教育费附加等相关税费。该账户借方登记企业按规定计算确定的与经营活动相关的税费，期末应将该账户余额转入“本年利润”账户，结转后该账户应无余额。

(二)商品销售收入的账务处理

企业实现的销售收入，应按实际收到的或应收的价款入账。

当企业销售商品已同时满足收入确认的五个条件时，应按确定的收入金额与应收取的增值税，借记“应收账款”、“应收票据”、“银行存款”等账户，贷记“主营业务收入”及“应交税费——应交增值税(销项税额)”账户。同时结转已实现销售的商品销售成本。

当没有满足收入确认的五个条件时，即使收到货款，也不能确认收入。为了单独反映已经发出但尚未确认销售收入的商品成本，企业应设置“发出商品”、“委托代销商品”等账户进行核算。

1. 一般销售商品业务

确认销售商品收入时，企业应按已收或应收的合同或协议价款，加上应收取的增值税额，借记“银行存款”、“应收账款”、“应收票据”等账户，按确定的收入金额，贷记“主营业务收入”、“其他业务收入”等账户，按应收取的增值税额，贷记“应交税费——应交增值税(销项税额)”账户；同时或在资产负债表日，按应缴纳的消费税、资源税、城市维护建设税、教育费附加等税费，借记“营业税金及附加”账户，贷记“应交税费——应交消费税(或应交资源税、应交城市维护建设税等)”账户。

如果销售商品不符合收入确认条件，则不应确认收入；已经发出的商品，应当通过“发出商品”账户进行核算。

2. 销售商品涉及现金折扣、商业折扣、销售折让业务

(1)有关现金折扣、商业折扣的具体账务处理，详见项目 2 中应收及预付款项相关内容。

(2)通常情况下，销售折让发生在销售收入已经确认之后，因此，销售折让发生时，应直接冲减当期销售商品收入。但销售折让属于资产负债表日后事项的，适用《企业会计准则——资产负债表日后事项》。

3. 销售退回业务

(1)未确认收入的售出商品发生销售退回的，企业应按已计入“发出商品”账户的商品成本金额，借记“库存商品”账户，贷记“发出商品”账户。采用计划成本或售价核算的，应按计划成本或售价计入“库存商品”账户，同时计算产品成本差异或商品进销差价。

(2)已确认收入的售出商品发生销售退回的，企业一般应在发生时冲减当期销售商品收入，同时冲减当期销售商品成本。如该销售退回已发生现金折扣的，应同时调整相关财务费用的金额；已发生的该项销售退回如允许扣减增值税税额，应同时调整“应交税费——应交增值税(销项税额)”账户的相应金额。

(3)已确认收入的售出商品发生销售退回的属于资产负债表日后事项的，适用《企业会计准则——资产负债表日后事项》的相关规定进行会计处理。

4. 预收款销售商品业务。

有关账务处理，详见项目 8 中流动负债预收账款相关内容。

5. 分期收款销售商品业务。

在满足收入确认条件时，应按照应收合同或协议的价款，借记“长期应收款”账户；按应收合同或协议价款的公允价值，贷记“主营业务收入”账户；按销售商品等应缴纳的增值税额，贷记“应交税费——应交增值税(销项税额)”账户；按其差额，贷记“未实现融资收益”账户。每期收到货款时，借记“银行存款”账户，贷记“长期应收款”账户。月末一并计算并结转销售商品成本。

按期采用实际利率法计算并确定利息收入，借记“未实现融资收益”账户，贷记“财务费用”

账户。

6. 委托代销

(1)视同买断

①委托方将商品交付受托方时，借记“委托代销商品(总成本价)”账户，贷记“库存商品”账户。

②委托方实际销售商品；委托方收到代销清单，开出增值税专用发票，借记“应收账款——受托方”账户，贷记“主营业务收入(协议售价)”、“应交税费——应交增值税(销项税额)”等账户；同时，借记“主营业务成本”账户，贷记“委托代销商品”账户。

③结算货款，借记“银行存款”账户，贷记“应收账款——受托方”账户。

(2)收取手续费

①委托方将商品交付受托方时，借记“委托代销商品(总成本价)”账户，贷记“库存商品”账户。

②委托方实际销售商品时，委托方收到代销清单，开出增值税专用发票，借记“应收账款——受托方”账户，贷记“主营业务收入(协议售价)”、“应交税费——应交增值税(销项税额)”等账户；同时，借记“主营业务成本”账户，贷记“委托代销商品”账户。

③结算货款和手续费时，借记“销售费用”账户，贷记“应收账款——受托方”账户；同时，借记“银行存款”账户，贷记“应收账款——受托方”账户。

7. 销售材料等存货业务

企业销售原材料，包装物等存货实现的收入，借记“银行存款”等账户，贷记“其他业务收入”、“应交税费——应交增值税(销项税额)”等账户。

同时，结转已销原材料的实际成本，借记“其他业务成本”账户，贷记“原材料”等账户。

(三)提供劳务收入的账务处理

1. 同一会计年度

对于一次就能完成的劳务，企业应在提供劳务完成时确认收入及相关成本。企业应按所确定的收入金额，借记“应收账款”、“银行存款”等账户，贷记“主营业务收入”、“其他业务收入”等账户；同时，按提供劳务所发生的相关支出，借记“主营业务成本”、“其他业务成本”等账户，贷记“银行存款”、“应付职工薪酬”等账户。

对于持续一段时间但在同一会计期间内开始并完成的劳务，企业应在为提供劳务发生相关支出时确认劳务成本，劳务完成时再确认劳务收入，并结转相关劳务成本。企业对外提供劳务发生的支出一般先通过“劳务成本”账户予以归集，借记“劳务成本”账户，贷记“银行存款”、“应付职工薪酬”、“原材料”等账户。劳务完成确认劳务收入时，按确定的收入金额，借记“应收账款”、“银行存款”等账户，贷记“主营业务收入”、“其他业务收入”等账户；同时，按提供劳务所发生的相关支出，借记“主营业务成本”、“其他业务成本”等账户，贷记“劳务成本”账户。

2. 劳务开始和完成分属不同的会计期间

(1)提供的劳务交易结果能够可靠估计

如果企业提供的劳务开始和完工属于不同的期间，而且企业在资产负债表日提供劳务交易的结果能够可靠估计的，应当采用完工百分比法确认提供劳务收入。

在采用完工百分比法确认提供劳务收入的情况下，企业应按计算确定的提供劳务收入金额，借记“应收账款”、“银行存款”等账户，贷记“主营业务收入”、“其他业务收入”等账户。发生劳务支出时，先通过“劳务成本”账户予以归集，借记“劳务成本”账户，贷记“银行存款”、“应付职工薪酬”等账户；待确认为费用时，再结转劳务成本，借记“主营业务成本”或“其他业务成本”账户，贷记“劳务成本”账户。

(2)提供劳务交易结果不能可靠估计

①已经发生的劳务成本预计能够得到补偿的，应按已经发生的劳务成本金额确认提供劳务收入；同时，按相同的金额结转成本。在这种情况下，企业应按已发生的劳务成本金额，借记“应收账款”、“预收账款”等账户，贷记“主营业务收入”等账户；同时，借记“主营业务成本”账户，贷记“劳务成本”账户。

②已经发生的劳务成本预计只能部分得到补偿的，应按能够得到补偿的劳务成本金额确认收入，并按已经发生的劳务成本结转成本。在这种情况下，企业应按已能够得到补偿的劳务成本金额，借记“应收账款”、“预收账款”等账户，贷记“主营业务收入”等账户；同时，按已经发生的劳务成本借记“主营业务成本”账户，贷记“劳务成本”账户。

③已经发生的劳务成本预计全部不能得到补偿的，不应确认收入，但应将发生的劳务成本确认为当期损失。在这种情况下，企业应按已经发生的劳务成本金额，借记“主营业务成本”账户，贷记“劳务成本”账户。

二、其他业务收支

在会计核算中，对其他业务收支的账务处理一般需设置“其他业务收入”账户和“其他业务成本”账户。

1.“其他业务收入”账户

该账户属于损益类账户，用来核算企业根据收入准则确认的除主营业务收入以外的其他经营活动实现的收入。企业取得的其他业务收入，借记“银行存款”、“应收账款”等账户，贷记“其他业务收入”、“应交税费——应交增值税(销项税额)”等账户。该账户按其他业务种类，如“材料销售”、“代购代销”、“包装物出租”等设置明细账户进行明细核算。期末，应将该账户的余额转入“本年利润”账户，结转后该账户无余额。

2.“其他业务成本”账户

该账户属于损益类账户，用来核算企业主营业务成本以外的其他销售成本、提供劳务等而发生的相关成本、费用以及相关税金及附加等，如销售材料的成本、出租固定资产的累计折旧、出租无形资产的累计摊销、出租包装物的成本或摊销额、租赁资产发生的或有支出、采用成本模式计量的投资性房地产的累计折旧或累计摊销、代销商品的成本、提供劳务的成本、用于非货币性资产交换(在非货币性资产交换具有商业实质且公允价值能够可靠计量情况下)或债务重组的材料成本等。企业发生的其他业务成本，借记“其他业务成本”账户，贷记“原材料”、“周转材料”、“生产成本”、“应付职工薪酬”、“银行存款”、“累计摊销”等有关账户。该账户按其他业务种类设置明细账户进行明细核算。期末，应将该账户的余额转入“本年利润”账户，结转后该账户无余额。

企业除主营业务活动以外的其他经营活动发生的相关税费，在“营业税金及附加”账户核算，不在“其他业务成本”账户核算。

三、生产成本

(一)账户设置

1.“生产成本”账户

“生产成本”账户属于成本类账户，用来核算企业进行工业性生产发生的各项生产成本，包括生产各种产品（产成品、自制半成品等）、自制材料、自制工具、自制设备等所发生的各项费用。该账户借方登记为制造产品所发生的直接材料、直接人工、制造费用等；贷方登记已验收入库的产品、自制半成品等的实际成本，余额在借方，反映尚未完成所有工序的各项在产品的成本。该账户可设置“基本生产成本”和“辅助生产成本“两个明细账户，并按成本计算对象、成本项目设专栏进行核算。

企业发生的各项生产费用，应按成本核算对象和成本项目分别归集：属于产品生产直接费用的，直接计入基本生产成本和辅助生产成本；属于企业辅助生产车间为生产产品提供的动力等直接费用，因在本账户的“辅助生产成本”明细账户核算后，再转入本账户的“基本生产成本”明细账户，其他间接费用先在“制造费用”账户归集，月份终了，再按一定标准，分配计入有关的产品成本。

2.“制造费用”账户

“制造费用”账户属于成本类账户，用来核算企业生产车间（部门）为生产产品和提供劳务而发生的各项间接费用。该账户借方登记各项间接费用的发生数；贷方登记分配计入有关成本计算对象的间接费用；除季节性生产企业外，该账户月末一般无余额。该账户可按不同的生产车间、部门和费用项目进行核算。

企业发生制造费用时，借记“制造费用”账户，贷记“原材料”、“应付职工薪酬”、“累计折旧”等账户。按规定汇集的制造费用，在月末时采用一定的方法分配计入有关的成本核算对象，借记“生产成本（基本生产成本、辅助生产成本）”账户，贷记“制造费用”账户。

3.“劳务成本”账户

“劳务成本”账户属于成本类账户，用来核算企业对外提供劳务所发生的成本。该账户借方登记提供劳务过程中实际发生的各项劳务成本；贷方登记结转完成劳务的成本；余额在借方，反映企业尚未完成或尚未结转的劳务成本。该账户可按提供劳务的种类设置明细账户，进行明细核算。

（二）账务处理

企业根据计算出来的完工产品成本，借记“库存商品”账户，贷记“生产成本——基本生产成本”账户；企业完工自制的材料、包装物、工具、模具等，借记“原材料”、“周转材料”等账户，贷记“生产成本——基本生产成本或辅助生产成本”账户；企业对外提供并已实现的工业性劳务，应按实际成本，借记“劳务成本”账户，贷记“生产成本——基本生产成本”账户。

四、管理费用

“管理费用”账户属于损益类账户，用来核算企业为组织和管理生产经营所发生的管理费用。发生管理费用时，借记“管理费用”账户，贷记“库存现金”、“银行存款”、“累计折旧”、“应付职工薪酬”、“累计摊销”、“研发支出”、“应交税费”等账户。期末，应将本账户的余额转入“本年利润”账户，结转后本账户应无余额。本账户应按费用项目设置明细账。

五、销售费用

“销售费用”账户属于损益类账户，用来核算企业在销售商品和材料、提供劳务的过程中发生的各项费用。发生销售费用时，借记“销售费用”账户，贷记“库存现金”、“银行存款”、“应付职工薪酬”、“累计折旧”等账户。期末，将本账户的余额转入“本年利润”账户，结转后本账户应无余额。本账户可按费用项目设置明细账户，进行明细分类核算。

六、财务费用

“财务费用”账户属于损益类账户，用来核算企业为筹建生产经营所需资金等而发生的筹资费用。发生财务费用时，借记“财务费用”账户，贷记“应付利息”、“银行存款”、“未确认融资费用”等账户。发生利息收入、汇兑收益、现金折扣时，借记“银行存款”、“应付账款”等账户，贷记“财务费用”账户。期末，将本账户的余额转入“本年利润”账户，结转后本账户应无余额。本账户可按费用项目设置明细账户，进行明细分类核算。

七、营业外收支的核算

（一）营业外收入

营业外收入是指企业发生的与其日常活动无直接关系的各项利得。营业外收入并不是企业经营资金耗费所产生的，不需要企业付出代价，实际上是经济利益的总流入，不可能也不需要与有关的费用进行配比。营业外收入主要包括非流动资产处置利得、非货币性资产交换利得、债务重组利得、政府补助、盘盈利得、捐赠利得、罚没利得等。

（二）营业外支出

营业外支出是指企业发生的与其日常活动无直接关系的各项损失，包括非流动资产处置损失、非货币性资产交换损失、债务重组损失、公益性捐赠支出、非常损失、罚款支出、盘亏损失等。

（三）“营业外收入”账户

本账户属于损益类账户，核算企业发生的各项营业外收入。本账户可按营业外收入项目进行明细核算。借方登记减少的营业外收入，贷方登记增加的营业外收入，本账户期末无余额。

（四）“营业外支出”账户

本账户属于损益类账户，核算企业发生的与其日常活动无直接关系的各项损失，本账户可按支出项目进行明细核算。借方登记增加的营业外支出，贷方登记减少的营业外支出，本账户期末无余额。

（五）营业外收入的会计处理

1. 确认处置非流动资产利得、非货币性资产交换利得和债务重组利得，比照“固定资产清理”、“无形资产”、“原材料”、“库存商品”、“应付账款”等账户的相关规定进行处理。

2. 确认捐赠利得，借记“银行存款”、“固定资产”等账户，贷记“营业外收入——捐赠利得”账户。

3. 确认罚没利得，借记“银行存款”账户，贷记“营业外收入——罚没利得”账户。

4. 期末，将“营业外收入”账户余额转入“本年利润”账户，借记“营业外收入”账户，贷记“本年利润”账户。

（六）营业外支出的会计处理

1. 确认处置非流动资产损失、非货币性资产交换损失、债务重组损失，借记“营业外支出”账户；其他相关账户，比照“固定资产清理”、“无形资产”、“原材料”、“库存商品”、“应收账款”等科目的相关规定进行处理。

2. 确认公益性捐赠支出，借记“营业外支出——捐赠支出”账户，贷记“库存现金”、“银行存款”等账户。

3. 确认罚款支出，借记“营业外支出——罚款支出”账户，贷记“库存现金”、“银行存款”等账户。

4. 确认非常损失，按管理权限报经批准后，由企业承担的部分，借记“营业外支出——非常损失”账户，由保险公司赔偿的部分，借记“其他应收款”账户，贷记“待处理财产损溢”账户。

5. 盘亏、毁损的资产发生的净损失，按管理权限报经批准后，借记“营业外支出——盘亏损失”账户，贷记“待处理财产损溢”账户。

6. 期末，将“营业外支出”账户余额转入“本年利润”账户，借记“本年利润”账户，贷记“营业外支出”账户。

八、本年利润

“本年利润”账户核算企业当年实现的净利润(或发生的净亏损)。

期末结转利润时，应将“主营业务收入”、“利息收入”、“手续费及佣金收入”、“其他业务收入”、“营业外收入”等账户的期末余额分别转入“本年利润”账户，借记“主营业务收入”、“利息收入”、“手续费及佣金收入”、“其他业务收入”、“营业外收入”等账户，贷记“本年利润”账户。

将“主营业务成本”、“营业税金及附加”、“其他业务成本”、“销售费用”、“管理费用”、“财务费用”、“资产减值损失”、“营业外支出”、“所得税费用”等账户的期末余额分别转入“本年利润”账户，借记“本年利润”账户，贷记“主营业务成本”、“营业税金及附加”、“其他业务成本”、“销售费用”、“管理费用”、“财务费用”、“资产减值损失”、“营业外支出”、“所得税费用”等账户。

将“公允价值变动损益”、“投资收益”等账户的净收益转入“本年利润”账户，借记“公允价值变动损益”、“投资收益”等账户，贷记“本年利润”账户；如为净损失，做相反的会计分录。

年度终了，应将本年收入和支出相抵后结出的本年实现的净利润，转入“利润分配”账户，借记“本年利润”账户，贷记“利润分配——未分配利润”账户；如为净损失，做相反的会计分录。结转后，“本年利润”账户应无余额。

利润结转方法有两种：账结法和表结法。账结法是指在会计期末将各项损益类账户余额转入“本年利润”账户。表结法是月末损益类账户的余额不需要通过会计分录的方式结转到“本年利润”账户，即不在账户中结出本月实现的利润，而是通过填列“利润表”计算出本月利润或亏损。无论是账结法和表结法，年终时都必须将“本年利润”账户结平，转入“利润分配——未分配利润”账户。结转后，“本年利润”账户应无余额。

九、所得税的核算

企业核算所得税的一般程序为：计算暂时性差异并判断其类型；分别应纳税暂时性差异、可抵扣暂时性差异，确定资产负债表日递延所得税负债和递延所得税资产的应有余额，结合期初递延所得税负债和递延所得税资产的余额，进一步确定递延所得税负债和递延所得税资产的发生额和方向，即确定递延所得税；根据当期的交易或事项，按照适用的税率计算当期应纳税所得额和当期应交所得税；最后确定利润表中的所得税费用。

所得税的核算包括上交所得税、计算所得税费用、结转所得税费用三方面，其中，计算所得税费用是难点。所得税的核算主要涉及“所得税费用”、“递延所得税资产”、“递延所得税负债”等账户。

(一)“所得税费用”账户

“所得税费用”账户属于损益类账户，用来核算企业根据所得税准则确认的应从当期利润总额中扣除的所得税费用。该账户应当按照“当期所得税费用”、“递延所得税费用”进行明细核算。

资产负债表日，企业按照税法计算并确定的当期应交所得税金额，借记“所得税费用”账户（当期所得税费用），贷记“应交税费——应交所得税”账户；资产负债表日，根据所得税准则应予确认的递延所得税资产大于“递延所得税资产”账户余额的差额，借记“递延所得税资产”账户，贷记“所得税费用”账户（递延所得税费用）、“资本公积——其他资本公积”等账户；应予确认的递延所得税资产小于“递延所得税资产”账户余额的差额，做相反的会计分录。企业应予确认的递延所得税负债的变动，应当比照上述原则调整“递延所得税负债”账户及有关账户。期末，应将“所得税费用”账户的余额转入“本年利润”账户，结转后本账户应无余额。

（二）“递延所得税资产”账户

“递延所得税资产”账户属于资产类账户，用来核算企业根据所得税准则确认的可抵扣暂时性差异产生的递延所得税资产。该账户应当按照可抵扣暂时性差异等项目进行明细核算。

资产负债表日，企业根据所得税准则应予确认的递延所得税资产大于“递延所得税资产”账户余额的，借记“递延所得税资产”账户，贷记“所得税费用——递延所得税费用”、“资本公积——其他资本公积”等账户；应予确认的递延所得税资产小于“递延所得税资产”账户余额的，做相反的会计分录；资产负债表日，预计未来期间很可能无法获得足够的应纳税所得额用以利用可抵扣暂时性差异的，按应减记的金额，借记“所得税费用——当期所得税费用”、“资本公积——其他资本公积”等账户，贷记“递延所得税资产”账户。“递延所得税资产”账户期末借方余额，反映企业已确认的递延所得税资产的余额。

（三）“递延所得税负债”账户

“递延所得税负债”账户属于负债类账户，用来核算企业根据所得税准则确认的应纳税暂时性差异产生的递延所得税负债。该账户应当按照应纳税暂时性差异等项目进行明细核算。

资产负债表日，企业根据所得税准则应予确认的递延所得税负债大于“递延所得税负债”账户余额的，借记“所得税费用——递延所得税费用”、“资本公积——其他资本公积”等账户，贷记“递延所得税负债”账户；应予确认的递延所得税负债小于本账户余额的，做相反的会计分录。“递延所得税负债”账户期末贷方余额，反映企业已确认的递延所得税负债的余额。

项目 12

财务报告

12.1 财务报告·工作任务

12.1.1 财务报告·工作任务·师生教学做

依据天河公司的有关资料，编制 2015 年会计报表。相关账户资料见同步操作。

12.1.2 财务报告·工作任务·学生独立做

依据晨光公司的有关资料，编制 2015 年会计报表。相关账户资料见同步操作。

12.2 财务报告·理论知识

一、财务报告概述

财务报告是指企业对外提供的反映企业某一特定日期的财务状况和某一会计期间的经营成果、现金流量等会计信息的文件。财务报告包括财务报表和其他应当在财务报告中披露的相关信息和资料。

(一)财务报告的目标

1. 向财务报告使用者提供决策有用的信息

财务报告的主要目的是为了满足财务报告使用者的信息需要，有助于财务报告使用者做出经济决策。因此，向财务报告使用者提供决策有用的信息是财务报告的基本目标。

根据向财务报告使用者提供决策有用的信息这一目标的要求，财务报告所提供的会计信息应当如实反映企业所拥有或控制的经济资源、对经济资源的要求权以及经济资源要求权的变化情况；如实反映企业的各项收入、费用、利得和损失的金额及其变化情况；如实反映企业各项经营活动、投资活动和筹资活动等所形成的现金流入和现金流出情况等，从而有助于现在的或者潜在的投资者、债权人以及其他使用者正确、合理地评价企业的资产质量、偿债能力和营运效率等，有助于使用者根据相关会计信息做出理性的投资和信贷决策，有助于使用者评估与投资和信贷有关的未来现金流量的金额、时间和风险等。

2. 反映企业管理层受托责任的履行情况

在现代公司制下，企业所有者和经营者相分离，企业管理层受委托责任人之托经营管理企业及其各项资产，负有受托责任，即企业管理层所经营管理的企业各项资产基本上均为投资者投入的资本（或者留存收益作为再投资）或者向债权人借入的资金所形成的，企业管理层有责任妥善保管并合理、有效地运用这些资产。尤其是企业投资者和债权人等，需要及时或者经常地了解企业管理层保管、使用资产的情况，以便于评价企业管理层受托责任履行情况和业绩情况，并决定是否需要调整投资或者信贷政策、是否需要加强企业内部控制和其他制度建设、是否需要更换管理层等。因此，财务报告应当反映企业管理层受托责任的履行情况，以有助于评价企业的经营管理责任和资源适用的情况。

（二）财务报表的构成及分类

财务报表是对企业财务状况、经营成果和现金流量的结构性表述。一套完整的财务报表至少应当包括资产负债表、利润表、现金流量表、所有者权益变动表以及附注。

资产负债表、利润表、现金流量表分别从不同角度反映企业的财务状况、经营成果和现金流量。资产负债表反映企业在某一特定日期所拥有的资产、需偿还的债务以及股东所拥有的净资产情况；利润表反映企业在一定会计期间的经营成果，即利润或亏损情况，表明企业运用所拥有的资产的获利能力；现金流量表反映企业在一定会计期间现金与现金等价物流入和流出的情况。

所有者权益变动表反映构成所有者权益的各组成部分当期的增减变动情况。

附注是财务报表不可或缺的组成部分，是对在资产负债表、利润表、现金流量表和所有者权益变动表等报告中列示项目的文字描述或明细资料，以及对未能在这些报表中列示项目的说明等。

财务报表按编制期间的不同可分为中期财务报表和年度财务报表。中期财务报表是以短于一个完整会计年度的报告期间为基础编制的财务报表，包括月报、季报和半年报等。财务报表按财务报表编制主体的不同，可以分为个别财务报表和合并财务报表。个别财务报表是由企业在自身会计核算基础上对账簿记录进行加工而编制的财务报表，它主要用以反映企业自身的财务状况、经营成果和现金流量情况。合并财务报表是以母公司和子公司组成的企业集团为会计主体，根据母公司和所属子公司的财务报表，由母公司编制的综合反映企业集团财务状况、经营成果及现金流量的财务报表。

（三）财务报告的编制要求

(1)企业应当以持续经营为基础，根据实际发生的交易和事项，按照企业会计准则的规定进行确认和计量，在此基础上编制财务报表。在编制过程中，企业管理层应当在考虑市场经营风险、企业盈利能力、偿债能力、财务弹性的基础上，对企业的持续经营能力进行评价。

(2)财务报表项目的列报应当在各个会计期间保持一致，不得随意变更，但下列情况除外：①企业会计准则要求改变报表项目的列报；②企业经营业务的性质发生重大变化后，变更财务报表项目的列报能够提供更可靠、更相关的会计信息。

(3)在编制财务报表过程中，企业应当考虑列表项目的重要性。对于性质或功能不同的项目，如长期股权投资、固定资产等，应当在财务报表中单独列报，但不具有重要性的项目除外；对于性质或功能类似的项目，如库存商品、原材料等，应当予以合并，作为存货项目列报。重要性是指财务报表某项目的省略或错报会影响使用者据此做出经济决策的，该项目具有重要性。

一个项目的重要性,应当从项目的金额和性质两方面来加以判断。

(4)一般而言,财务报表中的资产和负债项目的金额、收入项目和费用项目的金额不得相互抵消。

(5)当期财务报表的列报,至少应当提供所有列报项目上一可比会计期间的比较数据以及与理解当前财务报表相关的说明,但另有规定的除外。

(6)企业应当在财务报表的显著位置至少披露下列项目:①编报企业的名称;②资产负债表或财务报表涵盖的会计期间;③人民币金额单位;④财务报表是合并报表的,应当予以标明。

(7)企业至少应当按年编制报表。年度财务报表短于一年的,应当披露年度财务报表的涵盖期间,以及短于一年的原因。

二、财务报表编制方法

(一)编制资产负债表

资产负债表是反映企业在某一特定日期的财务状况的财务报表。它是按照一定的分类标准和顺序,把企业一定日期的资产、负债和所有者权益各项目予以适当排列编制而成的。资产负债表的格式,分表头和正表部分,表头主要包括报表的名称、编制单位、编制日期、金额单位等。正表部分是报表的主体,构成报表的基本内容。资产负债表采用左右对称的账户式结构。

资产负债表可以反映资产、负债和所有者权益之间的内在关系,左方的资产说明企业资源的分布状况,右方的负债和所有者权益反映企业资金的来源途径,即企业的债权人和所有者的出资额及其比例。从数量上来看,资产负债表中的资产各项目的合计等于负债和所有者权益各项目的合计,即资产负债表的左方和右方平衡。遵循会计等式:资产=负债+所有者权益。

编制资产负债表就是要根据账户资料列报表中各项目。资产负债表中各项目均需列报“年初余额”和“期末余额”两栏。

资产负债表“年初余额”栏的各项数字,应根据上年年末资产负债表的“期末余额”栏内所列数字填列。如果本年度资产负债表规定的各个项目的名称和内容与上年不一致,应对上年年末资产负债表各个项目的名称和数字按照本年度的规定进行调整,按调整后的数字填入资产负债表的“年初余额”栏内。

资产负债表“期末余额”栏内各项数字,一般应根据资产、负债和所有者权益科目的期末余额填列,主要包括以下几种方式:

(1)根据总账账户的余额填列。资产负债表中的有些项目,可直接根据有关总账账户的余额填列,如“交易性金融资产”、“短期借款”、“应付票据”、“应付职工薪酬”等项目;有些项目则需根据几个总账账户的余额计算填列,如“货币资金”项目,需根据“库存现金”、“银行存款”、“其他货币资金”三个总账账户余额的合计数填列。

(2)根据有关明细账账户的余额计算填列。例如,“应付账款”项目,需要根据“应付账款”和“预付账款”两个账户所属的相关明细科目的期末贷方余额计算填列;“应收账款”项目,需要根据“应收账款”和“预收账款”两个账户所属的相关明细账户的期末借方余额计算填列。

(3)根据总账科目和明细账科目的余额分析计算填列。例如“长期借款”项目,需根据“长期借款”总账账户余额扣除“长期借款”账户所属的明细账户中将在资产负债表日起一年内到期且企业不能自主地将清偿义务展期的长期借款后的金额计算填列。

(4)根据有关科目余额减去其备抵科目余额后的净额填列。例如,资产负债表中的“应收账款”、“长期股权投资”等项目,应根据“应收账款”、“长期股权投资”等账户的期末余额减去

"坏账准备"、"长期股权投资减值准备"等账户余额后的净额填列;"固定资产"项目,应根据"固定资产"账户的期末余额减去"累计折旧"、"固定资产减值准备"等账户余额后的净额填列;"无形资产"项目,应根据"无形资产"账户的期末余额减去"累计摊销"、"无形资产减值准备"账户余额后的净额填列。

(5)综合运用上述填列方法分析填列。如资产负债表中的"存货"项目,需根据"原材料"、"库存商品"、"委托加工物资"、"周转材料"、"材料采购"、"在途物资"、"发出商品、"材料成本差异"等总账科目期末余额的分析汇总数,再减去"存货跌价准备"科目余额后的金额填列。

(二)编制利润表

利润表是指反映企业在一定会计期间的经营成果的财务报表。利润表的格式分为表头和正表部分。表头包括报表的名称、编制单位、编制日期、金额单位等。正表部分是利润表的主要内容,包括营业收入、营业利润、利润总额、净利润等部分。

通过利润表,可以反映企业在一定会计期间收入、费用、利润(或亏损)的数额、构成情况,帮助财务报表使用者全面了解企业的经营成果,分析企业的获利能力以及盈利增长趋势,从而为其做出经济决策提供依据。

利润表通过一定的表格来反映企业的经营成果。由于不同的国家和地区的信息要求不完全相同,利润表的结构也不完全相同。目前比较普遍的利润表结构有多步式利润表和单步式利润表两种。财务报表列报准则规定,企业应当采用多步式列报利润表,将不同性质的收入和费用类别进行对比,从而可以得出一些中间性的利润数据,便于财务报表使用者理解企业经营成果的不同来源。企业可以按如下三个步骤编制利润表:

第一步,以营业收入为基础,减去营业成本、营业税金及附加、销售费用、管理费用、财务费用、资产减值损失,加上公允价值变动收益(减去公允价值变动损失)和投资收益(减去投资损失),计算出营业利润;

第二步,以营业利润为基础,加上营业外收入,减去营业支出,计算出利润总额;

第三步:以利润总额为基础减去所得税费用,计算出净利润(或亏损)。

普通股或潜在普通股已公开交易的企业,以及正处于公开发行普通股或潜在普通股过程中的企业,还应当在利润表中列示每股收益信息。

根据财务报表列报准则的规定,企业需要提供比较利润表,以使报表使用者通过比较不同时期利润的事项情况判断企业经营成果的未来发展趋势。因此,利润表还就各项目再分为"本期金额"和"上期金额"两栏分别填列。

利润表"上期金额"栏内各项数字,应根据上年该期利润表"本期金额"栏内所列数字填列。如果上年该期利润表规定的各个项目的名称和内容同本期不相一致,应对上年该期利润表各项目的名称和数字按本期的规定进行调整,填入利润表"上期金额"栏内。

利润表"本期金额"栏内各期数字,应当按照本期损益类科目的发生额分析填列。

(三)编制现金流量表

现金流量表是反映企业在一定会计期间现金和现金等价物流入和流出的会计报表。其中,现金是指企业的库存现金以及可以随时用于支付的存款;不能随时用于支付的存款不属于现金。现金等价物是指企业持有的期限短、流动性强、易于转换为已知金额现金、价值变动风险很小的投资。期限短,一般是指从购买日起 3 个月内到期。比如,企业购买的从购买日起 3 个月或更短时间内即可到期或即可转换为现金的短期债券投资就是现金等价物。权益性投资变现的金额通常不确定，因而不属于现金等价物。企业应当根据具体情况确定现金等价物的范围，一经确定不得随意变更。

编制现金流量表的主要目的是为财务报表使用者提供企业一定会计期间内现金与现金等价物流入和流出的信息，以便于财务报表使用者理解和评价企业获取现金和现金等价物的能力，并据以预测企业未来现金流量。现金流量表的作用主要体现在以下几个方面：一是有助于评价企业的支付能力、偿债能力和周转能力；二是有助于预测企业的未来现金流量；三是有助于分析企业收益的质量及影响现金净流量的因素。掌握企业经营活动、投资活动和筹资活动的现金流量，可以从现金流量的角度了解净利润的质量，为分析和判断企业的财务前景提供信息。

现金流量是指一定会计期间企业现金的流入和流出，可以分为三类，即经营活动产生的现金流量、投资活动产生的现金流量和筹资活动产生的现金流量。

(1)经营活动产生的现金流量

经营活动是指企业投资活动和筹资活动以外的所有交易和事项，对于工商企业而言，包括销售商品或提供劳务、购买商品或接受劳务、支付各项税费等。通过经营活动产生的现金流量，可以说明企业的经营活动对现金流入和流出的影响程度，判断企业在不动用对外筹得资金的情况下，是否足以维持生产经营、偿还债务、支付股利和对外投资等。

(2)投资活动产生的现金流量

投资活动是指企业长期资产的购建和不包括在现金等价物范围内的投资及其处置活动。长期资产是指固定资产、无形资产、在建工程、其他资产等持有期限在一年或一个营业周期以上的资产。现金流量表中的“投资”既包括对外投资，又包括长期资产的购建与处理。投资活动包括取得和收回投资、购建和处置固定资产、购买和处置无形资产等。通过投资活动产生的现金流量，可以判断投资活动对企业现金流量净额的影响程度。

(3)筹资活动产生的现金流量

筹资活动是指导致企业资本及债务规模和构成发生变化的活动。这里所讲的资本，既包括实收资本(股本)，也包括资本溢价(股本溢价)；这里所讲的债务，是指对外举债，包括向银行借款、发行债券以及偿还债务等。通过筹资活动产生的现金流量，可以分析企业通过筹资活动获取现金的能力，判断筹资活动对企业现金流量净额的影响程度。

(二)现金流量表的结构

1. 现金流量表正表

正表是现金流量表的主体，企业一定会计期间现金流量的信息主要由正表提供。正表采用报告式的结构，按照现金流量的性质，依次分类反映经营活动产生的现金流量、投资活动产生的现金流量和筹资活动产生的现金流量，最后汇总反映企业现金及现金等价物净增加额。有外币现金流量及境外子公司的现金流量折算为人民币的企业，在正表中还应单设“汇率变动对现金的影响”项目，以反映企业外币现金流量及境外子公司的现金流量折算为人民币时所采用的现金流量发生日的汇率或平均汇率折算的人民币金额与“现金及现金等价物增加额”中外币现金净增加额按期末汇率折算的人民币金额之间的差额。

2. 现金流量表补充资料

现金流量表补充资料包括三部分：

(1)将净利润调节为经营活动的现金流量(即按间接法编制的经营活动现金流量)；

(2)不涉及现金收支的重大投资和筹资活动；

(3)现金及现金等价物的净变动情况。

(三)现金流量表的填列方法

1. 直接法和间接法

编制现金流量表时，经营活动产生的现金流量通常可以采用直接法和间接法两种方法反映。

直接法是指通过现金收入和现金支出的主要类别直接反映企业经营活动产生的现金流量。采用直接法编制时，一般以利润表中的营业收入为起算点，调整与经营活动有关项目的增减变动，然后计算出经营活动产生的现金流量。

间接法是指以本期净利润为起算点，调整不涉及现金的收入、费用、营业外收支等有关项目的增减变动，剔除投资活动、筹资活动对现金流量的影响，据此计算并列示经营活动产生的现金流量的一种方法。

采用直接法编报的现金流量表，便于分析企业经营活动产生的现金流量的来源和用途，预测企业现金流量的未来前景；采用间接法编报现金流量表，便于将净利润与经营活动产生的现金流量净额进行比较，理解净利润与经营活动产生的现金流量差异的原因，从现金流量的角度分析净利润的质量。因此，现金流量表准则规定企业应当采用直接法编报现金流量表，同时要求在附注中提供以净利润为基础调节到经营活动现金流量的信息。

2. 工作底稿法、T形账户法和分析填列法

在具体编制现金流量表时，可以采用工作底稿法或T形账户法，也可以根据有关科目记录分析填列。

(1)工作底稿法

采用工作底稿法编制现金流量表，是以工作底稿为手段，以资产负债表和利润表的数据为基础，对每一项目进行分析并编制调整分录，从而编制现金流量表。工作底稿法的程序如下：

第一步，将资产负债表的期初数和期末数过入工作底稿的期初数栏和期末数栏。

第二步，对当期业务进行分析并编制调整分录。编制调整分录时，要以利润表项目为基础，从“营业收入”开始，结合资产负债表项目逐一进行分析。在调整分录中，有关现金和现金等价物的事项，并不直接借记或贷记现金，而是分别记入“经营活动产生的现金流量”、“投资活动产生的现金流量”、“筹资活动产生的现金流量”有关项目。借记表示现金流入，贷记表示现金流出。

第三步，将调整分录过入工作底稿中的相应部分。

第四步，核对调整分录，借方、贷方合计数均已经相等，资产负债表项目期初数加减调整分录中的借贷金额以后，也等于期末数。

第五步，根据工作底稿中的现金流量表项目部分编制正式的现金流量表。

2. T形账户法

采用T形账户法编制现金流量表，是以T形账户为手段，以资产负债表和利润表的数据为基础，对每一项目进行分析并编制调整分录，从而编制现金流量表。T形账户法的程序如下：

第一步，为所有的非现金项目(包括资产负债表项目和利润表项目)分别开设T形账户，并将各自的期末期初变动数过入各相关账户。如果项目的期末数大于期初数，则将差额过入

与项目余额相同的方向;反之,则过入相反的方向。

第二步,开设一个大的“现金及现金等价物”T形账户,每边分为经营活动、投资活动和筹资活动三个部分,左边记现金流入,右边记现金流出。与其他账户一样,过入期末期初变动数。

第三步,以利润表项目为基础,结合资产负债表分析每一个非现金项目的增减变动,并据此编制调整分录。

第四步,将调整分录过入各T形账户,并进行核对,该账户借贷相抵后的余额与原先过入的期末期初变动数应当一致。

第五步,根据大的“现金及现金等价物”T形账户编制正式的现金流量表。

3. 分析填列法

分析填列法是直接根据资产负债表、利润表和有关会计科目明细账的记录,分析计算出现金流量表各项目的金额,并据以编制现金流量表的一种方法。对于采用财务软件的记账的企业,该方法只需要在平时登记账户的同时将所有涉及现金及现金等价物的交易和事项按照各自的类别分别归入各类的流入和流出,期末可以自动生成现金流量表。

(四)编制所有者权益变动表

所有者权益变动表是指反映构成所有者权益的各组成部分当期的增减变动情况的报表。当期损益、直接计入所有者权益的利得和损失以及与所有者(或股东,下同)的资本交易导致的所有者权益的变动应当分别列示。

所有者权益变动表在一定程度上体现了企业综合收益。综合收益是指企业在某一期间与所有者之外的其他方面进行交易或发生其他事项所引起的净资产变动。综合收益的构成包括两部分:净利润和直接计入所有者权益的利得和损失。其中,前者是企业已实现并已确认的收益,后者是企业未实现但根据会计准则的规定已确认的收益。在所有者权益变动表中,净利润和直接计入所有者权益的利得和损失均单列项目反映,体现了企业综合收益的构成。

所有者权益变动表的格式分为表头和正表部分。表头主要包括报表的名称、编制单位、编制日期、金额单位等。为了清楚地表明构成所有者权益的各组成部分当期的增减变动情况,所有者权益变动表采用矩阵式结构。

所有者权益变动表主要包括以下内容:一方面,列示导致所有者权益变动的交易或事项,按所有者权益变动的来源对一定时期所有者权益的变动情况进行全面反映;另一方面,按照所有者权益各组成部分(包括实收资本、资本公积、盈余公积、未分配利润和库存股)及其总额列示交易或事项对所有者权益的影响。此外,所有者权益变动表还就各项目再分为“本年金额”和“上年金额”两栏分别填列。

所有者权益变动表“上年金额”栏内各项数字,应根据上年度所有者权益变动表“本年金额”栏内所列数字填列。如果上年度所有者权益变动表规定的各个项目的名称和内容同本年度不相一致,应对上年度所有者权益变动表各项目的名称和数字按本年度的规定进行调整,填入所有者权益变动表“上年金额”栏内。

所有者权益变动表“本年金额”栏内各项数字一般应根据“实收资本(或股本)”、“资本公积”、“盈余公积”、“利润分配”、“库存股”、“以前年度损益调整”等科目的发生额分析填列。

企业的净利润及其分配情况作为所有者权益变动的组成部分,不需要单独设置利润分配表列示。

12.3 财务报告·操作指南

12.3.1 资产负债表各项目的列报

资产负债表各项目填列方法如下：

(1)"货币资金"项目，反映企业库存现金、银行结算户存款、外埠存款、银行汇票存款、银行本票存款、信用卡存款、信用证保证金存款等的合计数。本项目应根据"库存现金"、"银行存款"、"其他货币资金"账户期末余额的合计数填列。

(2)"交易性金融资产"项目，反映企业持有的以公允价值计量且其变动计入当期损益的为交易目的所持有的债券投资、股票投资、基金投资、权证投资等金融资产。本项目应根据"交易性金融资产"账户的期末余额填列。

(3)"应收票据"项目，反映企业因销售商品、提供劳务等而收到的商业汇票，包括银行承兑汇票和商业承兑汇票。本项目应根据"应收票据"账户的期末余额，减去"坏账准备"账户中有关应收票据计提的坏账准备期末余额后的金额填列。

(4)"应收账款"项目，反映企业因销售商品、提供劳务等经营活动应收取的款项。本项目应根据"应收账款"和"预收账款"账户所属各明细账户的期末借方余额合计数，减去"坏账准备"账户中有关应收账款计提的坏账准备期末余额后的金额填列。如"应收账款"账户所属明细账户期末有贷方余额的，应在资产负债表"预收款项"项目内填列。

(5)"预付款项"项目，反映企业按照购货合同规定预付给供应单位的款项等。本项目应根据"预付账款"和"应付账款"账户所属各明细账户的期末借方余额合计数，减去"坏账准备"账户中有关预付款项计提的坏账准备期末余额后的金额填列。如"预付账款"账户所属各明细账户期末有贷方余额的，应在资产负债表"应付账款"项目内填列。

(6)"应收利息"项目，反映企业应收取的债券投资等的利息。本项目应根据"应收利息"账户的期末余额，减去"坏账准备"账户中有关应收利息计提的坏账准备期末余额后的金额填列。

(7)"应收股利"项目，反映企业应收取的现金股利和应收取其他单位分配的利润。本项目应根据"应收股利"账户的期末余额，减去"坏账准备"账户中有关应收股利计提的坏账准备期末余额后的金额填列。

(8)"其他应收款"项目，反映企业除应收票据、应收账款、预付账款、应收股利、应收利息等经营活动以外的其他各种应收、暂付的款项。本项目应根据"其他应收款"账户的期末余额，减去"坏账准备"账户中有关其他应收款计提的坏账准备期末余额后的金额填列。

(9)"存货"项目，反映企业期末在库、在途和在加工中的各种存货的可变现净值。本项目应根据"材料采购"、"原材料"、"库存商品"、"周转材料"、"委托加工物资"、"委托代销商品"、"生产成本"等账户的期末余额合计，减去"受托代销商品款"、"存货跌价准备"账户期末余额后的金额填列。材料采用计划成本核算，以及库存商品采用计划成本核算或售价核算的企业，还应按加或减材料成本差异、商品进销差价后的金额填列。

(10)"一年内到期的非流动资产"项目，反映企业将于一年内到期的非流动资产项目金额，本项目应根据有关账户的期末余额填列。

(11)"其他流动资产"项目，反映企业除货币资金、交易性金融资产、应收票据、应收账款、存货等流动资产以外的其他流动资产。本项目应根据有关账户的期末余额填列。

(12)“可供出售金融资产”项目,反映企业持有的以公允价值计量的可供出售的股票投资、债券投资等金融资产。本项目应根据“可供出售金融资产”账户的期末余额,减去“可供出售金融资产减值准备”账户期末余额后的金额填列。

(13)“持有至到期投资”项目,反映企业持有的以摊余成本计量的持有至到期投资。本项目应根据“持有至到期投资”账户的期末余额,减去“持有至到期投资减值准备”账户期末余额后的金额填列。

(14)“长期应收款”项目,反映企业融资租赁产生的应收款项、采用递延方式具有融资性质的销售商品和提供劳务等产生的长期应收款项等。本项目应根据“长期应收款”账户的期末余额,减去相应的“未实现融资收益”账户和“坏账准备”账户所属相关明细账户期末余额后的金额填列。

(15)“长期股权投资”项目,反映企业持有的对子公司、联营企业和合营企业的长期股权投资。本项目应根据“长期股权投资”账户的期末余额,减去“长期股权投资减值准备”账户期末余额后的金额填列。

(16)“投资性房地产”项目,反映企业持有的投资性房地产。企业采用成本模式计量投资性房地产的,本项目应根据“投资性房地产”账户的期末余额,减去“投资性房地产累计折旧(摊销)”和“投资性房地产减值准备”账户期末余额后的金额填列;企业采用公允价值模式计量投资性房地产的,本项目应根据“投资性房地产”账户的期末余额填列。

(17)“固定资产”项目,反映企业各种固定资产原价减去累计折旧和累计减值准备后的净额。本项目应根据“固定资产”账户的期末余额,减去“累计折旧"和“固定资产减值准备”账户期末余额后的金额填列。

(18)“在建工程”项目,反映企业期末各项未完工程的实际支出,包括交付安装的设备价值、未完建筑安装工程已经耗用的材料、工资和费用支出、预付出包工程的价款等的可收回金额。本项目应根据“在建工程”账户的期末余额,减去“在建工程减值准备”账户期末余额后的金额填列。

(19)“工程物资”项目,反映企业尚未使用的各项工程物资的实际成本。本项目应根据“工程物资”账户的期末余额填列。

(20)“固定资产清理”项目,反映企业因出售、毁损、报废等原因转入清理但尚未清理完毕的固定资产的净值,以及固定资产清理过程中所发生的清理费用和变价收入等各项金额的差额。本项目应根据“固定资产清理”科目的期末借方余额填列,如“固定资产清理”科目期末为贷方余额,以“－”号填列。

(21)“生产性生物资产”项目,反映企业持有的生产性生物资产。本项目应根据“牛产件生物资产”账户的期末余额,减去“生产性生物资产累计折旧”和“生产性生物资产减值准备”账户期末余额后的金额填列。

(22)“油气资产”项目,反映企业持有的矿区权益和油气井及相关设施的原价减去累计折耗和累计减值准备后的净额。本项目应根据“油气资产”账户的期末余额,减去“累计折耗”账户期末余额和相应减值准备后的金额填列。

(23)“无形资产”项目,反映企业持有的无形资产,包括专利权、非专利技术、商标权、著作权、土地使用权等。本项目应根据“无形资产”账户的期末余额,减去“累计摊销”和“无形资产减值准备”账户期末余额后的金额填列。

(24)“开发支出”项目，反映企业开发无形资产过程中能够资本化形成无形资产成本的支出部分。本项目应根据“研发支出”账户中所属的“资本化支出”明细账户期末余额填列。

(25)“商誉”项目，反映企业合并中形成的商誉的价值。本项目应根据“商誉”账户的期末余额，减去相应减值准备后的金额填列。

(26)“长期待摊费用”项目，反映企业已经发生但应由本期和以后各期负担的分摊期限在一年以上的各项费用。长期待摊费用中在一年内(含一年)摊销的部分，在资产负债表“一年内到期的非流动资产”项目填列。本项目应根据“长期待摊费用”账户的期末余额减去将于一年内(含一年)摊销的数额后的金额填列。

(27)“递延所得税资产”项目，反映企业确认的可抵扣暂时性差异产生的递延所得税资产。本项目应根据“递延所得税资产”账户的期末余额填列。

(28)“其他非流动资产”项目，反映企业除长期股权投资、固定资产、在建工程、工程物资、无形资产等资产以外的其他非流动资产。本项目应根据有关账户的期末余额填列。

(29)“短期借款”项目，反映企业向银行或其他金融机构等借入的期限在一年以下(含一年)的各种借款。本项目应根据“短期借款”账户的期末余额填列。

(30)“交易性金融负债”项目，反映企业承担的以公允价值计量且其变动计入当期损益的为交易目的所持有的金融负债。本项目应根据“交易性金融负债”账户的期末余额填列。

(31)“应付票据”项目，反映企业购买材料、商品和接受劳务供应等而开出、承兑的商业汇票，包括银行承兑汇票和商业承兑汇票。本项目应根据“应付票据”账户的期末余额填列。

(32)“应付账款”项目，反映企业因购买材料、商品和接受劳务供应等经营活动应支付的款项。本项目应根据“应付账款”和“预付账款”账户所属各明细账户的期末贷方余额合计数填列；如“应付账款”账户所属明细账户期末有借方余额的，应在资产负债表“预付款项”项目内填列。

(33)“预收款项”项目，反映企业按照购货合同规定预付给供应单位的款项。本项目应根据“预收账款”和“应收账款”账户所属各明细账户的期末贷方余额合计数填列。“预收账款”账户所属各明细科目期末有借方余额，应在资产负债表“应收账款”项目内填列。

(34)“应付职工薪酬”项目，反映企业根据有关规定应付给职工的工资、职工福利、社会保险费、住房公积金、工会经费、职工教育经费、非货币性福利、辞退福利等各种薪酬。外商投资企业按规定从净利润中提取的职工奖励及福利基金，也在本项目列示。

(35)“应交税费”项目，反映企业按照税法规定计算应缴纳的各种税费，包括增值税、消费税、营业税、所得税、资源税、土地增值税、城市维护建设税、房产税、土地使用税、车船使用税、教育费附加、矿产资源补偿费等。企业代扣代缴的个人所得税，也通过本项目列示。企业所缴纳的税金不需要预计应交数的，如印花税、耕地占用税等，不在本项目列示。本项目应根据“应交税费”账户的期末贷方余额填列；如“应交税费”账户期末为借方余额，应以“—”号填列。

(36)“应付利息”项目，反映企业按照规定应当支付的利息，包括分期付息到期还本的长期借款应支付的利息、企业发行的企业债券应支付的利息等。本项目应当根据“应付利息”账户的期末余额填列。

(37)“应付股利”项目，反映企业分配的现金股利或利润。企业分配的股票股利，不通过本项目列示。本项目应根据“应付股利”账户的期末余额填列。

(38)“其他应付款”项目，反映企业除应付票据、应付账款、预收款项、应付职工薪酬、应付股利、应付利息、应交税费等经营活动以外的其他各项应付、暂收的款项。本项目应根据“其他应付款”账户的期末余额填列。

(39)“一年内到期的非流动负债”项目，反映企业非流动负债中将于资产负债表日后一向内到期部分的金额，如将于一年内偿还的长期借款。本项目应根据有关账户的期末余额填列。

(40)“其他流动负债”项目，反映企业除短期借款、交易性金融负债、应付票据、应付账款、应付职工薪酬、应交税费等流动负债以外的其他流动负债。本项目应根据有关账户的期末余额填列。

(41)“长期借款”项目，反映企业向银行或其他金融机构借入的期限在一年以上(不含一年)的各项借款。本项目应根据“长期借款”账户的期末余额填列。

(42)“应付债券”项目，反映企业为筹集长期资金而发行的债券本金和利息。本项目应根据“应付债券”账户的期末余额填列。

(43)“长期应付款”项目，反映企业除长期借款和应付债券以外的其他各种长期应付款项。本项目应根据“长期应付款”账户的期末余额，减去相应的“未确认融资费用”账户期末余额后的金额填列。

(44)“专项应付款”项目，反映企业取得政府作为企业所有者投入的具有专项或特定用途的款项。本项目应根据“专项应付款”账户的期末余额填列。

(45)“预计负债”项目，反映企业确认的对外提供担保、未决诉讼、产品质量保证、重组义务、亏损性合同等预计负债。本项目应根据“预计负债”账户的期末余额填列。

(46)“递延所得税负债”项目，反映企业确认的应纳税暂时性差异产生的所得税负债，本项目应根据“递延所得税负债”账户的期末余额填列。

(47)“其他非流动负债”项目，反映企业除长期借款、应付债券等负债以外的其他非流动负债。本项目应根据有关账户的期末余额减去将于一年内(含一年)到期偿还数后的余额填列。非流动负债各项目中将于一年内(含一年)到期的非流动负债，应在“一年内到期的非流动负债”项目内单独反映。

(48)“实收资本(或股本)”项目，反映企业各投资者实际投入的资本(或股本)总额。本项目应根据“实收资本”(或“股本”)账户的期末余额填列。

(49)“资本公积”项目，反映企业资本公积的期末余额。本项目应根据“资本公积”账户的期末余额填列。

(50)“库存股”项目，反映企业持有尚未转让或注销的本公司股份金额。本项目应根据“库存股”账户的期末余额填列。

(51)“盈余公积”项目，反映企业盈余公积的期末余额。本项目应根据“盈余公积”账户的期末余额填列。

(52)“未分配利润”项目，反映企业尚未分配的利润。本项目应根据“本年利润”账户和“利润分配”账户的余额计算填列。未弥补的亏损在本项目内以“－”号填列。

12.3.2　利润表各项目的列报

利润表各项目填列方法如下：

(1)“营业收入”项目，反映企业经营主要业务和其他业务所确认的收入总额。本项目应根据“主营业务收入”账户和“其他业务收入”账户的净发生额填列。

(2)“营业成本”项目，反映企业经营主要业务和其他业务所发生的成本总额。本项目应根据“主营业务成本”账户和“其他业务成本”账户的净发生额填列。

(3)“营业税金及附加”项目，反映企业经营业务应负担的消费税、营业税、城市建设维护税、资源税、土地增值税和教育费附加等。本项目应根据“营业税金及附加”账户的净发生额填列。

(4)“销售费用”项目，反映企业在销售商品过程中发生的包装费、广告费等费用和为销售本企业商品而专设的销售机构的职工薪酬、业务费等经营费用。本项目应根据“销售费用”账户的净发生额填列。

(5)“管理费用”项目，反映企业为组织和管理生产经营发生的管理费用。本项目应根据“管理费用”账户的净发生额填列。

(6)“财务费用”项目，反映企业筹集生产经营所需资金等而发生的筹资费用。本项目应根据“财务费用”账户的净发生额填列。

(7)“资产减值损失”项目，反映企业各项资产发生的减值损失。本项目应根据“资产减值损失”账户的净损失额填列。

(8)“公允价值变动收益”项目，反映企业应当计入当期损益的资产或负债公允价值变动收益。本项目应根据“公允价值变动损益”账户的净收益额填列；如为净损失，本项目以“－”号填列。

(9)“投资收益”项目，反映企业以各种方式对外投资所取得的收益。本项目应根据“投资收益”账户的净收益额填列；如为投资损失，本项目以“－”号填列。

(10)“营业利润”项目，反映企业实现的营业利润。如为亏损，本项目以“－”号填列。

(11)“营业外收入”项目，反映企业发生的与经营业务无直接关系的各项收入。本项目应根据“营业外收入”账户的净发生额填列。

(12)“营业外支出”项目，反映企业发生的与经营业务无直接关系的各项支出。本项目应根据“营业外支出”账户的净发生额填列。

(13)“利润总额”项目，反映企业实现的利润。如为亏损，本项目以“－”号填列。

(14)“所得税费用”账户，反映企业应从当期利润总额中扣除的所得税费用。本项目应根据“所得税费用”账户的净发生额填列。

(15)“净利润”项目，反映企业实现的净利润。如为亏损，本项目以“－”号填列。

12.3.3 现金流量表的各项目的列报

现金流量表的编制有三种方法：工作底稿法、T 型账户法、分析填列法。无论采用哪种方法，都是建立在分析调整现有会计记录基础上的，即都是通过编制调整分录进行的。编制调整分录时，要以利润表项目为基础，从“营业收入”开始，结合资产负债表项目逐一进行分析。

采用工作底稿法按如下步骤操作：

第一步，将资产负债表的年初余额和年末余额过入工作底稿的年初余额栏和期末余额栏。

第二步，对当期业务进行分析并编制调整分录。

第三步，将调整分录过入工作底稿中的相应部分。

第四步，核对调整分录，借贷合计应当相等，资产负债表项目年初余额加减调整分录中的借贷金额后，应当等于期末余额。

第五步，根据工作底稿中的现金流量表项目部分编制正式的现金流量表。

(一)现金流量表主表各项目的分析调整方法

1. 分析调整营业收入

利润表中的营业收入，是按权责发生制原则反映的，应转换为现金收付制。当期销售商品并不一定全部收到现金，尚未收到现金的部分反映在“应收账款”和“应收票据”账户，体现为“应收账款”和“应收票据”账户期末借方余额的增加；当期收到销售商品的现金并不一定都是当期销售商品的款项，包括上期销售本期收到现金，它反映在“应收账款”和“应收票据”账户，体现为“应收账款”和“应收票据”账户期末借方余额的减少；以及上期收款本期销售和下期销售本期收款，体现为“预收账款”的减少或增加。上述情况最终都体现为资产负债表中“应收账款”、“应收票据”和“预收款项”项目期末数与期初数的差额。采用递延方式分期收款销售商品等经营活动产生的“长期应收款”，也在此一并调整，其调整原理同“应收款项”。

根据以上分析，调整营业收入可根据利润表和资产负债表相关项目和账户资料进行。当资产负债表中“应收账款”、“应收票据”、“预收账款”、“长期应收款”项目“期末数”减“期初数”的差额为正数时：按其差额借记“应收票据”、“长期应收款”科目；按“应收账款”账户期末余额减期初余额的正差借记“应收账款”科目；按“坏账准备”账户期末余额减期初余额的正差借记“经营活动现金流量——支付的其他与经营活动有关的现金”科目；按资产负债表中“预收款项”项目的“期末数”减“期初数”的正差贷记“预收账款”科目；按利润表中“营业收入”项目的“本期金额”贷记“营业收入”科目；根据借贷差额借记“经营活动现金流量——销售商品、提供劳务收到的现金”科目。

当资产负债表中“应收账款”、“应收票据”、“预收账款”、“长期应收款”项目的“期末数”减“期初数”的差额为负数时：按其“预收账款”项目的“期末数”减“期初数”的负差借记“预收账款”账户。按资产负债表中相关项目的“期末数”减“期初数”的负差贷记“应收票据”、“长期应收款”科目；按“应收账款”账户期末余额减期初余额的负差贷记“应收账款”科目；按“坏账准备”账户期末余额减期初余额的负差贷记“经营活动现金流量——支付的其他与经营活动有关的现金”科目；按利润表中“营业收入”项目的“本期金额”贷记“营业收入”科目；根据借贷差额借记“经营活动现金流量——销售商品、提供劳务收到的现金”科目。

2. 分析调整营业成本

营业成本是因商品销售结转而来的，因此，分析调整营业成本必须结合存货来进行。又因企业本期增加的存货并不一定都在本期支付款项，尚未支付款项的部分形成了企业的债务增加，具体表现为本期“应付账款”、“应付票据”增加，上期预付的部分款项本期收到存货引起本期债权的减少，具体表现为“预付款项”的减少；企业本期支付的货款还可能包括偿还上期的“应付账款”、“应付票据”和预付下期的货款(“预付款项”)。因此，调整营业成本还要结合“应付账款”、“应付票据”、“预付款项”来进行。当存货的增减变动都需要通过现金结算的情况下，调整营业成本可根据利润表和资产负债表相关项目资料进行，而不必查看相关的账户资料。

当资产负债表中“存货”、“应付账款”、“应付票据”、“预付款项”项目“期末数”减“期初数”的差额为正数时：按利润表中“营业成本”项目的“本期金额”借记“营业成本”科目；按资产负债表中“存货”、“预付款项”项目的“期末数”减“期初数”的正差借记“存货”、“预付款项”科目；按资产负债表中“应付账款”、“应付票据”项目的“期末数”减“期初数”的正差贷记“应付账款”、

“应付票据”科目;根据借贷差额贷记“经营活动现金流量——购买商品、接受劳务支付的现金”科目。

当资产负债表中“存货”、“应付账款”、“应付票据”、“预付款项”项目“期末数”减“期初数”的差额为负数时:按利润表中“营业成本”项目的“本期金额”借记“营业成本”科目;按资产负债表中“应付账款”、“应付票据”项目的“期末数”减“期初数”的负差借记“应付账款”、“应付票据”科目;按资产负债表中“存货”、“预付款项”项目的“期末数”减“期初数”的负差贷记“存货”、“预付款项”科目;根据借贷差额贷记“经营活动现金流量——购买商品、接受劳务支付的现金”科目。

当存货的增减变动存在无须现金结算的情况下(如接受存货捐赠、对外捐赠存货、存货损溢、接受存货投资、对外投资存货等),则要根据利润表和资产负债表相关资料,结合存货相关账户分析(根据存货明细账摘要及发生额)调整。这种调整所涉及的情况复杂,涉及的项目较多。为简化起见,可将存货的增减全部视作需通过现金结算来进行调整,其不涉及现金的存货增减变动在调整其他项目时再做调整。

3. 分析调整营业税金及附加

利润表中营业税金及附加是按权责发生制原则反映的。实际支付数为:本期缴纳上期应交数(通过“应交税费”项目反映),支付本期应交数,不包括本期应交未交数。调整营业税金及附加,需要同时考虑应交税费。在调整营业税金及附加时,按利润表中“营业税金及附加”项目的“本期金额”借记“营业税金及附加”科目,按“应交税费”的相关营业税金及附加明细账户确认本期缴纳数贷记“经营活动现金流量——支付的各项税费”科目。按其差额贷记或借记“应交税费”科目。

4. 分析调整销售费用

利润表中,当期计入的销售费用包括本期无须支付现金的费用(如应计的折旧费用、实物转换为销售费用等),但因累计折旧、有关物资等包括的内容较广,销售费用所对应的只是其中的一部分。为简化起见,在调整销售费用时,可直接根据利润表“销售费用”项目的“本期金额”进行,而不考虑其他因素,因此而产生的不实通过对累计折旧等项目的调整来消除。其调整分录为:按利润表中“销售费用”项目的“本期金额”借记“销售费用”科目,贷记“经营活动现金流量——支付的其他与经营活动有关的现金”科目。

5. 分析调整管理费用

管理费用是按权责发生制原则反映的,应转换为现金收付制。当期计入的管理费用包括:前期支付本期摊销的长期待摊费用;本期支付本期计入的管理费用;本期计入无须付现的费用(如应计的固定资产折旧费等);本期计入后期发生的费用(坏账准备)等。不包括本期支付后期摊销的费用(长期待摊费用)。因此,要将管理费用调整为按现金收付制反映,必须同时考虑相关项目。为简化起见,在调整管理费用时,可直接根据利润表中“管理费用”项目本期金额进行,而不必考虑其他因素,因此而产生的差额通过对其他项目的调整来消除。其调整分录为:按利润表中“管理费用”项目的“本期金额”借记“管理费用”科目,贷记“经营活动现金流量——支付的其他与经营活动有关的现金”科目。

6. 分析调整财务费用

在当期财务费用中,由于支付的票据贴现利息在调整应收票据时(见分析调整营业收入)已全额记入“经营活动现金流量——销售商品、提供劳务收到的现金”项目中,所以要从“经营活动现金流量——销售商品、提供劳务所收到的现金”项目内冲回，不能作为现金流出；本期预提而未支付的利息（预提短期借款的利息在“应付利息”账户中反映，预提长期借款的利息在“长期借款”账户中反映），本期尚未流出现金，而应调整应付利息和长期借款；本期支付前期预提的利息不通过本期财务费用反映，但应作为本期现金流出；本期支付且通过财务费用反映（票据贴现利息除外）的有关费用应作为本期现金流出。上述分析中，除前期预提本期支付的利息另行调整外，根据利润表中“财务费用”项目的“本期金额”借记“财务费用”账户，根据“财务费用——票据贴现利息”明细账户本期累计发生额贷记“经营活动现金流量——销售商品、提供劳务收到的现金”账户；根据“应付利息”明细账户认定本期已提未付的数额贷记“应付利息”账户；根据“长期借款——借款利息”明细账认定本期已提未付的费用化的利息数额贷记“长期借款”账户；根据“财务费用”账户记录的汇兑损益借记（益）或贷记（损）“汇率变动对现金及现金等价物的影响”账户；根据“财务费用”账户记录的筹集长期资金所支付的费用贷记“筹资活动现金流量——支付其他与筹资活动有关的现金”账户；根据分录平衡关系确定本期财务费用中用现金偿付利息的数额（包括银行手续费等），贷记“筹资活动现金流量——分配股利、利润或偿付利息所支付的现金”账户。

7. 分析调整资产减值损失

资产减值损失不涉及现金的减少，但在计提资产减值损失时冲减了利润，因此，调整资产减值损失，就是要将资产减值损失对利润的影响额加回来，即根据利润表中“资产减值损失”项目的“本期金额”借记“资产减值损失”账户，按其属于存货减值的部分贷记“经营活动现金流量——购买商品、接受劳务支付的现金”账户；按其属于固定资产和无形资产减值的部分贷记“投资活动现金流量——购建固定资产、无形资产及其他长期资产支付的现金”账户。

8. 分析调整投资收益和公允价值变动收益

投资收益应从利润表中调整出来，列入投资活动现金流量中。调整利润表中的投资收益，要与调整资产负债表中的交易性金融资产、应收股利、应收利息、长期股权投资、可供出售金融资产、持有至到期投资、交易性金融负债等项目结合起来。

企业取得的投资收益，从其性质上包括权益性投资的投资收益（包括股利、利润等）和债权性投资的投资收益（利息）；按其是否已经收到分为实际收到的投资收益和应收未收的投资收益；权益性投资收益还有现金股利和股票股利之分。在现金流量表中，设置“取得投资收益所收到的现金”项目，反映企业从事权益性投资从被投资企业分回的现金股利或利润，以及企业购买债券而实际取得的债券利息。企业出售权益性投资而与本金一并收回的投资收益则计入“收回投资所收到的现金”项目中。

编制现金流量表时，应对“投资收益”账户及“交易性金融资产”、“应收股利”、“应收利息”、“长期股权投资”、“可供出售金融资产”、“持有至到期投资”、“投资性房地产”、“交易性金融负债”等账户进行细致的分析，分清投资收益的性质并弄清其是否收到现金，等等，在有关项目中分别予以反映。具体调整处理如下：如资产负债表中“交易性金融资产”、“应收股利”、“应收利息”、“长期股权投资”、“可供出售金融资产”、“持有至到期投资”、“投资性房地产”、“交易性金融负债”等项目的期末余额减期初余额为正（负）差，则据以分别借（贷）记“交易性金融资产”、“应收股利”、“应收利息”、“长期股权投资”、“可供出售金融资产”、“持有至到期投资”、“投资性房地产”等科目（负差贷记），贷（借）记“交易性金融负债”科目（负差借记）；根据利润表中“投资收益”项目的“本期金额”扣除“出售权益性投资而与本金一并收回的投资收益”数额（从“投资收益”明细账户中查找)、资产负债表中“应收股利”、“应收利息”等项目“期末余额”与“期初余额”的正差以及取得投资收益收到的非现金资产金额后的结果,借记“投资活动现金流量——取得投资收益所收到的现金”科目;根据处置投资减少的金额(根据“交易性金融资产”、“长期股权投资”、“可供出售金融资产”、“持有至到期投资”、“投资性房地产”等明细账资料分析计算)和出售权益性投资而与本金一并收回的投资收益之和借记“投资活动现金流量——收回投资所收到的现金”(如收回的投资是非货币资产,则借记相关资产科目);根据利润表中“投资收益”项目的“本期金额”贷记“投资收益”科目;根据“交易性金融资产”、“长期股权投资”、“可供出售金融资产”、“持有至到期投资”、“投资性房地产”等明细账资料确定投资支付的现金及非现金资产,贷记“投资活动现金流量——投资支付的现金”、“投资活动现金流量——支付其他与投资活动有关的现金”及有关非现金资产科目;根据利润表中“公允价值变动收益”项目的“本期金额”贷记(如为损失则借记)“公允价值变动损益”科目。

9. 分析调整营业外收入

企业当期发生的营业外收入,往往来自不同的方面,应当对其进行分析,分别归入相应的现金流量。营业外收入主要包括企业非流动资产处置利得(包括固定资产处置利得和无形资产出售利得)、盘盈利得、罚没利得、捐赠利得等。

营业外收入如系固定资产处置利得,应同时调整固定资产、累计折旧、固定资产清理、应交税费(处置不动产)等,按实际处置现金收入减去处置现金支出(从“固定资产清理”明细账户分析计算)借(负差贷)记“投资活动现金流量——处置固定资产、无形资产和其他长期资产收到的现金”科目,按“营业外收入”明细账户该项收入贷记“营业外收入”科目,按“应交税费”或“固定资产清理”明细账户查出应交相关营业税额贷记“应交税费”科目,按处置固定资产原值贷记“固定资产”科目,按处置固定资产已提折旧借记“累计折旧”科目,按资产负债表“固定资产清理”项目“期末数”减“期初数”的差额借记(正差)或贷记(负差)“固定资产清理”科目,根据清理入库的材料(从“固定资产清理”及相关明细账户取得资料)借记“工程物资”或“存货”科目。

营业外收入如系出售无形资产利得,应同时调整无形资产和应交税费,按实际收到的现金借记“投资活动现金流量——处置固定资产、无形资产和其他长期资产收到的现金”科目(如收到的是非现金资产,则借记相关资产科目),按“营业外收入”明细账户该项收入贷记“营业外收入”科目,按“应交税费”明细账户查出应交相关营业税额并贷记“应交税费”科目,按出售的无形资产净值(根据“无形资产”、“累计摊销”、“无形资产减值准备”等明细账户分析计算)贷记“无形资产”科目。

营业外收入如系盘盈利得,则根据“营业外收入”和相关资产明细账户的该项数额借记有关资产科目,贷记“营业外收入”科目。

营业外收入如系罚没利得、捐赠利得,根据“营业外收入”及相关资产明细账该项记录借记“经营活动现金流量——收到的其他与经营活动有关的现金”科目(如为非现金资产,则借记相关资产科目),贷记“营业外收入”科目。

10. 分析调整营业外支出

营业外支出的性质各不相同,在编制现金流量表时,应详细分析不同类型支出的性质,将其归入不同的现金流量项目。营业外支出主要包括非流动资产处置损失(包括固定资产处置损失和无形资产出售损失)、固定资产盘亏损失、罚款支出、公益性捐赠支出和非常损失等。

营业外支出如系固定资产处置损失,应同时调整固定资产、应交税费(处置不动产)等,按实际处置现金收入减去处置现金支出(从“固定资产清理”明细账户分析计算)借记“投资活动现金流量——处置固定资产、无形资产和其他长期资产收到的现金”科目,按“营业外支出”明细账户该项支出借记“营业外支出”科目,按“应交税费”或“固定资产清理”明细账户查出应交相关营业税额贷记“应交税费”科目,按资产负债表中“固定资产清理”项目期末与年初余额的差额借记或贷记“固定资产清理”科目,按转出清理固定资产净值(从“固定资产清理”明细账户取得数据)贷记“固定资产”科目。根据清理入库的材料(从“固定资产清理”及相关明细账户取得资料)借记“工程物资”或“存货”科目。

营业外支出如系出售无形资产损失,应同时调整无形资产、应交税费。按实际收到的现金借记“投资活动现金流量——处置固定资产、无形资产和其他长期资产收到的现金”科目(如收到的是非现金资产,则借记相关资产科目),按“营业外支出”明细账户该项支出借记“营业外支出”科目,按“应交税费”明细账户查出应交相关营业税额贷记“应交税费”科目,按出售的无形资产净值(根据“无形资产”、“累计摊销”、“无形资产减值准备”等明细账户分析计算)贷记“无形资产”科目。

营业外支出如系固定资产盘亏损失,则根据“营业外支出”明细账户的该项数额借记“营业外支出”科目,贷记“固定资产”科目。

营业外支出如系罚款支出、公益性捐赠支出和非常损失等,则根据“营业外支出”明细账户的该项数额,借记“营业外支出”科目,贷记“经营活动现金流量——支出的其他与经营活动有关的现金”科目(如为非现金资产,则贷记相关资产科目)。

11. 调整所得税费用及递延所得税资产和递延所得税负债

企业确认的所得税费用和企业实际向税务部门缴纳的所得税款之间存在着差异。造成这种差异的原因有两个:一是应交未交税金。应交税费增加表明企业实际缴纳的税费要少于本期确认的所得税费用,所以在计算实际支付的现金时应在所得税的基础上减回去;反之,应交税费的减少表明企业在本期内支付的现金要多于确认的所得税费用,所以在计算实际支付的现金时应在所得税的基础上再加回来。另一个是递延税款。递延税款是在会计当期确认的所得税和计算出的应交税费之间的差异,在资产负债表中分为递延所得税资产和递延所得税负债。递延所得税资产的增加表明企业本期内实际支付的税费多于确认的所得税费用,应在所得税基础上加回来;反之,其减少数应在所得税基础上减回去。递延所得税负债的性质正好相反。在调整所得税费用及递延所得税资产和递延所得税负债的同时,要调整与此相关的应交税费。调整时,按利润表中“所得税费用”项目的金额借记“所得税费用”科目,按资产负债表中“递延所得税资产”项目的期末数大于(小于)期初数的差额借记(贷记)“递延所得税资产”科目,按资产负债表中“递延所得税负债”项目的期末数大于(小于)期初数的差额贷记(借记)“递延所得税负债”科目,按其调整分录的平衡关系确定金额,贷记“应交税费”科目。

12. 分析调整其他应收款

其他应收款所对应的是“经营活动现金流量——支付其他与经营活动有关的现金”项目和“经营活动现金流量——收到其他与经营活动有关的现金”项目,直接根据资产负债表中“其他应收款”项目的期末余额减年初余额调整:如为正差,借记“其他应收款”科目,贷记“经营活动现金流量——支付其他与经营活动有关的现金”科目;如为负差,借记“经营活动现金流量——收到其他与经营活动有关的现金”科目,贷记“其他应收款”科目。

13. 调整长期股权投资

长期股权投资可以是现金投资，也可以是非现金投资。其中，现金投资的部分，应记入“投资支付的现金”项目，非现金投资的部分，记入相关资产项目。根据资产负债表中“长期股权投资”项目的期末金额减年初金额的差额进行调整，如为正差，按其差额借记“长期股权投资”科目，根据“长期股权投资”明细账户中确认其现金投资额贷记“投资活动现金流量——投资支付的现金”科目，非现金投资部分贷记相关资产科目；如为负差，则表明收回投资，根据“长期股权投资”明细账户中确认其收回的现金额，借记“投资活动现金流量——收回投资收到的现金”，收回的非现金部分，借记相关资产科目，按其负差贷记“长期股权投资”科目。

14. 分析调整固定资产

固定资产的增加有不同的途径，如购入、在建工程转入、投资者投入等。在编制现金流量表时，主要分析固定资产的借方发生额，将其中现金支付的部分计入“投资活动现金流量——购建固定资产、无形资产和其他长期资产支付的现金”项目之中。根据固定资产明细账户借方记录确定其增加额，借记“固定资产”账户。其中，用现金支付的部分贷记“投资活动现金流量——购建固定资产、无形资产和其他长期资产支付的现金”科目，工程完工转入的部分贷记“在建工程”科目，投资者投入部分贷记“实收资本”科目，等等。固定资产减少的原因有对外投资、报废清理、出售等，由于报废清理或出售涉及的现金流入流出已在调整营业外收入和营业外支出时做了调整，至于不涉及现金收支的对外投资等应根据固定资产贷方发生额结合摘要分析调整。其调整分录为：借记“长期股权投资”科目，贷记“固定资产”（固定资产清理）科目。

15. 分析调整累计折旧

当期计提的固定资产折旧费作为成本费用的一部分，但它并不需要支付现金，因此，在计算现金流出量时，应在成本费用的基础上扣除。其中，记入管理费用等的折旧费用，从其“经营活动的现金流量——支付的其他与经营活动有关的现金”项目中减去；记入制造费用的折旧费用，从“经营活动现金流量——购买商品、接受劳务支付的现金”项目中减去。其调整分录为：根据“管理费用”明细账户记录的折旧费用借记“经营活动现金流量——支付的其他与经营活动有关的现金”科目，根据“制造费用”、“生产成本”、“其他业务成本”等明细账户记录的折旧费用借记“经营活动现金流量——购买商品、接受劳务支付的现金”科目，根据“累计折旧”账户本期折旧额贷记“固定资产”科目。

16. 分析调整在建工程和工程物资

调整在建工程，根据“在建工程”明细账户记录进行，其中，贷方记录为完工转为固定资产的数额，已在分析调整固定资产时进行了调整。现在仅分析在建工程借方发生额，企业为在建工程支付的现金，应计入“投资活动现金流量——购建固定资产、无形资产和其他长期资产支付的现金”项目中，但“在建工程”价值中包括的长期借款利息，按规定应计入“筹资活动现金流量——分配股利、利润或偿付利息所支付的现金”项目中。具体调整分录如下：根据“在建工程”账户借方发生额借记“在建工程”科目，按其中“工程物资”转入数贷记“工程物资”科目，按其中领用存货等非现金资产数贷记“存货”（如在调整存货时已将其包括其中，则应货记“经营活动现金流量——购买商品接受劳务支付的现金”科目）等科目，按其中应付未付职工薪酬数（通过“应付职工薪酬”账户记录确认）贷记“应付职工薪酬”科目，按其中应交未交税费数贷记“应交税费”科目，按其中尚未支付的长期借款（应付债券等）利息数贷记“长期借款”（应付债券）科目，按其中实际支付的长期借款（应付债券）利息数（通过“长期借款”、“应付债券”等账户记录确认）贷记“筹资活动现金流量——分配股利、利润或偿付利息所支付的现金”科目，根据分录平衡关系确认金额贷记“投资活动现金流量——购建固定资产、无形资产和其他长期资产支付的现金”科目。

工程物资与在建工程是相联系的，应与在建工程同时进行调整。调整工程物资，应根据“工程物资”账户借方发生额，结合摘要予以分析确认其现金流出量，计入“投资活动现金流量——购建固定资产、无形资产和其他长期资产支付的现金”项目。

17. 分析调整无形资产和开发支出

分析调整无形资产，应从“无形资产”、“研发支出”、“累计摊销”账户的借贷双方进行。从“无形资产”账户借方确认企业购置无形资产所支付的现金，据以借记“无形资产”科目，贷记“投资活动现金流量——购建固定资产、无形资产和其他长期资产所支付的现金”科目。从其贷方来看，反映出售无形资产，这部分内容已在调整“营业外收入”和“营业外支出”时一并得到调整。从“研发支出”账户借方确认开发无形资产支付的现金，借记“开发支出”科目，贷记“投资活动现金流量——购建固定资产、无形资产和其他长期资产所支付的现金”科目；从其贷方确认开发成功转入无形资产的数额，借记“无形资产”科目，贷记“开发支出”科目。从“累计摊销”账户看，反映无形资产摊销，它属于不涉及现金的费用，其摊销额计入管理费用，由于管理费用已全部调整到“经营活动现金流量——支付的其他与经营活动有关的现金”项目中，因此，需要补充调整。据以借记“经营活动现金流量——支付的其他与经营活动有关的现金”科目，贷记“无形资产”科目。

18. 分析调整长期待摊费用

长期待摊费用的增加使企业当期内实际支付的现金多于确认的费用，在计算现金支出时应当加回来；而长期待摊费用的减少使企业当期内实际支付的现金少于确认的费用，应在计算现金支出时减回去。由于长期待摊费用的摊销是计入管理费用或销售费用的，而管理费用和销售费用的增加是作为“经营活动现金流量——支付其他与经营活动有关的现金”项目。具体调整时，根据资产负债表中“长期待摊费用”项目的期末数大于期初数的差额借记“长期待摊费用”科目，贷记“经营活动现金流量——支付的其他与经营活动有关的现金”科目；如其期末数小于期初数，则据其差额借记“经营活动现金流量——支付的其他与经营活动有关的现金”科目，贷记“长期待摊费用”科目。

19. 分析调整短期借款

分析调整短期借款，应从“短期借款”账户借贷方记录进行分析，“短期借款”账户贷方发生额，通常反映借款数额，应计入“筹资活动现金流量——取得借款收到的现金”项目；其借方发生额，反映还款数额，应计入“筹资活动现金流量——偿还债务支付的现金”项目。具体调整时，根据“短期借款”账户本期贷方发生额，贷记“筹资活动现金流量——取得借款收到的现金”科目，贷记“短期借款”科目；根据“短期借款”账户本期借方发生额，借记“短期借款”科目，贷记“筹资活动现金流量——偿还债务支付的现金”科目。

20. 分析调整应付职工薪酬

在日常会计核算中，“应付职工薪酬”账户贷方发生额反映企业分配计入有关成本费用项目的费用，其借方发生额则反映企业实际支付的薪酬额。因此，在编制现金流量表时，应从借贷双方发生额进行分析。从贷方来看，由于职工薪酬费用已计入成本费用，如生产成本、制造费用、管理费用、销售费用、在建工程（见在建工程项目的调整）等，所以应当把这部分费用从相应的现金流出项目中减回来。计入生产成本、制造费用、其他业务成本的部分，冲减“经营活动的现金流量——购买商品接受劳务支付的现金”项目;计入管理费用、销售费用的部分,则冲减“经营活动现金流量——支付的其他与经营活动有关的现金”项目;从其借方看,其实际支付的现金应当计入“经营活动现金流量——支付给职工以及为职工支付的现金”项目。具体调整分录如下:根据“应付职工薪酬”账户贷方发生额中计入“生产成本”、“制造费用”、“其他业务成本”的部分,借记“经营活动现金流量——购买商品接受劳务支付的现金”科目;根据计入“管理费用”、“销售费用”的部分,借记“经营活动现金流量——支付的其他与经营活动有关的现金”科目;根据“应付职工薪酬”账户借方发生额(不含“应付职工薪酬——职工福利”账户的借方“分配福利人员工资数”)扣除发工资时扣留形成的“应付职工薪酬”的数额,按其发放对象分别贷记“经营活动现金流量——支付给职工以及为职工支付的现金”科目,投资活动现金流量——购建固定资产、无形资产及其他长期资产支付的现金,根据分录平衡关系确认数额借(或贷)记“应付职工薪酬”科目。

21. 分析调整应交税费

企业缴纳的税费有多种,其中:增值税作为价外税单独进行核算;所得税作为单独的费用进行反映;营业税、消费税、资源税、城市维护建设税等作为营业税金反映;房产税、车船使用税、土地使用税、印花税计入管理费用。在编制现金流量表时,应根据不同税种的具体情况分别采用不同的方法分析调整。

(1)分析调整应交增值税。应根据“应交税费——应交增值税”账户借贷方发生额有关资料进行分析。该账户贷方反映销项税额、出口退税和进项税转出额,其中:本期“销项税额”净发生额合计应计入“经营活动现金流量——销售商品、接受劳务收到的现金”项目;“出口退税”当期发生额合计应计入“经营活动现金流量——收到的税费返还”项目;“进项税转出”当期净发生额应冲减“经营活动现金流量——购买商品接受劳务所支付的现金”项目(与调整进项税额时一并进行,见其进项税额调整),这是因为原购商品改变了用途或因其他原因而应予以资本化(如用于在建工程)或转作损失或转作债权等。

“应交税费——应交增值税”借方的进项税额反映企业确认的进项税额,应按本期“进项税额”净发生额合计(扣除进项税转出数)计入“经营活动现金流量——购买商品支付的现金”中,按“应交税费——未交增值税”借方确认本期交纳数贷记“经营活动现金流量——支付的各项税费”科目。

(2)分析调整应交所得税。应交所得税是在“应交税费——应交所得税”账户核算的,其贷方反映应交数增加,借方反映缴纳数。在调整“所得税”项目时,“应交税费——应交所得税”账户的贷方也同时调整。因此,这里只需对应交所得税的借方发生额(即上交数)进行调整即可。将本期“应交税费——应交所得税”借方发生额(本期缴纳的所得税)计入“经营活动现金流量——支付的各项税费”项目。

(3)分析调整个人所得税。个人所得税是扣发职工工资形成的,代扣个人所得税时,针对扣发额的分录是:借记“应付职工薪酬”科目,贷记“应交税费——应交个人所得税”科目,缴纳代扣的个人所得税时:借记“应交税费——应交个人所得税”科目,贷记“银行存款”科目。代扣个人所得税,在调整应付职工薪酬时,已包括在贷记的“经营活动现金流量——支付给职工以及为职工支付的现金”科目中。对于本期代扣本期缴纳的个人所得税,可不再调整,本期代扣尚未缴纳的个人所得税,应借记“经营活动现金流量——支付给职工以及为职工支付的现金”科目,前期代扣本期支付的个人所得税,贷记“经营活动现金流量——支付给职工以及为职工支付的现金”科目，根据“应交税费——应交个人所得税”科目期末期初差额，借或贷记“应交税费——应交个人所得税”科目。

(4)分析调整其他税费。首先，对于其他确认的税费，有的计入“营业税金及附加”，有的计入“管理费用”。计入“营业税金及附加”的部分已经在调整“营业税金及附加”时进行了调整；计入管理费用的税金，应当从管理费用中分离出来。由于管理费用已全部列作“经营活动现金流量——支付的其他与经营活动有关的现金”项目，所以应当将这部分确认的税金从该项目中减去，计入“经营活动现金流量——支付的各项税费”项目中。其次，应交税费(其他税费)的增加数表明企业实际支付的税金要少于确认的税金，所以，在计算支付的各项税费时，应在确认的税费的基础上减回去；反之，对于其减少数则应当加回来。

22. 分析调整应付利息

应付利息的增加使企业当期实际支付的现金少于确认的费用，因而在确定现金流量时，应当减回去；反之，对应付利息的减少数则应当加回来。由于应付利息在预提时计入了财务费用，在调整“财务费用”项目时已做了相应的调整，且本期预提本期支付数也一并进行了调整。因此，在调整应付利息时，直接根据“应付利息”账户中的上期预提本期支付数借记“应付利息”科目，贷记“筹资活动现金流量——分配股利、利润或偿付利息所支付的现金”科目。

23. 分析调整应付股利

应付股利的调整应根据其明细账记录进行分析，按“应付股利”明细账本年借方发生数贷记“筹资活动现金流量——分配股利、利润或偿付利息所支付的现金”科目，按资产负债表中“应付股利”项目期末数大于(小于)期初数的差额贷记(借记)“应付股利”科目，按应付股利明细账本年贷方发生额借记“未分配利润”科目。

24. 分析调整其他应付款

其他应付款所对应的是“经营活动现金流量——支付其他与经营活动有关的现金”项目，直接根据资产负债表中“其他应付款”项目的期末余额减年初余额调整。当其期末余额大于年初余额时，根据其差额借记“经营活动现金流量——支付其他与经营活动有关的现金”科目，贷记“其他应付款”科目；当其期末余额小于年初余额时，根据其差额借记“其他应付款”科目，贷记“经营活动现金流量——支付其他与经营活动有关的现金”科目。

25. 分析调整长期借款

在现金流量表中，与长期借款有关的项目有三项，即“筹资活动现金流量——借款收到的现金”、“筹资活动现金流量——偿还债务支付的现金”、“筹资活动现金流量——分配股利、利润或偿付利息所支付的现金”。在编制现金流量表时，应根据“长期借款”明细账户借方发生额和贷方发生额，结合摘要分析，从而确定相应的调整项目。由于“长期借款”账户贷方记录中的“利息未付部分”已在调整“财务费用”、“在建工程”项目时进行了调整，故在具体调整时，根据“长期借款”账户贷方确认借款数，借记“筹资活动现金流量——取得借款收到的现金”科目，根据“长期借款”账户中的本期支付上期预提利息数贷记“筹资活动现金流量——分配股利、利润或偿付利息所支付的现金”科目，根据“长期借款”账户借方确认归还本金数，贷记“筹资活动现金流量——偿还债务所支付的现金”科目，根据分录平衡关系确认数借(或贷)记“长期借款”科目。

26. 分析调整应付债券

应付债券的调整与长期借款调整的原理相同。

27. 分析调整股本

按资产负债表中“股本”项目的期末数与年初数之差，借记“筹资活动现金流量——吸收投资收到现金”科目，贷记“股本”科目。

28. 调整盈余公积

按资产负债表中“盈余公积”项目的期末数与年初数之差，借记“未分配利润”科目，贷记“盈余公积”科目。

29. 调整未分配利润

根据本年利润转入数，借记“净利润”科目，贷记“未分配利润”科目。

30. 调整现金净变化额

按资产债表属于现金项目的期末数与年初数之差，借（贷）“现金”科目，贷（借）“现金净增加额”科目。

（二）现金流量表附注的编制方法

现金流量表附注又称现金流量表补充资料，包括三个部分：第一部分是将净利润调节为经营活动的现金流量；第二部分是不涉及现金收支的重大投资和筹资活动；第三部分是现金及现金等价物净变化情况。第二、第三两部分根据相关账户资料计算填列。第一部分需要掌握相应的方法，下面予以介绍。

将净利润调节为经营活动的现金流量，就是以净利润为起算点，通过对有关项目的调整计算，从而确定经营活动现金流量的方法。

利润表中报告的企业在一定时期内获得的净利润，与同期经营活动所取得的现金净流量往往是不相等的。在某一会计年度，企业经营活动现金流量净额可能大于企业当年实现的净利润；在另一会计年度，企业经营活动现金流量净额可能小于企业当年实现的净利润。造成这种差异的原因是权责发生制和收付实现制的差异。企业实现的净利润是按权责发生制原则确认的。按照权责发生制的原则，只要是属于本期的收入和费用，不管其款项是否在本期内收付，均计入本期的利润；只要是不属于本期的收入和费用，不管其款项是否在本期内收付，均不能计入本期的利润。而经营活动现金流量则是按收付实现制原则确认的，即只有在本期收到的款项才能计入本期的现金流入量，只有在本期支付的款项才能计入本期的现金流出量。除此之外，还有一些项目与净利润计算有关而与经营活动的现金流量无关，如财务费用等；也有一些项目与计算净利润无关却与经营活动的现金流量有关，如增值税等。这些也会造成净利润和经营活动的现金净流量的差异。具体地讲，造成净利润和经营活动的现金净流量的差异的因素包括计提的资产减值准备、固定资产折旧、无形资产摊销、长期待摊费用摊销、处置固定资产、无形资产和其他长期资产的损益、固定资产报废损失、财务费用、投资损益、公允价值变动损溢、递延税款、递延所得税资产增减、递延所得税负债增减、存货增减、经营性应收项目增减、经营性应付项目增减等。

1.“资产减值准备”项目

企业计提各项资产减值准备时，分别记入“管理费用”、“投资收益”、“营业外支出”等账户，而这些账户又将其于期末结转到“本年利润”账户，冲减了企业的净利润。由于计提各项资产减值准备并不支付现金，因此要在净利润的基础上加回来。其调整的数额应根据资产减值准备相关明细账户的贷方发生额结合账户摘要分析确认。

2.“固定资产折旧（油气资产折耗、生产性生物资产折旧）”项目企业计提固定资产折旧，应根据其不同的用途记入不同的成本费用账户。其中：生产产品使用的固定资产折旧费计入“制造费用”和“生产成本”；行政管理部门使用的固定资产折旧费计入“管理费用”；从事其他业务使用的固定资产计提的折旧费计入“其他业务成本”；专设销售机构使用的固定资产折旧费计入“销售费用”；用于固定资产购建工程的固定资产折旧费计入“在建工程”等。由于企业计提固定资产折旧并不需要支付现金，而计入管理费用、销售费用、其他业务成本的折旧费都已冲减利润，因此这部分折旧费应当加回来；计入制造费用的折旧费比较复杂。我们知道，制造费用应于期末采用一定的方法分配转入产品成本，结转后制造费用账户没有余额。制造费用的结转构成了产品成本的增加，也就是存货的增加，而存货的增加被视作现金的减少（具体分析见“存货的减少（减：增加）”项目），但计入存货中的折旧费是没有支付现金的，因而这部分折旧费应当增加经营活动的现金流量。至于计入“在建工程”的折旧费用，因不属于经营活动的范畴而不予考虑。

根据以上分析，在填列“固定资产折旧”项目时，应根据记入“管理费用”、“销售费用”、“制造费用”、“生产成本”、“其他业务成本”等账户的折旧费之和填列。

3.“无形资产摊销”项目

无形资产摊销时，计入管理费用，但并没有发生现金流出，所以在调整时应将本年摊销额加回到净利润中。一般根据“累计摊销”账户的贷方摊销额填列。

4.“长期待摊费用摊销”项目

长期待摊费用摊销时，计入有关成本费用，但并没有发生现金流出，所以在调整时应在本年净利润的基础上加回来。在没有发生增加长期待摊费用的情况下，长期待摊费用年末年初差额即为本年摊销额。本期发生了长期待摊费用增加事项的情况下，则要根据“长期待摊费用”账户贷方发生额，结合“摘要”分析确认其本年摊销额。

5.“处置固定资产、无形资产及其他长期资产的损失（收益以“－”号填列）”项目

处置固定资产、无形资产及其他长期资产的损失，计入“营业外支出”账户，而其收益则计入“营业外收入”账户。由于处置固定资产、无形资产和其他长期资产不属于经营活动，而是投资活动。其所产生的损益，应从净利润中转出，即处置损失应在调整净利润时加回；其处置收益在调整净利润时减去。

根据以上分析，“处置固定资产、无形资产和其他长期资产损失（收益以“－”号填列）”项目，应根据“营业外收入”有关明细账户贷方发生额和“营业外支出”有关明细账借方发生额，结合“摘要”分析确认填列。

6.“固定资产报废损失”项目

固定资产报废损失反映企业在本年度内报废的固定资产的净损失。报废固定资产的净损失使企业当期利润减少，但它不会使企业的现金减少。因此，在确定经营活动的现金流量时应当加回来。本项目根据“营业外支出”、“营业外收入”所属有关明细账中固定资产报废损失（盘亏损失）减去固定资产报废收益（盘盈收益）后的差额填列。其损失小于收益数以“－”号填列。

7.“公允价值变动损溢”项目

公允价值变动不涉及现金，公允价值变动影响利润额的增加或减少，公允价值变动收益增加了利润，公允价值变动损失减少了利润。调整时，直接根据利润表中“公允价值变动收益”项目进行，表中数如为正数，以“－”号填列，如为负数，以正数填列。

8.“财务费用”项目

企业发生的财务费用可以分别归属于经营活动、投资活动和筹资活动。例如，应收票据贴现利息、销售商品和购买原材料等所产生的汇兑损益属于经营活动；购买固定资产所产生的汇兑损益属于投资活动；支付的利息属于筹资活动；等等。调整净利润时，应当把属于投资活动和筹资活动的部分调整出去。本项目根据“财务费用”账户的本期借方发生额，结合“摘要”分析填列；如为收益（存款利息及汇兑收益），以“－”号填列。

9.“投资损失（收益以“－”号填列）”项目

投资收益使企业净利润增加，投资损失使企业净利润减少，但它属于投资活动的现金流量，不属于经营活动的现金流量。因此，在调节净利润时，应将这部分损益从净利润中转出。具体方法是直接根据利润表中“投资收益”项目的本期累计数填列。

10.“递延所得税资产减少（增加以“－”号填列）”项目

递延所得税资产是由于时间性差异造成的税前会计利润与应纳税所得额之间的差异影响所得税所形成的资产。本项目根据资产负债表“递延所得税资产”项目的期初期末的差额填列。“递延所得税款资产”项目的期末数小于期初数的差额，以正数填列；“递延所得税资产”项目的期末数大于期初数的差额，以“－”号填列。

11.“递延所得税负债增加（减少以“－”号填列）”项目

递延所得税负债是由于时间性差异造成的税前会计利润与应纳税所得额之间的差异影响所得税所形成的负债。本项目根据资产负债表“递延所得税负债”项目的期初期末的差额填列。“递延税款负债”项目的期末数大于期初数的差额，以正数填列；“递延所得税负债”项目的期末数小于期初数的差额，以“－”号填列。

12.“存货的减少（增加以“－”号填列））”项目

企业存货的增加包括购入（包括已经用现金支付款项和尚未支付的应付款项）、接受存货投资、接受存货捐赠、存货盘盈等。在存货增加的各项内容中，只有购入存货且支付了款项才流出现金，本期购入存货尚未支付款项反映在应付款项项目内，这部分尚未付款而增加的存货与已付款项增加的存货混在一起，可以视作全部以现金支付，而期末未付款在经营性应付项目的调整时再冲回来。接受存货捐赠被视作投资行为且不涉及现金流量，可不予考虑，即因此而增加的存货应当予以剔除。接受存货投资是投资活动，不是经营活动，也应从增加的存货中予以剔除。盘盈增加的存货并未流出现金，但其盘盈已作收益增加或费用减少计入净利润，因此在调整净利润时应予以考虑。

企业存货的减少包括销售，对外投资、对外捐赠、盘亏、用于在建工程等。其中，本期销售收回现金部分形成了现金流入，尚未收回现金的部分使经营性应收款项增加，由于本期销售存货中已收款项和未收款项混在一起不便分开。因此，可将其全部视作收取款项，尚未收取款项的部分在经营性应收项目调整时再冲回来。对外投资属于投资活动而不是经营活动，因此而减少的存货应予以剔除。对外捐赠减少的存货也未形成现金流出，但对外捐赠存货已作为“营业外支出”而使净利润减少。因此，应予以考虑。存货用于在建工程属于投资活动，应予以剔除。存货盘亏已作费用的增加计入净利润。因此，在调整净利润时应予以考虑。存货毁损可能有一部分计入费用，有一部分计入应收款项（责任人赔偿的部分），因此在调整净利润时也应予以考虑。

综上所述，“存货的减少（增加以“－”号填列））”项目可根据资产负债表“存货”项目的期末数与期初数的差额，结合其他有关因素调整确认。即按下列公式计算确认：“存货”项目期末数－“存货”项目期初数－接受捐赠存货－接受投资存货＋对外投资存货＋用于在建工程存货。根据以上公式计算，结果为正数，以“－”号填列；其结果为负数，以“＋”号填列。

13.“经营性应收项目的减少(增加以“－”号填列)”项目

经营性应收项目包括企业的应收账款、应收票据、其他应收款、预付账款等。应收款项的增加意味着在销售收入既定的情况下实际收到的现金比确认的销售收入要少；反之，应收款项的减少则意味着实际收到的现金比确认的销售收入要多。因此，在确定经营活动的现金流量时，对于应收款项的增加额应在净利润的基础上减回去，而对于应收款项的减少数应在净利润的基础上加回来。

根据以上分析，“经营性应收项目的减少(减：增加)”项目可根据资产负债表中“应收票据”、“应收账款”、“预付账款”、“其他应收款”项目的期末数减期初数的差额确定(其中与经营活动无关的部分应从其期初、期末数中分别剔除)。其值为正，以“－”号填列；其值为负，以“＋”号填列。值得注意的是：经营性应收项目中如果扣除了资产减值准备，则应加回来。

14.“经营性应付项目的增加(减少以“－”号填列)”项目

经营性应付项目包括应付账款、应付票据、应付职工薪酬、应交税费、预收账款、其他应付款等。应付款项的增加表明企业实际支付的现金要小于账面上的购货额或费用额；反之，应付款项的减少则表明实际支付的现金比账面上的购货额或费用额要多。因此，在确定经营活动的现金净流量时，对于应付款项的增加数，应在净利润的基础上加回来，而对于应付款项的减少数应在净利润的基础上减回去。

根据以上分析，“经营性应付项目的增加(减：减少)”项目，可根据资产负债表中“应付票据”、“应付账款”、“应付职工薪酬”、“应交税费”、“其他应付款”等项目的期末数与期初数的差额确定(其中，与经营活动无关的部分应从其期初、期末数中分别剔除)，其值为正，以“＋”号填列；其值为负，以“－”号填列。

12.3.4 所有者权益变动表各项目的列报

(1)“上年年末余额”项目，反映企业上年资产负债表中实收资本(或股本)、资本公积、盈余公积、未分配利润的年末余额。

(2)“会计政策变更”和“前期差错更正”项目，分别反映了企业采用追溯调整法处理的会计政策变更的累积影响金额和采用追溯重述法处理的会计差错更正的累积影响金额。

为了体现会计政策变更和前期差错更正的影响，企业应当在上期期末所有者权益余额的基础上进行调整而得出本期期初所有者权益，根据“盈余公积”、“利润分配”、“以前年度损益调整”等科目的发生额分析填列。

(3)“本年增减变动额”项目分别反映如下内容：

A.“净利润”项目，反映企业当年实现的净利润(或净亏损)金额，并对应列在“未分配利润”栏。

B.“直接计入所有者权益的利得和损失”项目，反映企业当年直接计入所有者权益的利得和损失金额。其中：

a.“可供出售金融资产公允价值变动净额”项目，反映企业持有的可供出售金融资产当年公允价值变动的金额，并对应列在“资本公积”栏。

b.“权益法下被投资单位其他所有者权益变动的影响”项目，反映企业对按照权益法核算的长期股权投资在被投资单位除当年实现的净损益以外其他所有者权益当年变动中应享有的份额，并对应列在“资本公积”栏。

c.“与计入所有者权益项目相关的所得税影响”项目，反映企业根据相关会计准则规定应计入所有者权益项目的当年所得税影响金额，并对应列在“资本公积”栏。

d.“净利润”和“直接计入所有者权益的利得和损失”小计项目，反映企业当年实现的净利润（或净亏损）金额和当年直接计入所有者权益的利得和损失金额的合计数。

C.“所有者投入和减少资本”项目，反映企业当年所有者投入的资本和减少的资本。其中：

a.“所有者投入资本”项目，反映企业接受投资者投入形成的实收资本（或股本）和资本溢价或股本溢价，并对应列在“实收资本”和“资本公积”栏。

b.“股份支付计入所有者权益的金额”项目，反映企业处于等待期中的权益结算的股份支付当年计入资本公积的金额，并对应列在“资本公积”栏。

D.“利润分配”下各项目，反映当年对所有者（或股东）分配的利润（或股利）金额和按照规定提取的盈余公积金额，并对应列在“未分配利润”和“盈余公积”栏。其中：

a.“提取盈余公积”项目，反映企业按照规定提取的盈余公积。

b.“对所有者（或股东）的分配”项目，反映对所有者（或股东）分配的利润（或股利）金额。

E.“所有者权益内部结转”下各项目，反映不影响当年所有者权益总额的所有者权益各组成部分之间当年的增减变动，包括资本公积转增资本（或股本）、盈余公积转增资本（或股本）、盈余公积弥补亏损等项金额。其中：

a.“资本公积转增资本（或股本）”项目，反映企业以资本公积转增资本或股本的金额。

b.“盈余公积转增资本（或股本）”项目，反映企业以盈余公积转增资本或股本的金额。

c.“盈余公积弥补亏损”项目，反映企业以盈余公积弥补亏损的金额。

教 学 做 合 一 会 计 系 列 教 材

财务会计
同 步 操 作

李 丹 曾 艳 成 茜 编著

上海财经大学出版社

前 言

高职高专教育是我国高等教育的重要组成部分，为加强会计实践性教学，我们组织有多年从事会计实践教学经验的教师精心编写了这本《财务会计同步操作》，以更好地辅助完成财务会计的教学工作。目前，在会计专业或非会计专业的职业教学中，越来越多的院校采用"教学做合一"模式，该模式的核心思想是：事情怎样做就该怎样学，怎样学就怎样教；教的法子要根据学的法子，学的法子要根据做的法子。我们结合近几年运用新会计准则体系的情况，将教材内容的理论教学与会计岗位基本技能训练相结合，以会计工作过程中的工作任务为核心，以真实的经济业务情景为载体，编写了本教材。

本教材以新会计准则为依据，以《财务会计》教学内容为主线，以有限责任公司的经济活动为实例，设计了货币资金、应收及预付款项、金融资产、存货、长期股权投资、固定资产、无形资产、流动负债、非流动负债、所有者权益、收入、费用和利润、财务报告 12 个项目的会计操作处理，仿真性强。

本教材由武昌职业学院李丹副教授任主编，曾艳副教授、成茜讲师任副主编。教材编写的具体分工为：李丹老师编写项目 1～项目 4，曾艳老师编写项目 4～项目 8，成茜老师编写项目9～项目 12 并整理资料、制作印章等，最后由余浩教授主审。

本书是集体智慧的结晶。在编写过程中吸收了会计实践教学的最新研究成果，并以最新会计准则为准绳，融入作者多年会计实践教学经验，同时也参阅和借鉴了部分同类教材及有关文献。在此，向这些作者表示衷心的感谢。本书在编写的过程中得到了上海财经大学出版社各位同仁的大力帮助和支持，在此表示衷心的感谢。限于作者的水平，书中难免存在错误和疏漏，恳请广大读者批评、指正。

李　丹

2015 年 8 月 12 日于武昌

目　录

前言 ………………………………………………………………………………… (1)

项目 1　货币资金 ……………………………………………………………………… (1)

1.1　货币资金·工作任务·师生教学做 ……………………………………………… (1)

1.2　货币资金·工作任务·学生独立做 ……………………………………………… (13)

项目 2　应收及预付款项 ……………………………………………………………… (22)

2.1　应收及预付款项·工作任务·师生教学做 ……………………………………… (22)

2.2　应收及预付款项·工作任务·学生独立做 ……………………………………… (30)

项目 3　金融资产 ……………………………………………………………………… (36)

3.1　金融资产·工作任务·师生教学做 ……………………………………………… (36)

3.2　金融资产·工作任务·学生独立做 ……………………………………………… (42)

项目 4　存货 …………………………………………………………………………… (46)

4.1　存货·工作任务·师生教学做 …………………………………………………… (46)

4.2　存货·工作任务·学生独立做 …………………………………………………… (59)

项目 5　长期股权投资 ………………………………………………………………… (71)

5.1　长期股权投资·工作任务·师生教学做 ………………………………………… (71)

5.2　长期股权投资·工作任务·学生独立做 ………………………………………… (79)

项目 6　固定资产 ……………………………………………………………………… (84)

6.1　固定资产·工作任务·师生教学做 ……………………………………………… (84)

6.2　固定资产·工作任务·学生独立做 ……………………………………………… (95)

项目 7　无形资产 …………………………………………………… (102)
7.1　无形资产·工作任务·师生教学做 …………………………… (102)
7.2　无形资产·工作任务·学生独立做 …………………………… (112)

项目 8　流动负债 …………………………………………………… (118)
8.1　流动负债·工作任务·师生教学做 …………………………… (118)
8.2　流动负债·工作任务·学生独立做 …………………………… (128)

项目 9　非流动负债 ………………………………………………… (139)
9.1　非流动负债·工作任务·师生教学做 ………………………… (139)
9.2　非流动负债·工作任务·学生独立做 ………………………… (149)

项目 10　所有者权益 ………………………………………………… (157)
10.1　所有者权益·工作任务·师生教学做………………………… (157)
10.2　所有者权益·工作任务·学生独立做………………………… (161)

项目 11　收入、费用和利润 ………………………………………… (165)
11.1　收入、费用和利润·工作任务·师生教学做 ………………… (165)
11.2　收入、费用和利润·工作任务·学生独立做 ………………… (178)

项目 12　财务报告 …………………………………………………… (189)
12.1　财务报告·工作任务·师生教学做…………………………… (189)
12.2　财务报告·工作任务·学生独立做…………………………… (280)

项目1

货币资金

1.1 货币资金·工作任务·师生教学做

武汉天河有限责任公司2013年发生如下经济业务，据以进行账务处理。天河公司相关资料如下：本公司为增值税一般纳税人，增值税税率为17%，纳税人识别号：420110842903788；地址：武汉市东湖高新区光谷创业街121号，电话：027－54808382；开户行及账号：中国工商银行虎泉支行12341234。

1.6月3日，收到“借款单”一张。

借 款 单　　　　第125号

年　　月　　日

单位或姓名	夏天	
借款事由	出差	
今收到人民币(大写)　叁仟元整　　　　¥3 000.00		
领导审批：同意借支3 000元。 张湖光　2013.6.2	附注 现 金 收 讫	

核准：　　　　会计：　　　　出纳：　　　　借款人：夏天

2.6 月 6 日，填写“现金支票”一张，持支票到开户银行办理取款手续。

中国工商银行
现金支票存根
号码：2669
附加信息

出票日期　　年　月　日

收款人：	
金额：	
用途：	

单位主管　　会计

中国工商银行现金支票　　号码　2669
出票日期（大写）　　年　月　日　付款行名称：
收款人：　　出票人账号：

人民币（大写）	百	十	万	千	百	十	元	角	分

本支票付款期限十天

用途
上列款项请从
我账户内支付
出票人签章　　武汉天河有限责任公司 财务专用章　　复核　　记账

3.6 月 6 日，收到“转账支票”一张，经审核无误后据以填写“进账单”（一式两联），到银行办理进账手续，取回“进账单”第一联回单联。

中国工商银行转账支票　　号码　2587
出票日期（大写）　贰零壹叁年陆月零陆日　　付款行名称：工行海滨支行
收款人：天河公司　　出票人账号：696867

人民币（大写）贰万叁仟肆佰元整	百	十	万	千	百	十	元	角	分
		¥	2	3	4	0	0	0	0

本支票付款期限十天

用途　货款
上列款项请从
我账户内支付
出票人签章　　武汉司徒有限责任公司 财务专用章　　李红印章　　贺析印章　　复核　　记账

中国工商银行进账单（回单或收账通知）1

年　月　日　　第 8523 号

付款人	全称		收款人	全称	
	账号			账号	
	开户银行			开户银行	

人民币（大写）	千	百	十	万	千	百	十	元	角	分

票据种类		票据张数	
票据号码			

复核　　记账

中国工商银行 虎泉支行

开户银行盖章

此联是收款人开户银行交收款人的回单或收账通知

4.6 月 7 日，填写“信汇”凭证(一式四联)，填好结算凭证后去开户银行办理相关手续，取回“信汇”凭证第一联回单联。(腾达公司开户行：中国工商银行山城市支行，账号：623552。)

中国工商银行信汇凭证 1(回单)　　第 2014 号

委托日期　　年　　月　　日

付款人	全　称		收款人	全　称	
	账　号			账　号	
	汇　出 地　点			汇　入 地　点	
汇出行名称			汇入行名称		

汇款金额	人民币(大写)	千	百	十	万	千	百	十	元	角	分

中国工商银行 虎泉支行 汇出行签章	支付密码
	附加信息及用途： 复核　　记账

此联是汇出行给汇款人的回单

5.6 月 7 日，收到“信汇”凭证第四联收款通知联。

中国工商银行信汇凭证 4(收账通知)　　第 12477 号

委托日期：2013 年 6 月 1 日

汇款人	全　称	大宇公司	收款人	全　称	天河公司
	账　号	363257		账　号	12341234
	汇　出 地　点	广东省新安市		汇　入 地　点	湖北省武汉市
汇出行名称	工行永宁支行		汇入行名称	武汉工行虎泉支行	

汇款金额	人民币(大写)壹拾伍万元整	千	百	十	万	千	百	十	元	角	分
			¥	1	5	0	0	0	0	0	0

款项已收入收款人账户 中国工商银行 虎泉支行 汇入行签章 2013.6.7	支付密码
	附加信息及用途：货款 复核　　记账

此联是给收款人的收账通知

6.6 月 7 日，收到“增值税专用发票”和“产品出库单”记账联，填写“托收凭证”(一式五联)，向银行办理托收手续，收到银行退回“托收凭证”第一联回单联。(大地公司开户行：中国工商银行武汉市支行，账号：756326。)

4471515022

增值税专用发票

№ 002587

开票日期：2013 年 6 月 7 日

购货单位	名称：大地公司 纳税人识别号：25689701 地址：武汉市沙湖路 156 号 电话：02786869524 开户行及账号：工商银行武汉市沙湖支行 756326	密码区	25612A598745 * 6G12//352G48 79412667F89926U65233Y11// 52223U388631K186123189756 D324123L36589756641B123258 76#9236 * 268

货物或应税劳务名称	规格型号	单位	数量	单价	金额	税率	税额
电脑		台	20	5 000.00	100 000.00	17%	17 000.00
合计					¥100 000.00		¥17 000.00
价税合计(人民币大写)壹拾壹万柒仟元整					(小写) ¥117 000.00		

销货单位	名称：武汉天河有限责任公司 纳税人识别号：420110842903788 地址：武汉市东湖高新区光谷创业街 121 号 电话：027－54808382 开户行及账号：中国工商银行虎泉支行 12341234	备注：办理托收

收款人：李坤广　　复核：王晗金　　开票人：童音　　销货单位(章)：

第一联 记账联 销货方记账凭证

产品出库单

2013 年 6 月 7 日　　№ 0811407

产品名称	计量单位	出库数量	提货单位	备注
电脑	台	20	武汉市大地公司	销售

保管：姜辩才　　提货：周涓空

第三联 会计记账

托收凭证（受理回单）1

委托号码：第　　号

委托日期　　年　　月　　日

业务类型	委托收款（□邮划、□电划）　托收承付（□邮划、□电划）																
付款人	全　称		收款人	全　称													
	账　号			账　号													
	开户银行			开户银行													
委收金额	人民币（大写）：							千	百	十	万	千	百	十	元	角	分
款项内容		委托收款凭据名称		附寄单证张数													
备注： 复核　　记账		款项收妥日期 年　月　日		收款人开户银行签章 中国工商银行 虎泉支行 年　月　日													

此联是收款人开户银行给收款人的回单

7.6月8日，收到银行转来的“托收凭证”第四联收账通知联。

托收凭证（收账通知）4

委托号码：第3325号

委托日期：2013年5月30日　付款期限：2013年6月8日

业务类型	委托收款（□邮划、□电划）　托收承付（□邮划、□电划）																
付款人	全　称	华美公司	收款人	全　称	天河公司												
	账　号	215476		账　号	12341234												
	开户银行	工行合肥第六支行		开户银行	武汉市工行虎泉支行												
委收金额	人民币（大写）：伍万捌仟伍佰元整							千	百	十	万	千	百	十	元	角	分
										¥	5	8	5	0	0	0	0
款项内容	销货款	委托收款凭据名称	增值税专用发票	附寄单证张数	2												
备注： 复核　王晓 记账　李力		上列款项已划回收入你方账号内。 中国工商银行 虎泉支行 收款人开户银行签章 2013年6月8日															

此联是收款人开户银行给收款人的收账通知

8.6月14日，填送“银行汇票申请书”（一式三联），银行受理后，在“银行汇票申请书”的第一联“存根联”上盖章，同时签发“银行汇票”（一式四联）。收到“银行汇票申请书”的第一联存根联和“银行汇票”的第二联“汇票联”和第三联“解讫通知联”。（江东公司开户行：工商银行上海第七支行；账号：025898。）

银行汇票申请书(存根)1

年　　月　　日　　　　　　　　第 2319 号

申请人		收款人	
账　号		账　号	
用　途		代理付款行	

汇票金额	人民币(大写)	千	百	十	万	千	百	十	元	角	分

备注	复核　　　　经办

此联申请人留存

付款期限壹个月

银　行　汇　票　2

汇票号码 0232

出票日期(大写)　贰零壹叁年陆月壹拾陆日

代理付款行：市工行第五分理处　行号：6456

收款人：江东公司　　　　账号：　021268

出票金额人民币(大写)贰万伍仟元整

实际结算金额人民币(大写)	千	百	十	万	千	百	十	元	角	分

申请人：天河公司　　　　账号：　12341234

出票行：虎泉支行　行号：　6321

备　注：购货款

凭票付款

中国工商银行

虎泉支行

出票行签章

密押：

多余金额								
百	十	万	千	百	十	元	角	分

复核　记账

此联代理付款行付款后作联行往账借方凭证附件

付款期限壹个月

银行汇票（解讫通知）3

汇票号码 0232

出票日期（大写） 贰零壹叁年陆月壹拾陆日

代理付款行：市工行第五分理处 行号：6456

收款人：江东公司 账号： 021268

出票金额人民币（大写）贰万伍仟元整

实际结算金额 人民币（大写）

千	百	十	万	千	百	十	元	角	分

申请人：天河公司 账号： 12341234

出票行：虎泉支行 行号：6321

备 注：购货款

代理付款行签章

密押：

多余金额

百	十	万	千	百	十	元	角	分

复核 记账

复核 洪武 经办 张林

此联代理付款行兑付后随报单寄出票

由出票行作多余款贷方凭证

9. 6 月 16 日，收到开户银行转来的“银行汇票”第四联“多余款收账通知”。

付款期限壹个月

银行汇票（多余款收款通知）4

汇票号码 0232

出票日期（大写） 贰零壹叁年陆月壹拾陆日

代理付款行：市工行第五分理处 行号：6456

收款人：江东公司 账号： 021268

出票金额人民币（大写）贰万伍仟元整

实际结算金额 人民币（大写）

千	百	十	万	千	百	十	元	角	分

申请人：天河公司 账号： 12341234

出票行：虎泉支行 行号：6321

备 注：购货款

出票行签章

中国工商银行 虎泉支行

年 月 日

密押：

多余金额

百	十	万	千	百	十	元	角	分

左列退回多余金额已收入你账户

此联出票行结清多余款后交申请人

10.6 月 25 日，收到“商业普通发票”一张与信用卡结算凭条。

武汉市商业普通发票

发票号码：№0245

购货单位：天河公司　　2013 年 6 月 25 日

品名	规格	单位	数量	单价	金额 十	万	千	百	十	元	角	分
账簿		本	24	20.00				4	8	0	0	0
装订机		个	4	5.00					2	0	0	0
合计人民币（大写）伍佰元整							¥	5	0	0	0	0
备注：　信用卡支付												

第二联　发票联

收款单位盖章：（1414252536368989 发票专用章）　财务：赵紫　复核：李山　填票：王春

11.6 月 28 日，签发“转账支票”一张，填写“进账单”一份，到银行办理相关手续。

中国工商银行转账支票存根

号码：3785

附加信息

出票日期　年　月　日

收款人：	
金额：	
用途：	

单位主管　会计

中国工商银行转账支票　号码　3758

出票日期（大写）　年　月　日　付款行名称：

收款人：　出票人账号：

美元（大写）	百	十	万	千	百	十	元	角	分

本支票付款期限十天

用途

上列款项请从

我账户内支付

出票人签章（武汉天河有限责任公司 财务专用章）　复核　记账

中国工商银行进账单（回单或收账通知）1

年　月　日　第　号

付款人	全称		收款人	全称	
	账号			账号	
	开户银行			开户银行	

美元（大写）	千	百	十	万	千	百	十	元	角	分

票据种类		票据张数	
票据号码			

复核　记账

（中国工商银行 虎泉支行）开户银行盖章

此联是收款人开户银行交收款人的回单或收账通知

12.6 月 29 日，收到“固定资产验收单”的会计记账联及“商业发票”的发票联，填写“信汇”凭证，到银行办理美元汇兑手续，取回“信汇”回单。

中国工商银行信汇凭证 1(回单)

第 2472 号

委托日期　　年　　月　　日

<table>
<tr><td rowspan="3">汇款人</td><td>全　称</td><td></td><td rowspan="3">收款人</td><td>全　称</td><td colspan="10"></td></tr>
<tr><td>账　号</td><td></td><td>账　号</td><td colspan="10"></td></tr>
<tr><td>汇出地点</td><td></td><td>汇入地点</td><td colspan="10"></td></tr>
<tr><td colspan="2">汇出行名称</td><td></td><td colspan="2">汇入行名称</td><td colspan="10"></td></tr>
<tr><td rowspan="2">汇款金额</td><td colspan="4" rowspan="2">美元(大写)</td><td>千</td><td>百</td><td>十</td><td>万</td><td>千</td><td>百</td><td>十</td><td>元</td><td>角</td><td>分</td></tr>
<tr><td></td><td></td><td></td><td></td><td></td><td></td><td></td><td></td><td></td><td></td></tr>
<tr><td colspan="3" rowspan="2">中国工商银行 虎泉支行
汇出行签章</td><td colspan="2">支付密码</td><td colspan="10"></td></tr>
<tr><td colspan="12">附加信息及用途：
复核　　记账</td></tr>
</table>

此联是汇出行给汇款人的回单

商业发票

国际运单号：256712

<table>
<tr><td colspan="3">发货人：美国吉娃公司</td><td colspan="2">商业发票(发票联)</td></tr>
<tr><td colspan="3">收货人：天河公司</td><td colspan="2">发票编号：№1478　日期：2013 年 6 月 19 日</td></tr>
<tr><td colspan="3" rowspan="2">运输具体内容：机床、配件</td><td colspan="2">合同编号：№9988　信用证号：№5724</td></tr>
<tr><td colspan="2">付款条件：验货付款</td></tr>
<tr><td colspan="5">货物名称：重型机床
包装：木箱</td></tr>
<tr><td>重量</td><td>数量</td><td>单位价值</td><td>总价值</td><td>备注</td></tr>
<tr><td>3T</td><td>1 台</td><td>420 000.00</td><td>420 000.00</td><td rowspan="3">美国吉娃公司发票章</td></tr>
<tr><td colspan="4">人民币合计(大写)：肆拾贰万元整</td></tr>
<tr><td colspan="4">人民币合计(小写)：¥420 000.00</td></tr>
</table>

发货人签名：曦萌

固定资产验收单

2013 年 6 月 28 日　　　　第 258 号

<table>
<tr><td colspan="4">供货单位：美国吉娃公司</td><td colspan="3">使用部门：二车间</td></tr>
<tr><td>名称</td><td>规格</td><td>单位</td><td>数量</td><td>单价</td><td>金额</td><td rowspan="4">备注：固定资产卡片已填制完成。</td></tr>
<tr><td>机床</td><td></td><td>台</td><td>1</td><td>420 000.00</td><td>420 000.00</td></tr>
<tr><td></td><td></td><td></td><td></td><td></td><td></td></tr>
<tr><td colspan="5">合计</td><td>¥420 000.00</td></tr>
</table>

第二联　会计记账

保管员：胡未　　　　检验员：马立

13.6 月 30 日，收到“收据”的付款方凭证联，通过网上银行，向开户行发出支付指令。

收 据

2013 年 6 月 30 日　　　　编号：12417

今收到：天河有限责任公司　　　　收款方式：电子转账

人民币(大写)：伍仟元整　　　　¥5 000.00

系　　付：退还借用包装物押金

会计：施炎朋　　出纳：张海　　经手人：郑挥黄　　收款单位盖章 顺达有限责任公司 财务专用章

第二联 付款方凭证

网上银行转账凭证(付账通知)

电子回单号：2541700

回单类型：网上转账汇款			指令序号：89		
收款人	户名	顺达有限责任公司	付款人	户名	天河有限责任公司
	卡(账)号	1157486529011		卡(账)号	12341234
	地区	武汉		地区	虎泉
	网点	武汉		网点	虎泉
币种	人民币		钞汇标志	人民币	
金额	¥5 000.00		手续费	¥0.00	
合计	人民币(大写)：伍仟元整				
交易	2013 年 6 月 30 日		时间戳		
用途	退还押金				
附言	包装物押金全额退还。				
验证码					
记账网点	虎泉	记账柜员	李藏	记账时间	2013 年 6 月 30 日

中国工商银行 虎泉支行

14.6 月 30 日，填制“库存现金盘点报告表”。

库存现金盘点报告表

单位名称：　　　　年　　月　　日

币种	实有金额	账面余额	盘盈	盘亏	备注
					无未入账凭证。

现金出纳：　　　　监盘人：　　　　制表人：

15.6月30日，开出“收据”一张。

收 据

年 月 日 编号：

今收到：________________ 收款方式：________________

人民币（大写）：________________ ￥________________

系 付：________________

第二联 会计记账

单位盖章： 会计： 出纳： 经手人：

16.7月30日，收到开户行“对账单”一份。编制“银行存款余额调节表”。

银行存款余额调节表

年 月 日

项 目	金额	项 目	金额
银行存款日记账余额		银行对账单余额	
调整后日记账余额		调整后对账单余额	

制表：

银行存款日记账

开户行及账号：工行虎泉支行 12341234

2013年		摘 要	结算凭证		借 方	√	贷 方	√	余 额	√
月	日		种 类	号						
6	30	月 结							610 000	√
7	1	提现备用	现支	2568			5 000		605 000	
7	1	付招待费	现支	2569			3 800		601 200	
7	2	收回欠款	进账单	6010	23 400				624 600	
7	3	发工资	现支	2570			150 000		474 600	
7	4	收销货款	进账单	6011	58 500				533 100	

续表

2013年		摘要	结算凭证		借方	√	贷方	√	余额	√
月	日		种类	号						
7	4	支付欠款	信汇	2541			85 100		448 000	
7	5	收回欠款	信汇	8672	250 000				698 000	
7	17	收销货款	托收	3325	360 000				1 058 000	
7	19	支付货款	托收	1326			23 400		1 034 600	
7	21	付票据款	转支	3787			20 000		1 014 600	
7	24	申请银行汇票	银行汇票	0232			25 000		989 600	
7	30	支付水费	托收	6368			5 000		984 600	

银行对账单

中国工商银行 虎泉支行

账　号:12341234

2013年		摘要	结算凭证		借方	√	贷方	√	余额	√
月	日		种类	号						
6	30	月结							610 000	√
7	1	提现备用	现支	2568	5 000				605 000	
7	1	付招待费	现支	2569	3 800				601 200	
7	2	收回欠款	进账单	6010			23 400		624 600	
7	3	发工资	现支	2570	150 000				474 600	
7	4	收销货款	进账单	6011			58 500		533 100	
7	4	支付欠款	信汇	2541	85 100				448 000	
7	6	付材料款	电汇	3529	234 000				214 000	
7	17	收销货款	托收	3325			360 000		574 000	
7	19	支付货款	托收	1326	23 400				550 600	
7	21	付票据款	转支	3787	20 000				530 600	
7	23	收票据款	进账单	6012			60 000		590 600	
7	24	申请银行汇票	银行汇票	0232	25 000				565 600	

1.2　货币资金·工作任务·学生独立做

武汉晨光有限责任公司2013年发生如下经济业务，据以进行账务处理。晨光公司相关资料如下：本公司为增值税一般纳税人，增值税税率为17%，纳税人识别号：420101032635924；地址：武汉东湖高新开发区121号，电话：027—86250966；开户行及账号：工行光谷支行003456。

1.6月1日，收到"费用报销单"一张。

费用报销单

第0245号

2013年6月1日

部门或姓名	办公室叶脉锋		
报销事由	行政管理人员电信费件	附报销单据张数	20张
今收到人民币(大写)捌佰伍拾元整			￥850.00
审核意见	同意按规定报销手机话费。 胡分顷 2013.6.1	现金收讫	

主管：王卫国　　出纳：　　领款人：叶脉锋

2.6月5日，收到"业务招待费汇总表"及所附36张单据(单据略)，经审核无误后，当即签发"现金支票"。

业务招待费汇总表

第1515号

2013年6月5日

部门	业务科	附报销单据张数	36张
事由：拓展产品销售市场，招待客户费用			
支付人民币(大写)伍仟陆佰元整			￥5 600.00
核销人民币(大写)伍仟陆佰元整			￥5 600.00
审核意见	情况属实，同意报销。 牟达　2013.6.5		

出纳：　　制表：胡本

3.6月13日，收到"武汉市行政事业单位收款票据"，经审核无误，填写"转账支票"(司法局开户行：中国工商银行武汉市支行；账号：11223355)，留下支票存根，持支票到银行办理转账手续。

中国工商银行
转账支票存根
号码:3786
附加信息

出票日期　　年　月　日

收款人:	
金额:	
用途:	

单位主管　　会计

中国工商银行转账支票　　　号码　3786

出票日期(大写)　　　年　　月　　日　付款行名称:
收款人:　　　　　　　　　　　　　　出票人账号:

	百	十	万	千	百	十	元	角	分
人民币 (大写)									

本支票付款期限十天

用途
上列款项请从
我账户内支付
出票人签章　　武汉晨光有限责任公司 财务专用章　　复核　　记账

武汉市行政事业单位收款票据

注册号码:财字第0368号　　　　№ 2598

2013年6月12日

付费单位(交款人):武汉晨光有限责任公司												
收费项目	计费单位	计费数量	收费标准	收费金额								备注
				十	万	千	百	十	元	角	分	
诉讼						1	5	0	0	0	0	
人民币合计(大写)	壹仟伍佰元整				¥	1	5	0	0	0	0	

武汉市司法局 财务专用章

第二联　收据联

中国工商银行
现金支票存根
号码:2669
附加信息

出票日期　　年　月　日

收款人:	
金额:	
用途:	

单位主管　　会计

中国工商银行现金支票　　　号码　2669

出票日期(大写)　　　年　　月　　日　付款行名称:
收款人:　　　　　　　　　　　　　　出票人账号:

	百	十	万	千	百	十	元	角	分
人民币 (大写)									

本支票付款期限十天

用途
上列款项请从
我账户内支付
出票人签章　　武汉晨光有限责任公司 财务专用章　　复核　　记账

收款单位(公章):　　　　负责人:年罗真　　　　经办人:陶利村

4.6 月 16 日，收到“增值税专用发票”的第二联（发票联）和第三联（抵扣联）及“材料入库单”，据以填写“电汇”凭证（一式三联），并到开户银行办理相关手续，取回“电汇”凭证第一联回单联。（北京顺达有限责任公司开户行：中国工商银行北京市支行，账号：100256）

类别：　　　　　　　　　　**材料入库验收单**　　　　　　　　　　编号：

验收日期：　　年　　月　　日　　　　　　　　　　来源：

品　名	规格	单位	数　量		实际价格				计划价	
			来料数	实际数	单价	总价	运杂费	合计	单价	总价

第三联　会计记账

保管员：　　　　　　　　验收员：　　　　　　　　主管：

中国工商银行信汇凭证 1(回单)　　　　第 3574 号

□普通　　□加急　　　　　　委托日期　　年　　月　　日

汇款人	全　称		收款人	全　称	
	账　号			账　号	
	汇出地点			汇入地点	
汇出行名称			汇入行名称		

汇款金额	人民币（大写）	千	百	十	万	千	百	十	元	角	分

中国工商银行 光谷支行 汇出行签章	支付密码	
	附加信息及用途： 复核　　　记账	

此联是汇出行给汇款人的回单

00245871

增值税专用发票

№ 0056897

开票日期:2013 年 6 月 16 日

购货单位	名称:武汉晨光有限责任公司 纳税人识别号:420101032635924 地址:东湖高新开发区 121 号 电话:027－86250966 开户行及账号:工行光谷支行 003456	密码区	5689754623145669875524136 687945458976213254782145687 123658794682369985474589658

货物或应税劳务名称	规格型号	单位	数量	单价	金额	税率	税额
电脑配件		箱	2	100 000	200 000.00	17%	34 000.00
合计			2	¥100 000	¥200 000.00		¥34 000.00
价税合计(人民币大写)贰拾叁万肆仟元整					(小写) ¥234 000.00		

销货单位	名称:北京顺达有限责任公司 纳税人识别号:1024517899900 电话:01059874563 开户行及账号:工行北京市支行 账号 100256	备注:材料已验收,款汇出。 北京顺达有限责任公司 1024517899900 发票专用章

收款人:徐醒萍　　复核:胡火枝　　开票人:易春华　　销货单位(章):

第二联 发票联 购货方记账凭证

第三联 抵扣联 购货方抵扣凭证

5.6 月 9 日,收到"托收凭证"第五联付款通知及"增值税专用发票"发票联和抵扣联。

托收凭证(付款通知)5

委托号码:第 1326 号

委托日期:2013 年 5 月 30 日　　付款期限:2013 年 6 月 9 日

业务类型	委托收款(□邮划、□电划)　托收承付(□邮划、☑电划)				
付款人	全称	武汉晨光有限责任公司	收款人	全称	蚕桑公司
	账号	003456		账号	022563
	开户银行	工行光谷支行		开户银行	工行北京第十六支行

委收金额	千	百	十	万	千	百	十	元	角	分
人民币(大写):贰万叁仟肆佰元整			¥	2	3	4	0	0	0	0

款项内容	销货款	委托收款凭据名称	增值税专用发票	附寄单证张数	2

备注: 付款人开户银行收到日期 2013 年 6 月 9 日 复核　　记账	中国工商银行 光谷支行 付款人开户银行签章 2013 年 6 月 9 日	付款人注意: 1.根据支付结算办法,上列委托收款款项在付款期限内未提出拒付,即视为同意付款,以此代付款通知。 2.如需提出全部或部分拒付,应在规定期限内,将拒付理由书并附债务证明退开户银行。

此联是付款人开户银行给付款人的付款通知

00245871　　　　**增值税专用发票**　　　　№ 0076857

（全国统一发票监制章　国家税务总局监制）

开票日期：2013年6月3日

购货单位	名称：武汉晨光有限责任公司 纳税人识别号：420101032635924 地址：东湖高新开发区121号 电话：027－86250966 开户行及账号：工行光谷支行003456	密码区	4578W6325478963E2117921M78 123335R466R225P866Y5552L214 365478D785296F544S3358H7712 9635887A795224D315896//2232 1256S987//463321H455663I21

货物或应税劳务名称	规格型号	单位	数量	单价	金额	税率	税额
电脑配件		箱	10	2 000.00	20 000.00	17%	3 400.00
合计					¥20 000.00		¥3 400.00
价税合计(人民币大写)贰万叁仟肆佰元整					（小写） ¥23 400.00		

销货单位	名称：桑蚕有限责任公司 纳税人识别号：66556655665566 地址：北京西单568号 电话：01025879253 开户行及账号：工行北京第十六支行022563	备注：款已付（托收），配件未验收。 （桑蚕有限责任公司　66556655665566　发票专用章）

收款人：金录　　复核：张军　　开票人：李灰土　　销货单位（章）：

第二联　发票联　购货方记账凭证

第三联　抵扣联　购货方抵扣凭证

6.6月22日，收到“增值税专用发票”的会计记账联。收到“银行本票”一张，据以填写“进账单”向开户银行进账，银行受理并盖章后退回“进账单”回单联。（武汉市兴旺公司开户行：武汉工行海滨开发区分理处；账号：562479。）

中国工商银行本票 2

付款期限贰个月　　出票日期(大写)　贰零壹叁年陆月贰拾贰日　　号码：2546

收款人：武汉晨光有限责任公司		申请人：武汉市兴旺公司	
凭票即付人民币(大写)肆万伍仟元整		¥45 000.00	
转　账	现　金	（中国工商银行　沌口支行） 出票行签章	出纳　王吕　　复核　全档
备注			

此联出票行结清本票时作借方凭证

中国工商银行进账单(回单或收账通知)1

年　月　日　　　　第 6014 号

付款人	全　称		收款人	全　称	
	账　号			账　号	
	开户银行			开户银行	

人民币（大写）		千	百	十	万	千	百	十	元	角	分

票据种类		票据张数		中国工商银行 光谷支行
票据号码				
复核　记账				开户银行盖章

此联是收款人开户银行交收款人的回单或收账通知

产品出库单

2013 年 6 月 22 日　　　　№ 0811458

产品名称	计量单位	出库数量	提货单位	备注
电脑	台	10	武汉市兴旺公司	销售

保管：施旋旗　　复核：贡莱　　提货：和坤

第三联 会计记账

00245871

增值税专用发票

国统一发票监制 国家税务总局监制

№ 002578

开票日期：2013 年 6 月 22 日

购货单位	名称：武汉市兴旺公司 纳税人识别号：256897245 地址：武汉市汉阳区沌口阳光小区 555 号 电话：02786869673 开户行及账号：武汉工行沌口分理处 562479	密码区	2Y5683＃9745658R896X255T87 411236＊98774A12166D99877D 3366J987V45698W52499//4879 3A29W454539U4463301865421 4D666//18863324GK89966

货物或应税劳务名称	规格型号	单位	数量	单价	金额	税率	税额
电脑		台	10	4 000.00	40 000.00	17%	6 800.00
合计					￥40 000.00		￥6 800.00

价税合计（人民币大写）肆万陆仟捌佰元整　　（小写）　￥46 800.00

销货单位	名称：武汉晨光有限责任公司 纳税人识别号：420101032635924 地址：东湖高新开发区 121 号 电话：027－86250966 开户行及账号：工行光谷支行 003456	备注： 武汉晨光有限责任公司 420101032635924 发票专用章

收款人：苏水生　　复核：范丛政　　开票人：熊高　　销货单位（章）：

第一联 记账联 销货方记账凭证

7.6月18日，填写“电汇凭证”，开立临时采购专户(账号103695)，取回“电汇凭证”第一联回单联。

中国工商银行信汇凭证1(回单)

第3568号

□普通　　□加急　　　　　委托日期　　　年　　月　　日

汇款人	全　称		收款人	全　称	
	账　号			账　号	
	汇出地点			汇入地点	
汇出行名称			汇入行名称		

汇款金额	人民币(大写)	千	百	十	万	千	百	十	元	角	分

中国工商银行 光谷支行 汇出行签章	支付密码
	附加信息及用途： 复核　　　记账

此联是汇出行给汇款人的回单

8.6月27日，收到信用卡结算凭条一张。

中国工商银行信用卡当日明细

终端号:000333020555008

打印时间:2013/06/27　10:50:20

卡号摘要:8565转账

交易金额:2 000.00

借/贷:　　借

交易场所:市中心

9.6月29日，收到“外汇兑换水单”和人民币现钞。

中国工商银行外汇兑换水单

编号:25789

日期:2013年6月29日

摘要	外币金额	牌价	人民币金额
港元兑换为人民币现钞	HKD 2 000	1∶0.87	￥1 740.00

复核:李旦　　　　经办人:王炎　　　　兑换行盖章：中国工商银行 光谷支行

10.6 月 30 日，收到“库存现金盘点表”。

库存现金盘点表

单位名称	武汉天河有限责任公司		签名		日期	
			编制人		2013 年 6 月 30 日	
审计项目	现金		复核人		2013 年 6 月 30 日	页次
会计期间或截止日	2013 年 6 月 30 日					1
清点现金			核对账目			
货币面额	张数	金额	项目		金额	备注
100 元	8	800	现金账面余额		1 680.00	
50 元	2	100	加：收入凭证未记账		230.00	
10 元	8	80	减：付出凭证未记账		500.00	
5 元	4	20	调整后现金账余额			
2 元			实点现金		1 000.00	
1 元			长款(＋)			
实点	合计	￥1 000				

企业负责人：　　　　会计主管：　　　　出纳人员：　　　　盘点人：

11.9 月 30 日，收到开户行“对账单”一份。编制“银行存款余额调节表”。

银行存款余额调节表

年　　月　　日

项　　目	金额	项　　目	金额
银行存款日记账余额		银行对账单余额	
调整后日记账余额		调整后对账单余额	

制表：

银行存款日记账

开户行及账号：工行光谷支行 003456

2013 年		摘 要	结算凭证		借 方	√	贷 方	√	余 额	√
月	日		种 类	号						
8	31	月结							250 000	√
9	1	提现付借款	现支	4238			8 000		242 000	
9	6	收销售款	托收	8565	117 000				359 000	
9	9	发工资	现支	4240			230 000		129 000	
9	15	支付电费	转支	7123			11 000		118 000	
9	18	收回货款	电汇	8672	240 000				358 000	
9	19	收销货款	托收	3325	35 200				393 200	
9	23	付货款	电汇	1326			85 800		307 400	
9	26	付货款	转支	7124			26 000		281 400	
9	28	支付运费	信汇	0656			23 100		258 300	
9	31	交社保费	缴款书	9090			9 000		249 300	

银行对账单

账 号：003456

2013 年		摘 要	结算凭证		借 方	√	贷 方	√	余 额	√
月	日		种 类	号						
8	31	月结							250 000	√
9	1	提现付借款	现支	4238	8 000				242 000	
9	2	付办公费	现支	4239	5 200				236 800	
9	6	收销售款	托收	8565			117 000		353 800	
9	9	发工资	现支	4240	230 000				123 800	
9	12	收租金	进账单	6011			8 260		132 060	
9	15	支付电费	转支	7123	11 000				121 060	
9	18	收回货款	电汇	8672			240 000		361 060	
9	23	付货款	电汇	1326	85 800				275 260	
9	26	付货款	转支	7124	26 000				249 260	
9	31	交社保费	缴款书	9090	9 000				240 260	

项目2

应收及预付款项

2.1 应收及预付款项·工作任务·师生教学做

武汉天河有限责任公司(以下简称天河公司)为增值税一般纳税人,增值税税率为17%。2013年发生了以下经济业务,据其进行相关账务处理。

1.6月1日,收到"增值税专用发票"记账联,收到"产品出库单"会计记账联,收到"银行承兑汇票"第二联。

银行承兑汇票 2

出票日期(大写) 贰零壹叁年陆月零壹日 汇票号码 2363

付款人	全称	武汉天河有限责任公司	收款人	全称	金星有限责任公司
	账号	12341234		账号	998562
	开户银行	工商银行虎泉支行		开户银行	工行长沙第五支行

		千	百	十	万	千	百	十	元	角	分
出票金额	人民币(大写)贰万叁仟肆佰元整			¥	2	3	4	0	0	0	0

汇票到期日(大写)	贰零壹叁年玖月零壹日	付款人开户行	行号	62
承兑协议编号	23012		地址	长沙大学路86号

本汇票请你行承兑,到期无条件付款。 (金星有限责任公司 财务专用章) 出票人签章	本汇票已经承兑,到期日本行付款。 承兑行签章承兑日期 2013年6月1日

此联持票人开户行随托收凭证寄付款人

开户行作借方凭证附件

4471515022　　　　**增值税专用发票**　　　　№ 0279614

国统一发票监制　国家税务总局监制

开票日期：2013年6月1日

购货单位	名称：金星有限责任公司 纳税人识别号：2565656 地址：长沙大学路86号 电话：13687562123 开户行及账号：工行长沙市五支行，账号998562					密码区	25612A598745＊6G12//352G48 79412667F89926U65233Y11// 52223U388631K186123189756D 324123L36589756641B12325876 ＃9236＊26812587954263521	
货物或应税劳务名称	规格型号	单位	数量	单价	金额	税率	税额	
电脑		台	5	4 000.00	20 000.00	17%	3 400.00	
合计					￥20 000.00		￥3 400.00	
价税合计（人民币大写）贰万叁仟肆佰元整					（小写）　￥23 400.00			
销货单位	名称：武汉天河有限责任公司 纳税人识别号：420110842903788 地址：武汉市东湖高新区光谷创业街121号 电话：027－54808382 开户行及账号：中国工商银行虎泉支行12341234				备注：货已发出，收到银行承兑汇票。			

第一联　记账联　销货方记账凭证

收款人：李坤广　　　复核：王晗金　　　开票人：童音　　　销货单位（章）：

产品出库单

2013年6月1日　　　　№ 58973

产品名称	计量单位	出库数量	提货单位（人）
电脑	台	5	金星公司
备注：	销售		

第三联　会计记账

保管：李耕　　　　业务员：胡办线

2.6月3日，收到“转账支票”一张，当即填写“进账单”，向银行办理进账，取回银行盖章后的“进账单”第一联回单联。

中国工商银行转账支票　　　号码　6932

出票日期（大写）　贰零壹叁年陆月零叁日　　　付款行名称：工行海滨分理处

收款人：天河公司　　　出票人账号：293612

本支票付款期限十天

人民币（大写）　陆万元整	百	十	万	千	百	十	元	角	分
		￥	6	0	0	0	0	0	0

用途　商业承兑汇票到期款

上列款项请从

我账户内支付

出票人签章　　（武汉晨曦有限责任公司　财务专用章）　　复核　　　记账

中国工商银行进账单(回单或收账通知)1

年 月 日 第 6047 号

付款人	全　称		收款人	全　称	
	账　号			账　号	
	开户银行			开户银行	
人民币（大写）				千 百 十 万 千 百 十 元 角 分	
票据种类		票据张数		中国工商银行 虎泉支行 开户银行盖章	
票据号码					
复核　记账					

此联是收款人开户银行交收款人的回单或收账通知

3.6 月 6 日，收到“增值税专用发票”记账联及“产品出库单”记账联。

产品出库单

2013 年 6 月 6 日 № 025874

产品名称	计量单位	出库数量	提货单位	备注
B 产品	件	1 000	简洁公司	销售

保管：李耕　　提货：钱洋洋　　提货：胡办线

第三联 会计记账

4471515022

增值税专用发票

(全国统一发票监制章 国家税务总局监制)

№ 02799

开票日期：2013 年 6 月 6 日

购货单位	名称：简洁公司 纳税人识别号：968745 地址：武汉市中山大道 5 号 电话：13125987456 开户行及账号：工行武汉市八支行，账号 569874				密码区	4879A59869812//352G4879412 667F89926U65233Y11//523886 31K186123189756D3241698754 6589756641B12325876#9236* 26812584578921D631B523B	
货物或应税劳务名称	规格型号	单位	数量	单价	金额	税率	税额
B		件	1 000	130.00	130 000.00	17%	22 100.00
合计					¥130 000.00		¥22 100.00
价税合计(人民币大写)壹拾伍万贰仟壹佰元整					(小写) ¥152 100.00		
销货单位	名称：武汉天河有限责任公司 纳税人识别号：420110842903788 地址：武汉市东湖高新区光谷创业街 121 号 电话：027－54808382 开户行及账号：中国工商银行虎泉支行 12341234				备注：		

收款人：李坤广　　复核：王晗金　　开票人：童音　　销货单位(章)：

第一联 记账联 销货方记账凭证

4.6 月 8 日，收到“托收凭证”第四联收账通知联。

托收凭证(收账通知)4

委托号码：第 3325 号

委托日期：2013 年 5 月 11 日　付款期限：2013 年 6 月 8 日

业务类型	委托收款(□邮划、□电划)　托收承付(□邮划、□电划)				
付款人	全　称	融威公司	收款人	全　称	武汉天河有限责任公司
	账　号	368796		账　号	12341234
	开户银行	工行咸宁支行		开户银行	工商银行虎泉支行
委收金额	人民币(大写)：伍拾捌万伍仟元整		千 百 十 万 千 百 十 元 角 分		¥ 5 8 5 0 0 0 0 0
款项内容	销货款	委托收款凭据名称	增值税专用发票	附寄单证张数	2
备注： 复核 记账	上列款项已划回收入你方账号内。 中国工商银行 虎泉支行 收款人开户银行签章 2013 年 6 月 8 日				

此联是收款人开户银行给收款人的收账通知

5.6 月 15 日，收到“转账支票”一份(略)，据以填写进账单，取得开户行盖章后的进账单回单。

中国工商银行进账单(回单或收账通知)1

年　月　日　第 6047 号

付款人	全　称		收款人	全　称	
	账　号			账　号	
	开户银行			开户银行	
人民币(大写)			千 百 十 万 千 百 十 元 角 分		
票据种类		票据张数		中国工商银行 虎泉支行 开户银行盖章	

此联是收款人开户银行交收款人的回单或收账通知

6.6 月 16 日，填写“转账支票”一份。

中国工商银行 转账支票存根 号码:5689 附加信息 出票日期　年　月　日 收款人: 金额: 用途: 单位主管　会计	本支票付款期限十天	中国工商银行转账支票　号码　5689 出票日期(大写)　年　月　日　付款行名称: 收款人:　出票人账号: 人民币(大写)　百 十 万 千 百 十 元 角 分 用途 上列款项请从 我账户内支付 出票人签章　（武汉天河有限责任公司 财务专用章）　复核　记账

7.6 月 16 日，收到“借款单”一份。

借 款 单

第 125 号

2013 年 6 月 16 日

单位或姓名	张东东
借款事由	出差
今收到人民币(大写)伍仟元整	￥5 000.00
领导审批:同意借支 5 000 元。 张湖光　2013.6.16	附注 现 金 收 讫

核准:李渊　　会计:胡琴磊　　出纳:　　借款人:张东东

8.6 月 19 日，收到“收据”付款联。

收　据

日期　2013 年 6 月 19 日　　№ 02578

今收到:武汉天河有限责任公司	收款方式:现金　现 金 收 讫
人民币(大写):贰仟元整	￥2 000.00
系　付:租包装箱押金	

第二联　付款单位

会计:张婁　　开票人:胡昌明　　收款单位盖章:（项 尖 公 司 财务专用章）

9.6 月 16 日，收到“增值税专用发票”的发票联与抵扣联，收到“材料入库验收单”的记账联，签发“转账支票”一份。

4471515022

增值税专用发票

№ 008954

国家税务总局监制

开票日期：2013 年 6 月 16 日

购货单位	名称：武汉天河有限责任公司 纳税人识别号：420110842903788 地址：武汉市东湖高新区光谷创业街 121 号 电话：027－54808382 开户行及账号：中国工商银行虎泉支行 12341234	密码区	488975A46231F45H6698755241 36687D94545C897621325478214 H581236P58794682369N985474 58M58

货物或应税劳务名称	规格型号	单位	数量	单价	金额	税率	税额
钢材	GZ	吨	40	5 000.00	200 000.00	17%	34 000.00
合计					￥200 000.00		￥34 000.00
价税合计(人民币大写)贰拾叁万肆仟元整					(小写) ￥234 000.00		

销货单位	名称：武汉芝兰有限责任公司 纳税人识别号：112257894526355 电话：13807255646 开户行及账号：工行武汉市 6 支行　账号 222333	备注：

第二联 发票联 购货方记账凭证

第三联 抵扣联 购货方抵扣凭证

收款人：肖水光　　复核：张中石　　开票人：李册　　销货单位(章)：

武汉芝兰有限责任公司 112257894526355 发票专用章

类别：原材料

材料入库验收单

编号：0254

验收日期：2013 年 6 月 16 日　　来源：芝兰公司

品名	规格	单位	数量		实际价格			
			来料	实际	单价	总价	运杂费	合计
钢材	GZ	吨	40	40	5 000	200 000		200 000.00

保管员：钱水沙　　检验员：刘世民

中国工商银行
转账支票存根
号码:5690
附加信息

出票日期　年　月　日

收款人:
金额:
用途:

单位主管　会计

本支票付款期限十天

中国工商银行转账支票　号码　5690
出票日期(大写)　年　月　日　付款行名称:
收款人:　出票人账号:

人民币 (大写)	百	十	万	千	百	十	元	角	分

用途________
上列款项请从
我账户内支付
出票人签章　武汉天河有限责任公司 财务专用章　复核　记账

10.6月30日,填制“内部转账单”销户。

内部转账单

转账日期:2013年6月30日　编号:02488

摘　要	金　额
“应收账款——大东公司”借方余额	
大东公司破产销户转入坏账准备	

复核:　制单:

11.6月30日,填制“坏账准备计算表”。

坏账准备计算表

2013年6月30日

项　目		行　次	金　额
应收款项期末余额		1	6 000 000.00
提取比例		2	0.5%
期末应有“坏账准备”贷方余额		3	
“坏账准备”账户现有余额	借方	4	
	贷方	5	300
期末应提坏账准备		6	
期末应冲坏账准备		7	

会计主管:　复核人:　制表人:

12.12月31日，收到“债务重组协议”一份，据以填制“内部转账单”。

债务重组协议

甲方：武汉天河有限责任公司　　　　　　　　　　　　　乙方：武汉尘土有限责任公司

鉴于甲乙双方均系依据中国法律在中国境内设立并合法存续的独立法人，具有履行本协议的权利能力和行为能力，有权独立做出处置自有资产决定，包括处分自有债权债务的决定；协议各方有意就其之间债权债务关系进行相应的抵销以实现债务重组的目的；故根据《中华人民共和国公司法》、《中华人民共和国债权法》以及其他有关法律、法规的规定，缔约双方就乙方资金困难偿债能力弱，甲方将减少债权的30%要求权，乙方在一个月内清偿对甲方的债务，达成如下协议：

一、甲乙双方确认

截至本合同签署之日，甲方对乙方有总额为2 000 000元整的债权待收回。

本协议各方同意并确认，乙方将在协议生效一个月内支付给甲方1 400 000元清偿对甲方的债务。

二、协议各方的承诺及保证

1.协议各方承诺及保证，签署和履行本协议已履行了各自全部必要的审核和批准程序，获得了所有必要的授权；

2.乙方同意并确认，自本协议生效之日起，即严格按照本协议约定履行债务的义务；

3.甲方同意并确认，作为债权人，将如约及时对乙方所欠债务进行消灭。

三、违约责任

……

四、争议解决

……

五、其他约定

1.本协议自各方授权代表签字并加盖公章之日起生效。

2.本协议正本一式两份，各方各执一份，具有同等法律效力。

3.本协议如有未尽事宜，由协议各方协商后另行签署相关补充协议。

甲方：武汉天河有限责任公司　　　　　　　　乙方：武汉尘土有限责任公司

法定代表人（或委托代理人）：钱桂芬　　　　法定代表人（或委托代理人）：沈东海

2013年12月31日

（印章：武汉天河有限责任公司 经济合同章）（印章：武汉尘土有限责任公司 经济合同章）

内部转账单

转账日期：2013年12月31日　　　　　　　　编号：02499

摘　要	金　额
“应收账款——尘土公司”借方余额	2 000 000.00
已提坏账准备	100 000.00
债务重组后将来应收金额	1 400 000.00
债务重组损失	

复核：　　　　　　　　　　　　制单：

2.2 应收及预付款项·工作任务·学生独立做

武汉晨光有限责任公司(以下简称晨光公司)为增值税一般纳税人,增值税税率为17%。纳税人识别号:420101032635924;地址:武汉东湖高新开发区121号,电话:027－86250966;开户行及账号:工行光谷支行003456。2014年发生如下经济业务,据以进行账务处理。

1.6月6日,据6月3日收到"银行承兑汇票"的第二联,填写"贴现凭证"。

银行承兑汇票 2

出票日期(大写)贰零壹肆年陆月零叁日　　汇票号码 00124750

出票人全称	武汉荣耀有限责任公司	收款人	全称	武汉晨光有限责任公司		
出票人账号	00421721		账号	00365762		
付款行全称	工行青山支行		开户银行	工商光谷支行	行号	11452450

出票金额		亿	千	百	十	万	千	百	十	元	角	分
	人民币(大写)柒拾万零贰仟元整			¥	7	0	2	0	0	0	0	0

汇票到期日(大写)	贰零壹肆年玖月零叁日	付款行	行号	12214242
承兑协议编号	22451255		地址	武汉市青山区友谊大道112街坊
本汇票请你行承兑,到期无条件付款。 出票人签章	本汇票已经承兑,到期日本行付款。 承兑行签章承兑日期 2013年6月1日	备注:		

此联持票人开户行到期要求出票人付款时作付款人开户行借方凭证附件

贴现凭证(收账通知)3

申请日期2014年6月6日　　　　第02547号

持票人	全称	武汉晨光有限责任公司	贴现汇票	种类	银行承兑汇票	号码 101892456
	账号	00365762		出票日	2014年6月3日	
	开户银行	工行光谷支行		到期日	2014年9月3日	
汇票承兑人		工行青山支行	账号	00421721	开户银行	工行青山支行

汇票金额		千	百	十	万	千	百	十	元	角	分
	人民币(大写)柒拾万贰仟元整		¥	7	0	2	0	0	0	0	0

贴现率(月)	0.8%	贴现利息	千	百	十	万	千	百	十	元	角	分	实付贴现金额	千	百	十	万	千	百	十	元	角	分

上述款项已入你单位账户 银行盖章 2014年6月6日	备注

此联贴现行给申请人的收款凭证

2.6 月 6 日，收到“增值税专用发票”及“产品出库单”的记账联，收到“武汉市公路、内河货物运输业统一发票”的发票联及抵扣联，填制“托收”凭证，去银行办理“托收”手续。

产品出库单

2014 年 6 月 6 日　　　　№ 058974

产品名称	计量单位	出库数量	提货单位	备注
甲产品	件	800	黄山公司	销售

保管：赵听　　　　复核：王保乐　　　　提货：王国立

第三联 会计记账

中国工商银行 光谷支行

全国统一发票监制章 国家税务总局监制

323265741

增值税专用发票

№ 2578124

开票日期：2014 年 6 月 6 日

购货单位	名称：武汉黄山有限责任公司 纳税人识别号：420101054842613 地址：武汉市江夏区庙山管委会 26 号 开户行及账号：工行庙山支行 00421726	密码区	12579A598689622//352G487941 2667F89926U65233Y11//52587 5631K186123189756D324169875 46589756641B12325876＃9236 ＊26812584578921D6589672132 589654789542

货物或应税劳务名称	规格型号	单位	数量	单价	金额	税率	税额
甲		件	800	100	80 000.00	17%	13 600.00
合计					¥80 000.00		¥13 600.00
价税合计（人民币大写）玖万叁仟陆佰元整					（小写）¥93 600.00		

销货单位	名称：武汉晨光有限责任公司 纳税人识别号：420101032635924 电话：02786250966 地址：东湖高新开发区 121 号 开户行及账号：工行光谷支行 003456	备注：货已发运，办理托收。

收款人：苏水生　　　　复核：范丛政　　　　开票人：熊高　　　　销货单位（章）：

第一联 记账联 销货方记账凭证

武汉市公路、内河货物运输业统一发票

发票号码：№254

2014年6月16日

收货人 纳税识别号	42010105 4842613	承运人 纳税识别号	421015 6897125	发货人 纳税识别号	420101032 635924
起运地 到达地	庙山 光谷			车(船)号	257852
运输项目 及费用	运输甲产品 800 件，运费 1 200.00			其他项目 及费用	
运费小计	1 200.00			其他费用小计	
运杂费合计人民币(大写)壹仟贰佰元整					¥1 200.00
扣缴税额 84.00　扣税率 7% 完税凭证号码					

第二联 发票联　第三联 抵扣联

承运人盖章：　　　　开票人：胡相非

托收凭证（受理回单）1

委托日期：2014年6月16日

业务类型	委托收款(□邮划、□电划)　托收承付(□邮划、□电划)							
付款人	全　称	武汉黄山有限责任公司		收款人	全　称	武汉晨光有限责任公司		
	账　号	00421726			账　号	00365762		
	地　址	湖北省 武汉市县	开户行 工行庙山支行		地　址	湖北省 武汉市县	开户行 工行光谷支行	
金额	人民币(大写)玖万肆仟捌佰元整							

亿	千	百	十	万	千	百	十	元	角	分
			¥	9	4	8	0	0	0	0

款项内容	销售甲产品	托收凭据名称	增值税发票及运单	附寄单证张数	3
商品发运情况	已托运			合同名称号码	25687
备注： 复核　记账		款项收妥日期 年　月　日		收款人开户银行签章 年　月　日	

此联作收款人开户银行给收款的受理回单

3.6 月 17 日，根据支票填写进账单，取得开户行盖章后的进账单回单据以进行账务处理。

中国工商银行进账单(回单或收账通知)1

年　　月　　日　　　　　　第 3636 号

付款人	全　称		收款人	全　称	
	账　号			账　号	
	开户银行			开户银行	

人民币(大写)	千	百	十	万	千	百	十	元	角	分

票据种类		票据张数		中国工商银行 光谷支行 开户银行盖章

此联是收款人开户银行交收款人的回单或收账通知

4.6 月 18 日，开出“转账支票”一张。

中国工商银行 转账支票存根 号码:5689	中国工商银行转账支票　　号码　5689
附加信息	出票日期(大写)　　年　　月　　日　付款行名称:
	收款人:　　　　　　出票人账号:
出票日期　　年　月　日	人民币(大写)　百 十 万 千 百 十 元 角 分
收款人:	本支票付款期限十天
金额:	用途
用途:	上列款项请从 我账户内支付 出票人签章　　武汉晨光有限责任公司 财务专用章
单位主管　　会计	复核　　记账

5.6 月 18 日，收到“领款单”一张。

领 款 单

第 0365 号

2014 年 6 月 18 日

单位或姓名	销售部	
领款事由	市场调查误餐补贴	
今收到人民币(大写)陆仟元整		¥6 000.00
领导审批:同意补贴 6 000 元。 王纯平　2013.6.16		附注　现 金 收 讫

核准:张丝丝　　　会计:肖水为　　　出纳:　　　借款人:钱庄子

6.6 月 20 日，收到“收据”的付款单位联。

收 据

日期 2014 年 6 月 20 日　　No 09637

交款单位：武汉晨光有限责任公司　　交款方式：现金　[现 金 收 讫]

人民币（大写）：壹仟元整　　¥1 000.00

收款事由：租包装箱押金

第二联 付款单位

会计：吴利玉　　开票人：贾兰兰　　收款单位盖章　[武汉山河有限责任公司 财务专用章]

7.6 月 23 日，收到“网上银行转账凭证”的收账通知联。

网上银行转账凭证（收账通知）

电子回单号：2541725

回单类型：网上转账汇款			指令序号：98		
收款人	户名	武汉晨光有限责任公司	付款人	户名	秋叶有限责任公司
	卡（账）号	003456		卡（账）号	0056560
	地区	武汉		地区	武汉
	网点	光谷		网点	东西湖
币种	人民币		钞汇标志	人民币	
金额	¥40 000.00		手续费	¥0.00	
合计	人民币（大写）：肆万元整				
交易	2014 年 6 月 23 日		时间戳		
用途	货款				
附言	因资金困难，欠款叁年，迟付为歉。				
验证码	2645				
记账网点	光谷	记账柜员	宋吟出	记账时间	2014 年 6 月 23 日

[中国工商银行 光谷支行]

8.2014 年 12 月 30 日，填制“坏账准备计算表”。

坏账准备计算表

2014 年 12 月 30 日

项　目		行　次	金　额
应收款项期末余额		1	8 000 000.00
提取比例		2	0.5%
期末应有“坏账准备”贷方余额		3	
“坏账准备”账户现有余额	借方	4	5 000.00
	贷方	5	
期末应提坏账准备		6	
期末应冲坏账准备		7	

会计主管：　　　　复核人：　　　　制表人：

金融资产

3.1 金融资产·工作任务·师生教学做

武汉天河有限责任公司(以下简称天河公司)为增值税一般纳税人,增值税税率为17%。纳税人识别号:420110842903788;地址:武汉市东湖高新区光谷创业街121号,电话:027—54808382;开户行及账号:中国工商银行虎泉支行12341234。2013～2014年发生如下经济业务,据以进行账务处理。

1.2013年1月1日,收到"证券成交过户交割单"一张,取得"上海证券报公告复件"一份。

证券成交过户交割单

交割日期 2013年1月1日　　　　业务名称:股票卖出

证券代码	600202	成交数量	20 000股
证券名称	远程公司	成交价	9.50
股东账户	A25268701	佣金	1 300.00
客户名称	武汉天河公司	印花税	75.00
申请编号	2536	手续费	0
成交编号	6875	成交金额	191 375.00
申报时间	1106	资金余额	48 625.00
成交时间	1109	币种	人民币

(湖北证券公司 业务章)

(注:股票准备随时变现)

（上海证券报公告复件）

远程公司 2012 年度分红派息实施公告

本公司董事会及全体董事保证本公告内容不存在任何虚假记载、误导性陈述或者重大遗漏，并对其内容的真实性、准确性和完整性承担个别及连带责任。

重要内容提示：

每股派发现金股利 0.50 元（含税）。

持有公司股份个人股东，扣税前每股现金红利 0.50 元。

股权登记日：2012 年 10 月 10 日

除息日：2012 年 10 月 15 日

现金红利发放日：2013 年 1 月 20 日

远程公司

2012 年 10 月 1 日

2.2013 年 1 月 1 日，收到“公司债券”一张，收到“工商银行业务收费凭证”缴款人收执一份；签发“转账支票”一份。

荣升公司债券　0002540012

期限：五年　　年利率：10%

人民币**贰拾万元整**　￥200 000.00

发券日期：2013 年 1 月 1 日

法人代表：张本图　经办：赵国立　出纳：熊前方

代理机构：工商银行虎泉支行

荣升有限责任公司 财务专用章

中国工商银行业务收费凭证

币别：人民币　　　　2013 年 1 月 1 日　　　　流水号：12457820145000258

付款人：武汉市天河公司			账号：12341234		
项目名称	工本费	手续费	电子汇划费	代理费用	其他
代理发行债券		500.00			
金额（大写）伍佰元整					￥500.00
付款方式	支票				
中国工商银行 虎泉支行				银行签章	

第二联 缴款人收执

会计主管：范仲淹　　复核：潘晗子　　出纳：水均为　　经办：洪亮

中国工商银行 转账支票存根 号码：2578	中国工商银行转账支票　　号码　2578
附加信息：折价购买荣升公司债券，该债券实际利率为12%	出票日期(大写)　贰零壹叁年零壹月零壹日　付款行名称：虎泉支行
出票日期 2013 年 1 月 1 日	收款人：虎泉支行　出票人账号：12341234
收款人：虎泉支行	人民币(大写)壹拾捌万伍仟伍佰元整　¥185 500.00
金额：185 500.00	本支票付款期限十天
用途：购买债券	用途：购荣升公司债券 上列款项请从 我账户内支付 出票人签章　（印章：武汉天河有限责任公司 财务专用章）　复核　记账
单位主管　会计	

人民币	百	十	万	千	百	十	元	角	分
(大写)壹拾捌万伍仟伍佰元整	¥	1	8	5	5	0	0	0	0

3.2013 年 1 月 20 日，收到转账支票一份，据以开出“收据”，填制“进账单”送存银行。

收　据

2013 年 1 月 20 日　　　　编号：2541

今收到：远程公司	收款方式：转账支票
人民币(大写)：壹万元整	¥10 000.00
系　　付：现金股利	

第二联　会计记账

单位盖章：　　会计　　出纳：　　经手人：

中国工商银行进账单(回单或收账通知)1

2013 年 1 月 20 日　　　　第 12547 号

付款人	全　称	远程公司	收款人	全　称	天河公司
	账　号	0214547		账　号	12341234
	开户银行	武汉市工行		开户银行	武汉市工行虎泉支行

人民币(大写)	千	百	十	万	千	百	十	元	角	分
壹万元整			¥	1	0	0	0	0	0	0

票据种类	转账支票	票据张数	1
票据号码			
复核　记账			

（印章：中国工商银行 虎泉支行）　开户银行盖章

此联是收款人开户银行交收款人的回单或收账通知

4.2013 年 1 月 31 日，编制“公允价值变动计算表”。

公允价值变动计算表

年　　月　　日

证券名称	账面价值	期末市价	公允价值变动

制表：

5.2013 年 4 月 8 日，取得“上海证券报公告复件”一份，据以编制“投资收益计算表”。

（上海证券报公告复件）

远程公司 2013 年度分红派息实施公告

本公司董事会及全体董事保证本公告内容不存在任何虚假记载、误导性陈述或者重大遗漏，并对其内容的真实性、准确性和完整性承担个别及连带责任。

重要内容提示：

每股派发现金股利 0.40 元(含税)。

持有公司股份个人股东，扣税前每股现金红利 0.40 元。

股权登记日：2013 年 4 月 1 日

除息日：2013 年 4 月 5 日

现金红利发放日：2013 年 5 月 5 日

远程公司

2013 年 4 月 6 日

投资收益计算表

年　　月　　日

证券名称	持股数量	每股发放股利	投资收益

制表：

6.2013 年 4 月 9 日，收到“股票成交过户交割单”一张。

股票成交过户交割单

交割日期 2013 年 4 月 9 日　　　　业务名称：股票卖出

证券代码	600202	成交数量	20 000 股
证券名称	远程公司	成交价	10.30
股东账户	A252525	佣金	580.00
客户名称	武汉菲尔公司	印花税	1 120.00
申请编号	02568	手续费	0
成交编号	78963	成交金额	204 300.00
申报时间	1015	资金余额	252 925.00
成交时间	1019	币种	人民币

7.2013 年 12 月 31 日，填制“内部转账单”。填制“荣升公司债券投资利息计算表”。

荣升公司债券投资利息计算表(实际利率法)

日　　期	期初摊余成本	实际利息（投资收益）	现金流入（应收利息）	期末摊余成本
①	②	③＝②×12%	④＝面值×10%	⑤＝②＋③－④

制表：

内部转账单

年　　月　　日　　　　编号：

摘　　要	金　　额
持有至到期投资——成本(账户期初余额)	
持有至到期投资的账面价值(成本＋应计利息＋利息调整)（账户期初余额）	
本期：应收利息［票面价值×票面利率］	
本期：实际利息收入(投资收益)［账面价值×实际利率］	
本期：持有至到期投资——利息调整(差额)	

制表：　　　　　　　　复核：

8.2014 年 4 月 9 日，收到“华泰证券营业部成交过户交割单”。

股票成交过户交割单

交割日期 2014 年 4 月 9 日　　　　业务名称：买股票

证券代码	600333	成交数量	100 000 股
证券名称	锡业股份	成交价	15.00
股东账户	A887887	佣金	20 000.00
客户名称	武汉天河公司	印花税	900.00
申请编号	02588	手续费	1 000.00
成交编号	9654	成交金额	1 521 900.00
申报时间	1016	资金余额	178 100.00
成交时间	1021	币种	人民币

9.2014 年 4 月 30 日，编制“公允价值变动计算表”。

公允价值变动计算表

年　　月　　日

证券名称	账面价值	期末市价	公允价值变动

制表：

3.2 金融资产·工作任务·学生独立做

武汉晨光有限责任公司(以下简称晨光公司)为增值税一般纳税人,增值税税率为17%。纳税人识别号:420101032635924;地址:武汉东湖高新开发区121号,电话:027－86250966;开户行及账号:工行光谷支行003456。2014年发生如下经济业务,据以进行账务处理。

1.1月1日,收到"股票成交过户交割单"一张,取得"上海证券报公告复件"一份。

股票成交过户交割单

交割日期 2014年1月1日　　业务名称:股票买入

证券代码	600561	成交数量	40 000股
证券名称	东山公司	成交价	9.00
股东账户	36980255	佣金	1 500.00
客户名称	武汉晨光公司	印花税	85.00
申请编号	08965	手续费	0
成交编号	012578	成交金额	361 585.00
申报时间	1102	资金余额	38 415.00
成交时间	1108	币种	人民币

湖北证券公司 业务章

(注:股票准备随时变现)

(上海证券报公告复件)

东山公司2013年度分红派息实施公告

本公司董事会及全体董事保证本公告内容不存在任何虚假记载、误导性陈述或者重大遗漏,并对其内容的真实性、准确性和完整性承担个别及连带责任。

重要内容提示:

每股派发现金股利0.40元(含税)。

持有公司股份个人股东,扣税前每股现金红利0.40元。

股权登记日:2013年11月11日

除息日:2013年11月15日

现金红利发放日:2014年1月21日

东山公司

2013年12月21日

2.1 月 1 日，收到“凭证式债券”一张。

中华人民共和国凭证式国债收款凭证

中国工商银行　　　　　　　　　　　　　　　　　　编号:0206022

购买日期	印密	年度	期次	期限	年利率	到期日期	柜员号
20140101	* * * *	2014	1	3 年	10%	20170101	0225

账号:003456　　　　　　　　　户名:武汉市晨光公司

金额(大、小写)　伍拾万元整　　　　　　　　¥500 000.00

银行签章　（中国工商银行 光谷支行）

兑取日期		计算天数		年利率	利息	柜员号

兑取时:复核　　出纳　　记账　　购买时:复核肖暑光　　出纳王顺圩　　记账

第二联　缴款人收执

3.1 月 1 日，收到“凭证式债券”一张。

凭证式公司债券

第 055066022 号

购买日期 2013 年 1 月 1 日

债券投资人	武汉晨光有限责任公司
债券发行人	黑土公司
债券面值	人民币(大写)伍佰万元整　¥5 000 000.00
债券票面利率	8%
债券发行价	4 625 000.00
佣金	30 000.00
印花税	1 200.00
实收金额	人民币(大写)肆佰陆拾伍万陆仟贰佰元整　¥4 656 200.00
付息方式	到期还本付息
债券期限	3 年(2014 年 1 月 1 日至 2017 年 1 月 1 日)
备注	实际利率 10%

柜员号:0303666　　　　　　　　债券发行人:（黑土有限责任公司 财务专用章）

第二联　缴款人收执

4.1 月 31 日，编制“公允价值变动计算表”。

公允价值变动计算表

年　　月　　日

证券名称	账面价值	期末市价	公允价值变动

制表：

5.12 月 31 日，取得“上海证券报公告复件”一份，据以编制“投资收益计算表”。

（上海证券报公告复件）

东山公司 2014 年度分红派息实施公告

本公司董事会及全体董事保证本公告内容不存在任何虚假记载、误导性陈述或者重大遗漏，并对其内容的真实性、准确性和完整性承担个别及连带责任。

重要内容提示：

每股派发现金股利 0.20 元（含税）。

持有公司股份个人股东，扣税前每股现金红利 0.20 元。

股权登记日：2014 年 12 月 21 日

除息日：2014 年 12 月 25 日

现金红利发放日：2015 年 1 月 2 日

东山公司

2014 年 12 月 21 日

投资收益计算表

年　　月　　日

证券名称	持股数量	每股发放股利	投资收益

制表：

6.12 月 31 日，收到“股票成交过户交割单”一张。

股票成交过户交割单

交割日期 2014 年 12 月 31 日　　　　业务名称：股票卖出

证券代码	600561	成交数量	40 000 股
证券名称	东山公司股票	成交价格	10.00
股东账户	A36980255	佣金	1 200.00
客户名称	武汉光磊公司	印花税	95.00
申请编号	0802520	手续费	0
成交编号	0125989	成交金额	398 705.00
申报时间	0909	资金余额	437 120.00
成交时间	0910	币种	人民币

湖北证券公司 业务章

7.12 月 31 日，填制“内部转账单”及“黑土公司债券投资利息计算表”。

内部转账单

年　　月　　日　　　　编号：

摘　　要	金　　额
持有至到期投资——成本(账户期初余额)	
持有至到期投资的账面价值(成本＋应计利息＋利息调整)(账户期初余额)	
本期：应收利息［票面价值×票面利率］	
本期：实际利息收入(投资收益)［账面价值×实际利率］	
本期：持有至到期投资——利息调整(差额)	

制表：　　　　　　复核：

黑土公司债券投资利息计算表(实际利率法)

日　　期	期初摊余成本	实际利息 (投资收益)	现金流入 (应收利息)	期末摊余成本
①	②	③＝②×10%	④	⑤＝②＋③－④

存　货

4.1　存货·工作任务·师生教学做

武汉天河有限责任公司(以下简称天河公司)为增值税一般纳税人,增值税税率为17%。纳税人识别号:420110842903788;地址:武汉市东湖高新区光谷创业街121号,电话:027—54808382;开户行及账号:中国工商银行虎泉支行12341234。2014年10月发生如下经济业务,据以进行账务处理。

1.5日,取得"增值税专用发票"的发票联及抵扣联,签发"转账支票"一份。

4471515022　　**增值税专用发票**　　№ 00254789

(印章:全国统一发票监制章　国家税务总局监制)

开票日期:2014年10月5日

购货单位	名称:武汉天河有限责任公司 纳税人识别号:420110842903788 地址:武汉市东湖高新区光谷创业街121号 电话:027—54808382 开户行及账号:工商银行虎泉支行12341234	密码区	65895D111G441W551165447895 21355789894856X6988776665555 88G5552V2226S662676D6666474 66F6657E658466E66647866G669 866H666E6657

货物或应税劳务名称	规格型号	单位	数量	单价	金额	税率	税额
甲		吨	50	6 500	325 000.00	17%	55 250.00
乙		吨	80	8 000	640 000.00	17%	108 800.00
合计					¥965 000.00		¥164 050.00

价税合计(人民币大写)壹佰壹拾贰万玖仟零伍拾元整　　(小写)　¥1 129 050.00

销货单位	名称:达成公司 纳税人识别号:20365047800547 地址:武汉市东西湖沙湖45号 电话:027868686 开户行及账号:中国工商银行东西湖支行0024786	备注:料已入库,采用计划成本计价。 (印章:武汉市东西湖达成公司　20365047800547　发票专用章)

收款人:　　复核:　　开票人:　　销货单位(章):

第二联　发票联　购货方记账凭证

第三联　抵扣联　购货方抵扣凭证

中国工商银行 转账支票存根 号码:3789	中国工商银行转账支票　　号码 3789
附加信息	出票日期(大写)　年　月　日　付款行名称: 收款人:　出票人账号:
出票日期　年　月　日	本支票付款期限十天
收款人:	用途
金额:	上列款项请从 我账户内支付 出票人签章　（武汉天河有限责任公司 财务专用章）　复核　记账
用途:	
单位主管　会计	

人民币 (大写)	百	十	万	千	百	十	元	角	分

2.5 日，取得“增值税专用发票”的发票联及抵扣联，签发“转账支票”一份，收到“材料入库单”的记账联。

4471515022　　（全国统一发票监制章 国家税务总局监制）

增值税专用发票

№ 002789145

开票日期:2014 年 10 月 6 日

购货单位	名称:武汉天河公司 纳税人识别号:420110842903788 地址:武汉市东湖高新区光谷创业街 121 号 电话:027－54808382 开户行及账号:中国工商银行虎泉支行 12341234	密码区	5658D98R8566D＊4566＊879667 7S9W＊＊//56789S5512300S666 9874125G336/＊6524623D444K 66653217D6547569742612324D3 5E35254

货物或应税劳务名称	规格型号	单位	数量	单价	金额	税率	税额
木材		立方米	500	800.00	400 000.00	17%	68 000.00
合计					¥400 000.00		¥68 000.00
价税合计(人民币大写)肆拾陆万捌仟元整					(小写) ¥468 000.00		

销货单位	名称:建达林场 纳税人识别号:802578236045011 地址:武汉市东湖 电话:027865959 开户行及账号:中国工商银行东湖支行 2258769	备注:料入库，采用实际成本计价。

收款人:　　复核:　　开票人:　　销货单位(章):（武汉市东湖建达林场 802578236045011 发票专用章）

第二联 发票联 购货方记账凭证

第三联 抵扣联 购货方抵扣凭证

材料入库单

供货单位：建达林场　　　　2014 年 10 月 6 日　　　　编号：025876

品名	单位	数量		实际成本			备注
		应收	实收	买价	运杂费	合计	
木材	立方米	500	500	400 000		400 000	实际成本计价

第三联　会计记账

保管员：张小东　　　　检验员：胡适　　　　主管：张纯

中国工商银行
转账支票存根
号码：3789
附加信息

出票日期　　年　　月　　日

收款人：
金额：
用途：

单位主管　　会计

本支票付款期限十天

中国工商银行转账支票　　　　号码　3789

出票日期(大写)　　　年　　月　　日　付款行名称：

收款人：　　　　　　　　　　　　　　出票人账号：

人民币 (大写)	百	十	万	千	百	十	元	角	分

用途________

上列款项请从

我账户内支付

出票人签章　　武汉天河有限责任公司　财务专用章　　　复核　　　记账

3.7 日，收到“材料入库单”的记账联，取得“增值税专用发票”的发票联及抵扣联。

4471515022　　　　**增值税专用发票**　　　　№ 002784736

（全国统一发票监制　国家税务总局监制）

开票日期：2014 年 10 月 7 日

购货单位	名称：武汉天河公司 纳税人识别号：420110842903788 地址：武汉市东湖高新区光谷创业街 121 号 电话：027－54808382 开户行及账号：中国工商银行虎泉支行 12341234				密码区	12354789 * 8412 * 236546D1245 6W632789225462100T31 * 554 * * FER12546K247169G12347 D458H24796532E789	
货物或应税劳务名称	规格型号	单位	数量	单价	金额	税率	税额
燃料		吨	40	500.00	20 000.00	17%	3 400.00
合计					¥20 000.00		¥3 400.00
价税合计（人民币大写）贰万叁仟肆佰元整					（小写）　¥23 400.00		
销货单位	名称：武汉市燃料公司 纳税人识别号：20005630089414 地址：武汉市街道口 电话：02782659879 开户行及账号：中国工商银行街道口支行 26587411				备注：料入库 39 吨，采用实际成本计价 （武汉市燃料公司　20005630089414　发票专用章）		

第二联　发票联　购货方记账凭证

第三联　抵扣联　购货方抵扣凭证

收款人：段海生　　　复核：黄娟　　　开票人：李磊　　　销货单位(章)：

材料入库单

供货单位：武汉市燃料公司　　　2014 年 10 月 7 日　　　编号：0810103

品名	单位	数量		实际成本			备注
		应收	实收	买价	运杂费	合计	
燃料	吨	40	39	19 500		19 500	短缺 1 吨

第三联　会计记账

保管员：张小东　　　检验员：潘杰校　　　主管：张纯

4.12 日，收到“材料购进短缺报告单”一份，收到红字“增值税专用发票”的发票联及抵扣联，签发“转账支票”一张。

4471515022

增值税专用发票(红字)

№ 0435876

开票日期：2014 年 10 月 12 日

购货单位	名称：武汉天河公司 纳税人识别号：420110842903788 地址：武汉市东湖高新区光谷创业街 121 号 电话：027－54808382 开户行及账号：中国工商银行虎泉支行 12341234				密码区	25789F693241E147＊＊＊J3654 71452D369W1236S566K336J987 44H23333B9997MM7423N5664 12C33N/96333XC556475F2	
货物或应税劳务名称	规格型号	单位	数量	单价	金额	税率	税额
燃料		吨	1	500.00	500.00	17%	85.00
合计					￥500.00		￥85.00
价税合计(人民币大写)伍佰捌拾伍元整					(小写) ￥585.00		
销货单位	名称：武汉市燃料公司 纳税人识别号：20005630089414 地址：武汉市街道口 电话：02782659879 开户行及账号：中国工商银行街道口支行 26587411				备注：短缺 1 吨，红字发票退货。		

第二联 发票联 购货方记账凭证　　第三联 抵扣联 购货方抵扣凭证

收款人：段海生　　复核：黄娟　　开票人：李磊　　销货单位(章)：

武汉市燃料公司 20005630089414 发票专用章

材料购进短缺报告单

2014 年 10 月 8 日

品名	单位	应收数量	实收数量	单价	短缺数量	短缺金额
燃料	吨	40	39	500	1	500
供货单位：	武汉市燃料公司		处理意见：退货		短缺原因：供货方少发货	

保管：张小东　　复核：袁波　　主管：张纯

中国工商银行 转账支票存根 号码：3789 附加信息 出票日期　　年　月　日 收款人： 金额： 用途： 单位主管　　会计	本支票付款期限十天	中国工商银行转账支票　　号码　3789 出票日期（大写）　　年　　月　　日　付款行名称： 收款人：　　　　　　　　　　　　出票人账号： 人民币（大写）　百 十 万 千 百 十 元 角 分 用途 上列款项请从 我账户内支付 出票人签章　　　　　复核　　　记账

5.14 日，取得两份"增值税专用发票"的发票联及抵扣联，收到"托收"凭证的付款通知联，编制"材料运费分配表"，收到"材料入库单"记账联。

4471515022　　　　**增值税专用发票**　　　　№ 06879412

开票日期：2014 年 10 月 14 日

购货单位	名称：武汉天河公司 纳税人识别号：420110842903788 地址：武汉市东湖高新区光谷创业街 121 号 电话：027－54808382 开户行及账号：中国工商银行虎泉支行 12341234				密码区	52647966A644861D5894463ZA64 46745619F789965DG86546F8753 789007564D3789H87543X6789 ＊＊NM587463215C987110047 896012	
货物或应税劳务名称	规格型号	单位	数量	单价	金额	税率	税额
钢钳		个	100	26.00	2 600.00	17%	442.00
扳手		个	180	15.00	2 700.00	17%	459.00
锤子		个	120	30.00	3 600.00	17%	612.00
合计					¥8 900.00		1 513.00
价税合计（人民币大写）壹万零肆佰壹拾叁元整					（小写）　¥10 413.00		
销货单位	名称：上海市五金公司 纳税人识别号：02155887745636 地址：上海市黄蒲路 55 号 电话：02012578451 开户行及账号：中国工行上海市黄蒲路支行 02154120				备注：料入库，采用实际成本计价。		

收款人：贾兰兰　　　复核：郭珍珍　　　开票人：杨梅红　　　销货单位（章）：

第二联　发票联　购货方记账凭证
第三联　抵扣联　购货方抵扣凭证

2574985

货物运输业增值税专用发票

发票号码:№ 2578960

开票日期:2014 年 10 月 14 日

承运人纳税识别号	112626232358745	密码区	1235G6D98R566D698566+J855D66689 9T99666W6655S7891444TR32S49W+ 6+95*2254789 在 367123
实际受票方纳税识别号			
收货人纳税识别号	420110842903788	发货人纳税识别号	02155887745636
起运地、到达地	上海市至武汉市		
费用项目及金额	运输费	运输货物信息	专用工具
合计金额 ¥1 000.00	税率 11%	税额	¥110.00
价税合计(大写)壹仟壹佰壹拾元整			¥1 110.00
车(船)种车号 AB587	车船吨位	2吨	
主管税务机关及代码	2578941254	备注:	

现金付讫

武汉市阳光运输公司 112626232358745 发票专用章

收款人:朱建飞　　复核:文申泽　　开票人:部海芳　　承运人:

第二联 发票联　第三联 抵扣联

材料采购运费分配表

年　月　日　　　　第　号

材料名称	分配标准(买价)	分配率	应分配金额	备注
钢钳				
扳手				
锤子				
合计				

制单:　　　　复核:

材料入库单

供货单位:上海市五金公司　　2014 年 10 月 14 日　　编号:0810104

品名	单位	数量		实际成本			备注
		应收	实收	买价	运杂费	合计	
钢钳	个	100	100				
扳手	个	180	180				
锤子	个	120	120				
合计							

保管员:张小东　　检验员:余姗姗　　主管:张纯

第三联 会计记账

托收凭证(付款通知)5

委托号码:第1347号

委托日期:2014年10月14日 付款期限:2014年10月14日

业务类型		委托收款(□邮划、□电划)　　托收承付(□邮划、☑电划)			
付款人	全　称	天河公司	收款人	全　称	上海市五金公司
	账　号	12341234		账　号	02154120
	开户银行	工行虎泉支行		开户银行	工行上海市黄浦路支行

委收金额	人民币(大写):壹万零肆佰壹拾叁元整	千	百	十	万	千	百	十	元	角	分
			¥	1	0	4	1	3	0	0	

款项内容	销货款	委托收款凭据名称	增值税专用发票	附寄单证张数	2

备注:	付款人开户银行签章	付款人注意:
付款人开户银行收到日期 2014年10月14日 复核　　记账	中国工商银行 虎泉支行 付款人开户银行签章 2014年10月14日	1.根据支付结算办法,上列委托收款款项在付款期限内未提出拒付,即视为同意付款,以此代付款通知。 2.如需提出全部或部分拒付,应在规定期限内,将拒付理由书并附债务证明退开户银行。

此联是付款人开户银行给付款人的付款通知

6.16日,取得"增值税专用发票"的发票联及抵扣联,收到"材料入库单"的记账联。填制"委托加工物资成本计算单"。

委托加工物资成本计算单

2014年10月6日

品名	受托加工单位	发出材料成本	加工费	其他	合计
包装箱	精家公司				

制单:　　　　复核:

材料入库单

供货单位:精家公司　　　　2014年10月16日　　　　编号:0810109

品名	单位	数量		实际成本			备注
		应收	实收	买价	运杂费	合计	
包装箱	只	600	600	38 036		38 036	委托加工完工

第三联 会计记账

保管员:张小东　　　　检验员:刘武英　　　　主管:张纯

4471515022

增值税专用发票

№ 051427852

开票日期:2014 年 10 月 16 日

购货单位	名称:武汉天河有限责任公司 纳税人识别号:420110842903788 地址:武汉市东湖高新区光谷创业街 121 号 电话:027－54808382 开户行及账号:中国工商银行虎泉支行 12341234				密码区	1236879D123654H36472559D 4784466213556493C644B5＊＊5 5C4656766436J46005D566974 667899454//2513642D364K33	
货物或应税劳务名称	规格型号	单位	数量	单价	金额	税率	税额
加工木箱		只	600	30	1 800.00	17%	306.00
合计					￥1 800.00		￥306.00
价税合计(人民币大写)贰仟壹佰零陆元整					（小写） ￥2 106.00		
销货单位	名称:精家公司 纳税人识别号:256784512654223 地址:武汉市街道口 电话:02786457823 开户行及账号:中国工商银行洪山支行 26782678				备注:采用实际成本计价。		

收款人:刘线海　　复核:汤孙伯　　开票人:魏巧红　　销货单位(章):

第二联 发票联 购货方记账凭证

第三联 抵扣联 购货方抵扣凭证

（印章：全国统一发票监制章 国家税务总局监制；现金付讫；精家有限责任公司 256784512654223 发票专用章）

7.16 日，收到“增值税专用发票”及“产品出库单”记账联，收到“银行汇票”一张，根据银行汇票填写进账单送开户银行进账。

中国工商银行进账单(回单或收账通知)1

2014 年 10 月 16 日　　第 12478 号

付款人	全　称	步高公司	收款人	全　称									
	账　号	024517001		账　号									
	开户银行	工行武汉东湖支行		开户银行									
人民币（大写）				千	百	十	万	千	百	十	元	角	分
票据种类		票据张数											
票据号码				中国工商银行 虎泉支行									
复核　记账				开户银行盖章									

此联是收款人开户银行交收款人的回单或收账通知

4471515022　　　　**增值税专用发票**　　　　№ 04172354

开票日期：2014 年 10 月 16 日

<table>
<tr><td>购货单位</td><td colspan="4">名称：步高公司
纳税人识别号：01457451241
地址：武汉东湖
电话：02788625994
开户行及账号：工行武汉东湖支行 024517001</td><td>密码区</td><td colspan="3">2564789923＊＊254///35467895
2213125F125467D33698745H241
562155＊＊74125874125874125
DE3658</td></tr>
<tr><td colspan="2">货物或应税劳务名称</td><td>规格型号</td><td>单位</td><td>数量</td><td>单价</td><td>金额</td><td>税率</td><td>税额</td></tr>
<tr><td colspan="2">B
合计</td><td></td><td>台</td><td>200</td><td>2 100.00</td><td>420 000.00
¥420 000.00</td><td>17%</td><td>71 400.00
¥71 400.00</td></tr>
<tr><td colspan="9">价税合计（人民币大写）肆拾玖万壹仟肆佰元整　　　　（小写）　¥491 400.00</td></tr>
<tr><td>销货单位</td><td colspan="5">名称：武汉天河有限责任公司
纳税人识别号：420110842903788
地址：武汉市东湖高新区光谷创业街 121 号
电话：027－54808382
开户行及账号：中国工商银行虎泉支行 12341234</td><td colspan="3">备注：商品已发出，款已进账。</td></tr>
</table>

第一联　记账联　销货方记账凭证

收款人：李坤广　　复核：王晗金　　开票人：童音　　销货单位（章）：

产品出库单

2014 年 10 月 16 日　　　　编号：0811407

产品名称	计量单位	出库数量	提货单位	备注
B	台	200	步高公司	销售

第三联　会计记账

保管：舒畅英　　复核：唐伯希　　提货：李晨钟

8.16 日，收到“产品入库单”的记账联一份。

产品入库单

2014 年 10 月 16 日　　　　编号:25879

产品名称	计量单位	实收数量	单位成本	总成本
A 产品	台	5 000	1 600.00	8 000 000
B 产品	台	4 000	1 800.00	7 200 000
C 产品	台	7 000	900.00	6 300 000
合计				21 500 000.00
备注	基本生产车间交来完工合格品。			

第三联　会计记账

保管员:舒畅英　　　　检验员:方肖林　　　　主管:何清清

9.30 日，采用先进先出法计算发出材料成本。

数量金额式　明细分类账

类别:原材料　　　　品名:木材　　　　计量单位:立方米

2014 年		号数	摘要	收入(借方)			发出(贷方)			结存(余额)		
月	日			数量	单价	金额	数量	单价	金额	数量	单价	金额
10	1		期初							300	1 000	300 000
10	5		购入	500	800	400 000						
10	10		发出				700					
10	20		购入	200	900	180 000						
10	25		发出				200					

10.30 日，填制“计划成本计价的材料入库汇总表”。

计划成本计价的材料入库汇总表

2014 年 10 月 30 日

材料名称		计量单位	计划单价	材料来源(贷记科目)	本期收入			
					数量	实际成本	计划成本	成本差异
原材料	甲材料	吨	6 450	材料采购——达成公司	50			
	乙材料	吨	8 010	材料采购——达成公司	80			
	合　计							

保管员:张小东　　　　检验员:沈当当　　　　主管:张纯

11.30日，收到“发料凭证汇总表”，填制“材料成本差异率计算表”。

发料凭证汇总表

2014年10月30日

用途	明细科目	甲、乙材料计划成本	甲、乙材料成本差异额	周转材料	实际成本合计	备注
生产成本	A产品	360 000.00				
	B产品	550 000.00				
车间机物料消耗		—	—	9 000.00	9 000.00	领工具五五摊销
厂部		—	—	1 200.00	1 200.00	
对外出租包装物		—	—	8 000.00	8 000.00	分4次摊销
合计						

保管员：张小东　　记账员：　　主管：张纯

材料成本差异率计算表

2014年10月30日

材料类别		期初余额		本期收入		差异率
		原材料（计划成本）	材料成本差异	计划成本	材料成本差异	
原材料	甲材料	126 000.00	630.00			
	乙材料	220 000.00	1 100.00			
合　计						

保管员：张小东　　记账员：　　主管：张纯

12.31日，收到“报废低值易耗品汇总表”与“材料入库单”会计记账联。

低值易耗品报废单

报废部门：基本生产车间　　2014年10月31日　　第0225号

项目	数量	成本金额	本期摊销金额	残值	备注
钢钳	80个	1 200.00		20.00	1.超期使用而报废。 2.残料作价入库 3.采用“五五摊销”
扳手	60个	960.00		16.00	
合计		2 160.00		36.00	

保管：张小东　　复核：陈佃炎　　主管：刘传艺

材料入库单

供货单位：基本生产车间　　　　2014 年 10 月 31 日　　　　编号：0810114

品名	单位	数量		实际成本			备注
		应收	实收	买价	运杂费	合计	
废铁						36	残料

第二联　会计记账

保管员：张小东　　　　检验员：潘杰校　　　　主管：张纯

13.31 日，收到“材料盘存报告单”。

材料盘存报告单

2014 年 10 月 31 日

总账科目	明细科目	计量单位	盘存数量	账存数量	盘盈数量	盘亏数量	单价	金额	原因及处理
原材料	修理用备件	件	205	210			500	2 500	盘亏是由于管理不善导致的，仓库保管员赔偿 60%

保管：张小东　　　　复核：陈佃炎　　　　主管：刘传艺

14.31 日，收到“库存商品期末可变现净值报告表”，填制“库存商品跌价准备计提表”。

库存商品期末可变现净值报告表

2014 年 10 月 31 日

科目名称	明细科目	计量单位	结存数量	期末可变现净值
库存商品	A 产品	台	1 000	1 500 000.00
	B 产品	台	1 200	2 100 000.00

制表：赵引起　　　　主管：刘传艺

库存商品跌价准备计提表

2014 年 10 月 31 日

品名	可变现净值	账面价值	期末存货跌价准备		
			账面应有余额	账面已有余额	当期应提跌价准备
A 产品	1 500 000.00	1 560 000.00		40 000.00	
B 产品	2 100 000.00	1 980 000.00		86 000.00	

制表：　　　　主管：

4.2 存货·工作任务·学生独立做

武汉晨光有限责任公司(以下简称晨光公司)为增值税一般纳税人,增值税税率为17%。纳税人识别号:420101032635924;地址:武汉东湖高新开发区121号,电话:027-86250966;开户行及账号:工行光谷支行003456。2014年10月发生如下经济业务,据以进行账务处理。

1.1日,取得"增值税专用发票"的发票联及抵扣联,签发"转账支票"一份,收到"材料入库单"会计记账联。

国统一发票监制 国家税务总局监制

4471515022 **增值税专用发票** № 002789145

开票日期:2014年10月1日

购货单位	名称:武汉晨光有限责任公司 纳税人识别号:420101032635924 电话:02786250966 地址:东湖高新开发区121号 开户行及账号:工行光谷支行003456	密码区	127*5658D98R8566D*4566* 8796677S9W**//56789S55123 00S6329874125G336/*6524623 D444K60153217D6547569742612 324D35E4203200112

货物或应税劳务名称	规格型号	单位	数量	单价	金额	税率	税额
E		立方米	1 000	600.00	600 000.00	17%	102 000.00
合计					¥700 000.00		¥102 000.00
价税合计(人民币大写)柒拾万零贰仟元整					(小写) ¥702 000.00		

销货单位	名称:吉庆有限责任公司 纳税人识别号:362547895421321 地址:武汉市东湖胜利区214号 电话:02786535657 开户行及账号:中国工商银行东湖支行33445656	备注:料入库,采用实际成本计价。 吉庆有限责任公司 362547895421321 发票专用章

收款人:单本田 复核:童秋云 开票人:叶子黄 销货单位(章):

第二联 发票联 购货方记账凭证

第三联 抵扣联 购货方抵扣凭证

材料入库单

供货单位:吉庆公司 2014年10月1日 编号:09641

品名	单位	数量		实际成本			备注
		应收	实收	买价	运杂费	合计	
E	立方米	1 000	1 000	600 000		600 000	

第三联 会计记账

保管员:谈蓉茜 检验员:周水仙 主管:黄海猎

中国工商银行 转账支票存根 号码:3789	中国工商银行转账支票　　号码 3789
附加信息	出票日期(大写)　　年　月　日　付款行名称:
出票日期　年　月　日	收款人:　　出票人账号:
收款人:	人民币(大写)　百 十 万 千 百 十 元 角 分
金额:	本支票付款期限十天
用途:	用途 上列款项请从 我账户内支付 出票人签章　(武汉晨光有限责任公司 财务专用章)　　复核　　记账
单位主管　　会计	

2.1 日,取得“增值税专用发票”的发票联及抵扣联,办理“信汇”。

40012456　　**增值税专用发票**　　№ 00254447

(全国统一发票监制章 国家税务总局监制)

开票日期:2014 年 10 月 1 日

购货单位	名称:武汉晨光有限责任公司 纳税人识别号:420101032635924 电话:02786250966 地址:东湖高新开发区 121 号 开户行及账号:工行光谷支行 003456				密码区	157465895D111G441W551165447 8952135789894856X698776558G5 552V2226S66267D664746F67E65 8466E647866G6986H6E65702023 54782415760987	
货物或应税劳务名称	规格型号	单位	数量	单价	金额	税率	税额
丙		吨	20	700	14 000.00	17%	2 380.00
丁		吨	30	900	27 000.00	17%	4 590.00
合计					¥41 000.00		¥6 970.00
价税合计(人民币大写)肆万柒仟玖佰柒拾元整					(小写)¥47 970.00		
销货单位	名称:上海腾飞有限责任公司 纳税人识别号:415789022541012 地址:上海市开发区 66 号 电话:1380725363606 开户行及账号:中国工商银行太湖支行 687412				备注:料已入库,采用计划成本计价。 月末汇总入库		

第二联　发票联　购货方记账凭证

第三联　抵扣联　购货方抵扣凭证

收款人:肖成学　　复核:段长生　　开票人:付星火　　销货单位(章):(上海腾飞有限责任公司 415789022541012 发票专用章)

中国工商银行信汇凭证 1(回单)

第 29631 号

委托日期　　年　　月　　日

汇款人	全　称				收款人	全　称														
	账　号					账　号														
	汇　出 地　点		汇出行 名　称			汇　出 地　点		汇出行 名　称												
汇款 金额	人民币(大写)						千	百	十	万	千	百	十	元	角	分				
中国工商银行 光谷支行 汇出行签章					支付密码															
					附加信息及用途： 复核　　记账															

此联是汇出行给汇款人的回单

3.6 日，收到“材料入库单”记账联。取得“增值税专用发票”的发票联及抵扣联。

4471515022

增值税专用发票

全国统一发票监制章 国家税务总局监制

№ 2547891074

开票日期：2014 年 10 月 6 日

购货单位	名称：武汉晨光有限责任公司 纳税人识别号：420101032635924 电话：02786250966 地址：东湖高新开发区 121 号 开户行及账号：工行光谷支行 003456				密码区	368414789 * 8412 * 236546D124 56W632789225462100T31 * 554 * * FER12546K247169G12347 D458H2496322011002201// * * 21401400	
货物或应税劳务名称	规格型号	单位	数量	单价	金额	税率	税额
煤 合计		吨	20	500.00	10 000.00 ¥10 000.00	17%	1 700.00 ¥1 700.00
价税合计(人民币大写)壹万壹仟柒佰元整					(小写) ¥11 700.00		
销货单位	名称：武汉市煤炭公司 纳税人识别号：22013245601222 地址：武汉市汉阳大道 231 号 电话：02786865232 开户行及账号：中国工商银行汉阳支行 254713254				备注：料入库 17 吨，采用实际成本计价		

第二联 发票联 购货方记账凭证

第三联 抵扣联 购货方抵扣凭证

收款人：田晶晶　　复核：刘开黄　　开票人：齐奇磊　　销货单位(章)：武汉市煤炭公司 22013245601222 发票专用章

材料入库单

供货单位：武汉市煤炭公司　　2014 年 10 月 6 日　　编号：124578

品名	单位	数量		实际成本			备注
		应收	实收	买价	运杂费	合计	
煤	吨	20	17	8 500.00		8 500	短缺 3 吨

第三联 会计记账

保管员：谈蓉茜　　检验员：周水仙　　主管：黄海猎

4.13 日，收到“材料购进短缺报告单”一份，收到红字“增值税专用发票”的发票联及抵扣联，签发“转账支票”一张。

4471515022

增值税专用发票(红字)

（印章：全国统一发票监制章 国家税务总局监制）

№ 2547891124

开票日期：2014 年 10 月 13 日

购货单位	名称：武汉晨光有限责任公司 纳税人识别号：420101032635924 电话：02786250966 地址：东湖高新开发区 121 号 开户行及账号：工行光谷支行 003456				密码区	25789F693241E147＊＊＊J3654 71452D369W1236S566K336J987 44H23333B9997MM7423N56641 2C33N/96333XC556475F2	
货物或应税劳务名称	规格型号	单位	数量	单价	金额	税率	税额
煤		吨	3	500.00	1 500.00	17%	255.00
合计					￥1 500.00		￥255.00
价税合计(人民币大写)壹仟柒佰伍拾伍元整					(小写)　￥1 755.00		
销货单位	名称：武汉市煤炭公司 纳税人识别号：22013245601222 地址：武汉市汉阳大道 231 号 电话：02786865232 开户行及账号：中国工商银行汉阳支行 254713254				备注：短缺 3 吨，红字发票退货。		

第二联 发票联 购货方记账凭证　　第三联 抵扣联 购货方抵扣凭证

（印章：武汉市煤炭公司 22013245601222 发票专用章）

收款人：田晶晶　　复核：刘开黄　　开票人：齐奇磊　　销货单位(章)：

材料购进短缺报告单

2014 年 10 月 8 日

品名	单位	应收数量	实收数量	单价	短缺数量	短缺金额
煤	吨	20	17	500	3	1 500.00
供货单位：	武汉市煤炭公司		处理意见：退货		短缺原因：供货方少发货	

保管：谈蓉茜　　复核：周水仙　　主管：黄海猎

中国工商银行 转账支票存根 号码:1241 附加信息 出票日期 年 月 日 收款人: 金额: 用途: 单位主管 会计	本支票付款期限十天	中国工商银行转账支票 号码 1241 出票日期(大写) 年 月 日 付款行名称: 收款人: 出票人账号: 人民币(大写) 百 十 万 千 百 十 元 角 分 用途 上列款项请从 我账户内支付 出票人签章 复核 记账

5.18 日,取得"增值税专用发票"的发票联及抵扣联,签发"转账支票"一份,取得"货物运输业增值税专用发票"的发票联与抵扣联。收到"材料入库单"记账联。填制"材料采购运费分配表"。

58471232 **增值税专用发票** № 0624513

(国统一发票监制 国家税务总局监制)

开票日期:2014年10月6日

购货单位	名称:武汉晨光有限责任公司 纳税人识别号:420101032635924 电话:02786250966 地址:东湖高新开发区121号 开户行及账号:工行光谷支行003456			密码区	147852647966A644861D5894463 ZA6446745619F789965DG86546 F8753789007564D3789H87543X 6789 * * NM587463215C98700		
货物或应税劳务名称	规格型号	单位	数量	单价	金额	税率	税额
H		吨	30	800.00	24 000.00	17%	4 080.00
J		吨	50	600.00	30 000.00	17%	5 100.00
K		吨	20	400.00	8 000.00	17%	1 360.00
合计					￥62 000.00		￥10 540.00
价税合计(人民币大写)柒万贰仟伍佰肆拾元整					(小写) ￥72 540.00		
销货单位	名称:武汉市众乐公司 纳税人识别号:25147895462323 地址:武汉市长城路88号 电话:02785869595 开户行及账号:中国工商银行武汉市长城路支行36361245				备注:料入库,采用计划成本计价。月末汇总入库		

第二联 发票联 购货方记账凭证　第三联 抵扣联 购货方抵扣凭证

(武汉市众乐公司 25147895462323 发票专用章)

收款人:董巧云 复核:蔡欢薄 开票人:胡桂云 销货单位(章):

147893201

货物运输业增值税专用发票

发票号码：№ 3654101

2014年10月14日

承运人纳税识别号	6614789654321	密码区	1235G6D98R566D698566＋J855D6668 99T99666W6655S7891444TR32S49W ＋6＋95＊2254789 在 367123
实际受票方纳税识别号	420101032635924		
收货人纳税识别号	420101032635924	发货人纳税识别号	25147895462323
起运地、到达地	武汉市长城至武汉市东湖		
费用项目及金额	材料 100 吨 运输费 6 000 元	运输货物信息	H、J、K 料 现金付讫
合计金额 ￥6 000.00	税率 11%	税额	￥660.00
价税合计（大写）陆仟陆佰陆拾元整			￥6 660.00
车（船）种车号 J202B3	车船吨位		6 吨
主管税务机关及代码	5687952	备注：	

收款人：陶关键　　复核：胡名六　　开票人：朱小春　　承运人：

武汉市运输公司 112626232358745 发票专用章

第二联 发票联

第三联 抵扣联

材料采购运费分配表

年　月　日　　　　第　号

材料名称	分配标准（买价）	分配率	应分配金额	备注
合计				

制单：　　　　复核：

中国工商银行 转账支票存根 号码：1241
附加信息
出票日期　年　月　日
收款人：
金额：
用途：
单位主管　　会计

中国工商银行转账支票　　号码　1241

出票日期（大写）　年　月　日　付款行名称：

收款人：　　出票人账号：

人民币（大写）	百	十	万	千	百	十	元	角	分

本支票付款期限十天

用途＿＿＿＿＿＿

上列款项请从

我账户内支付

出票人签章

武汉晨光有限责任公司 财务专用章

复核　　记账

6.26日，收到"材料入库单"会计记账联。取得"增值税专用发票"的发票联及抵扣联，填制"委托加工物资成本计算单"。

委托加工物资成本计算单

2014年10月16日

品名	受托加工单位	发出材料成本	加工费	其他	合计

制单： 复核：

材料入库单

供货单位：武汉市幸福家俱厂 2014年10月26日 编号：1241579

品名	单位	数量		实际成本			备注
		应收	实收	买价	运杂费	合计	
包装箱	只	600	600	38 036		38 036	委托加工完工

第三联 会计记账

保管员：谈蓉茜 检验员：周水仙 主管：黄海猎

4471515022

增值税专用发票

№ 0514277845

开票日期：2014年10月16日

购货单位	名称：武汉晨光有限责任公司 纳税人识别号：420101032635924 电话：02786250966 地址：东湖高新开发区121号 开户行及账号：工行光谷支行003456				密码区	4781236879D123654H36472559 D4784466213556493C644B5 * * 55C4656766436J46005D5669746 67899454//25136 * * * 1521	
货物或应税劳务名称	规格型号	单位	数量	单价	金额	税率	税额
工具柜加工 合计		个	100	50	5 000.00 ¥5 000.00	17%	850.00 ¥850.00
价税合计（人民币大写）伍仟捌佰伍拾元整					（小写） ¥5 850.00		
销货单位	名称：武汉市幸福家俱厂 纳税人识别号：1000200306402102 地址：武汉市光谷广场125号 电话：02786457796 开户行及账号：中国工商银行光谷支行12478521				备注：加工完成入库，采用实际成本计价。		

现金付讫

武汉市幸福家俱厂 1000200306402102 发票专用章

第二联 发票联 购货方记账凭证

第三联 抵扣联 购货方抵扣凭证

收款人：杨会纱 复核：童极天 开票人：吕梁 销货单位（章）：

7.27 日，收到“增值税专用发票”记账联。收到“转账支票”一张，据以填写进账单送开户银行进账，收到开户行盖章后的“进账单”回单。收到“产品出库单”记账联一份。

中国工商银行进账单（回单或收账通知）1

2014 年 10 月 27 日　　　　第 24578 号

<table>
<tr><td rowspan="3">付款人</td><td>全　称</td><td>天天公司</td><td rowspan="3">收款人</td><td>全　称</td><td colspan="10"></td></tr>
<tr><td>账　号</td><td>25461201</td><td>账　号</td><td colspan="10"></td></tr>
<tr><td>开户银行</td><td>工行东西湖支行</td><td>开户银行</td><td colspan="10"></td></tr>
<tr><td rowspan="2">人民币（大写）</td><td colspan="4" rowspan="2"></td><td>千</td><td>百</td><td>十</td><td>万</td><td>千</td><td>百</td><td>十</td><td>元</td><td>角</td><td>分</td></tr>
<tr><td></td><td></td><td></td><td></td><td></td><td></td><td></td><td></td><td></td><td></td></tr>
<tr><td>票据种类</td><td></td><td>票据张数</td><td></td><td colspan="11" rowspan="3">开户银行盖章</td></tr>
<tr><td>票据号码</td><td colspan="3"></td></tr>
<tr><td colspan="4">复核　　记账</td></tr>
</table>

此联是收款人开户银行交收款人的回单或收账通知

4471515022

增值税专用发票

No 25478901

开票日期：2014 年 10 月 27 日

<table>
<tr><td>购货单位</td><td colspan="4">名称：天天公司
纳税人识别号：012481245784
地址：武汉东西湖小山路 465 号
电话：02786852346
开户行及账号：工行东西湖支行 02174814</td><td>密码区</td><td colspan="3">20021＊789923＊＊254///35467
8952213125F125467D33698745H
2415621//855＊＊741258741258
7412541200102＊14</td></tr>
<tr><td>货物或应税劳务名称</td><td>规格型号</td><td>单位</td><td>数量</td><td>单价</td><td>金额</td><td>税率</td><td colspan="2">税额</td></tr>
<tr><td>M
合计</td><td></td><td>件</td><td>1 000</td><td>560.00</td><td>560 000.00
￥560 000.00</td><td>17%</td><td colspan="2">95 200.00
￥95 200.00</td></tr>
<tr><td colspan="9">价税合计（人民币大写）陆拾伍万伍仟贰佰元整　　（小写）　￥655 200.00</td></tr>
<tr><td>销货单位</td><td colspan="5">名称：武汉晨光有限责任公司
纳税人识别号：420101032635924
电话：02786250966
地址：东湖高新开发区 121 号
开户行及账号：工行光谷支行 003456</td><td colspan="3">备注：商品已发出，款已进账。</td></tr>
</table>

第一联　记账联　销货方记账凭证

收款人：苏水生　　复核：范丛政　　开票人：熊高　　销货单位（章）：

产品出库单

2014年10月27日 编号:0811407

产品名称	计量单位	数量	提货单位	备注
M	件	1 000	天天公司	销售

第三联 会计记账

保管员:查梅花 检验员:张约圩 主管:胡落单

8.28日,收到"产品入库单"的记账联一份。

产品入库单

2014年10月28日 编号:24789

产品名称	计量单位	实收数量	单位成本	总成本
M产品	件	4 000	320	1 280 000.00
N产品	件	1 000	200	200 000.00
U产品	件	300	600	180 000.00
备注	基本生产车间交来完工合格品。			

第三联 会计记账

保管员:查梅花 检验员:陈可梅 主管:王一红

9.2014年10月1日,采用一次加权平均法计算发出材料成本。

数量金额式 明细分类账

类别:原材料 品名:R 计量单位:吨

2014年		号数	摘要	收入(借方)			发出(贷方)			结存(余额)		
月	日			数量	单价	金额	数量	单价	金额	数量	单价	金额
10	1		期初							20	510	5 100.00
10	6		发出				18					
10	15		购入	60	490	29 400						
10	22		发出				42					
10	25		购入	80	480	38 400						

10.30日，填制"计划成本计价的材料入库汇总表"。

计划成本计价的材料入库汇总表

2014年10月30日

材料名称		计量单位	计划单价	材料来源（贷记科目）	本期收入			
					数量	实际成本	计划成本	成本差异
原材料	丙料	吨	710	上海腾飞公司	20			
	丁料	吨	888	上海腾飞公司	30			
	H料	吨	805	武汉众乐公司	30			
	J料	吨	610	武汉众乐公司	50			
	K料	吨	402	武汉众乐公司	20			
	合 计							

保管员：谈蓉茜　　　　检验员：周水仙　　　　主管：黄海猎

11.30日，填制"发料凭证汇总表"及"材料成本差异率计算表"。

发料凭证汇总表

2014年10月30日

用途	明细科目	原材料计划成本	成本差异额（差异率： ）	周转材料	实际成本合计	备注
生产耗用	M产品	882 000.00				
	N产品	650 000.00				
	U产品	200 000.00				
车间机物料消耗		—	—	7 000.00	7 000.00	领工具"五五摊销"
厂部		—	—	3 000.00	3 000.00	
对外出租包装物		—	—	2 000.00	2 000.00	分5次摊销
合计						

保管员：谈蓉茜　　　　记账：李顺　　　　主管：黄海猎

材料成本差异率计算表

2014 年 10 月 30 日

材料类别		期初余额		本期收入		差异率
		原材料（计划成本）	材料成本差异	计划成本	材料成本差异	
原材料	丙料	900 000.00	9 000.00			
	丁料	500 000.00	5 000.00			
	H 料	100 000.00	1 000.00			
	J 料	200 000.00	2 000.00			
	K 料	400 000.00	4 000.00			
合　计						
备注：M、N、U 产品所耗主要材料						

保管员：谈蓉茜　　　　记账：李顺　　　　主管：黄海猎

12.31 日，收到“报废低值易耗品汇总表”及“材料入库单”会计记账联。

低值易耗品报废单

报废部门：基本生产车间　　　　2014 年 10 月 31 日　　　　第　　号

项目	数量	成本金额	本期摊销金额	残值	备注
工具柜	50	7 500.00		250.00	1.超期使用而报废。
					2.残料作价入库
合计		7 500.00		250.00	3.采用“五五摊销”

保管员：谈蓉茜　　　　记账：李顺　　　　主管：黄海猎

材料入库单

供货单位：基本生产车间　　　　2014 年 10 月 31 日　　　　编号：0810114

品名	单位	数量		实际成本			备注
		应收	实收	买价	运杂费	合计	
废料						250.00	残料

第三联　会计记账

保管员：谈蓉茜　　　　记账：李顺　　　　主管：黄海猎

13.31 日，收到"材料盘存报告单"。

材料盘存报告单

2014 年 10 月 31 日

总账科目	明细科目	计量单位	盘存数量	账存数量	盘盈数量	盘亏数量	单价	金额	原因及处理
原材料	煤	吨	100	110			500	5 000	盘亏由仓库保管员承担 10%的责任。

保管员：谈蓉茜　　记账：李顺　　主管：黄海猎

14.31 日，收到"库存商品期末可变现净值报告表"，填制"库存商品跌价准备计提表"。

库存商品期末可变现净值报告表

2014 年 10 月 31 日

科目名称	明细科目	计量单位	结存数量	期末可变现净值
库存商品	M 产品	件	2 000	640 000.00
	N 产品	件	1 200	240 000.00
	U 产品	件	300	180 000.00
合　计				1 060 000.00

制表：赵引起　　主管：刘传艺

库存商品跌价准备计提表

2014 年 10 月 31 日

品名	可变现净值	账面价值	期末存货跌价准备		
			账面应有余额	账面已有余额	当期应提跌价准备
M 产品	600 000.00	640 000.00		10 000.00	
N 产品	240 000.00	240 000.00		0	
U 产品	180 000.00	180 000.00		0	
合计		1 060 000.00			

制表：　　主管：

项目5

长期股权投资

5.1 长期股权投资·工作任务·师生教学做

武汉天河有限责任公司(以下简称天河公司)为增值税一般纳税人,增值税税率为17%。纳税人识别号:420110842903788;地址:武汉市东湖高新区光谷创业街121号,电话:027—54808382;开户行及账号:中国工商银行虎泉支行12341234。2013~2015年发生如下经济业务,据以进行账务处理。

1.2013年1月1日,取得"股权转让协议"一份,收到"收款收据"收据联,签发"转账支票"一份。

股权转让协议

甲方:武汉神马有限责任公司

乙方:武汉天河有限责任公司

甲乙双方经过友好协商,就甲方持有的中威有限责任公司股权转让给乙方持有的相关事宜,达成如下协议,以资信守:

甲方将其所持的5%的中威有限责任公司股权转让给乙方,转让价格为30万元,乙方以货币资金方式支付。乙方于协议生效日,支付全部转让款。

股权转让协议在经甲方和乙方的临时股东大会批准后生效。乙方按照本协议约定支付股权转让对价,办理股权过户手续后即可获得股东身份。……

本协议正本一式四份,立约人各执一份,公司存档一份,报工商机关备案登记一份。

武汉神马有限责任公司　　　　武汉天河有限责任公司

法定代表人:　　　　　　　　法定代表人:

(印章:武汉神马有限责任公司 经济合同章)　　(印章:武汉天河有限责任公司 经济合同章)

2013年1月1日

收款收据

2013 年 1 月 1 日　　　　编号:74580

今收到:武汉天河有限责任公司　　　　收款方式:转账支票

人民币(大写):叁拾万元整　　　　¥300 000.00

系　付:将其所持的 5%的中威有限责任公司股权转让价款

备注:

单位盖章:（武汉神马有限责任公司 经济合同章）　　会计:曾耕生　　出纳:肖菲　　经手人:张胡本

第三联　收据联　付款方记账凭证

中国工商银行
转账支票存根
号码:3900

附加信息

出票日期　　年　月　日

收款人:

金额:

用途:

单位主管　　会计

中国工商银行转账支票　　号码　3900

出票日期(大写)　　年　月　日　付款行名称:

收款人:　　出票人账号:

人民币(大写)	百	十	万	千	百	十	元	角	分

本支票付款期限十天

用途

上列款项请从
我账户内支付
出票人签章（武汉天河有限责任公司 财务专用章）　　复核　　记账

2.2014 年 4 月 20 日,取得“上海证券报公告”一份,据以编制“内部转账单”按持股比例计算本公司投资损益。

(上海证券报公告复件)

中威公司 2013 年度分红派息实施公告

本公司董事会及全体董事保证本公告内容不存在任何虚假记载、误导性陈述或者重大遗漏,并对其内容的真实性、准确性和完整性承担个别及连带责任。

重要内容提示:

2013 年度共计派发现金股利 1 200 000 元。

按持股比例派发现金红利。

现金红利发放日:2014 年 5 月 15 日

中威公司

2014 年 4 月 8 日

内部转账单

转账日期:2013 年 6 月 30 日　　　　编号:0234

摘　要	金　额
中威公司宣告发放现金股利	
持股比例	
投资收益	
合计	

复核:　　　　　　　　制单:

3.2014 年 5 月 16 日,收到现金股利并开具“收款收据”,填写“进账单”到银行办理进账手续,带回“进账单”回单联。

收款收据

年　　月　　日　　　　编号:

今收到:________	收款方式:________
人民币(大写):________	￥________
系　　付:________	

第二联　收款方记账凭证

单位盖章:　　　　会计:　　　　出纳:　　　　经手人:

中国工商银行进账单(回单或收账通知)1

年　　月　　日　　　　第 8523 号

付款人	全　　称		收款人	全　　称	
	账　　号			账　　号	
	开户银行			开户银行	

人民币(大写)	千	百	十	万	千	百	十	元	角	分

票据种类		票据张数		中国工商银行 虎泉支行
票据号码				
复核　　记账				开户银行盖章

此联是收款人开户银行交收款人的回单或收账通知

4.2014 年 1 月 2 日，取得“股权转让协议”一份，收到“收款收据”的收据联，签发“转账支票”一份。

股权转让协议

甲方：武汉新元有限责任公司

乙方：武汉天河有限责任公司

甲乙双方经过友好协商，就甲方持有的大发有限责任公司股权转让给乙方持有的相关事宜，达成如下协议，以资信守：

甲方将其所持的 30% 的大发有限责任公司股权转让给乙方，转让价格为 500 万元，乙方以货币资金方式支付。乙方于协议生效日，支付全部转让款。

股权转让协议在经甲方和乙方的临时股东大会批准后生效。乙方按照本协议约定支付股权转让对价，办理股权过户手续后即可获得股东身份。

乙方取得了大发公司 30% 的份额后，派出高管人员参与大发公司的生产经营决策，对大发公司施加重大影响，实施联营。

购买股权时大发公司的所有者权益的账面总额为 1 500 万元，各项可辨认资产、负债的公允价值与账面价值相同；两公司采用的会计政策相同。

……

（部分内容略）

本协议正本一式四份，立约人各执一份，公司存档一份，报工商机关备案登记一份。

武汉新元有限责任公司（印章：武汉新元有限责任公司）
法定代表人：

武汉天河有限责任公司（印章：武汉天河有限责任公司）
法定代表人：

2014 年 1 月 2 日

收款收据

2014 年 1 月 2 日　　　　编号：

今收到：武汉天河有限责任公司　　　　收款方式：转账支票

人民币（大写）：伍佰万元整　　　　￥5 000 000.00

系　　付：将其所持的 30% 的大发有限责任公司股权转让价款

单位盖章：（印章：武汉新元有限责任公司 财务专用章）　　会计：岳晓勤　　出纳：吴强　　经手人：何西虎

第三联　收据联　付款方记账凭证

中国工商银行 转账支票存根 号码:3900 附加信息 出票日期 年 月 日 收款人: 金额: 用途: 单位主管 会计	本支票付款期限十天	中国工商银行转账支票 号码 3900 出票日期(大写) 年 月 日 付款行名称: 收款人: 出票人账号: 人民币(大写) 百 十 万 千 百 十 元 角 分 用途______ 上列款项请从 我账户内支付 出票人签章 (武汉天河有限责任公司 财务专用章) 复核 记账

5.2015年4月30日,收到"利润报表"一份,据以编制"内部转账单"并按持股比例调整长期股权投资。

利 润 表

会企02表

编制单位:大发有限责任公司 (大发有限责任公司 财务专用章) 2014年度 金额单位:元

项 目	本期金额
一、营业收入	48 000 000.00
减:营业成本	43 460 000.00
营业税金及附加	200 000.00
销售费用	90 000.00
管理费用	120 000.00
财务费用	80 000.00
资产减值损失	60 000.00
加:公允价值变动收益(损失以"-"号填列)	70 000.00
投资收益(损失以"-"号填列)	160 000.00
其中:对联营企业和合资企业的投资收益	
二、营业利润(损失以"-"号填列)	4 220 000.00
加:营业外收入	30 000.00
减:营业外支出	50 000.00
其中:非流动资产处置损失	
三、利润总额(损失以"-"号填列)	4 200 000.00
减:所得税费用	2 000 000.00
四、净利润(损失以"-"号填列)	2 200 000.00

单位负责人:冯焕英 财会负责人:张炳灿 复核:李世贤 制表:徐肆

内部转账单

转账日期:2014 年 4 月 30 日　　　　编号:0245

摘　要	金　额
大发公司净利润	
持股比例	
损益调整	
合计	

复核:　　　　　　　　　　制单:

6.2015 年 5 月 1 日,取得“上海证券报公告复件”一份,据以填制“内部转账单”。

(上海证券报公告复件)

大发有限责任公司 2014 年度分红派息实施公告

本公司董事会及全体董事保证本公告内容不存在任何虚假记载、误导性陈述或者重大遗漏,并对其内容的真实性、准确性和完整性承担个别及连带责任。

重要内容提示:

2013 年度共计派发现金股利 1 000 000 元。

按持股比例派发现金红利。

现金红利发放日:2015 年 5 月 20 日

大发有限责任公司

2015 年 4 月 10 日

内部转账单

转账日期:2015 年 5 月 1 日　　　　编号:0297

摘　要	金　额
安法公司派送现金股利	
持股比例	
损益调整	
合计	

复核:　　　　　　　　　　制单:

7.2015 年 1 月 5 日，取得"股权转让协议"一份，开具"收款收据"留置"收款方会计记账凭证联"，收到"转账支票"一张，据以填写"进账单"到开户行办理进账手续。

股权转让协议

甲方：武汉天河有限责任公司

乙方：武汉大化有限责任公司

甲乙双方经过友好协商，就甲方持有的武汉中威有限责任公司股权转让给乙方持有的相关事宜，达成如下协议，以资信守：

甲方将其所持的 5% 的武汉中威有限责任公司股权转让给乙方，转让价格为 85 万元，乙方以货币资金方式支付。乙方于协议生效日，支付全部转让款。

股权转让协议在经甲方和乙方的临时股东大会批准后生效。乙方按照本协议约定支付股权转让对价，办理股权过户手续后即可获得股东身份。

……

本协议正本一式四份，立约人各执一份，公司存档一份，报工商机关备案登记一份。

武汉大化有限责任公司　　　　　　武汉天河有限责任公司

法定代表人：　　　　　　　　　　法定代表人：

（印章：武汉大化有限责任公司）　（印章：武汉天河有限责任公司）

2015 年 1 月 5 日

收　据

年　　月　　日　　　　编号：

今收到：________________　　收款方式：____________

人民币(大写)：________________　　¥________________

系　　付：________________________

第二联　会计记账

单位盖章：　　　会计：　　　出纳：　　　经手人：

中国工商银行转账支票　　号码　2587

出票日期(大写)　贰零壹伍年零壹月零伍日　　付款行名称:工行东海支行

收款人:武汉天河有限责任公司　　出票人账号:125411

人民币（大写）	百	十	万	千	百	十	元	角	分
捌拾伍万元整	¥	8	5	0	0	0	0	0	0

本支票付款期限十天

用途　股权转让价款

上列款项请从

我账户内支付

出票人签章　武汉大化有限责任公司 财务专用章　张小印章　肖东印章　复核　记账

中国工商银行进账单(回单或收账通知)1

年　月　日　　第 8523 号

付款人	全　称		收款人	全　称	
	账　号			账　号	
	开户银行			开户银行	

人民币（大写）	千	百	十	万	千	百	十	元	角	分

票据种类		票据张数	
票据号码			

复核　记账

中国工商银行 虎泉支行

开户银行盖章

此联是收款人开户银行交收款人的回单或收账通知

8.2015 年 12 月 31 日，编制“长期股权投资减值计算表”。

长期股权投资减值计算表

2015 年 12 月 31 日

明细科目	可变现净值	账面价值	期末长期股权投资减值准备		
			账面应有余额	账面已有余额	当期应提跌价准备
仁生公司					

制表：　　主管：

5.2　长期股权投资·工作任务·学生独立做

武汉晨光有限责任公司(以下简称晨光公司)为增值税一般纳税人,增值税税率为 17%。纳税人识别号:420101032635924;地址:武汉东湖高新开发区 121 号,电话:027－86250966;开户行及账号:工行光谷支行 003456。2012～2013 年发生如下经济业务,据以进行账务处理。

1.2012 年 1 月 1 日,取得"合并协议"一份。

合并协议

甲方:武汉晨光有限责任公司

乙方:红紫公司

……

审议通过了《2012 年度定向增发普通股方案》。

向同一集团内的红紫公司的原股东定向增发 1 200 万股普通股,每股面值 1 元,市价 2.50 元,取得红紫公司 100%的股权,并于当日起能够对红紫公司实施控制。合并后,红紫公司仍维持其独立法人资格继续经营。两公司采用的会计政策相同。合并日,红紫公司的所有者权益账面总额为 2 000 万元。

股东(授权代表)签章(略)

2012 年 1 月 1 日

2.2012 年 1 月 1 日,取得"股权转让协议"一份,签发现金"转账支票"一份,收到"收款收据"的收据联。编制"长期股权投资(权益法)投资成本调整计算表"。

股权转让协议

甲方:武汉安法有限责任公司

乙方:武汉晨光有限责任公司

甲乙双方经过友好协商,就甲方持有的安法有限责任公司股权转让给乙方持有的相关事宜,达成如下协议,以资信守:

甲方将其所持的 30%的安法有限责任公司股权转让给乙方,转让价格为 1 000 万元,乙方以货币资金方式支付。乙方于协议生效日,支付全部转让款。

股权转让协议在经甲方和乙方的临时股东大会批准后生效。乙方按照本协议约定支付股权转让对价,办理股权过户手续后即可获得股东身份。

……

(部分内容略)

本协议正本一式四份,立约人各执一份,公司存档一份,报工商机关备案登记一份。

武汉安法有限责任公司（印章：武汉安法有限责任公司）

法定代表人:陈伟

武汉晨光有限责任公司（印章：武汉晨光有限责任公司）

法定代表人:余力

2012 年 1 月 3 日

中国工商银行 转账支票存根 号码:3789 附加信息 投资款 出票日期 年 月 日 收款人: 金额: 用途: 单位主管 会计	本支票付款期限十天	中国工商银行转账支票 号码 3789 出票日期(大写) 年 月 日 付款行名称: 收款人: 出票人账号: 人民币(大写) 百 十 万 千 百 十 元 角 分 用途 上列款项请从 我账户内支付 出票人签章 武汉晨光有限责任公司 财务专用章 复核 记账

收款收据

2013年1月1日 编号:74580

今收到:武汉晨光有限责任公司 收款方式:转账支票

人民币(大写):壹仟万元整 ¥10 000 000.00

系 付:将其所持的30%股权转让价款

单位盖章:武汉安法有限责任公司 财务专用章 会计:邓拓明 出纳:闻木少 经手人:孙石头

第三联 收据联 付款方记账凭证

长期股权投资(权益法)投资成本调整计算表

金额单位:万元

项 目	金 额
购买日公允价值	3 000
持股比例	30%
按公允价值比例计算的价值	900
支付的对价(银行存款)	1 000
初始投资成本	1 000
营业外收入	

制单: 审核:

3.2013 年 4 月 30 日，收到“利润表”一份，据以编制“内部转账单”按持股比例调整长期股权投资。

利　润　表

会企 02 表

编制单位：安法有限责任公司　　　　2012 年度　　　　金额单位：元

项　目	本期金额
一、营业收入	59 000 000.00
减：营业成本	50 140 000.00
营业税金及附加	400 000.00
销售费用	100 000.00
管理费用	700 000.00
财务费用	60 000.00
资产减值损失	50 000.00
加：公允价值变动收益(损失以“－”号填列)	90 000.00
投资收益(损失以“－”号填列)	200 000.00
其中：对联营企业和合资企业的投资收益	
二、营业利润(损失以“－”号填列)	7 840 000.00
加：营业外收入	260 000.00
减：营业外支出	100 000.00
其中：非流动资产处置损失	
三、利润总额(损失以“－”号填列)	8 000 000.00
减：所得税费用	3 000 000.00
四、净利润(损失以“－”号填列)	5 000 000.00

单位负责人：沈玥　　　财会负责人：段政钢　　　复核：张易于　　　制表：洪新民

内部转账单

转账日期：2014 年 4 月 30 日　　　　编号：0278

摘　要	金　额
安法公司净利润	
持股比例	
损益调整	
合计	

复核：　　　　　　　　制单：

4.2013 年 5 月 10 日，取得“上海证券报公告复件”一份，据以填制“内部转账单”。

（上海证券报公告复件）

武汉安法有限责任公司 2012 年度分红派息实施公告

本公司董事会及全体董事保证本公告内容不存在任何虚假记载、误导性陈述或者重大遗漏，并对其内容的真实性、准确性和完整性承担个别及连带责任。

重要内容提示：

2012 年度共计派发现金股利 3 000 000 元。

按持股比例派发现金红利。

现金红利发放日：2013 年 5 月 20 日

武汉安法有限责任公司

2013 年 5 月 10 日

内部转账单

转账日期：2015 年 5 月 10 日　　编号：1247

摘　要	金　额
安法公司宣告发放现金股利	
持股比例	
损益调整	
合计	

复核：　　　　制单：

5.2013 年 5 月 20 日，收到“转账支票”一份，开具“收款收据”，填“进账单”到银行办理进账手续，带回“进账单”回单联。

中国工商银行转账支票　　号码　5412

出票日期（大写）贰零壹叁年伍月零贰拾日　　付款行名称：工行三干支行

收款人：武汉晨光有限责任公司　　出票人账号：0200550

人民币（大写）	百	十	万	千	百	十	元	角	分
玖拾万元整	¥	9	0	0	0	0	0	0	0

本支票付款期限十天

用途　现金股利

上列款项请从

我账户内支付

出票人签章

武汉安法有限责任公司　财务专用章

吴空印章　沙北印章

复核　　记账

收款收据

年　月　日　　　　　编号：

今收到：________________　　收款方式：________________

人民币（大写）：________________　　￥________________

系　　付：________________

第二联　收款方记账凭证

单位盖章：　　　会计：　　　出纳：　　　经手人：

中国工商银行进账单（回单或收账通知）1

年　月　日　　　　　第 201480 号

<table>
<tr><td rowspan="3">付款人</td><td>全　称</td><td></td><td rowspan="3">收款人</td><td>全　称</td><td colspan="10"></td></tr>
<tr><td>账　号</td><td></td><td>账　号</td><td colspan="10"></td></tr>
<tr><td>开户银行</td><td></td><td>开户银行</td><td colspan="10"></td></tr>
<tr><td rowspan="2">人民币（大写）</td><td colspan="4" rowspan="2"></td><td>千</td><td>百</td><td>十</td><td>万</td><td>千</td><td>百</td><td>十</td><td>元</td><td>角</td><td>分</td></tr>
<tr><td></td><td></td><td></td><td></td><td></td><td></td><td></td><td></td><td></td><td></td></tr>
<tr><td>票据种类</td><td></td><td>票据张数</td><td></td><td colspan="11" rowspan="3">开户银行盖章</td></tr>
<tr><td>票据号码</td><td colspan="3"></td></tr>
<tr><td colspan="4">复核　　记账</td></tr>
</table>

此联是收款人开户银行交收款人的回单或收账通知

6.2013 年 12 月 31 日，编制“长期股权投资减值计算表”。

长期股权投资减值计算表

2015 年 12 月 31 日

明细科目	可变现净值	账面价值	期末长期股权投资减值准备		
			账面应有余额	账面已有余额	当期应提跌价准备
火炬公司					

制表：　　　　主管：

项目6

固定资产

6.1 固定资产·工作任务·师生教学做

武汉天河有限责任公司(以下简称天河公司)为增值税一般纳税人,增值税税率为17%。纳税人识别号:420110842903788;地址:武汉市东湖高新区光谷创业街121号,电话:027—54808382;开户行及账号:中国工商银行虎泉支行12341234。2014年12月发生如下经济业务,据以进行账务处理。

1.1日,收到"武汉市建筑安装业统一发票"的发票联,签发"转账支票"一张。

建筑业统一发票(自开)

发票代码 00012712001

开票日期:2014年12月1日　　　发票号码 04123057802

机打代码 机打号码 机器号码	0215478 3210456 0012002		税控码	12456781247141112548 00123654114257895412 44522178501245178452	
付款方名称	天河公司	身份证号/组织机构代码/纳税人识别号	420110842903788	是否为总包人	否
收款方名称	山河公司	身份证号/组织机构代码/纳税人识别号	2000214500254	是否为分包人	否
工程项目名称	工程项目编号	结算项目	金额		
办公楼	011245	建筑施工	9 000 000.00		
合计金额(元)(大写)玖佰万元整			¥9 000 000.00		
主管税务机关及代码	0001245781	完税凭证号码	201456		
备注:					

第一联 发票联(付款方付款凭证)

开票人:叶桃子　　　开票单位签章:　　　收款方签章:

山河有限责任公司
2000214500254
发票专用章

中国工商银行 转账支票存根 号码：3795 附加信息 出票日期　年　月　日 收款人： 金额： 用途： 单位主管　会计	本支票付款期限十天	中国工商银行转账支票　号码 3795 出票日期(大写)　年　月　日　付款行名称： 收款人：　出票人账号： 人民币(大写)　百 十 万 千 百 十 元 角 分 用途 上列款项请从 我账户内支付 出票人签章　（武汉天河有限责任公司 财务专用章） 复核　记账

2.2日，收到"增值税专用发票"的抵扣联与发票联，从开户行取回"托收"付款通知联。

4471515022　　**增值税专用发票**　　№ 002784736

（全国统一发票监制章 国家税务总局监制）

开票日期：2014年11月29日

购货单位	名称：武汉天河有限责任公司 纳税人识别号：420110842903788 地址：武汉市东湖高新区光谷创业街121号 电话：027－54808382 开户行及账号：中国工商银行虎泉支行123412				密码区	654154789＊8412＊236546D12 456W632789225462100T31＊5 54＊＊FER12546K247169G1234 7D458H24796500125	
货物或应税劳务名称	规格型号	单位	数量	单价	金额	税率	税额
刨床 合计	龙门	台	1		200 000.00 ¥200 000.00	17%	34 000.00 ¥34 000.00
价税合计(人民币大写)贰拾叁万肆仟元整					(小写)　¥234 000.00		
销货单位	名称：北京红叶机床厂 纳税人识别号：10200054600012 地址：北京香山路147号 电话：01075659880 开户行及账号：中国工商银行香山支行00100203				备注：已送达二车间，等待安装		

第二联 发票联 购货方记账凭证　第三联 抵扣联 购货方抵扣凭证

收款人：何志广　　复核：谢来生　　开票人：方刚伟　　销货单位(章)：（北京红叶机床厂 10200054600012 发票专用章）

托收凭证(付款通知)5

委托号码:第 1347 号

委托日期:2014 年 11 月 29 日　付款期限:2014 年 12 月 2 日

业务类型		委托收款(□邮划、□电划)		托收承付(□邮划、☑电划)	
付款人	全称	武汉天河有限责任公司	收款人	全称	北京红叶机床厂
	账号	12341234		账号	00100203
	开户银行	工行虎泉支行		开户银行	工行北京市香山支行
委收金额	人民币(大写):贰拾叁万肆仟元整			千 百 十 万 千 百 十 元 角 分	¥ 2 3 4 0 0 0 0 00
款项内容	销货款	委托收款凭据名称	增值税专用发票	附寄单证张数	2
备注: 付款人开户银行收到日期 2014 年 12 月 1 日 复核　　记账	中国工商银行 虎泉支行 付款人开户银行签章 2014 年 12 月 2 日		付款人注意: 1.根据支付结算办法,上列委托收款款项在付款期限内未提出拒付,即视为同意付款,以此代付款通知。 2.如需提出全部或部分拒付,应在规定期限内,将拒付理由书并附债务证明退开户银行。		

此联是付款人开户银行给付款人的付款通知

3.3 日,收到"增值税专用发票"的抵扣联与发票联及"工程物资入库单"会计记账联。签发"转账支票"一张。

4471515022

增值税专用发票

全国统一发票监制章 国家税务总局监制

№ 002784736

开票日期:2014 年 12 月 2 日

购货单位	名称:武汉天河公司 纳税人识别号:420110842903788 地址:武汉市东湖高新区光谷创业街 121 号 电话:027-54808382 开户行及账号:中国工商银行虎泉支行 123412				密码区	125789213332145654154789 * 8412 * 236546D12456W63278922546210 0T31 * 554 * * FER12546K247169 G12347D458H247965001250055471 22031245687932211 6+24032145678 95620124562	
货物或应税劳务名称	规格型号	单位	数量	单价	金额	税率	税额
配件					12 000.00	17%	2 040.00
合计					¥12 000.00		¥ 2 040.00
价税合计(人民币大写)壹万肆仟零肆拾元整					(小写) ¥14 040.00		
销货单位	名称:武汉金尊公司 纳税人识别号:3002000050006 地址:武汉市五七路 285 号 电话:02786865521 开户行及账号:中国工商银行徐东支行 3245612				备注:已验收入库 武汉金尊有限责任公司 3002000050006 发票专用章		

收款人:陈铁良　复核:张小冰　开票人:柴然　销货单位(章):

第二联 发票联 购货方记账凭证

第三联 抵扣联 购货方抵扣凭证

中国工商银行
转账支票存根
号码:3795
附加信息

出票日期 年 月 日

收款人:	
金额:	
用途:	

单位主管 会计

本支票付款期限十天

中国工商银行转账支票 号码 3795

出票日期(大写) 年 月 日 付款行名称:

收款人: 出票人账号:

人民币(大写)	百	十	万	千	百	十	元	角	分

用途

上列款项请从

我账户内支付

出票人签章 武汉天河有限责任公司 财务专用章 复核 记账

工程物资入库单

编号:0277

类别:机床配件 验收日期:2014 年 12 月 3 日 来源:武汉金尊公司

品名	规格	单位	数量		实际价格			
			来料	实际	单价	总价	运杂费	合计
配件								12 000.00

主管:朱蒙蒙 保管员:毕源物 检验员:简相伯

4.4 日,收到“工程物资出库单”会计记账联。

工程物资出库单

领料部门或单位:机修车间 2014 年 12 月 4 日 № 0220

材料编号	材料名称	计量单位	数量		单价	金额
			请领	实领		
0241	配件					10 000.00
备注	安装龙门刨床领用。					

第三联 会计记账

主管:朱蒙蒙 保管:毕源物 领料:哈肖格

5.16 日,收到“固定资产验收单”的会计记账联。

固定资产验收单

2014 年 12 月 16 日 第 1451 号

制造单位:北京红叶机床厂			使用部门:二车间		使用年限:20 年	
名称	规格	单位	数量	单价	金额	备注:
刨床	龙门	台	1			
合计人民币(大写)					¥	

第二联 会计记账

主管:胡未 验收:马立

6.18 日，本公司将暂时闲置的仓库出租给秋佳公司，开具“武汉市房屋出租专用发票”（留下会计记账联），收到秋佳公司交来 9 000 元现金。

全国统一发票监制 国家税务总局监制

武汉市房屋出租专用发票

发票代码 0012457111

开票日期：2014 年 12 月 18 日　　　　发票号码 0023451244

机打代码 机打号码 机器号码	012214500045 124114714736 225400587124	密码区	124567852241000 * /11247 * * 2145012547 11245789654123544521123489655335223 133456＋359＋33289＋3221258892 * /－212	
付款方名称	秋佳公司	身份证号/组织机构代码/纳税人识别号	01244578122212	
收款方名称	天河有限责任公司	身份证号/组织机构代码/纳税人识别号	42011842903788	
项目	出租起止时间	计租面积	单位租金	金额
仓库出租	2014 年 6 月至 2014 年 12 月	200 平方米	45.00	9 000.00
房屋坐落地点：武汉市东湖高新区光谷创业街 121 号			产权人：天河公司	
合计金额(元)(大写)玖仟元整			¥9 000.00	
主管税务机关及代码	00124578421	完税凭证号码	214578945	
备注：现金收讫	现 金 收 讫			

第一联 记账联（收款方记账凭证）

开票人：沈沙丽　　　　开票单位签章：　　　　收款方签章：

7.29 日，收到“固定资产验收单”的会计记账联。

固定资产验收单

2014 年 12 月 29 日　　　　第 1452 号

制造单位：山河集团			使用部门：行政部门		使用年限：50 年	
名称	规格	单位	数量	单价	金额	备注：
办公楼						
合计人民币(大写)					¥	

第二联 会计记账

主管：胡未　　　　验收：马立

8.31 日，收到“增值税专用发票”发票联及抵扣联。签发“转账支票”一张。

4471515022

增值税专用发票

№ 0574812

开票日期：2014 年 12 月 2 日

购货单位	名称：武汉天河有限责任公司 纳税人识别号：420110842903788 地址：武汉市东湖高新区光谷创业街 121 号 电话：027－54808382 开户行及账号：中国工商银行虎泉支行 123412	密码区	02142145654154789＊8412＊23654 6D12456W632789225462100T31＊ 554＊＊FER12546K247169G12347 D458H247965001250055471220312 456879322116＋2403214567895620 4789002244157

货物或应税劳务名称	规格型号	单位	数量	单价	金额	税率	税额
补胎					500.00	17%	85.00
充气					200.00		34.00
配件					8 900.00		1 513.00
合计					￥9 600.00		￥ 1 632.00

价税合计(人民币大写)壹万壹仟贰佰叁拾贰元整 （小写） ￥11 232.00

销货单位	名称：武汉汽车修配厂 纳税人识别号：5120000321005 地址：武汉市徐东路 102 号 电话：02786865855 开户行及账号：中国工商银行徐东支行 2147800	备注：车已修好交付使用。

收款人：吕水桃 复核：查梅珍 开票人：李水仙 销货单位(章)：

第二联 发票联 购货方记账凭证

第三联 抵扣联 购货方抵扣凭证

中国工商银行
转账支票存根
号码：3795

附加信息

出票日期 年 月 日

收款人：	
金额：	
用途：	

单位主管 会计

中国工商银行转账支票 号码 3795

出票日期(大写) 年 月 日 付款行名称：

收款人： 出票人账号：

人民币（大写）	百	十	万	千	百	十	元	角	分

本支票付款期限十天

用途

上列款项请从
我账户内支付
出票人签章

复核 记账

9.31 日，填制“内部转账单”计算资本化利息。

内部转账单

转账日期：2014 年 12 月 28 日　　　　编号：02457

摘　　要	金　　额
长期借款——基建借款	10 000 000.00
利率	8%
“在建工程——建筑工程”账上余额	9 000 000.00
计入在建工程利息	720 000.00
计入财务费用利息	80 000.00

复核：孙木妆　　　　制单：堂倌月

10.31 日，编制“固定资产折旧计算表”，依据固定资产账户资料分别采用年数总和法、双倍余额递减法和平均年限法计提折旧。

固定资产卡片(正面)

类别：生产经营用固定资产

固定资产名称	数控机床	资产编号	006060595
型号(结构)	立式	规格	GP-1060
制(建)造商	上海重型机床厂	出厂时间	2010 年 12 月 1 日
使用单位	基本生产车间	出厂编号	21215533
资金来源	长期借款	资产原值	380 000 元
列账凭证	2010 年 12 月 2 日 30 号	启用日期	2010 年 12 月 15 日
附件或附属物	附件箱、手册一套	验收日期	2010 年 12 月 1 日
调拨转移记录		折旧年限	8
报废清理记录		预计净残值	2%
中间停用记录		减值准备	

验收人：刘兴　　　　接管部门主管：车前旗　　　　制表人：周东龙

固定资产卡片(背面)

固定资产名称：数控机床

折旧方法：年数总和法									
年号	年折旧率	年折旧额	月折旧额	累计年折旧额	年号	年折旧率	年折旧额	月折旧额	累计年折旧额
大修理记录									
更新改造记录									

制表人：

固定资产卡片(正面)

类别:生产经营用固定资产

固定资产名称	龙门刨床	资产编号	006060526
型号(结构)	卧式	规格	B2020 * 6-16M
制(建)造商	北京机床厂	出厂时间	2012年12月1日
使用单位	基本生产车间	出厂编号	00559902
资金来源	自有	资产原值	900 000元
列账凭证	2012年12月10日26号	启用日期	2012年12月15日
附件或附属物	工作灯、水平垫块及调整螺丝螺帽	验收日期	2012年12月8日
调拨转移记录		折旧年限	8
报废清理记录		预计净残值率	2%
中间停用记录		减值准备	

验收人: 接管部门主管:车前旗 制表人:

固定资产卡片(背面)

固定资产名称:龙门刨床

折旧方法:双倍余额递减法									
年号	年折旧率	年折旧额	月折旧额	累计年折旧额	年号	年折旧率	年折旧额	月折旧额	累计年折旧额
大修理记录									
更新改造记录									

制表人:

固定资产折旧计算表

2014 年 12 月

部　门	固定资产类型	固定资产原值（期初余额）	预计净残值率	预计使用年限	年折旧率	月折旧额
基本生产车间	房屋及建筑物 机床加工设备 专用电子设备 其他专用设备 超期使用设备 数控机床 龙门刨床	9 000 000 18 000 000 600 000 100 000 20 000 （见固定资产表二） （见固定资产表四）	2% 2% 2% 2%	35 10 10 10		
小　计						
销售机构	房屋及建筑物 其他专用设备	800 000 20 000	2% 2%	40 10		
小　计						
动力车间	房屋及建筑物 内燃发电机组 其他专用设备	5 200 000 1 800 000 120 000	2% 2% 2%	35 20 10		
小　计						
管理部门	房屋及建筑物 其他专用设备 不需用设备	10 000 000 1 200 000 200 000	2% 2% 2%	40 10 10		
小　计						
出租	仓库	200 000	2%	10		
合　计						

注：依据表中资料采用平均年限法计提折旧。　　　　制表人：

11.31 日，收到“固定资产报废单”会计记账联。

固定资产报废单

使用部门：出租　　　　2014 年 12 月 31 日　　　　第 0214 号

<table>
<tr><td>固定资产名称及编号</td><td>规格型号</td><td>单位</td><td>数量</td><td>预计使用年限</td><td>已使用年限</td><td>原始价值</td><td>已提折旧</td><td>备注</td></tr>
<tr><td>仓库</td><td></td><td>m^2</td><td>500</td><td>20 年</td><td>15</td><td>500 000</td><td>37 500</td><td></td></tr>
<tr><td colspan="2">固定资产状况及报废原因</td><td colspan="7">经营性出租的仓库因重建提前报废</td></tr>
<tr><td colspan="2" rowspan="2">处理意见</td><td colspan="2">使用部门</td><td colspan="2">技术鉴定小组</td><td colspan="2">固定资产管理部门</td><td>主管部门</td></tr>
<tr><td colspan="2">出租收回报废</td><td colspan="2">危房不可继续使用。</td><td colspan="2">原址重建。资产管理处</td><td>情况属实
同意报废</td></tr>
</table>

第二联　会计记账

制单：朱立云　　　　审核：熊姗姗

12.31 日，收到“工程物资入库单”。

工程物资入库单

类别：建筑材料　　　　编号：0278

验收日期：2014 年 12 月 31 日　　　　来源：清理报废仓库残料

<table>
<tr><td rowspan="2">品名</td><td rowspan="2">规格</td><td rowspan="2">单位</td><td colspan="2">数量</td><td colspan="4">实际价格</td></tr>
<tr><td>来料</td><td>实际</td><td>单价</td><td>总价</td><td>运杂费</td><td>合计</td></tr>
<tr><td>青砖</td><td></td><td>块</td><td></td><td>100 万</td><td>0.30</td><td>300 000</td><td></td><td>300 000.00</td></tr>
<tr><td>其他</td><td></td><td></td><td></td><td></td><td></td><td></td><td></td><td>8 000.00</td></tr>
<tr><td>合计</td><td></td><td></td><td></td><td></td><td></td><td></td><td></td><td>￥308 000.00</td></tr>
</table>

主管：朱蒙蒙　　　　保管员：毕源物　　　　检验员：简相伯

13.31 日，收到“费用报销单”，编制“内部转账单”结平“固定资产清理—报废仓库清理”账户。

费用报销单

2014 年 12 月 31 日　　　　第 0289 号

<table>
<tr><td>部门或姓名</td><td colspan="3">农民工蔡桂富等</td></tr>
<tr><td>报销事由</td><td>报废仓库清理工钱</td><td>附报销单据张数</td><td>2 张</td></tr>
<tr><td colspan="3">人民币(大写)捌佰陆拾元整</td><td>￥860.00</td></tr>
<tr><td>审核意见</td><td colspan="3">同意按规定报销　　　　现 金 付 讫
蔡基本 2014.12.31</td></tr>
</table>

主管：王卫新　　　　出纳：　　　　领款人：蔡桂富

内部转账单

转账日期:2014 年 12 月 31 日　　　　编号:02459

摘　　要	金　　额
转入清理的报废仓库净值	
报废仓库残料入库价值	
报废仓库清理的工钱	
营业外支出(或营业外收入)	

复核:　　　　制单:

14.31 日，编制“固定资产减值准备计提表”。

固定资产减值准备计提表

使用部门:动力车间　　　　2014 年 12 月 31 日

固定资产名称	可变现净值	账面价值	期末固定资产减值准备		
			账面应有余额	账面已有余额	当期应提跌价准备
内燃发电机组	100 000.00	280 000.00		0	
备注	主机损坏,已被停用。				

制表:　　　　主管:车前旗

15.31 日,收到“固定资产盘存报告单”。

固定资产盘存报告单

使用部门:基本生产车间　　　　2014 年 12 月 31 日

名称	制造厂商	计量单位	盘存数量	账存数量	盘盈数量	盘亏数量	原值	已提折旧	已提减值准备
车床	上海机床厂	台	9	10		1	200 000	150 000	30 000
备注	因为耗能超标,按车间李冒主任的要求搬出车间后,不知去向。								

使用人:陈办示　　　　复核:肖依东　　　　主管:车前旗

16.31 日,收到“固定资产清查结果审批表”。

固定资产清查结果审批表

2014 年 12 月 31 日

名称	制造厂商	盘盈数量	盘亏数量	净值	资产处意见	财务部意见	负责人批示
车床	上海机床厂		1	20 000	管理不当,应承担 10%的责任	责任人应赔偿 2 000 元	从下月工资扣李冒 2 000 元

复核:肖依东　　　　主管:车前旗

6.2 固定资产·工作任务·学生独立做

武汉晨光有限责任公司(以下简称晨光公司)为增值税一般纳税人,增值税税率为 17%。纳税人识别号:420101032635924;地址:武汉东湖高新开发区 121 号,电话:027－86250966;开户行及账号:工行光谷支行 003456。2014 年 12 月发生如下经济业务,据以进行账务处理。

1.7 日,收到"增值税专用发票"的抵扣联与发票联及"固定资产验收单"的会计记账联。到开户行办理"电汇"。

中国工商银行电汇凭证 1(回单)

第 0143 号

□普通　□加急　　委托日期　年　月　日

汇款人			收款人		
	全称			全称	
	账号			账号	
	汇出地点			汇入地点	
汇出行名称			汇入行名称		
汇款金额	人民币(大写)		千 百 十 万 千 百 十 元 角 分		
			支付密码		
			附加信息及用途:		
汇出行签章			复核　记账		

此联是汇出行给汇款人的回单

14714700

增值税专用发票

全国统一发票监制章 国家税务总局监制

No 147895412

开票日期:2014 年 12 月 7 日

购货单位	名称:武汉晨光有限责任公司 纳税人识别号:420101032635924 地址:东湖高新开发区 121 号 电话:027－86250966 开户行及账号:工行光谷支行 003456				密码区	11235689754623145669875524136687945458976213254782145687 * * 01236587946823699854745 8 9658/－ * 2	
货物或应税劳务名称	**规格型号**	**单位**	**数量**	**单价**	**金额**	**税率**	**税额**
货车		辆	1	200 000	200 000.00	17%	34 000.00
合计					¥200 000.00		¥34 000.00
价税合计(人民币大写)贰拾叁万肆仟元整					(小写) ¥234 000.00		
销货单位	名称:富康有限责任公司 纳税人识别号:1024517892147 电话:01059874563 开户行及账号:工行北京市支行 账号 105478				备注:货车已交付使用,款汇出。		

收款人:张红英　复核:伍东升　开票人:李水仙　销货单位(章):

北京富康有限责任公司 1024517892147 发票专用章

第二联 发票联 购货方记账凭证

第三联 抵扣联 购货方抵扣凭证

固定资产验收单

2014 年 12 月 7 日　　　　第 0136 号

制造单位:富康有限责任公司				使用部门:供销科		使用年限:8 年
名称	规格	单位	数量	单价	金额	备注:
货车						
合计人民币(大写)					¥	

第二联 会计记账

主管:段振柱　　　　验收:刘应文

2.8 日,收到“固定资产更新改造申请表”。

固定资产更新改造申请表

2014 年 12 月 8 日

名称	规格型号	单位	数量	预计使用年限	已使用年限	原始价值	已提折旧	备注
车床		台	1	9	3	300 000	100 000	
固定资产状况	停用,进行更新改造							
审批意见	使用部门		技术鉴定小组		固定资产管理部门		主管部门	
	申请技术改造车间 李主任 2014.12.8		电机耗能高,应更新改造		同意更新改造		改良工程请重型机床厂技工马上进行	

制单:胡本立　　　　审核:宁宕

3.9 日,开具“收款收据”,留会计记账联。

收款收据

年　月　日　　　　编号:

今收到:______________________　　收款方式:______________

人民币(大写):__________________________　　¥______________

系　付:______________________

第二联 收款方记账凭证

单位盖章:　　　　会计:　　　　出纳:　　　　经手人:

4.26 日，收到“增值税专用发票”发票联与抵扣联，签发“转账支票”一份。

00245871　　**增值税专用发票**　　№ 14782547

开票日期：2014 年 12 月 26 日

购货单位	名称：武汉晨光有限责任公司 纳税人识别号：420101032635924 地址：东湖高新开发区 121 号 电话：027－86250966 开户行及账号：工行光谷支行 003456	密码区	400147W6325478963E2117921M7 8123335R466R225P866Y5552L21 4365478D785296F544S3358H771 29635887A795224D315896//223 20012

货物或应税劳务名称	规格型号	单位	数量	单价	金额	税率	税额
车床改造					5 000.00	17%	850.00
电机		台	1	85 000	85 000.00		14 450.00
合计					¥900 000.00		¥15 300.00
价税合计（人民币大写）壹拾万零伍仟叁佰元整					（小写） ¥105 300.00		

销货单位	名称：武汉市重型机床厂 纳税人识别号：21475412415210 地址：武汉市东湖小四路 954 号 电话：02785879253 开户行及账号：工行武汉东湖支行 014712	备注：款已付（支票），车床验收交付使用。

收款人：金录　　复核：张军　　开票人：李灰土　　销货单位（章）：

武汉市重型机床厂 21475412415210 发票专用章

第二联 发票联 购货方记账凭证

第三联 抵扣联 购货方抵扣凭证

5.27 日，收到“固定资产验收单”的会计记账联。

固定资产验收单

2014 年 12 月 27 日　　第 0139 号

制造单位：重型机床厂			使用部门：基本生产车间			使用年限：9 年
名称	规格	单位	数量	单价	金额	备注：设备改良工程完工交付使用
车床						
合计人民币（大写）					¥	

主管：段振柱　　验收：刘应文

第二联 会计记账

6.31 日，收到“固定资产报废单”的会计记账联。

固定资产报废单

使用部门：基本生产车间　　　　2014 年 12 月 31 日　　　　第 0147 号

<table>
<tr><td>固定资产名称及编号</td><td>规格型号</td><td>单位</td><td>数量</td><td>预计使用年限</td><td>已使用年限</td><td>原始价值</td><td>已提折旧</td><td>备注</td></tr>
<tr><td>磨床</td><td></td><td>台</td><td>1</td><td>10 年</td><td>10 年</td><td>60 000</td><td>58 800</td><td></td></tr>
<tr><td>固定资产状况及报废原因</td><td colspan="8">因使用到期报废</td></tr>
<tr><td rowspan="2">处理意见</td><td colspan="2">使用部门</td><td colspan="2">技术鉴定小组</td><td colspan="3">固定资产管理部门</td><td>主管部门</td></tr>
<tr><td colspan="2">到期报废</td><td colspan="2">不继续使用</td><td colspan="3">同意报废
资产管理处</td><td>情况属实
同意报废</td></tr>
</table>

第二联　会计记账

制单：肖轼　　　　审核：农艺

7.31 日，填制“收款收据”，编制“内部转账单”，结转清理损益。

收款收据

年　　月　　日　　　　编号：

今收到：________________　　收款方式：________________

人民币（大写）：________________　　¥________________

系　　付：________________

第二联　收款方记账凭证

单位盖章：　　会计：　　出纳：　　经手人：

内部转账单

转账日期：2014 年 12 月 31 日　　　　编号：02459

摘　　要	金　　额
转入清理的报废磨床净值	
报废残料价值	
营业外支出（或营业外收入）	

复核：　　　　制单：

8.31 日，收到"固定资产卡片"，填制"固定资产折旧计算表"。

固定资产卡片

类别：生产经营用固定资产

固定资产名称	小轿车	资产编号	006060789
型号(结构)		规格	
制(建)造商	富士康集团	出厂时间	2013 年 12 月 1 日
使用单位	行政科	出厂编号	201312010047
资金来源	自有资金	资产原值	150 000 元
列账凭证	2013 年 12 月 2 日 5 号	启用日期	2011 年 12 月 15 日
附件或附属物	附件箱、手册一套	验收日期	2011 年 12 月 1 日
调拨转移记录		预计行驶路程	100 万公里
报废清理记录		预计净残值	3 000 元
中间停用记录		减值准备	

验收人：田喜娃　　接管部门主管：黄细竹　　制表人：邓伦国

固定资产折旧计算表

2014 年 12 月

使用部门	固定资产类型	固定资产原值（期初余额）	预计净残值	预计行驶路程	本月行驶时程	月折旧额
行政科	汽车	150 000.00	3 000.00			

制表：　　复核：

9.31 日，依据固定资产卡片资料采用年数总和法计提本月折旧。

固定资产卡片(正面)

类别：生产经营用固定资产

固定资产名称	数控车床	资产编号	006060540
型号(结构)	立式	规格	HJ005
制(建)造商	上海重型机床厂	出厂时间	2011 年 12 月 1 日
使用单位	基本生产车间	出厂编号	201112010056
资金来源	长期借款	资产原值	600 000 元
列账凭证	2011 年 12 月 2 日 5 号	启用日期	2011 年 12 月 15 日
附件或附属物	附件箱、手册一套	验收日期	2011 年 12 月 1 日
调拨转移记录		折旧年限	9
报废清理记录		预计净残值	2%
中间停用记录		减值准备	

验收人：田喜娃　　接管部门主管：黄细竹　　制表人：邓伦国

固定资产卡片(背面)

固定资产名称:数控车床

折旧方法:年数总和法									
年号	年折旧率	年折旧额	月折旧额	累计年折旧额	年号	年折旧率	年折旧额	月折旧额	累计年折旧额
大修理记录									
更新改造记录									

制表人:

10.31 日,依据固定资产卡片资料采用双倍余额递减法计提本月折旧。

固定资产卡片(正面)

类别:生产经营用固定资产

固定资产名称	龙门刨床	资产编号	006060544
型号(结构)	卧式	规格	B2020 * 6-16M
制(建)造商	北京机床厂	出厂时间	2013 年 12 月 1 日
使用单位	基本生产车间	出厂编号	201312010054
资金来源	自有	资产原值	500 000 元
列账凭证	2013 年 12 月 5 日 6 号	启用日期	2013 年 12 月 10 日
附件或附属物	工作灯、水平垫块及调整螺丝螺帽	验收日期	2013 年 12 月 5 日
调拨转移记录		折旧年限	10
报废清理记录		预计净残值率	2%
中间停用记录		减值准备	

验收人:赵磊　　接管部门主管:宁怡　　制表人:

固定资产卡片(背面)

固定资产名称:龙门刨床

折旧方法:双倍余额递减法									
年号	年折旧率	年折旧额	月折旧额	累计年折旧额	年号	年折旧率	年折旧额	月折旧额	累计年折旧额
大修理记录									
更新改造记录									

制表人:

11.31日,收到"固定资产盘存报告单"。

固定资产盘存报告单

使用部门:二车间　　2014年12月31日

名称	制造厂商	计量单位	盘存数量	账存数量	盘盈数量	盘亏数量	原值	已提折旧	已提减值准备
钻床	北京机床厂	台	5	6					
备注									

使用人:宋迷秀　　复核:李同山　　主管:宁怡

12.31日,收到"固定资产清查结果审批表"。

固定资产清查结果审批表

2014年12月31日

名称	制造厂商	盘盈数量	盘亏数量	净值	资产处意见	财务部意见	负责人批示
钻床	北京机床厂			10 000	管理不当,应承担10%的责任	责任人应赔偿1 000元	从下月工资扣 宛球瓶 2014.12.31

复核:李同山　　主管:宁怡

项目7

无形资产

7.1 无形资产·工作任务·师生教学做

武汉天河有限责任公司(以下简称天河公司)为增值税一般纳税人,增值税税率为 17%。纳税人识别号:420110842903788;地址:武汉市东湖高新区光谷创业街 121 号,电话:027—54808382;开户行及账号:中国工商银行虎泉支行 12341234。2014 年 12 月发生如下经济业务,据以进行账务处理。

1.1 日,收到“武汉市行政事业单位收款收据”收据联,取得“无形资产登记表”会计记账联,签发“转账支票”一份。

武汉市行政事业单位收款票据

注册号码:财字第 0110 号　　　　№ 02200

2014 年 12 月 1 日

付费单位(交款人):天河有限责任公司													
收费项目	计费单位	计费数量	收费标准	收费金额									
				千	百	十	万	千	百	十	元	角	分
土地出让金	M^2	10 000	950		9	5	0	0	0	0	0	0	0
人民币合计(大写)玖佰伍拾万元整				¥	9	5	0	0	0	0	0	0	0

第二联 收据联

收款单位(公章):　　　　负责人:洪寻新　　　　经办人:吴春英

财务专用章

无形资产登记表

2014 年 12 月 1 日

来源:武汉市政府					
名称	所有权	使用权	效益期	金额	备注:土地使用证另存
土地使用权		使用权	30 年	9 500 000.00	
合计人民币(大写)玖佰伍拾万元整				¥ 9 500 000.00	

第二联　会计记账

主管:赵琳琳　　　　验收:欧阳春

中国工商银行
转账支票存根
号码:3789
附加信息

出票日期　年　月　日

收款人:
金额:
用途:

单位主管　　会计

本支票付款期限十天

中国工商银行转账支票　　号码　3789

出票日期(大写)　　年　月　日　付款行名称:

收款人:　　出票人账号:

人民币(大写)	百	十	万	千	百	十	元	角	分

用途

上列款项请从

我账户内支付

出票人签章　　武汉天河有限责任公司 财务专用章　　复核　　记账

2.2 日,收到“领料单”会计记账联。

领 料 单

领料部门或单位:技术开发部　　　　2014 年 12 月 2 日　　　　№ 0245

材料编号	材料名称	计量单位	数量		单价	金额
			请领	实领		
0112	电脑配件	个	700	700	10	7 000.00
备注	经董事会批准开发电脑主机生产技术领用。研发成功将会大幅度降低本公司电脑产品的生产成本。					

第三联　会计记账

保管:宋河轮　　　　领料:诸葛鸽　　　　主管:白软

3.8 日，收到“增值税专用发票”发票联和抵扣联，取得“无形资产登记表”会计记账联，签发“转账支票”一份。

022145002

增值税专用发票

№ 001241578

开票日期：2014 年 12 月 8 日

购货单位	名称：武汉天河有限责任公司 纳税人识别号：420110842903788 地址：武汉市东湖高新区光谷创业街 121 号 电话：027－54808382 开户行及账号：工商银行虎泉支行 12341234				密码区	6＊＊/－＊G441W551165447895213 55789894856X692587/＊＊－/112G 5552V2226S662676D666647466F66 57E658466E66647866G61100025＊ ＊－//512425845＊＊/－	
货物或应税劳务名称	规格型号	单位	数量	单价	金额	税率	税额
专用技术 咨询费 合计					1 800 000.00 900.00 ¥1 800 900.00	6% 6%	108 000.00 54.00 ¥108 054.00
价税合计（人民币大写）壹佰玖拾万捌仟玖佰伍拾肆元整						（小写）	¥1 908 954.00
销货单位	名称：武汉市墨色公司 纳税人识别号：2036504002233 地址：武汉市东湖肖胜路 201 号 电话：0278689966 开户行及账号：中国工商银行东湖支行 0663355				备注：技术人员的培训已开始。		

收款人：张炎术　　复核：信红　　开票人：区文化　　销货单位（章）

第二联 发票联 购货方记账凭证

第三联 抵扣联 购货方抵扣凭证

无形资产登记表

2014 年 12 月 1 日

来源：武汉市墨色公司					
名称	效益期	所有权	使用权	金额	备注：使用该项生产技术，其生产能力比原来提高 25%，销售利润率增长 20%
专有技术	5 年	所有权			
合计人民币（大写）				¥	

主管：赵琳琳　　验收：欧阳春

第二联 会计记账

中国工商银行 转账支票存根 号码：4127	中国工商银行转账支票　　号码　4127
附加信息	出票日期(大写)　　年　月　日　付款行名称：
	收款人：　　出票人账号：
出票日期　年　月　日	本支票付款期限十天
收款人：	用途
金额：	上列款项请从 我账户内支付 出票人签章　　复核　　记账
用途：	武汉天河有限责任公司 财务专用章
单位主管　会计	

人民币(大写)	百	十	万	千	百	十	元	角	分

4.9 日，收到“增值税专用发票”的发票联与抵扣联，取得“无形资产登记表”会计记账联，填制“专利申报表”，签发“转账支票”一份。

02200447　　**增值税专用发票**（全国统一发票监制章 国家税务总局监制）　　№ 2055877994

开票日期：2014 年 12 月 9 日

购货单位	名称：武汉天河有限责任公司 纳税人识别号：420110842903788 地址：武汉市东湖高新区光谷创业街 121 号 电话：027－54808382 开户行及账号：工商银行虎泉支行 12341234	密码区	1000222244447895213557898948 56X 692587/＊＊－/112G＊/78452676D 666647466F6657E658466E66645＊＊ －//512425845＊＊/－00145214122 ＊＊－－///124506540012

货物或应税劳务名称	规格型号	单位	数量	单价	金额	税率	税额
注册登记					12 000.00	6％	720.00
专利评估					4 000.00	6％	240.00
合计					￥16 000.00		￥960.00
价税合计(人民币大写)壹万陆仟玖佰陆拾元整						(小写)	￥16 960.00

销货单位	名称：武汉市知行公司 纳税人识别号：131123123400333 地址：武汉市徐东新村 687 号 电话：02786898688 开户行及账号：中国工商银行徐东支行 0241254	备注：专利局注册批文另存。

收款人：胡适水　　复核：文间单　　开票人：方世子　　销货单位(章)：（武汉市知行公司 13112312340333 发票专用章）

第二联　发票联　购货方记账凭证
第三联　抵扣联　购货方抵扣凭证

中国工商银行
转账支票存根
号码:3789
附加信息

出票日期　年　月　日

收款人:	
金额:	
用途:	

单位主管　会计

本支票付款期限十天

中国工商银行转账支票　号码　3789

出票日期(大写)　年　月　日　付款行名称:

收款人:　出票人账号:

人民币(大写)	百	十	万	千	百	十	元	角	分

用途

上列款项请从

我账户内支付

出票人签章　武汉天河有限责任公司　财务专用章　复核　记账

专利申报表

第　号

2014 年 12 月 9 日

申报单位	天河有限责任公司			
专利项目	电脑外观设计			
专利成本	技术开发费	注册登记费	评估费	合计
	180 000.00			
审批意见				

制单:　审核:

无形资产登记表

2014 年 12 月 1 日

来源:自行研发成功					
名称	所有权	使用权	效益期	金额	备注:可在 10 年内使本公司电脑销售利润率提高 20%
电脑外观设计专利	所有权		10 年		
合计人民币(大写)				¥	

第二联　会计记账

主管:赵琳琳　验收:欧阳春

5.10 日，收到“领料单”会计记账联。

领 料 单

领料部门或单位:技术开发部　2014 年 12 月 10 日　№ 0248

材料编号	材料名称	计量单位	数量		单价	金额
			请领	实领		
0156	钢材	公斤	500	500	7	3 500.00
备注	经董事会批准开发电脑主机生产技术领用。研发成功将会大幅度降低本公司电脑产品的生产成本。					

第三联　会计记账

保管:宋河轮　领料:诸葛鸽　主管:白软

6.31 日，填制“内部转账单”，结平“研发支出”账户借方余额。

内部转账单

转账日期：2014 年 12 月 31 日　　　　编号：02789

摘　　要	金　　额
研发支出——电脑外观设计（费用化支出）借方余额	70 000.00
研发支出——电脑机箱材料改进（费用化支出）”借方余额	3 500.00

复核：赵四妨　　　　制单：刘先学

7.31 日，收到“无形资产转销通知单”的会计记账联。

无形资产转销通知单

转账日期：2014 年 12 月 31 日

名称	预计使用年限	已使用年限	原始价值	累计摊销
工艺流程专有技术	10 年	8 年	1 000 000	800 000.00
资产状况	电脑显示器工艺流程专有技术同行业已有新的技术替代提前报废			
处理意见	使用部门	鉴定小组	资产管理部门	
	工艺流程技术陈旧	新技术取代之被淘汰	同意技术开发部意见提前报废	

第二联　会计记账

制单：李行　　　　审核：汤荣佳

8.31 日，收到“无形资产转销通知单”的会计记账联。取得“增值税专用发票”的记账联，收到“转账支票”一张，填制“进账单”到银行办理进账手续。

无形资产转销通知单

转账日期：2014 年 12 月 31 日

名称	预计使用年限	已使用年限	原始价值	累计摊销
技术专利	10 年	5 年	1 200 000	600 000.00
资产状况	该项专利所生产的产品市场萎缩决定停产，因而出售之			
处理意见	使用部门	鉴定小组	资产管理部门	
	停产	专利有效	同意出售	

第二联　会计记账

制单：李行　　　　审核：汤荣佳

4471515022

增值税专用发票

№ 0279644

开票日期:2014 年 12 月 31 日

购货单位	名称:先锋公司 纳税人识别号:201478416300 地址:武汉市球场街 350 号 电话:02789895656 开户行及账号:工行汉口支行 211551	密码区	89 * *//—1245 * 6G12//352G4879412 667F89926U65233Y11//52223U388631 K186123189756D324123L36589756641B 12325876 # 9236 * 268125/ * 954263 * * —+/

货物或应税劳务名称	规格型号	单位	数量	单价	金额	税率	税额
专利					1 100 000.00	6%	66 000.00
合计					¥1 100 000.00		¥66 000.00
价税合计(人民币大写)壹佰壹拾陆万陆仟元整					(小写) ¥1 166 000.00		

销货单位	名称:武汉天河有限责任公司 纳税人识别号:420110842903788 地址:武汉市东湖高新区光谷创业街 121 号 电话:027—54808382 开户行及账号:中国工商银行虎泉支行 12341234	备注

收款人:李坤广　　复核:王晗金　　开票人:童音　　销货单位(章):

第一联 记账联 销货方记账凭证

中国工商银行进账单(回单或收账通知)1

年　月　日　　　第 6047 号

付款人	全　称		收款人	全　称	
	账　号			账　号	
	开户银行			开户银行	

人民币(大写)		千	百	十	万	千	百	十	元	角	分

票据种类		票据张数		中国工商银行 虎泉支行 开户银行盖章
票据号码				
复核　记账				

此联是收款人开户银行交收款人的回单或收账通知

9.31 日，编制“无形资产摊销表”。

无形资产摊销表(直线法)

2014 年 12 月 31 日

明细科目	期初账面余额	本月增减数	期末账面余额	预计使用年限	月摊销额
专利权	720 万元			10 年	
商标权	120 万元			不确定	
非专利技术(自用)	300 万元			5 年	
非专利技术(出租)	36 万元			5 年	
特许权	720 万元			10 年	
土地使用权	1 200 万元			30 年	
合 计					

注：本月增加的无形资产预计使用年限与上月相同。　　　　制表：

10.31 日，填制“无形资产减值准备计提表”。

无形资产减值准备计提表

2014 年 12 月 31 日

固定资产名称	可变现净值	账面价值	期末固定资产减值准备		
			账面应有余额	账面已有余额	当期应提跌价准备
非专利技术	50 000.00	250 000.00		0	
备注	此工艺流程，已发现在同行业中普遍推广，因而贬值。				

制表：　　　　主管：

11.31 日，收到“证券成交过户交割单”一份，开具“收款收据”一份。收到“无形资产转销通知单”的会计记账联。取得“增值税专用发票”的记账联，据支票填写进账单到开户行办理进账手续。

证券成交过户交割单

交割日期 2014 年 12 月 1 日　　　　业务名称：购买股票

证券代码	600211	成交数量	75 000 股
证券名称	宏大公司	成交价	10.00
股东账户	A2521457	佣金	2 100.00
客户名称	武汉天河公司	印花税	230.00
申请编号	2544	手续费	0
成交编号	6879	成交金额	747 670.00
申报时间	1116	资金余额	52 330.00
成交时间	1130	币种	人民币

(注：股票准备随时变现)

收款收据

2014 年 12 月 31 日　　　　编号:2578

今收到:红光公司　　　　收款方式:转账支票

人民币(大写):壹拾万元整　　　　¥100 000.00

系　　付:以专利权交换股票,收到红光公司的补价

备注:

单位盖章:　　　　会计:　　　　出纳:　　　　经手人:洪金宝

第二联　会计记账

中国工商银行进账单(回单或收账通知)1

2013 年 1 月 20 日　　　　第 12547 号

<table>
<tr><td rowspan="3">付款人</td><td>全　称</td><td>红光公司</td><td rowspan="3">收款人</td><td>全　称</td><td colspan="10">天河公司</td></tr>
<tr><td>账　号</td><td>0214512</td><td>账　号</td><td colspan="10">12341234</td></tr>
<tr><td>开户银行</td><td>武汉市工行</td><td>开户银行</td><td colspan="10">武汉市工行虎泉支行</td></tr>
<tr><td rowspan="2">人民币(大写)</td><td colspan="4" rowspan="2">壹拾万元整</td><td>千</td><td>百</td><td>十</td><td>万</td><td>千</td><td>百</td><td>十</td><td>元</td><td>角</td><td>分</td></tr>
<tr><td></td><td>¥</td><td>1</td><td>0</td><td>0</td><td>0</td><td>0</td><td>0</td><td>0</td><td>0</td></tr>
<tr><td>票据种类</td><td>转账支票</td><td>票据张数</td><td>1</td><td colspan="11" rowspan="3">中国工商银行
虎泉支行
开户银行盖章</td></tr>
<tr><td>票据号码</td><td colspan="3"></td></tr>
<tr><td colspan="4">复核　　记账</td></tr>
</table>

此联是收款人开户银行交收款人的回单或收账通知

国统一发票监制 国家税务总局监制

4471515022 **增值税专用发票** № 0279677

开票日期:2014年12月31日

购货单位	名称:红光公司 纳税人识别号:2014784444 地址:武汉市东风街344号 电话:02789893636 开户行及账号:工行汉口支行121212	密码区	2//352G4879412667F89926U65233Y 11//52223U388631K186123189756D3 24123L36589756641B12325876#9236 *268125/*954263**—+/1144557 7882211003

货物或应税劳务名称	规格型号	单位	数量	单价	金额	税率	税额
专利权					800 000.00	6%	48 000.00
合计					¥800 000.00		¥48 000.00
价税合计(人民币大写)捌拾肆万捌仟元整					(小写) ¥848 000.00		

销货单位	名称:武汉天河有限责任公司 纳税人识别号:420110842903788 地址:武汉市东湖高新区光谷创业街121号 电话:027—54808382 开户行及账号:中国工商银行虎泉支行12341234	备注

收款人:李坤广 复核:王晗金 开票人:童音 销货单位(章):

第一联 记账联 销货方记账凭证

无形资产转销通知单

2014年12月31日

名称	预计使用年限	已使用年限	原始价值	累计摊销
专利权	10年	8年	1 000 000	300 000.00
资产状况	未计提减值准备,在交换日的公允价值为80万元			
处理意见	使用部门	鉴定小组	资产管理部门	
	停用	专利有效	同意转让	

制单:李行 审核:汤荣佳

第二联 会计记账

7.2 无形资产·工作任务·学生独立做

武汉晨光有限责任公司(以下简称晨光公司)为增值税一般纳税人,增值税税率为17%。纳税人识别号:420101032635924;地址:武汉东湖高新开发区121号,电话:027－86250966;开户行及账号:工行光谷支行003456。2014年12月发生如下经济业务,据以进行账务处理。

1.5日,收到"增值税专用发票"发票联和抵扣联,据以签发"转账支票"一份,收到"无形资产登记表"的会计记账联。

4471515022　　**增值税专用发票**　　№ 002789145

全国统一发票监制章 国家税务总局监制

开票日期:2014年12月5日

购货单位	名称:武汉晨光有限责任公司 纳税人识别号:420101032635924 电话:02786250966 地址:东湖高新开发区121号 开户行及账号:工行光谷支行003456				密码区	D98R8566D＊4566＊8796677S9W＊＊ //56789S5512300S6329874125G336/ ＊6524623D444K60153217D654756971 2324D35E420320011235478//＊＊666	
货物或应税劳务名称	规格型号	单位	数量	单价	金额	税率	税额
非专利技术					1 200 000.00	6%	72 000.00
合计					￥1 200 000.00		￥72 000.00
价税合计(人民币大写)壹佰贰拾柒万贰仟元整					(小写) ￥1 272 000.00		
销货单位	名称:腾飞有限责任公司 纳税人识别号:22552255002233 地址:武汉市西湖小区258号 电话:02786536666 开户行及账号:中国工商银行西湖支行11447788				备注		

第二联 发票联 购货方记账凭证

第三联 抵扣联 购货方抵扣凭证

腾飞有限责任公司 22552255002233

收款人:于信　　复核:施东相　　开票人:薄来偿　　销货单位(章)专用章

中国工商银行 转账支票存根 号码:3845	中国工商银行转账支票　　号码 3845
附加信息	出票日期(大写)　　年　　月　　日　付款行名称: 收款人:　　出票人账号:
出票日期　　年　月　日	人民币(大写)　　百 十 万 千 百 十 元 角 分
收款人:	本支票付款期限十天
金额:	用途＿＿＿＿＿＿ 上列款项请从 我账户内支付
用途:	出票人签章　　　复核　　　记账
单位主管　　会计	

无形资产登记表

2014年12月5日

来源:腾飞科技发展公司					
名称	所有权	使用权	效益期	金额	备注:未经公开也未申请专利的设计图纸,请专业人士评估按此设计图纸投入生产,可使成本降低15%
设计图纸	所有权		5年		
合计人民币(大写)				¥	

第二联 会计记账

主管:曾月菲　　　　验收:计常在

2.7日,收到"领料单"会计记账联。

领 料 单

领料部门或单位:技术开发部　　　　2014年12月10日　　　　№ 0270

材料编号	材料名称	计量单位	数 量		单价	金额
			请领	实领		
0358	工字钢	公斤	700	700	20	14 000.00
备注	开发非专利技术。研发成功将会大幅度降低本公司产品的生产成本。					

第三联 会计记账

保管:朱换运　　　　领料:仇金　　　　主管:郝容貌

3.8日,开具"增值税专用发票"(留下记账联),取得"无形资产转销通知单"的会计记账联,收到"转账支票"一张,据以填制"进账单"到银行办理进账手续。

无形资产转销通知单

2014年12月8日

名称	预计使用年限	已使用年限	原始价值	累计摊销
专利	9年	3年	600 000	200 000.00
资产状况	该项专利所生产的产品市场萎缩决定停产,因而将其出售			
处理意见	使用部门	鉴定小组	资产管理部门	
	停用	专利有效	同意出售	

第二联 会计记账

制单:申自昆　　　　审核:冯戒

323265741

增值税专用发票

全国统一发票监制
国家税务总局监制

№ 2578124

开票日期:2014 年 12 月 8 日

购货单位	名称:四达公司 纳税人识别号:22556677 地址:武汉市前进四路 980 号 开户行及账号:工行汉口支行 554422	密码区	251600798689622//352G4879412667F 89926U65233Y11//525875631K18612 3189756D324169875465897566641B123 25876#9236＊26812584578921D6589 6721＊＊//2510－＊/247

货物或应税劳务名称	规格型号	单位	数量	单价	金额	税率	税额
专利					650 000.00	6%	39 000.00
合计					￥650 000.00		￥39 000.00
价税合计(人民币大写)陆拾捌万玖仟元整					(小写) ￥689 000.00		

销货单位	名称:武汉晨光有限责任公司 纳税人识别号:420101032635924 电话:02786250966 地址:东湖高新开发区 121 号 开户行及账号:工行光谷支行 003456	备注

收款人:苏水生　　复核:范丛政　　开票人:熊高　　销货单位(章):

武汉晨光有限责任公司
420101032635924
发票专用章

第一联 记账联 销货方记账凭证

中国工商银行进账单(回单或收账通知)1

年　月　日　　第 6047 号

付款人	全称		收款人	全称	
	账号			账号	
	开户银行			开户银行	

人民币(大写)	千	百	十	万	千	百	十	元	角	分

票据种类		票据张数		
票据号码				
	复核　记账			开户银行盖章

此联是收款人开户银行交收款人的回单或收账通知

4.9 日，取得“无形资产登记表”的会计记账联，收到“增值税专用发票”发票联和抵扣联，签发“转账支票”一份，填制“专利申报表”。

无形资产登记表

2014 年 12 月 9 日

来源：自行开发成功					
名称	所有权	使用权	效益期	金额	备注：预计可在 5 年内使本公司产品销售利润率提高 20%。
非专利技术	所有权		5 年		
合计人民币（大写）				¥	

主管：曾月菲　　验收：计常在

第二联　会计记账

增值税专用发票

4471515022　　№ 002789417

开票日期：2014 年 12 月 9 日

购货单位	名称：武汉晨光有限责任公司 纳税人识别号：420101032635924 电话：02786250966 地址：东湖高新开发区 121 号 开户行及账号：工行光谷支行 003456				密码区	2500066D＊4566＊8796677S9W＊＊/ /56789S5512300S6329874125G336/＊ 6524623D444K60153217D6547569711 12324D35E42032036363625252 5//01	
货物或应税劳务名称	规格型号	单位	数量	单价	金额	税率	税额
注册登记费 评估费 合计					20 000.00 6 000.00 ¥26 000.00	6% 6%	1 200.00 360.00 ¥1 560.00
价税合计（人民币大写）贰万柒仟伍佰陆拾元整					（小写）　¥27 560.00		
销货单位	名称：武汉市高山科技公司 纳税人识别号：66668888000066 地址：武汉市东西湖本国路 1254 号 电话：02786599996 开户行及账号：中国工商银行东西湖支行 002255				备注		

收款人：刘肖作　　复核：好莱叁　　开票人：戴敏捷　　销货单位（章）

第二联　发票联　购货方记账凭证

第三联　抵扣联　购货方抵扣凭证

<table>
<tr><td>中国工商银行
转账支票存根
号码:3885
附加信息

出票日期　　年　月　日
收款人:
金额:
用途:
单位主管　　会计</td><td>本支票付款期限十天</td><td>中国工商银行转账支票　　号码　3885
出票日期(大写)　　年　　月　　日　付款行名称:
收款人:　　　　出票人账号:
人民币(大写)　百 十 万 千 百 十 元 角 分
用途
上列款项请从
我账户内支付
出票人签章　　　复核　　　记账</td></tr>
</table>

专利申报表

2014 年 12 月 9 日　　　　第　　号

申报单位	武汉晨光有限责任公司			
专利项目	非专利技术			
专利成本	技术开发费	注册登记费	评估费	合计
	740 000.00			
审批意见				

制单:　　　　审核:

5.10 日，收到“领料单”的会计记账联。

领 料 单

领料部门或单位:技术开发部　　2014 年 12 月 10 日　　№ 0270

材料编号	材料名称	计量单位	数　量		单价	金额
			请领	实领		
0369	铸铁	公斤	1 500	1 500	5	7 500.00
备注	产品材料改进研究领料。					

第三联　会计记账

保管:朱换运　　领料:仇金　　主管:郝容貌

6.31 日，填制"内部转账单"，结平"研发支出"。

内部转账单

转账日期：2014 年 12 月 31 日　　　　编号：02789

摘　　要	金　　额
研发支出——产品主机设计（费用化支出）借方余额	56 000.00
研发支出——产品材料改进（费用化支出）"借方余额	7 500.00

复核：张含辛　　　　制单：李珍爱

7.31 日，编制"无形资产摊销表"。

无形资产摊销表（直线法）

2014 年 12 月 31 日

明细科目	期初账面余额	本月增减数	期末账面余额	预计使用年限	月摊销额
专利权	500 万元			10 年	
商标权	100 万元			不确定	
非专利技术（自用）	80 万元			5 年	
非专利技术（出租）	40 万元			5 年	
特许权	60 万元			10 年	
土地使用权	1 000 万元			30 年	
合 计					

注：本月增加的无形资产预计使用年限与上月相同。　　　　制表：

8.31 日，填制"无形资产减值准备计提表"。

无形资产减值准备计提表

2014 年 12 月 31 日

固资产名称	可变现净值	账面价值	期末固定资产减值准备		
			账面应有余额	账面已有余额	当期应提跌价准备
非专利技术	80 000.00	200 000.00		30 000.00	
备注	此工艺流程已发现在同行业中普遍推广，因而贬值。				

制表：　　　　主管：

项目8

流动负债

8.1 流动负债·工作任务·师生教学做

武汉天河有限责任公司(以下简称天河公司)为增值税一般纳税人,增值税税率为17%。纳税人识别号:420110842903788;地址:武汉市东湖高新区光谷创业街121号,电话:027－54808382;开户行及账号:中国工商银行虎泉支行12341234。2014年12月发生如下经济业务,据以进行账务处理。

1.1日,取得“借款协议”一份,收到“贷款凭证”的收账通知联。

借款协议

借入单位:武汉天河有限责任公司(以下简称甲方)

借出单位:中国工商银行虎泉支行(以下简称乙方)

甲方为生产需要,特向乙方申请借款,经乙方审核同意发放。为明确双方责任,恪守信用,特签订本合同,共同遵守。

第一,甲方向乙方借款人民币(大写)贰佰万元整,期限6个月,年利率为7.5%。从2014年12月1日至2015年5月31日,自支用贷款之日起,按月计算利息,按季结息,到期归还本金。

第二,乙方应如期向甲方发放贷款;否则,按违约数额和延期天数,付给甲方违约金。违约金数额的计算与逾期贷款罚息相同,即10%。

第三,贷款利率,按年利率7.5%。

第四,甲方应按协议使用贷款,不得转移用途;否则,乙方有权提前终止协议。

第五,甲方保证按借款合同所订期限归还贷款本息。如需延期,甲方应在贷款到期前3天提出延期申请,经乙方同意办理延期手续。但延期最长不得超过原订合同期限的一半。乙方未同意延期或未办理延期手续的逾期贷款,加收罚息。

第六,甲方以价值400万元房产作为借款抵押,产权证件由贷款方保管(或公证机关保管)。公证费由甲方负担。

第七,贷款到期,甲方未归还贷款,又未办理延期手续,乙方有权依照法律程序处理甲方作为贷款抵押的物资和财产,抵还借款本息。

第八,本合同正本2份,甲乙方各执1份。

第九，本合同自签订之日起生效，贷款本息全部偿清后失效。
借入单位(人)：武汉天河有限责任公司　　借出单位：中国工商银行武汉虎泉支行
负责人：胡朋理　　审批组长：张磊炎
签约日期：2014 年 12 月 1 日　　签约日期：2014 年 12 月 1 日

贷款凭证 (3)(收账通知)

总字第 6820 号

2014 年 12 月 1 日　　字第 218 号

贷款单位名称		武汉天河有限责任公司	种类	流动资金贷款	贷款户账号				12341234			
金额		人民币(大写)：贰佰万元整		千	百	十	万	千	百	十	元	角	分
				¥	2	0	0	0	0	0	0	0	0
用途	生产周转	单位申请期限	自 2014 年 12 月 1 日起至 2015 年 5 月 31 日		利率	7.5%							
		银行核定期限	自 2014 年 12 月 1 日起至 2015 年 5 月 31 日										
上列贷款已核准发放流动资金贷款并已转收你单位开户行 银行签章　转讫　2014 年 12 月 1 日					复核　记账								

2.6 日，填制“税收通用缴款书”。

税收通用缴款书

填制日期：　年　月　日

缴款单位	代　码		征收机关									
	全　称											
	开户银行											
	账　号		收款国库									
税款所属时期　年　月　日			税款限缴日期　年　月　日									
税(费)种				百	十	万	千	百	十	元	角	分
金额合计(大写)												
缴款单位(人) (盖　章) 经办人(章)	税务机关 (盖　章) 经办人(章)		上列款项已核收记入收款单位账户。 国库(银行)盖章 年　月　日				备注：					

第二联 缴款单位

逾期不缴按税法规定加收滞纳金；无银行收讫章无效。

3.10 日，签发并承兑“商业承兑汇票”（一式三联），留下第一联。取得“增值税专用发票”第二联（发票联）和第三联（抵扣联），收到“材料入库单”会计记账联。

商业承兑汇票（卡片）1

出票日期（大写）　　年　　月　　日　　　汇票号码 002244

付款人	全　　称		收款人	全　　称	
	账　　号			账　　号	
	开户银行			开户银行	
出票金额	人民币（大写）		千 百 十 万 千 百 十 元 角 分		
汇票到期日（大写）		付款人开户行	行　号		
交易合同号码			地　址		
出票人签章		备注			

此联承兑留存

4471515022

增值税专用发票

国家税务总局监制

No 002789145

开票日期：2014 年 12 月 10 日

购货单位	名称：武汉天河有限责任公司 纳税人识别号：420110842903788 地址：武汉市东湖高新区光谷创业街 121 号 电话：027－54808382 开户行及账号：中国工商银行虎泉支行 12341234				密码区	5566D＊4566＊8796677S9W＊ ＊//56789S5512300S66698741 25G336/＊6524623D444K6665 3217D6547569742612324D35E 352542147＊＊/855	
货物或应税劳务名称	规格型号	单位	数量	单价	金额	税率	税额
钢材		吨	500	600.00	300 000.00	17%	51 000.00
合计					￥300 000.00		￥51 000.0
价税合计（人民币大写）叁拾伍万壹仟元整					（小写）　￥351 000.00		
销货单位	名称：真皇有限责任公司 纳税人识别号：802578236045011 地址：武汉市东湖胜利小区 512 号 电话：02786598659 开户行及账号：中国工商银行东湖支行 2254578				备注：料入库，采用实际成本计价。		

收款人：江小小　　复核：李标票　　开票人：施好方　　销货单位（章）

真皇有限责任公司 802578236045011 发票专用章

第二联 发票联 购货方记账凭证　第三联 抵扣联 购货方抵扣凭证

材料入库单

供货单位：真皇公司　　　　2014 年 12 月 10 日　　　　№ 025858

品名	单位	数量		实际成本			备注
		应收	实收	买价	运杂费	合计	
钢材	吨	500	500	600		300 000	实际成本计价

第三联　会计记账

保管员：张小东　　　　检验员：胡适　　　　主管：张纯

4.11 日，据到期“商业承兑汇票”第二联，签发“转账支票”一张。

商业承兑汇票 2

出票日期（大写）　贰零壹肆年壹拾壹月壹拾壹日　　汇票号码 5454

付款人	全　称	武汉天河有限责任公司	收款人	全　称	武汉光明有限责任民公司
	账　号	12341234		账　号	554421
	开户银行	工行虎泉支行		开户银行	工行虎泉支行

出票金额	人民币（大写）贰万元整	千	百	十	万	千	百	十	元	角	分
				¥	2	0	0	0	0	0	0

汇票到期日（大写）	贰零壹肆年壹拾贰月壹拾壹日	付款人开户行	行　号	6321
交易合同号码	965213458		地　址	海滨开发区 26 号

本汇票已经承兑，到期无条件支付票款。 承兑人签章 承兑日期　2014 年 11 月 11 日	本汇票请予以承兑于到期日付款。 出票人签章

此联持票人开户行随托收凭证寄付款人

开户行作借方凭证附件

中国工商银行 转账支票存根 号码：3787	中国工商银行转账支票　　号码　3787
附加信息	出票日期（大写）　　年　　月　　日　付款行名称：
	收款人：　　　　出票人账号：
出票日期　　年　月　日	
收款人：	
金额：	
用途：	
单位主管　　会计	

人民币（大写）	百	十	万	千	百	十	元	角	分

本支票付款期限十天

用途＿＿＿＿＿＿

上列款项请从

我账户内支付

出票人签章　　　　复核　　　　记账

5.10 日，取得“增值税专用发票”及“产品出库单”记账联，收到“信汇”凭证第四联收款通知联。

4471515022

增值税专用发票

№ 0558874412

开票日期：2014 年 12 月 10 日

购货单位	名称：河南中飞公司 纳税人识别号：353545 地址：平顶山市漯河路 552 号 电话：13687562555 开户行及账号：工行平顶山市八支行 1444778				密码区	52G4879412667F89926U65233Y1 1//52223U388631K18612318975 6D324123L36589756641B123258 76#9236*268125879542635210 000**//854/845224*227	
货物或应税劳务名称	规格型号	单位	数量	单价	金额	税率	税额
Y 合计		台	20	10 000.00	200 000.00 ¥200 000.00	17%	34 000.00 ¥34 000.00
价税合计（人民币大写）贰拾叁万肆仟元整				（小写） ¥234 000.00			
销货单位	名称：武汉天河有限责任公司 纳税人识别号：420110842903788 地址：武汉市东湖高新区光谷创业街 121 号 电话：027－54808382 开户行及账号：中国工商银行虎泉支行 12341234				备注：上月预收货款 100 000 元。商品已发出。		

第一联 记账联 销货方记账凭证

收款人：李坤广　　复核：王晗金　　开票人：童音　　销货单位（章）：

产品出库单

2014 年 12 月 10 日　　№ 58973

产品名称	计量单位	出库数量	提货单位（人）
Y	台	20	中飞公司
备注：	销售		

第三联 会计记账

保管员：李耕　　业务员：胡办线

中国工商银行信汇凭证4(收账通知)

第2547号

委托日期2014年12月7日

汇款人	全称	河南中飞公司	收款人	全称	天河有限责任公司
	账号	363257		账号	12341234
	汇出地点	河南省平顶山市		汇入地点	湖北省武汉市
汇出行名称		河南省平顶山市工行八支行	汇入行名称		武汉工行虎泉支行

汇款金额	千	百	十	万	千	百	十	元	角	分
人民币(大写)壹拾叁万肆仟元整		¥	1	3	4	0	0	0	0	0

款项已收入收款人账户。[中国工商银行 虎泉支行] 汇入行签章 2014.12.10	支付密码
	附加信息及用途:货款 复核 记账

此联是银行给收款人的收账通知

6.15日,签发"转账支票"一份,编制"工资结算汇总表"。

中国工商银行
转账支票存根
号码:3787
附加信息

出票日期 年 月 日

收款人:	
金额:	
用途:	

单位主管 会计

中国工商银行转账支票 号码 3787

出票日期(大写) 年 月 日 付款行名称:

收款人: 出票人账号:

人民币(大写)	百	十	万	千	百	十	元	角	分

本支票付款期限十天

用途

上列款项请从

我账户内支付

出票人签章 [武汉天河有限责任公司 财务专用章]

复核 记账

工资结算汇总表

年 月份

车间、部门	标准工资	津贴	扣缺勤工资	应付工资	代扣款项			实发工资
					住房公积金	社会保险	个人所得税	
生产工人	420 000	28 000	600		14 000	10 000	20 000	
车间管理人员	23 000	1 100			3 800	2 400	1 000	
在建工程人员	50 000	2 600	100		1 500	1 250	1 800	
公司管理人员	70 000	3 800			1 600	1 800	2 600	
合计								

制表: 审核:

7.30 日，编制“职工薪酬分配表”。

职工薪酬分配表

年　　月　　日

科目	工 资	社会保险金				住房公积金	工会经费	教育经费	合计
		养老	医疗	失业	小计				
		17%	10%	1%		8%	2%	1.5%	工资
生产成本									
制造费用									
在建工程									
管理费用									
合计									

制表：　　　　　　　　　　审核：

8.30 日，取得“增值税专用发票”及“产品出库单”的记账联，收到“物资发放表”会计记账联。

全国统一发票监制　国家税务总局监制

4471515022

增值税专用发票

№ 0558874412

开票日期：2014 年 12 月 30 日

购货单位	名称：胡科可 纳税人识别号： 地址： 电话： 开户行及账号：				密码区	67F89926U65233Y11//52223U 388631K186123189756D32412 3L36589756641B12325876＃923 6＊268125879542635210000＊ ＊//854/845224＊22700001/＊ ＊555	
货物或应税劳务名称	规格型号	单位	数量	单价	金额	税率	税额
Z 合计		台	200	800.00	160 000.00 ¥160 000.00	17%	27 200.00 ¥27 200.00
价税合计（人民币大写）壹拾捌万柒仟贰佰元整					（小写）　¥187 200.00		
销货单位	名称：武汉天河有限责任公司 纳税人识别号：420110842903788 地址：武汉市东湖高新区光谷创业街 121 号 电话：027－54808382 开户行及账号：中国工商银行虎泉支行 12341234				备注：发放职工福利。		

第一联　记账联　销货方记账凭证

收款人：李坤广　　复核：王晗金　　开票人：童音　　销货单位（章）：

产品出库单

2014年12月30日　　　　№ 58973

产品名称	计量单位	出库数量	提货单位(人)
Z	台	200	本公司职工胡科可等
备注：	发放内部员工福利		

第三联　会计记账

保管员：李耕　　　　业务员：胡办线

物资发放汇总表

2014年12月30日

车间、部门	计量单位	数量	金额	签名	备注
车间生产工人	台	186	174 096	钱芳许	自产Z产品200台，作为非货币性福利发放给职工。 总经理：马辉 2014.12.30
车间管理人员	台	3	2 808	胡鹏	
在建工程人员	台	6	5 616	张海生	
公司管理人员	台	5	4 680	李全全	
合计	台	200	187 200		

制表：　　　　审核：

9.31日，“填写内部转账单”转销应付账款。

内部转账单

转账日期：2014年12月31日　　　　编号：2525

摘　　要	金　　额
“应付账款——依琴公司”贷方余额	6 000.00
因无法支付而销账	

复核：　　　　制单：

10.31日，收到“领料单”会计记账联。

领 料 单

领料部门或单位：在建工程　　　　2014年12月31日　　　　№ 0244

材料编号	材料名称	计量单位	数量		单价	金额
			请领	实领		
0155	钢材	吨	10	10	5 000.00	50 000.00
备注	购入时按17%的增值税税率付税850元。 办公大楼因施工需要，请办理领用原材料事宜。 经理：胡正　2014.12.31					

第三联　会计记账

保管：宋河轮　　　　领料：诸葛鸽　　　　主管：白软

11.31 日，编制“增值税纳税申报表”，结转未交增值税。

增值税纳税申报表(适用于一般纳税人)

税款所属期间 ： 年 月 日至 年 月 日

纳税人识别号： 金额单位：元(列至角分)

计算机代码		主管税务机关	
纳税人名称		联系电话	
生产经营地址			

项 目	行次	金额
应税货物销售额		
应税劳务销售额		
销项税额		
进项税额		
进项税额转出		
应纳税额		

12.31 日，编制“消费税纳税申报表”。

消费税纳税申报表

填表日期：2014 年 12 月 31 日 金额单位：元

产品名称	计税金额	税率%	计税数量	单位税额	本期准予扣除税额	本期应交税金
汽油						
柴油						
合计	—	—	—	—		

法定代表人： (负责人)： 经办人： 纳税人(章)： 申报日期： 年 月 日 (印章：武汉天河有限责任公司 财务专用章)	主管税务机关(章) 受理人： 受理日期： 年 月 日

13.31 日，编制“地方税收综合纳税申报表”，核算本月应交城建税和教育费附加。

地方税收综合纳税(费)申报表

纳税人识别号：

纳税人名称：　　　　　　　　　　微机编号：　　　　　　　　　　金额单位：元(列至角分)

税种	税　目	税费所属期	计税费依据	法定减免额	税率	年应纳税费额	本期应纳税费额	略
城建税					7%			
教育费附加					3%			
合　计								

法定代表人：
(负责人)：
经办人：
纳税人(章)：
申报日期：　　年　　月　　日

主管税务机关(章)
受理人：
受理日期：　　年　　月　　日

14.31 日，开具“收款收据”。

收款收据

年　　月　　日　　　　　　　　编号：

今收到：________________　　收款方式：____________

人民币(大写)：____________________　　￥____________

系　　付：________________

第二联　付款方凭证

单位盖章：　　　　会计：　　　　出纳：　　　　经手人：

15.31 日，填制“内部转账单”计提本月利息。

内部转账单

转账日期：2014 年 12 月 31 日　　　　　　编号：2525

摘　　要	金　　额
短期借款	
利率	
计入财务费用利息	

制表：　　　　　　　　　　审核：

8.2 流动负债·工作任务·学生独立做

武汉晨光有限责任公司(以下简称晨光公司)为增值税一般纳税人,增值税税率为17%。纳税人识别号:420101032635924;地址:武汉东湖高新开发区121号,电话:027－86250966;开户行及账号:工行光谷支行003456。2014年12月发生如下经济业务,据以进行账务处理。

1.1日,取得"借款协议"一份,收到"贷款凭证"收账通知联。

借款协议

借入单位:武汉晨光有限责任公司(以下简称甲方)

借出单位:中国工商银行武汉光谷支行(以下简称乙方)

甲方为生产需要,特向乙方申请借款,经乙方审核同意发放。为明确双方责任,恪守信用,特签订本合同,共同遵守。

第一,甲方向乙方借款人民币(大写)壹佰伍拾万元整,期限6个月,年利率为6%。从2014年12月1日至2015年5月31日,自支用贷款之日起,按月计算利息,按季结息,到期归还本金。

第二,乙方应如期向甲方发放贷款;否则,按违约数额和延期天数,付给甲方违约金。违约金数额的计算与逾期贷款罚息相同,即10%。

第三,贷款利率,按年利率6%。

第四,甲方应按协议使用贷款,不得转移用途;否则,乙方有权提前终止协议。

第五,甲方保证按借款合同所订期限归还贷款本息。如需延期,甲方应在贷款到期前3天提出延期申请,经乙方同意办理延期手续。但延期最长不得超过原订合同期限的一半。乙方未同意延期或未办理延期手续的逾期贷款,加收罚息。

第六,甲方以价值300万元房产作为借款抵押,产权证件由贷款方保管(或公证机关保管)。公证费由甲方负担。

第七,贷款到期,甲方未归还贷款,又未办理延期手续,乙方有权依照法律程序处理甲方作为贷款抵押的物资和财产,抵还借款本息。

第八,本合同正本2份,甲乙方各执1份。

第九,本合同自签订之日起生效,贷款本息全部偿清后失效。

借入单位(人):武汉晨光有限责任公司 (印章:武汉晨光有限责任公司 经济合同章)
负责人:张哲
签约日期:2014年12月01日

借出单位:中国工商银行武汉光谷支行 (印章:中国工商银行武汉光谷支行 经济合同章)
审批组长:赵行
签约日期:2014年12月01日

贷款凭证(3)(收账通知)

总字第 225544 号

2014 年 12 月 1 日　　　　字第 020202 号

贷款单位名称		武汉晨光有限责任公司	种类	流动资金贷款	贷款户账号			12341234						
金额		人民币(大写)壹佰伍拾万元整			千	百	十	万	千	百	十	元	角	分
					¥	1	5	0	0	0	0	0	0	0
用途	生产周转	单位申请期限	自 2014 年 12 月 1 日起至 2015 年 5 月 31 日		利率	6%								
		银行核定期限	自 2014 年 12 月 1 日起至 2015 年 5 月 31 日											
上列贷款已核准发放流动资金贷款并已转收你单位开户行 中国工商银行 光谷支行 银行签章　转讫　　2014 年 12 月 1 日					复核　记账									

2.6 日，取得“增值税专用发票”第二联(发票联)和第三联(抵扣联)，收到“材料入库单”会计记账联，签发并承兑“商业承兑汇票”(一式三联)，留下第一联。

商业承兑汇票(卡片)1

出票日期(大写)　　年　　月　　日　　　　汇票号码 3231

收款人	全称		付款人	全称										
	账号			账号										
	开户银行			开户银行										
出票金额		人民币(大写)			千	百	十	万	千	百	十	元	角	分
汇票到期日(大写)			付款人开户行	行号										
交易合同号码				地址										
出票人签章			备注 中国工商银行 光谷支行											

此联承兑人留存

44715150457

增值税专用发票

№ 2547891254

国统一发票监制 国家税务总局监制

开票日期:2014 年 12 月 6 日

<table>
<tr><td>购货单位</td><td colspan="5">名称:武汉晨光有限责任公司
纳税人识别号:420101032635924
电话:02786250966
地址:东湖高新开发区 121 号
开户行及账号:工行光谷支行 003456</td><td>密码区</td><td colspan="2">33636369＊8412＊236546D1245
6W632789225462100T31＊554
＊＊FER12546K247169G12347
D458H2496322011002201//＊
＊2149696</td></tr>
<tr><td>货物或应税劳务名称</td><td>规格型号</td><td>单位</td><td>数量</td><td>单价</td><td colspan="2">金额</td><td>税率</td><td>税额</td></tr>
<tr><td>钢材
合计</td><td></td><td>吨</td><td>1 000</td><td>500.00</td><td colspan="2">500 000.00
￥500 000.00</td><td>17%</td><td>85 000.00
￥85 000.00</td></tr>
<tr><td colspan="9">价税合计(人民币大写)伍拾捌万伍仟元整　　(小写)　￥585 000.00</td></tr>
<tr><td>销货单位</td><td colspan="5">名称:武汉市雪花公司
纳税人识别号:12345612345699
地址:武汉市中山大道 111 号
电话:02786865565
开户行及账号:中国工商银行中山支行 252525</td><td colspan="3">备注:料入库,采用实际成本计价</td></tr>
</table>

收款人:谭蓉　　复核:周党前　　开票人:莫忠言　　销货单位(章)

武汉市雪花公司 12345612345699 发票专用章

第二联 发票联 购货方记账凭证

第三联 抵扣联 购货方抵扣凭证

材料入库单

供货单位:武汉市雪花公司　　2014 年 12 月 6 日　　№ 25478

<table>
<tr><td rowspan="2">品名</td><td rowspan="2">单位</td><td colspan="2">数量</td><td colspan="3">实际成本</td><td rowspan="2">备注</td></tr>
<tr><td>应收</td><td>实收</td><td>买价</td><td>运杂费</td><td>合计</td></tr>
<tr><td>钢材</td><td>吨</td><td>1 000</td><td>1 000</td><td>500 000.00</td><td></td><td>500 000</td><td></td></tr>
<tr><td></td><td></td><td></td><td></td><td></td><td></td><td></td><td></td></tr>
</table>

第三联 会计记账

保管:谈蓉茜　　领料:周水仙　　主管:黄海猎

3.11 日，收到到期“商业承兑汇票”第二联，签发 “转账支票”一张。

商业承兑汇票(卡片)2

出票日期(大写)　贰零壹肆年陆月壹拾壹日　　　汇票号码 3231

付款人	全　称	武汉晨光有限责任公司	收款人	全　称	武汉实诚有限责任公司
	账　号	003456		账　号	12478900
	开户银行	工行光谷支行		开户银行	工行西湖支行

出票金额	人民币(大写)叁万元整	千	百	十	万	千	百	十	元	角	分
				¥	3	0	0	0	0	0	0

汇票到期日(大写)	贰零壹肆年壹拾贰月壹拾壹日	付款人开户行	行　号	6321
交易合同号码	96145123		地　址	光谷开发区 326 号

本汇票已经承兑，到期无条件支付票款。 承兑人签章 承兑日期　2014 年 6 月 11 日	本汇票请予以承兑于到期日付款。 出票人签章

此联持票人开户行随托收凭证寄付款人

开户行作借方凭证附件

中国工商银行 转账支票存根 号码:3787	中国工商银行转账支票　　号码　3787
附加信息	出票日期(大写)　　年　月　日　付款行名称：
	收款人：　　出票人账号：
出票日期　年　月　日	人民币(大写)　百　十　万　千　百　十　元　角　分
收款人：	本支票付款期限十天
金额：	用途
用途：	上列款项请从我账户内支付 出票人签章　　复核　　记账
单位主管　会计	

4.15 日，收到“增值税专用发票”发票联和抵扣联，收到“材料入库单”会计记账联。

44715150444

增值税专用发票

№ 22541114

开票日期：2014 年 12 月 15 日

购货单位	名称：武汉晨光有限责任公司 纳税人识别号：420101032635924 电话：02786250966 地址：东湖高新开发区 121 号 开户行及账号：工行光谷支行 003456				密码区	002546D12456W6327892254621 00T31＊554＊＊FER12546K24 7169G12347D458H2496322011 002201//＊＊214 9696585858 212121010		
货物或应税劳务名称	规格型号	单位	数量	单价	金额	税率	税额	
甲料 合计		吨	50	2 000	100 000.00 ￥100 000.00	17%	17 000.00 ￥17 000.00	
价税合计（人民币大写）壹拾壹万柒仟元整					（小写） ￥117 000.00			
销货单位	名称：武汉市飘扬公司 纳税人识别号：3214321456566 地址：武汉市灌溉大道 581 号 电话：02786865999 开户行及账号：中国工商银行中山支行 1313133				备注：采用实际成本计价			

收款人：钱志闪　　复核：陈太　　开票人：李检皖　　销货单位（章）：

（印章：武汉市飘扬公司 3214321456566 发票专用章）

第二联 发票联 购货方记账凭证

第三联 抵扣联 购货方抵扣凭证

材料入库单

供货单位：武汉市飘扬公司　　2014 年 12 月 15 日　　№ 25469

品名	单位	数量		实际成本			备注
		应收	实收	买价	运杂费	合计	
甲材料	吨	50	50	100 000.00		100 000	

保管：谈蓉茜　　领料：周水仙　　主管：黄海猎

第三联 会计记账

5.15 日，取回“信汇”收款通知联。

中国工商银行信汇凭证 4（收账通知）

第 01554 号

委托日期 2014 年 12 月 15 日

汇款人	全称	上海市三星有限责任公司	收款人	全称	武汉晨光有限责任公司
	账号	214572147		账号	003456
	汇出地点	上海黄河路		汇入地点	武汉东湖高新开发区
汇出行名称		工行上海市黄河支行	汇入行名称		工行武汉市光谷支行
汇款金额	人民币（大写）壹拾伍万元整			千 百 十 万 千 百 十 元 角 分	¥ 1 5 0 0 0 0 0 0
款项已收入收款人账户 中国工商银行 光谷支行 汇入行签章 2014.12.10			支付密码		＊＊＊＊＊＊＊＊
			附加信息及用途：预付货款 复核 记账		

此联是给收款人的收账通知

6.15 日，签发“转账支票”一张，编制“工资结算汇总表”。

工资结算汇总表

2014 年 12 月份

车间、部门	标准工资	津贴	扣缺勤工资	应付工资	代扣款项			实发工资
					住房公积金	社会保险	个人所得税	
生产工人	960 000	60 000	1 350		90 000	200 000	40 000	
车间管理人员	15 000	4 000			1 100	4 200	300	
在建工程人员	20 000	1 000	200		1 400	6 000	500	
公司管理人员	36 000	12 000	50		3 100	8 000	660	
合计								

制表： 审核：

中国工商银行 转账支票存根 号码:3788	中国工商银行转账支票　　号码　3788
附加信息	出票日期(大写)　　年　　月　　日　付款行名称:
	收款人:　　出票人账号:
出票日期　　年　　月　　日	人民币(大写)　　百 十 万 千 百 十 元 角 分
收款人:	本支票付款期限十天
金额:	用途＿＿＿＿
用途:	上列款项请从我账户内支付
单位主管　　会计	出票人签章　武汉晨光有限责任公司 财务专用章　　复核　　记账

7.29 日,取得"增值税专用发票"及"产品出库单"记账联。

323265741　　**增值税专用发票**　　№ 257815514

开票日期:2014 年 12 月 29 日

购货单位	名称:上海三星有限责任公司 纳税人识别号:14777885552 地址:上海市涂鸦区景山 426 号 开户行及账号:工行景山支行 005544				密码区	//352G4879412667F89926U652 33Y11//525875631K186123189 756D3241698754658975664lB 12325876#9236*26812584578 921D6589672132589654789542 2 25478//**211	
货物或应税劳务名称	规格型号	单位	数量	单价	金额	税率	税额
L		件	1 000	120	120 000.00	17%	20 400.00
合计					¥120 000.00		¥20 400.00
价税合计(人民币大写)壹拾肆万零肆佰元整					(小写)　¥140 400.00		
销货单位	名称:武汉晨光有限责任公司 纳税人识别号:420101032635924 电话:02786250966 地址:东湖高新开发区 121 号 开户行及账号:工行光谷支行 003456				备注:已预收款 150 000 元,货已发出。		

第一联　记账联　销货方记账凭证

收款人:苏水生　　复核:范丛政　　开票人:熊高　　销货单位(章):

产品出库单

2014 年 12 月 29 日　　　　　　No 58989

产品名称	计量单位	出库数量	提货单位(人)
L	件	1 000	上海三星公司
备注：	销售		

第三联　会计记账

保管员：苏东水　　　　业务员：罗本磊

8.29 日，签发"转账支票"一张。

中国工商银行
转账支票存根
号码：3787
附加信息

出票日期　　年　月　日

收款人：	
金额：	
用途：	

单位主管　　会计

中国工商银行转账支票　　号码　3787

出票日期(大写)　　年　　月　　日　付款行名称：

收款人：　　　　出票人账号：

人民币	百	十	万	千	百	十	元	角	分
(大写)									

本支票付款期限十天

用途________

上列款项请从

我账户内支付

出票人签章　　武汉晨光有限责任公司 财务专用章　　复核　　记账

9.30 日，收到"材料盘存报告单"一份。

材料盘存报告单

2014 年 12 月 30 日

总账科目	明细科目	计量单位	盘存数量	账存数量	盘盈数量	盘亏数量	单价	金额	原因及处理
原材料	辅助材料	件	0	200		200	100	20 000	火灾盘亏，责任待查。购入时增值税税率为 17%。

保管员：谈蓉茜　　　　记账：李顺　　　　主管：黄海猎

10.30 日，收到“武汉市房屋出租专用发票”发票联。

武汉市房屋出租专用发票

开票日期：2014 年 12 月 30 日

发票代码 0012441741

发票号码 0055441122

机打代码 机打号码 机器号码	012214506969 12411477474 225400582525	密码区	124567852241000 * /11247 * * 2145012547 112457896541235445211234896553 35223 133456+359+33289+3221258892 * /−212		
付款方名称	武汉晨光有限责任公司	身份证号/组织机构代码/纳税人识别号	420101032635924		
收款方名称	福兴花园有限责任公司	身份证号/组织机构代码/纳税人识别号	55225522336633		
项目	出租起止时间	计租面积	单位租金	金额	
公寓出租	2014 年 12 月 1 日至 31 日	500 平方米	30.00	15 000.00	
房屋座落地点：武汉市常青花园小区 58 号			产权人：福兴花园有限责任公司		
合计金额(元)(大写)壹万伍仟元整	现 金 付 讫		¥15 000.00		
主管税务机关及代码	00124578421	完税凭证号码	145552214		
备注：部门经理每人租赁住房一套供个人免费使用。赵山山 2014.12.30					

开票人：袁芦小　　开票单位签章：　　收款方签章：

11.30 日，编制“职工薪酬分配表”。

职工薪酬分配表

年　　月　　日

科目	工资	社会保险金				住房公积金	工会经费	教育经费	合计
		养老	医疗	失业	小计				
		17%	10%	1%		8%	2%	1.5%	工资
生产成本									
制造费用									
在建工程									
管理费用									
合计									

复核：　　制单：

12.31 日，依据本月发生相关增值税业务，编制“增值税纳税申报表”，结转未交增值税。

增值税纳税申报表（适用于一般纳税人）

税款所属期间　：　　　　　　　　年　　月　　日至　　　　　　　　年　　月　　日

纳税人识别号：　　　　　　　　　　　　　　　　　　　　　金额单位：元（列至角分）

计算机代码		主管税务机关	
纳税人名称		联系电话	
生产经营地址			

项　　目	行次	金额
应税货物销售额		
应税劳务销售额		
销项税额		
进项税额		
进项税额转出		
应纳税额		

13.31 日，编制“消费税纳税申报表”。

消费税纳税申报表

填表日期：2014 年 12 月 31 日　　　　　　　　金额单位：元

产品名称	计税金额	税率%	计税数量	单位税额	本期准予扣除税额	本期应交税金
合计	—	—	—	—		

法定代表人： （负责人）： 经办人： 纳税人（章）： 申报日期：　　年　　月　　日	主管税务机关（章） 受理人： 受理日期：　　年　　月　　日

14.31 日，编制"地方税收综合纳税申报表"。

地方税收综合纳税(费)申报表

纳税人识别号：

纳税人名称：　　　　　　　　微机编号：　　　　　　　　金额单位：元(列至角分)

税种	税目	税费所属期	计税费依据	税率	本期应纳税费额	可减免税额	应纳税	略
城建税				7%				
教育费附加				3%				
合　计								

法定代表人： (负责人)： 经办人： 纳税人(章)： 申报日期：　　年　　月　　日 武汉晨光有限责任公司 财务专用章	主管税务机关(章) 受理人： 受理日期：　　年　　月　　日

15.31 日，填制"内部转账单"计提本月利息。

内部转账单

转账日期：2014 年 12 月 31 日　　　　编号：2525

摘　要	金　额
短期期借款	
利率	
计入财务费用利息	

复核：　　　　　　　　制单：

非流动负债

9.1 非流动负债·工作任务·师生教学做

武汉天河有限责任公司(以下简称天河公司)为增值税一般纳税人,增值税税率为17%。纳税人识别号:420110842903788;地址:武汉市东湖高新区光谷创业街121号,电话:027—54808382;开户行及账号:中国工商银行虎泉支行12341234。2011～2016年发生如下经济业务,据以进行账务处理。

1.2011年1月1日,收到"贷款凭证"收账通知联。

贷款凭证(3)(收账通知)　　总字第6858号

2011年1月1日　　字第303号

<table>
<tr><td colspan="2">贷款单位名称</td><td colspan="2">天河有限责任公司</td><td>种类</td><td colspan="3">基建贷款</td><td colspan="3">贷款户账号</td><td colspan="4">12341234</td></tr>
<tr><td colspan="2" rowspan="2">金额</td><td colspan="3" rowspan="2">人民币(大写):捌佰万元整</td><td>千</td><td>百</td><td>十</td><td>万</td><td>千</td><td>百</td><td>十</td><td>元</td><td>角</td><td>分</td></tr>
<tr><td>¥</td><td>8</td><td>0</td><td>0</td><td>0</td><td>0</td><td>0</td><td>0</td><td>0</td><td>0</td></tr>
<tr><td rowspan="2">用途</td><td rowspan="2">建造办公楼</td><td>单位申请期限</td><td colspan="7">自2011年1月1日起至2013年1月1日</td><td rowspan="2">利率</td><td colspan="4" rowspan="2">9%</td></tr>
<tr><td>银行核定期限</td><td colspan="7">自2011年1月1日起至2013年1月1日</td></tr>
<tr><td colspan="8">上列贷款已核准发放流动资金贷款并已转收你单位开户行
中国工商银行 虎泉支行 转讫
银行签章　　2011年1月1日</td><td colspan="7">复核　　记账</td></tr>
</table>

2.2011 年 1 月 2 日，收到“建筑业统一发票”的发票联，签发“转账支票”一份。

建筑业统一发票(自开)

发票联

发票代码 00012712555

开票日期：2011 年 12 月 2 日　　发票号码 04123066666

机打代码 机打号码 机器号码	023333 100002 055887		税 控 码	98745632147141112548 00123654114257895412 44522178500001111555		
付款方名称	天河公司	身份证号/组织机构代码/纳税人识别号	420110842903788		是否为总包人	否
收款方名称	山河公司	身份证号/组织机构代码/纳税人识别号	2000214500254		是否为分包人	否
工程项目名称	工程项目编号	结算项目	金额			
办公楼	011211	建筑施工	7 500 000.00			
合计金额(元)(大写)柒佰伍拾万元整					￥7 500 000.00	
主管税务机关及代码	0001245781		完税凭证号码		201456	
备注：转账支票付工程款						

开票人：叶桃子　　开票单位签章：　　收款方签章：

第一联 发票联 (付款方付款凭证)

中国工商银行
现金支票存根
号码：3795
附加信息

出票日期　年　月　日

收款人：

金额：

用途：

单位主管　　会计

中国工商银行转账支票　　号码 3795

出票日期(大写)　年　月　日　付款行名称：

收款人：　　出票人账号：

人民币(大写)	百	十	万	千	百	十	元	角	分

本支票付款期限十天

用途________

上列款项请从

我账户内支付

出票人签章　　复核　　记账

3.2011 年 1 月 1 日，取得“债券发行承销协议书” 及“证券发行委托书一份”，开具“收款收据”，取回“进账单”收款通知联。

债券发行承销协议书

发行债券单位(甲方)：武汉天河有限责任公司

债券发行承销单位(乙方)：湖北证券有限责任公司

为解决甲方因自有资金不足的困难，保证企业生产经营的正常运行，经中国人民银行湖北分行批准，发行两年期面值为 100 元，发行价为 99.50 元的企业债券 200 000 张，债券票面利率为 3%，每年 7 月 1 日和 12 月 31 日付息两次，到期时归还本金和最后一次利息。市场利率为 4%。委托乙方采用包销方式代理发行，为明确经济责任，经双方协商，达成如下协议：

一、甲方为企业债券的债务人，承担债券的全部风险和经济、法律责任。

二、乙方为甲方债券发行的代理人，负责债券的发行、兑付工作，但不承担债券到期不能按时兑付本息的经济责任和法律责任。

三、债券发行完毕 5 日内，乙方将扣除手续费 28 万元、印花税 790 元后的债券发行款划入甲方账户。

……

发行债券单位(甲方)印章 [印章：武汉天河有限责任公司 经济合同章]

法人代表章

债券发行承销单位(乙方)印章 [印章：湖北证券有限责任公司 经济合同章]

法人代表章

2011 年 1 月 1 号

证券发行委托书

委托人：武汉天河有限责任公司　　　　2011 年 1 月 1 日

债券账户	0212255				
资金专户号码	01457788	证券名称	企业债券	卖出数量	200 000 张
卖出价	99.50	面值	100.00	委托有效期	2011.1.30
手续费	280 000.00	印花税	790.00	佣金	
成交	19 619 210.00		联系地址、电话	东湖高新区光谷创业街 121 号 027—84808322	

复核：钱必胜　　　　经办人：陈爱芬　　　　发行方：[印章：湖北证券有限责任公司 业务章]

收款收据

2011 年 1 月 2 日　　　　　　编号：2541

今收到：湖北证券有限责任公司　　　　　　收款方式：转账支票

人民币(大写)：壹仟玖佰陆拾壹万玖仟贰佰壹拾元整　　　　¥ 19 619 210.00

系　　付：发行两年期面值为 100 元、发行价为 99.5 元的企业债券 200 000 张，扣除手续费 28 万元、印花税 790 元。

单位盖章：　　　　会计：　　　　出纳：　　　　经手人：

第二联　会计记账

中国工商银行进账单(回单或收账通知)1

2011 年 1 月 2 日　　　　　　第 125488 号

付款人	全　　称	湖北证券有限责任公司	收款人	全　　称	天河有限责任公司
	账　　号	0214547		账　　号	12341234
	开户银行	武汉市工行		开户银行	武汉市工行虎泉支行

人民币(大写)	千	百	十	万	千	百	十	元	角	分
壹仟玖佰陆拾壹万玖仟贰佰壹拾元整	¥1	9	6	1	9	2	1	0	0	0

票据种类	转账支票	票据张数	1
票据号码			

发行债券款

复核　　　记账

中国工商银行 虎泉支行

开户银行盖章

此联是收款人开户银行交收款人的回单或收账通知

4.2011 年 6 月 30 日，填制“内部转账单”计提应付债券利息。

内部转账单

2011 年 6 月 30 日　　　　　　编号：

摘　要	金　额
应付债券——面值	
应付债券的账面价值(成本＋利息调整)	
本期：应付债券——应计利息[面值×票面利率]	
本期：实际利息支出(在建工程)[账面价值×实际利率]	
本期：应付债券——利息调整(差额)	

制表：　　　　　　复核：

5.2011 年 7 月 1 日，签发“转账支票”一份。

中国工商银行
转账支票存根
号码：3795
附加信息
出票日期　　年　月　日
收款人：
金额：
用途：
单位主管　　会计

中国工商银行转账支票　　号码　3795
出票日期(大写)　　年　　月　　日　付款行名称：
收款人：　　出票人账号：

人民币(大写)	百	十	万	千	百	十	元	角	分

本支票付款期限十天
用途
上列款项请从
我账户内支付
出票人签章
武汉天河有限责任公司
财务专用章
复核　　记账

6.2011 年 12 月 31 日，填制“内部转账单”，计算长期借款的利息费用。

内部转账单

2011 年 12 月 30 日　　编号：

摘　要	金　额
长期借款——本金	
利率	
长期借款——应计利息	
计入在建工程利息	
计入财务费用利息	

制表：　　复核：

7.2011 年 12 月 31 日，填制“内部转账单”及签发“转账支票”。

内部转账单

2011 年 6 月 30 日　　编号：

摘　要	金　额
应付债券——面值	
应付债券的账面价值(成本＋利息调整)	
本期：应付债券——应计利息[面值×票面利率]	
本期：实际利息支出(在建工程)[账面价值×实际利率]	
本期：应付债券——利息调整(差额)	

制表：　　复核：

中国工商银行
转账支票存根
号码：3795
附加信息

出票日期　年　月　日

收款人：
金额：
用途：

单位主管　会计

中国工商银行转账支票　号码　3795
出票日期(大写)　年　月　日　付款行名称：
收款人：　出票人账号：

人民币(大写)	百	十	万	千	百	十	元	角	分

本支票付款期限十天

用途
上列款项请从
我账户内支付
出票人签章　武汉天河有限责任公司 财务专用章　复核　记账

8.2012 年账务处理略。

9.2013 年 1 月 1 日，签发“转账支票”支付湖北证券公司债券本金。

中国工商银行
转账支票存根
号码：3795
附加信息

出票日期　年　月　日

收款人：
金额：
用途：

单位主管　会计

中国工商银行转账支票　号码　3795
出票日期(大写)　年　月　日　付款行名称：
收款人：　出票人账号：

人民币(大写)	百	十	万	千	百	十	元	角	分

本支票付款期限十天

用途
上列款项请从
我账户内支付
出票人签章　武汉天河有限责任公司 财务专用章　复核　记账

10.2013 年 1 月 1 日，签发“转账支票”归还开户银行长期借款本金和利息。

中国工商银行
转账支票存根
号码：3795
附加信息

出票日期　年　月　日

收款人：
金额：
用途：

单位主管　会计

中国工商银行转账支票　号码　3795
出票日期(大写)　年　月　日　付款行名称：
收款人：　出票人账号：

人民币(大写)	百	十	万	千	百	十	元	角	分

本支票付款期限十天

用途
上列款项请从
我账户内支付
出票人签章　武汉天河有限责任公司 财务专用章　复核　记账

11.2013年12月1日，取得“设备租赁合同”一份，收到“固定资产验收单”的会计记账联。

固定资产验收单

2014年12月30日　　　　第1445号

供货单位：上海重型机床厂		使用部门：一车间		使用年限：3年		
名称	规格	单位	数量	单价	金额	备注：租入固守租赁公司设备。
数控机床		台	5			
合计人民币(大写)					¥	

第二联　会计记账

保管员：胡未　　　　检验员：马立

设备租赁合同

出租人：武汉固守公司租赁公司(甲方)　　　　承租人：武汉天河有限责任公司(乙方)

签定地点：武汉　　　　签订时间：2013年12月1日

根据合同法，经双方友好协商一致，特签订本合同。

一、设备清单：数控机床五台

二、租用条款

1.甲方于2014年1月1日至2016年1月1日为乙方提供以上设备的租赁服务。租期叁年，租赁期开始日为2014年1月1日；租赁期为3年，每年年末支付租金2 000 000元；租赁期届满，生产线的估计残余价值为400 000元，其中担保余值为300 000元，未担保余值为100 000元。该设备租赁开始日的公允价值为6 000 000元；租赁内含利率为6%。

2.出租人在合同签订地点将租赁物交给承租人，承租人开机实地实物验收，承租人签订本合同表示对该租赁物已验收。

3.租赁期满时，甲方应将设备归还乙方。

三、注意事项

1.乙方在租用期间不得转租，不能中途退租；乙方不能擅自拆改设备，必须妥善正确使用，确保设备完好无损，否则造成的一切损失由乙方承担。

2.乙方未和甲方签订续租合同则承租人需在租期结束的第10天把所租机器退还。如要续租，双方需重新签订新租赁合同，甲方有权在本合同逾期后的任何时候收回该设备及收取必要的逾期费用。

四、补充规定

1.经费赔偿(略)。

2.本合同未叙详尽并需补充之事，双方应共同协商作出补充规定，补充规定与本合同具有同等法律效力。

在履行过程中发生争议，由双方当事人协商解决。

3.本合同未作规定的，按照《中华人民共和国合同法》的规定执行。

4.本合同一式两份，由甲乙双方各执一份。合同自双方签字日起生效。

出租人：武汉固守公司租赁公司
法人代表或委托承办人：胡志磊
电话：13607255858
地址：武汉市江夏区五里街

承租人：武汉天河有限责任公司
法人代表或委托承办人：
电话：027－54808382
地址：武汉市东湖高新区光谷创业街121号

武汉固守租赁公司 经济合同章

武汉天河有限责任公司 经济合同章

12.2014 年 12 月 31 日，编制“未确认融资费用分摊表”，确认当年融资费用。

未确认融资费用的分摊表

单位：元

日期	租金	确认的融资费用	应付本金的减少额	应付本金余额
	(1)	(2)＝期初(4)×6%	(3)＝(1)－(2)	(4)＝期初(4)－(3)
2014 年初				
2014 年末				
2015 年末				
2016 年末				
合 计				

制表：　　　　　　　　　　复核：

13.2014 年 12 月 31 日，收到“增值税专用发票”发票联及抵扣联，签发“转账支票”一份。

4471515022　　　　**增值税专用发票**　　　　№ 002789199

（全国统一发票监制章 国家税务总局监制）

开票日期：2014 年 12 月 31 日

购货单位	名称：武汉天河有限责任公司 纳税人识别号：420110842903788 地址：武汉市东湖高新区光谷创业街 121 号 电话：027－54808382 开户行及账号：中国工商银行虎泉支行 12341234				密码区	5566D＊4566＊8796677S9W＊＊ //56789S5512300S6669874125G3 36/＊6524623D444K66653217D6 547569742612324D35E352542147 ＊＊/855	
货物或应税劳务名称	规格型号	单位	数量	单价	金额	税率	税额
设备租赁 合计					1 709 401.71 ¥1 709 401.71	17%	290598.29 ¥290598.29
价税合计(人民币大写)贰佰万元整					(小写)　¥2 000 000.00		
销货单位	名称：固守租赁有限责任公司 纳税人识别号：5557778880009 地址：武汉市东湖南宁小区 578 号 电话：02786596062 开户行及账号：中国工商银行东湖支行　525252				备注：五台数控机床租赁费		

第二联 发票联 购货方记账凭证　　第三联 抵扣联 购货方抵扣凭证

收款人：江小小　　复核：李标票　　开票人：施好方　　销货单位(章)：

（固守租赁有限责任公司 5557778880009 发票专用章）

14.2015 年和 2016 年支付租金、分摊未确认融资费用的账务处理略。

15.2015 年 12 月 31 日，收到“固定资产转销单”的会计记账联。

固定资产转销单

使用部门：一车间　　　　2015 年 12 月 31 日　　　　第 012 号

固定资产名称及编号	规格型号	单位	数量	预计使用年限	已使用年限	原始价值	已提折旧	备注
数控机床		台	5	3 年	3	5 597 800	5 297 880	
固定资产状况及转销原因		融资租入 3 年到期归还						
处理意见		使用部门		技术鉴定小组		固定资产管理部门		主管部门
		出租收回报废		使用保养得当，按协议保质归还		租期已满，按时归还		情况属实，同意归还

第二联　会计记账

制单：朱立云　　　　提货：熊姗姗

16.2015 年 12 月 5 日，收到“起诉书”两份，据以填制“内部转账单”，确认预计负债。

起诉书

原告：武汉大世界有限责任公司

法定代表人：徐汝成　　　02789898989

诉讼代理人：崔秀桃　　　13607257878

被告：武汉天河有限责任公司

案由：状告本公司生产并销售的新产品侵犯了其专利权。

诉讼请求：

1.责令被告侵权赔偿还原告 100 万元；

2.责令被告承担本案的诉讼费用 10 万元。

事实和理由：……略

此致

武汉市法院

起诉人：武汉大世界有限责任公司(公章)

2015.12.5

附：(相关证据)

起诉书

原告：武汉天河有限责任公司

法定代表人：李小东　　13671719922

诉讼代理人：程坤　　　02789895656

被告：武汉大世界有限责任公司

案由：大世界公司侵犯本公司的名誉权，在社会上造成不好的影响，要求大世界公司公开道歉。

诉讼请求：

1.责令被告侵权赔偿还原告 120 万元；

2.责令被告承担本案的诉讼费用 10 万元。

事实和理由：……略

此致

武汉市法院

起诉人：武汉天河有限责任公司(公章)

2015.12.7

附：(相关证据)

内部转账单

2015 年 12 月 31 日　　　　编号：

摘　要	金　额
新产品销售侵犯了大世界公司的专利权的赔偿额（营业外支出）	
管理费用——诉讼费	
预计负债——未决诉讼	

制表：　　　　复核：

9.2　非流动负债·工作任务·学生独立做

武汉晨光有限责任公司(以下简称晨光公司)为增值税一般纳税人,增值税税率为17%。纳税人识别号:420101032635924;地址:武汉东湖高新开发区121号,电话:027－86250966;开户行及账号:工行光谷支行003456。2011～2017年发生如下经济业务,据以进行账务处理。

1.2011年1月1日,收到"贷款凭证"收账通知联。

贷款凭证(3)(收账通知)

总字第5555号

2011年1月1日　　字第6666号

贷款单位名称		武汉天河有限责任公司	种类	基建贷款	贷款户账号		12341234								
金额		人民币(大写):伍佰万元整			千	百	十	万	千	百	十	元	角	分	
					¥	5	0	0	0	0	0	0	0	0	
用途	建造办公楼	单位申请期限	自2011年1月1日起至2013年1月1日					利率	8%						
		银行核定期限	自2011年1月1日起至2013年1月1日												
上列贷款已核准发放流动资金贷款并已转收你单位开户行 银行签章　2011年1月1日								复核　记账							

(印章:中国工商银行 虎泉支行)

2.2011年1月2日,收到"建筑业统一发票"发票联,签发"转账支票"一份。

建筑业统一发票(自开)

发票联

发票代码01144744411

开票日期2011年12月2日　　发票号码22254473366

机打代码 机打号码 机器号码	023333 100002 055887		税控码	98745632147141112548 00123654114257895412 44522178500001115555	
付款方名称	晨光公司	身份证号/组织机构代码/纳税人识别号		是否为总包人	否
收款方名称	东风公司	身份证号/组织机构代码/纳税人识别号	25251414001	是否为分包人	否
工程项目名称	工程项目编号	结算项目	金额		
厂房	6363	建筑施工	4 800 000.00		
合计金额(元)(大写)肆佰捌拾万元整			¥4 800 000.00		
主管税务机关及代码	0001245781		完税凭证号码	25400	
备注:转账支票付工程款					

开票人:石头　　开票单位签章:　　收款方签章:

(印章:东风有限责任公司 25251414001 发票专用章)

第一联　发票联　(付款方付款凭证)

中国工商银行 转账支票存根 号码:3795 附加信息 出票日期 年 月 日 收款人: 金额: 用途: 单位主管 会计	本支票付款期限十天	中国工商银行转账支票 号码 3795 出票日期(大写) 年 月 日 付款行名称: 收款人: 出票人账号: 人民币(大写) 百 十 万 千 百 十 元 角 分 用途 上列款项请从 我账户内支付 出票人签章 (印章:武汉晨光有限责任公司 财务专用章) 复核 记账

3.2011 年 1 月 1 日,取得"债券发行承销协议书"及"证券发行委托书",开具"收款收据"一份,收到"进账单"收账通知联。

债券发行承销协议书

发行债券单位(甲方):武汉晨光有限责任公司

债券发行承销单位(乙方):湖北证券有限责任公司

为解决甲方因自有资金不足的困难,保证企业生产经营的正常进行,经中国人民银行湖北分行批准,发行企业债券 10 000 000 元(面值),发行价 10 200 000 元,期限为 5 年,年利率为 6%,分期付息,每年 12 月 31 日付息一次,到期一次还本,实际利率为 5%,手续费 231 000 元,印花税 1 700 元,委托乙方采用包销方式代理发行,为明确经济责任,经双方协商,达成如下协议:

一、甲方为企业债券的债务人,承担债券的全部风险和经济、法律责任。

二、乙方为甲方债券发行的代理人,负责债券的发行、兑付工作,但不承担债券到期不能按时兑付本息的经济责任和法律责任。

……

发行债券单位(甲方)印章 (印章:武汉晨光有限责任公司)

法人代表章

债券发行承销单位(乙方)印章 (印章:湖北证券有限责任公司)

法人代表章

2011 年 1 月 1 日

证券发行委托书

委托人：晨光有限责任公司　　　　2011 年 1 月 1 日

债券账户	02147147				
资金专户号码	01323145	证券名称	企业债券	卖出数量	100 000 张
卖出价	107.00	面值	100.00	委托有效期	2011.1.30
手续费	266 000.00	印花税	1 300.00	佣金	
成交	10 432 700.00		联系地址、电话		

复核：钱必胜　　　　经办人：陈爱芬　　　　发行方：[湖北证券有限责任公司 业务章]

收款收据

2011 年 1 月 2 日　　　　编号：2541

今收到：湖北证券有限责任公司　　　　收款方式：转账支票

人民币(大写)：壹仟零肆拾叁万贰仟柒佰元整　　　　￥10 432 700.00

系　　付：发行两年期面值为 100 元，发行价为 107 元的企业债券 100 000 张。扣除手续费 26.6 万元，印花税 1 300 元。

单位盖章：　　　　会计：　　　　出纳：　　　　经手人：

第二联　会计记账

中国工商银行进账单(回单或收账通知)1

2011 年 1 月 2 日　　　　第 125488 号

付款人	全　称	湖北证券有限责任公司	收款人	全　称	晨光有限责任公司
	账　号	0214547		账　号	003456
	开户银行	武汉市工行		开户银行	武汉市工行光谷支行

人民币(大写)	万	千	百	十	万	千	百	十	元	角	分
壹仟零肆拾叁万贰仟柒佰元整	￥	1	0	4	3	2	7	0	0	0	0

票据种类	转账支票	票据张数	1
票据号码			

发行债券款

复核　　记账

[中国工商银行 光谷支行]

开户银行盖章

此联是收款人开户银行交收款人的回单或收账通知

4.2011 年 12 月 31 日，填制“内部转账单”计提应付债券利息，签发“转账支票”一份。

内部转账单

2011 年 6 月 30 日　　　　编号：

摘　要	金　额
应付债券—面值	
应付债券的账面价值(成本＋利息调整)	
本期：应付债券——应计利息［面值×票面利率］	
本期：实际利息支出(在建工程)［账面价值×实际利率］	
本期：应付债券——利息调整(差额)	

制表：　　　　复核：

中国工商银行
转账支票存根
号码：3795
附加信息

出票日期　　年　　月　　日

收款人：	
金额：	
用途：	

单位主管　　会计

中国工商银行转账支票　　号码　3795

出票日期(大写)　　年　　月　　日　付款行名称：

收款人：　　出票人账号：

人民币(大写)	百	十	万	千	百	十	元	角	分

本支票付款期限十天

用途

上列款项请从

我账户内支付

出票人签章　武汉晨光有限责任公司 财务专用章

复核　　记账

5.2011 年 12 月 31 日，计算长期借款的利息费用。

内部转账单

2011 年 12 月 30 日　　　　编号：

摘　要	金　额
长期借款——本金	
利率	
长期借款——应计利息	
计入在建工程利息	
计入财务费用利息	

制表：　　　　复核：

6.2012 年 12 月 31 日，填制“内部转账单”及签发“转账支票”支付湖北证券公司半年债券利息。

内部转账单

2011 年 6 月 30 日　　　　　　　　编号：

摘　要	金　额
应付债券——面值	
应付债券的账面价值(成本＋利息调整)	
本期：应付债券——应计利息 [面值×票面利率]	
本期：实际利息支出(在建工程)[账面价值×实际利率]	
本期：应付债券——利息调整(差额)	

制表：　　　　　　　　复核：

中国工商银行 转账支票存根

号码：3795

附加信息

出票日期　　年　月　日

收款人：
金额：
用途：

单位主管　　会计

中国工商银行转账支票　　号码　3795

出票日期(大写)　　年　　月　　日　付款行名称：

收款人：　　　　　　　　出票人账号：

人民币(大写)	百	十	万	千	百	十	元	角	分

本支票付款期限十天

用途＿＿＿＿＿＿

上列款项请从

我账户内支付

出票人签章　（武汉晨光有限责任公司 财务专用章）　　复核　　记账

7.2013 年相关账务处理略。

8.2013 年 1 月 1 日，签发“转账支票”归还开户银行长期借款本金和利息。

中国工商银行 转账支票存根

号码：4411

附加信息

出票日期　　年　月　日

收款人：
金额：
用途：

单位主管　　会计

中国工商银行转账支票　　号码　4411

出票日期(大写)　　年　　月　　日　付款行名称：

收款人：　　　　　　　　出票人账号：

人民币(大写)	百	十	万	千	百	十	元	角	分

本支票付款期限十天

用途＿＿＿＿＿＿

上列款项请从

我账户内支付

出票人签章　（武汉晨光有限责任公司 财务专用章）　　复核　　记账

9.2013 年 12 月 1 日，取得"设备租赁合同"一份，收到"固定资产验收单"的会计记账联。

设备租赁合同

出租人：武汉百舸租赁公司（甲方）　　承租人：武汉晨光有限责任公司（乙方）

签订地点：武汉　　签订时间：2013 年 12 月 1 日

根据合同法，经双方友好协商一致，特签订本合同。

一、设备清单：数控车床叁台

二、租用条款

1.甲方于 2014 年 1 月 1 日至 2017 年 1 月 1 日为乙方提供以上设备的租赁服务。租期 4 年，租赁期开始日为 2014 年 1 月 1 日；租赁期为 4 年，每年年末支付租金 1 500 000 元；租赁期届满，设备的估计残余价值为 110 000 元，其中担保余值为 110 000 元，无未担保余值。该设备租赁开始日的公允价值为 5 510 000 元；租赁合同利率为 7%。

2.出租人在合同签订地点将租赁物交给承租人，承租人开机实地实物验收，承租人签订本合同表示对该租赁物已验收。

3.租赁期满时，甲方应将设备归还乙方。

三、注意事项

1.乙方在租用期间不得转租，不能中途退租；乙方不能擅自拆改设备，必须妥善正确使用，确保设备完好无损，否则造成的一切损失由乙方承担。

2.乙方未和甲方签订续租合同则承租人需在租期结束的第 10 天把所租机器退还。如要续租，双方需重新签订新租赁合同，甲方有权在本合同逾期后的任何时候收回该设备及收取必要的逾期费用。

四、补充规定

1.经费赔偿（略）。

2.本合同未叙详尽并需补充之事，双方应共同协商作出补充规定，补充规定与本合同具有同等法律效力。

在履行过程中发生争议，由双方当事人协商解决；

3.本合同一式两份，由甲乙双方各执一份。合同自双方签字日起生效。

出租人：（印章：武汉百舸租赁公司 经济合同章）　　承租人：（印章：武汉晨光有限责任公司 经济合同章）

法人代表或委托承办人：　　法人代表或委托承办人：

电话：　　电话：

地址：　　地址：

固定资产验收单

2012 年 12 月 30 日　　第 258 号

供货单位：武汉重型机床厂			使用部门：加工车间		使用年限：4 年	
名称	规格	单位	数量	单价	金额	备注：租入百舸租赁公司设备。
数控车床		台	3			
合计人民币（大写）					¥	

第二联　会计记账

主管：　　验收：

10.2014 年 12 月 31 日，编制“未确认融资费用分摊表”确认当年融资费用。

未确认融资费用分摊表(实际利率法)

日期	租金	确认的融资费用	应付本金减少额	应付本金余额
(1)	(2)	(3)＝期初(5)×4.16%	(4)＝(2)－(3)	期末(5)＝期初(5)－(4)
2014.1.1				
2014.12.31				
2015.12.31				
2016.12.31				
2017.12.31				
合计				

制表：　　　　　　　　　　复核：

11.2014 年 12 月 31 日，收到“增值税专用发票”发票联及抵扣联，签发“转账支票”一份。

全国统一发票监制 国家税务总局监制

4471515055

增值税专用发票

№ 00278147

开票日期： 2014 年 12 月 31 日

购货单位	名称：武汉晨光有限责任公司 纳税人识别号：420101032635924 电话：02786250966 地址：东湖高新开发区 121 号 开户行及账号：工行光谷支行 003456	密码区	5566D＊4566＊8796677S9W＊ ＊//56789S5512300S666987412 5G336/＊6524623D444K666532 17D6547569742612324D35E352 542147＊＊/855

货物或应税劳务名称	规格型号	单位	数量	单价	金额	税率	税额
设备租赁					1 282 051.28	17%	217 948.72
合计					￥1 282 051.28		￥217 948.72

价税合计(人民币大写)壹佰伍拾万元整　　　　(小写)　￥1 500 000.00

销货单位	名称：百舸租赁有限责任公司 纳税人识别号：00001111444433 地址：武汉市东湖斯洛小区 147 号 电话：02786597878 开户行及账号：中国工商银行东湖支行 987456	备注：叁台数控车床租赁费

收款人：夏菊花　　复核：王格格　　开票人：周秋霞　　销货单位(章)：

百舸租赁有限责任公司 00001111444433 发票专用章

第二联 发票联 购货方记账凭证

第三联 抵扣联 购货方抵扣凭证

12.2015～2017 年支付租金、分摊未确认融资费用账务处理略。

13.2016 年 12 月 31 日，签发“转账支票”支付湖北证券公司债券本金。

中国工商银行 转账支票存根 号码：6666 附加信息 出票日期　年　月　日 收款人： 金额： 用途： 单位主管　会计	本支票付款期限十天	中国工商银行转账支票　号码　6666 出票日期(大写)　年　月　日　付款行名称： 收款人：　出票人账号： 人民币（大写）　百 十 万 千 百 十 元 角 分 用途 上列款项请从 我账户内支付 出票人签章　武汉晨光有限责任公司 财务专用章　复核　记账

14.2017 年 12 月 31 日，收到“固定资产转销单”会计记账联。

固定资产转销单

使用部门：加车间　　2017 年 12 月 31 日　　第 055 号

固定资产名称及编号	规格型号	单位	数量	预计使用年限	已使用年限	原始价值	已提折旧	备注
数控机床		台	3	4 年	4	5 510 000	5 400 000	
固定资产状况及转销原因	融资租入 4 年到期归还							
处理意见	使用部门		技术鉴定小组		固定资产管理部门		主管部门	
	出租收回报废		使用保养得当，按协议保质归还		租期已满，按时归还		情况属实，同意归还	

制单：　　审核：

第二联　会计记账

15.2017 年 12 月 31 日，填制“内部转账单”确认预计负债。

内部转账单

2017 年 12 月 31 日　　编号：

摘　要	金　额
因追风公司经营困难，很可能要承担还款连带责任（营业外支出）	
预计负债——未决诉讼	

复核：　　制单：

项目10

所有者权益

10.1 所有者权益·工作任务·师生教学做

武汉天河有限责任公司(以下简称天河公司)为增值税一般纳税人,增值税税率为17%。纳税人识别号:420110842903788;地址:武汉市东湖高新区光谷创业街121号,电话:027—54808382;开户行及账号:中国工商银行虎泉支行12341234。2013~2014年发生如下经济业务,据以进行账务处理。

1.2013年12月2日,收到“转账支票”一份,开具“收款收据”,填写“进账单”到开户行办理进账手续。

中国工商银行进账单(收账通知)1

2013年12月2日　　　　第2125号

<table>
<tr><td rowspan="3">出票人</td><td>全　　称</td><td>武汉东方有限责任公司</td><td rowspan="3">收款人</td><td>全　　称</td><td colspan="10">武汉天河有限责任公司</td></tr>
<tr><td>账　　号</td><td>843262598437</td><td>账　　号</td><td colspan="10">12341234</td></tr>
<tr><td>开户银行</td><td>工行友谊大道支行</td><td>开户银行</td><td colspan="10">工行虎泉支行</td></tr>
<tr><td colspan="5" rowspan="2">人民币(大写)壹佰伍拾万元整</td><td>千</td><td>百</td><td>十</td><td>万</td><td>千</td><td>百</td><td>十</td><td>元</td><td>角</td><td>分</td></tr>
<tr><td>¥</td><td>1</td><td>5</td><td>0</td><td>0</td><td>0</td><td>0</td><td>0</td><td>0</td><td>0</td></tr>
<tr><td>票据种类</td><td colspan="2">转账支票</td><td colspan="12" rowspan="3">中国工商银行
虎泉支行
持票人开户行盖章</td></tr>
<tr><td>票据张数</td><td colspan="2">1</td></tr>
<tr><td colspan="3">单位
主管　　会记　　复核　　记账</td></tr>
</table>

此联是持票人开户银行交给持票人的收账通知

收款收据

2013 年 12 月 2 日　　　　编号:0154

今收到:武汉东方有限责任公司　　　　收款方式:转账支票

人民币(大写):壹佰伍拾万元整　　　　¥1 500 000.00

系　　付:投资占 20%份额,本公司原有资本金 300 万元,增资 200 万元。

第二联　会计记账

单位盖章:　　　　会计:　　　　出纳:　　　　经手人:

2.2013 年 12 月 15 日,收到"验资报告"一份,收到"固定资产交接验收单"会计记账联。

验资报告

昌华验字(2013)0－028 号

受天河有限责任公司委托,于评估基准日,对东风工厂投资的实物资产(机器设备)进行评估,经评估确认价值为人民币 1 600 000 元,天河公司已确认为人民币 1 600 000 元。

注册会计师(章) 陈新谱章　　　　昌华会计师事务所(盖章) 昌华会计师事务所 财务专用章

2013 年 12 月 15 日

固定资产验收交接单

№ 0001235

2013 年 12 月 5 日　　　　金额:元

资产名称	规格	计量单位	数量	单价或工程造价	安装费用	其他费用	合计	已提折旧
机床	C-6	台	1	1 600 000			1 600 000	
资产来源	投资	制造厂名	神州机电	使用年限	10 年	估计残值	8 000	
合计人民币(大写)壹佰陆拾万元整						(小写)	¥1 600 000.00	

第二联　会计记账

验收人:孟飞　　　　接管人:王红　　　　主管:库依　　　　会计:

3.2014 年 5 月 31 日，编制“资本公积转增资本分配表”。

资本公积转增资本分配表

2014 年 5 月 31 日

投资人	占股比例	转增资本	备注
东风工厂	20%		
东方公司	20%		已办理完增资手续
天河公司	60%		
合计			

制表：周锦轮　　　　　　　　复核：文菏

4.2014 年 5 月 31 日，编制“盈余公积转增资本分配表”。

盈余公积转增资本分配表

2014 年 5 月 31 日

投资人	占股比例	转增资本	备注
东风工厂	20%		
东方公司	20%		已办理完增资手续
天河公司	60%		
合计		1 200 000.00	

制表：周锦轮　　　　　　　　复核：文菏

5.2014 年 12 月 31 日，编制“内部转账单”，结转“本年利润”账户。

内部转账单

2014 年 12 月 31 日　　　　　　　　编号：0145

摘　要	金　额
“本年利润”账户贷方余额	5 000 000.00

复核：　　　　　　　　制单：

6.2014 年 12 月 31 日，编制“利润分配表”提取盈余公积。

利润分配计算表

2014 年 12 月 31 日

分配项目	分配比例	分配金额	计算公式
提取法定盈余公积	10%		
提取任意盈余公积	6%		
合　计			

制表：　　　　　　　　　　复核：

7.2014 年 12 月 31 日，编制“内部转账单”，结转“利润分配——未分配利润”账户。

内部转账单

2014 年 12 月 31 日　　　　　　　　编号：0148

摘　要	金　额
“利润分配——提取盈余公积”账户借方余额	

复核：　　　　　　　　　　制单：

10.2　所有者权益·工作任务·学生独立做

武汉晨光有限责任公司(以下简称晨光公司)为增值税一般纳税人,增值税税率为 17%。纳税人识别号:420101032635924;地址:武汉东湖高新开发区 121 号,电话:027－86250966;开户行及账号:工行光谷支行 003456。2013～2014 年发生如下经济业务,据以进行账务处理。

1.2013 年 12 月 1 日,取得“投资协议书”一份,收到“进账单”的收账通知联,开具“收款收据”。

投资协议书(摘录)

甲方:武汉新元有限责任公司

乙方:武汉晨光有限责任公司

……

6.甲方向乙方以现金方式投入资金 800 000 元。

……

9.甲方投资后占乙方新注册资本的 60%。

……

2013 年 12 月 1 日

收款收据

2013 年 12 月 1 日　　　　编号:3214

今收到:武汉东方有限责任公司　　　　收款方式:转账支票

人民币(大写):捌拾万元整　　　　¥800 000.00

系　　付:投资占 20%份额,本公司原有资本金 250 万元,增资 100 万元。

第二联　会计记账

单位盖章:　　　　会计:　　　　出纳:　　　　经手人:

中国工商银行进账单(回单或收账通知)

2013 年 1 月 1 日

出票人	全　　称	武汉新元有限责任公司	收款人	全　　称	武汉晨光有限责任公司
	账　　号	24468870		账　　号	003456
	开户银行	工行北京路支行		开户银行	工行光谷支行

金额		亿	千	百	十	万	千	百	十	元	角	分
	人民币(大写):捌拾万元整			¥	8	0	0	0	0	0	0	0

票据种类	转账支票	票据张数	1	用途: 中国工商银行 光谷支行 收款人开户银行签章

此联是收款人开户银行交收款人的回单或收账通知

2.2013 年 12 月 20 日,取得“投资协议书”一份,收到“无形资产登记表”会计记账联。

投资协议书(摘录)

甲方:武汉高科有限责任公司

乙方:武汉晨光有限责任公司

……

8.甲方向乙方投入自动化专利权一项,双方协议价格 500 000 元。

9.甲方投资后占乙方新注册资本的 12%。

……

武汉高科有限责任公司 经济合同章　　武汉晨光有限责任公司 经济合同章

2013 年 12 月 20 日

无形资产登记表

2013 年 12 月 20 日

来源:武汉高科有限责任公司					
名称	所有权	使用权	效益期	金额	备注:投资
自动化专利	所有权		5 年		
合计人民币(大写)伍拾万元整				¥500 000.00	

第二联　会计记账

主管:曾月菲　　　　验收:计常在

3.2014 年 4 月 20 日，编制“资本公积转增资本分配表”。

资本公积转增资本分配表

2014 年 5 月 31 日

投资人	占股比例	转增资本	备注
新元公司	20%		已办理完增资手续
高科公司	12%		
晨光公司	68%		
合计		400 000.00	

制表：　　　　　　　　　　复核：

4.2014 年 12 月 31 日，编制“内部转账单”，结转“本年利润”。

内部转账单

2014 年 12 月 31 日　　　　　　编号:0475

摘　要	金　额
“本年利润”账户贷方余额	3 000 000.00

制表：　　　　　　　　　　复核：

5.2014 年 12 月 31 日，编制“利润分配表”，提取盈余公积。

利润分配计算表

年　　月　　日

分配项目	分配比例	分配金额	计算公式
提取法定盈余公积	10%		
提取任意盈余公积	6%		
合　计			

制表：　　　　　　　　　　复核：

6.2014 年 12 月 31 日，编制“内部转账单”。

内部转账单

年　　月　　日　　　　　　　　　　　　编号：

摘　要	金　额
“利润分配——提取盈余公积”账户借方余额	

制表：　　　　　　　　　　　　复核：

项目11

收入、费用和利润

11.1 收入、费用和利润·工作任务·师生教学做

武汉天河有限责任公司(以下简称天河公司)为增值税一般纳税人,增值税税率为17%。纳税人识别号:420110842903788;地址:武汉市东湖高新区光谷创业街121号,电话:027—54808382;开户行及账号:中国工商银行虎泉支行12341234。2015年12月发生如下经济业务,据以进行账务处理。

1.2日,收到"增值税专用发票"及"产品出库单"记账联,收到"进账单"收账通知联。

4471515022　　**增值税专用发票**　　№ 0279661

(国统一发票监制 国家税务总局监制)

开票日期:2015年12月1日

<table>
<tr><td rowspan="5">购货单位</td><td colspan="5">名称:满仓公司</td><td rowspan="5">密码区</td><td colspan="3">745＊6G12//352G4879412667F</td></tr>
<tr><td colspan="5">纳税人识别号:25147001</td><td colspan="3">89926U65233Y11//52223U3886</td></tr>
<tr><td colspan="5">地址:武汉市沙石区158号</td><td colspan="3">31K186123189756D324123L365</td></tr>
<tr><td colspan="5">电话:02789893434</td><td colspan="3">89756641B12325876＃9236＊26</td></tr>
<tr><td colspan="5">开户行及账号:工行武汉市沙石支行,账号128978</td><td colspan="3">812587925471//＊＊＊54261100</td></tr>
<tr><td colspan="2">货物或应税劳务名称</td><td>规格型号</td><td>单位</td><td>数量</td><td>单价</td><td colspan="2">金额</td><td>税率</td><td>税额</td></tr>
<tr><td colspan="2">甲产品</td><td></td><td>件</td><td>1 000</td><td>600.00</td><td colspan="2">600 000.00</td><td>17%</td><td>102 000.00</td></tr>
<tr><td colspan="2">合计</td><td></td><td></td><td></td><td></td><td colspan="2">¥600 000.00</td><td></td><td>¥102 000.00</td></tr>
<tr><td colspan="7">价税合计(人民币大写)柒拾万零贰仟元整</td><td colspan="3">(小写)　¥702 000.00</td></tr>
<tr><td rowspan="5">销货单位</td><td colspan="6">名称:武汉天河有限责任公司</td><td colspan="3" rowspan="5">备注:办理托收</td></tr>
<tr><td colspan="6">纳税人识别号:420110842903788</td></tr>
<tr><td colspan="6">地址:武汉市东湖高新区光谷创业街121号</td></tr>
<tr><td colspan="6">电话:027—54808382</td></tr>
<tr><td colspan="6">开户行及账号:中国工商银行虎泉支行12341234</td></tr>
</table>

第一联　记账联　销货方记账凭证

收款人:李坤广　　复核:王晗金　　开票人:童音　　销货单位(章):

中国工商银行进账单(回单或收账通知)1

年　　月　　日　　　　　　　　第 6047 号

付款人			收款人		
付款人	全　　称		收款人	全　　称	
	账　　号			账　　号	
	开户银行			开户银行	

人民币(大写)		千	百	十	万	千	百	十	元	角	分

票据种类		票据张数		中国工商银行 虎泉支行 开户银行盖章
票据号码				
复核　　记账				

此联是收款人开户银行交收款人的回单或收账通知

产品出库单

2015 年 12 月 2 日　　　　　　№ 58971

产品名称	计量单位	出库数量	提货单位(人)
甲	件	1 000	满仓公司
备注:	销售		

保管:李耕　　　　　　提货:胡办线

第三联　会计记账

2.6 日,收到"产品出库单"记账联。

产品出库单

2015 年 12 月 6 日　　　　　　№ 58973

产品名称	计量单位	出库数量	提货单位(人)
乙	件	2 000	卓越公司
备注:	委托代销,按上月库存商品账上单位成本 60 元出库。 合同约定卓越公司应按每件 100 元对外销售。 本公司按售价的 10%向卓越公司支付代销产品的手续费。		

保管:李耕　　　　　　提货:胡办线

第三联　会计记账

3.6 日，填制“内部转账单”。

内部转账单

转账日期:2015 年 12 月 6 日　　　　编号:3012

摘　要	金　额
“固定资产清理——出售机床”贷方余额	62 000.00

复核:　　　　制单:

4.7 日，收到“武汉市行政事业单位收款收据”收据联。

武汉市行政事业单位收款票据

注册号码:财字第 0188 号　　　　№ 03521

2015 年 12 月 7 日

付费单位(交款人):天河有限责任公司

收费项目	计费单位	计费数量	收费标准	收费金额									
				千	百	十	万	千	百	十	元	角	分
罚款								4	5	0	0	0	0
								现金付讫					
人民币合计(大写):肆仟伍佰元整							¥	4	5	0	0	0	0

备注:核实使用包装袋造成环境污染罚款。　　副总:李冠平　2015.12.7

收款单位(公章):　　负责人:沈郦　　经办人:赵加

第二联 收据联

5.8 日，取得“增值税专用发票”及“产品出库单”会计记账联，填制“托收”到开户行办理委托收款手续。

4471515022

增值税专用发票

№ 0279670

开票日期：2015 年 12 月 8 日

购货单位	名称：春晓公司 纳税人识别号：25251414 地址：武汉市武昌区徐东新村 888 号 电话：02789893535 开户行及账号：工行武汉市徐东支行，账号 001144				密码区	G4879412667F89926U65233Y11/ /5745 * 6G12//3522223U388631 K186123189756D324123L365897 471//* * * 5426110056641B12 325876 # 9236 * 26812587925	
货物或应税劳务名称	规格型号	单位	数量	单价	金额	税率	税额
丙产品 合计		件	350	290.00	101 500.00 ¥101 500.00	17%	17 255.00 ¥17 255.00
价税合计(人民币大写)壹拾壹万捌仟柒佰伍拾伍元整					(小写) ¥118 755.00		
销货单位	名称：武汉天河有限责任公司 纳税人识别号：420110842903788 地址：武汉市东湖高新区光谷创业街 121 号 电话：027－54808382 开户行及账号：中国工商银行虎泉支行 12341234				备注：办理托收，商品发出		

收款人：李坤广　　复核：王晗金　　开票人：童音　　销货单位(章)：

第一联 记账联 销货方记账凭证

产品出库单

2015 年 12 月 6 日　　№ 58973

产品名称	计量单位	出库数量	提货单位(人)
丙	件	350	春晓公司
备注：	按上月库存商品账上单位成本 200 元出库。 已得知春晓公司资金流转发生暂时困难，但为了减少存货积压，同时也为了维持与春晓公司长期以来建立的商业关系，公司仍将丙商品发出。		

保管：李耕　　提货：胡办线

第三联 会计记账

托收凭证（受理回单）1

委托号码：第　　号

委托日期　　　年　　月　　日

业务类型		委托收款（□邮划、□电划）	托收承付（□邮划、□电划）		
付款人	全称		收款人	全称	
	账号			账号	
	开户银行			开户银行	
委收金额	人民币（大写）：				千 百 十 万 千 百 十 元 角 分
款项内容		委托收款凭据名称		附寄单证张数	
备注： 复核　　记账		款项收妥日期 年　月　日		收款人开户银行签章 中国工商银行 虎泉支行 年　月　日	

此联是收款人开户银行给收款人的回单

6.28 日，填制“内部转账单”。

内部转账单

转账日期：2015 年 12 月 28 日　　　　编号：3044

摘　要	金　额
春晓公司经营情况好转，“托收”款转账	100 000.00

制单：　　　　　　　　复核：

7.30 日，收到“增值税专用发票”会计记账联，收到“进账单”的收账通知联。

4471515022　　**增值税专用发票**　　№ 0279682

（印章：全国统一发票监制章 国家税务总局监制）

开票日期：2015 年 12 月 30 日

购货单位	名称：君臣子公司 纳税人识别号：212141413366 地址：武汉市武昌区大河村 777 号 电话：02789893737 开户行及账号：工行武汉市大河支行，账号 007733				密码区	67F89926U65233Y11//5745＊6 G12//3522223U388631K18612 3189756D324123L365897471// ＊＊＊5426110056641B123258 76＃9236＊2681258792500＊＊ ——014＊＊8	
货物或应税劳务名称	规格型号	单位	数量	单价	金额	税率	税额
钢材		吨	2	5 000.00	10 000.00	17%	1 700.00
合计					¥10 000.00		¥1 700.00
价税合计（人民币大写）壹万壹仟柒佰元整				（小写）¥11 700.00			
销货单位	名称：武汉天河有限责任公司 纳税人识别号：420110842903788 地址：武汉市东湖高新区光谷创业街 121 号 电话：027－54808382 开户行及账号：中国工商银行虎泉支行 12341234				备注：办理进账，材料已发出		

收款人：李坤广　　复核：王晗金　　开票人：童音　　销货单位（章）：

第一联 记账联 销货方记账凭证

中国工商银行进账单（回单或收账通知）1

年　月　日　　　　第 6050 号

付款人	全　称		收款人	全　称	
	账　号			账　号	
	开户银行			开户银行	
人民币（大写）			千 百 十 万 千 百 十 元 角 分		
票据种类		票据张数			
票据号码					
复核　记账			中国工商银行 光谷支行 开户银行盖章		

此联是收款人开户银行交收款人的回单或收账通知

8.31 日，收到“领料单”的会计记账联。

领 料 单

领料部门或单位：君臣子公司　　　2015 年 12 月 31 日　　　№ 0249

材料编号	材料名称	计量单位	数量		单价	金额
			请领	实领		
0155	钢材	吨	20	20	4 500.00	9 000.00
备注	出售					

第三联　会计记账

保管：宋河轮　　　领料：诸葛鸽　　　主管：白软

9.31 日，收到“进账单”的收账通知联，收到“代销商品清单”。取得“增值税专用发票”的会计记账联。

中国工商银行进账单(回单或收账通知)1

年　　月　　日　　　第 6051 号

付款人	全　称		收款人	全　称	
	账　号			账　号	
	开户银行			开户银行	

人民币（大写）		千	百	十	万	千	百	十	元	角	分

票据种类		票据张数		中国工商银行 虎泉支行
票据号码				
复核　　记账				开户银行盖章

此联是收款人开户银行交收款人的回单或收账通知

代销商品清单

委托方：天河有限责任公司　　　2015 年 12 月 31 日

货物名称	规格	单位	数量	单价	金额	税率	税额
乙商品		件	1 000	100	100 000.00	17%	17 000.00
合计					￥100 000.00		￥17 000.00
价税合计(大写)	壹拾壹万柒仟元整					￥117 000.00	

第二联　委托方凭证

经手人：易明　　　销售方：卓越公司

卓越有限责任公司 业务公章

4471515022

增值税专用发票

№ 0279689

开票日期:2015 年 12 月 31 日

购货单位	名称:卓越公司 纳税人识别号:22266699944422 地址:武汉市汉阳区鹦鹉大道 559 号 电话:02789899696 开户行及账号:工行武汉市汉阳支行 87874949				密码区	＊6G12//3525473U388631K186 123189756D324123L365897471// ＊＊＊5426110056641B1232587 6#9236＊2681258792500＊＊— —014＊＊82587014＊＊///52 41—98542/	
货物或应税劳务名称	规格型号	单位	数量	单价	金额	税率	税额
乙商品		件	1 000	100.00	100 000.00	17%	17 000.00
合计					¥100 000.00		¥17 000.00
价税合计(人民币大写)壹拾壹万柒仟元整					(小写) ¥117 000.00		
销货单位	名称:武汉天河有限责任公司 纳税人识别号:420110842903788 地址:武汉市东湖高新区光谷创业街 121 号 电话:027—54808382 开户行及账号:中国工商银行虎泉支行 12341234				备注:办理进账,委托代销款		

收款人:李坤广　　复核:王晗金　　开票人:童音　　销货单位(章):

第一联 记账联 销货方记账凭证

10.31 日,收到"增值税专用发票"的抵扣联与发票联。

4471515055

增值税专用发票

№ 02547141

开票日期:2015 年 12 月 31 日

购货单位	名称:武汉天河有限责任公司 纳税人识别号:420110842903788 地址:武汉市东湖高新区光谷创业街 121 号 电话:027—54808382 开户行及账号:中国工商银行虎泉支行 12341234				密码区	1D5894463ZA6446745619F7899 65DG86546F8753789007564D37 89H87543X6789＊＊NM587463 215C987110047896012＊＊//44 55＊＊2211999	
货物或应税劳务名称	规格型号	单位	数量	单价	金额	税率	税额
代销手续费					10 000.00	17%	1 700.00
合计					¥10 000.00	17%	¥1 700.00
价税合计(人民币大写)壹万壹仟柒佰元整					(小写) ¥11 700.00		
销货单位	名称:卓越公司 纳税人识别号:22266699944422 地址:武汉市汉阳区鹦鹉大道 559 号 电话:02789899696 开户行及账号:工行武汉市汉阳支行 87874949				备注:从应收款中抵扣。		

收款人:钱小芬　　复核:王丽地　　开票人:张桂花　　销货单位(章):

武汉市卓越有限责任公司 22266699944422 发票专用章

第三联 抵扣联 购货方抵扣凭证

第二联 发票联 购货方记账凭证

11.31 日，收到“增值税专用发票”发票联与抵扣联，据以签发“转账支票”。

4471515055　　**增值税专用发票**　　№ 044771133

开票日期：2015 年 12 月 31 日

购货单位	名称：武汉天河有限责任公司 纳税人识别号：420110842903788 地址：武汉市东湖高新区光谷创业街 121 号 电话：027－54808382 开户行及账号：中国工商银行虎泉支行 12341234				密码区	1D5894463ZA6446745619F7899 65DG86546F8753789007564D37 89H87543X6789＊＊NM587463 215C987110047896012＊＊//44 55＊＊2211	
货物或应税劳务名称	规格型号	单位	数量	单价	金额	税率	税额
广告					20 000.00	6%	1 200.00
合计					¥20 000.00		¥1 200.00
价税合计（人民币大写）贰万壹仟贰佰元整					（小写） ¥21 200.00		
销货单位	名称：湖北电视台 纳税人识别号：221147755665566 地址：武汉市汉阳区琴台 11 号 电话：02789895858 开户行及账号：工行武汉市汉阳支行 21215454				备注：		

收款人：汤锋锋　　复核：胡国生　　开票人：蔡国庆　　销货单位（章）：

第二联 发票联 购货方记账凭证　　第三联 抵扣联 购货方抵扣凭证

12.31 日，填制“地方税收综合纳税（费）申报表”。

地方税收综合纳税（费）申报表

纳税人识别号：420110842903788

纳税人名称：武汉天河有限责任公司　　微机编号：12477448551　　金额单位：元

税种	税目	税费所属期	计税费依据	税率	当期应纳税额	应减免额	已纳税额	累计欠税余额
房产税		2015.12	1 400 000	1.2%	16 800.00			16 800.00
车船使用税		2015.12	5 辆车	300	1 500.00			1 500.00
土地使用税		2015.12	1 000 平方米	2	2 000.00			2 000.00
印花税		2015.12	810 000	0.03%	243.00			243.00
合计							¥20 543.00	
法定代表人： （负责人）： 经办人： 纳税人（章）： 申报日期：2015 年 12 月 31 日					主管税务机关（章） 受理人： 受理日期：　年　月　日			

13. 31 日，收到开户行的“银行存款利息凭证”。

中国工商银行存款计息凭证(收账通知)

年　月　日　　　　第　号

付款人	全　称	工商银行虎泉支行	收款人	全　称	天河有限责任公司
	账　号			账　号	12341234
	开户银行			开户银行	中国工商银行虎泉支行

人民币(大写)	壹仟伍佰元整	千	百	十	万	千	百	十	元	角	分

你单位存款从　年　月　日起至　年　月　日止，计息积数为　元，利率　%	中国工商银行 虎泉支行 收款人开户行盖章

此联是付款人开户银行交给收款人的回单或收账通知

14.31 日，编制“产品销售成本汇总表”。

产品销售成本汇总表

2015 年 12 月 31 日

名称	销售数量(件)	单位成本(元)	总成本(元)	备注
甲产品	1 000	420.00	420 000.00	
乙产品	1 000	60.00	60 000.00	委托代销商品
丙产品	350	200.00	70 000.00	购方资金困难，记入发出商品
合计			550 000.00	

制表：徐海　　　　复核：胡启明

15.31 日，编制“地方税收综合纳税申报表”。

地方税收综合纳税(费)申报表

纳税人识别号：420110842903788

纳税人名称：武汉天河有限责任公司　　　微机编号：12477448551　　　金额单位：元

税种	税目	税费所属期	计税费依据	税率	当期应纳税额	应减免额	已纳税额	累计欠税余额
城建税		2015.12	45 000.00	7%	3 150.00			3 150.00
教育费附加		2015.12	45 000.00	3%	1 350.00			1 350.00
合　计								¥4 500.00

法定代表人：

(负责人)：

经办人：张晴

纳税人(章)：

武汉天河有限责任公司 财务专用章

申报日期：2015 年 12 月 31 日

主管税务机关(章)

受理人：施莫如

受理日期：2015 年 12 月 31 日

16.31 日，编制“内部转账单”，将本月损益类账户发生额结转到“本年利润”账户。

内部转账单

年　　月　　日　　　　　　编号：

摘　要	损益类账户	金　额
结转到“本年利润”	主营业务收入	
结转到“本年利润”	其他业务收入	
结转到“本年利润”	营业外收入	
合计		

复核：　　　　　　　　　　制单：

内部转账单

年　月　日　　　　编号：

摘　要	损益类账户	金　额
结转到“本年利润”	主营业务成本	
结转到“本年利润”	其他业务成本	
结转到“本年利润”	营业税金及附加	
结转到“本年利润”	销售费用	
结转到“本年利润”	管理费用	
结转到“本年利润”	财务费用	
结转到“本年利润”	营业外支出	
合计		

复核：　　　　制单：

17.31 日，填制“企业所得税预缴纳税申报表”。

企业所得税预缴纳税申报表

税款所属期间：　年　月　日至　年　月　日

纳税人识别号：　　　　金额单位：元(列至角分)

地税计算机代码		主管税务机关	
纳税人名称		联系电话	
生产经营地址			

项　目	行次	累计金额
	5	
应纳税所得额(1+2−3−4)	5	
适用税率	6	
应纳所得税额(5×6)	7	
减免所得税额(8≤7)	8	
汇总纳税成员企业就地预缴比例	9	
实际已预缴的所得税额	10	
应补(退)的所得税额[(7−8−10)或 (7−8)×9−10]	11	
实行按上年实际数分期预缴的纳税人填列以下第 12～14 行：		
上一年度实际缴纳的企业所得税额	12	*
本季(月)应预缴所得税额(12 行÷4 或 12 行÷12)	13	*
本年实际已预缴的所得税额	14	*

纳税人公章： 经办人： 申报日期：　年　月　日	代理申报中介机构公章： 经办人执业证件号码： 代理申报日期：　年　月　日	主管税务机关受理专用章： 受理人： 受理日期：　年　月　日

武汉天河有限责任公司 财务专用章

18.31 日，填制“内部转账单”将所得税费用结转入“本年利润”账户。

内部转账单

2015 年 12 月 31 日　　　　　　　　编号：

摘　要	损益类账户	金　额
合计		

复核：　　　　　　　　　　制单：

11.2　收入、费用和利润 ·工作任务·学生独立做

武汉晨光有限责任公司(以下简称晨光公司)为增值税一般纳税人,增值税税率为17%。纳税人识别号:420101032635924;地址:武汉东湖高新开发区121号,电话:027－86250966;开户行及账号:工行光谷支行003456。2015年12月发生如下经济业务,据以进行账务处理。

1.2日,取得“增值税专用发票”及“产品出库单”的记账联,收到“进账单”的收账通知联。

00245871　　**增值税专用发票**　　№ 00257414

开票日期:2014年12月2日

购货单位	名称:先行者有限责任公司 纳税人识别号:558877441122 地址:武汉东海区水湖147号 电话:02786861212 开户行及账号:工行东海开发区分理处65654848	密码区	896X255T87411236＊98774A12 166D99877D3366J987V45698W5 2499//48793A29W454539U446 33018654214D666//18863324G K8＊＊//55880011449954124

货物或应税劳务名称	规格型号	单位	数量	单价	金额	税率	税额
A		台	500	1 500.00	750 000.00	17%	127 500.00
合计					￥750 000.00		￥127 500.00
价税合计(人民币大写)捌拾柒万柒仟伍佰元整					(小写)　￥877 500.00		

销货单位	名称:武汉晨光有限责任公司 纳税人识别号:420101032635924 地址:东湖高新开发区121号 开户行及账号:工行光谷支行003456	备注:款已进账。

收款人:苏水生　　复核:范丛政　　开票人:熊高　　销货单位(章):

第一联　记账联　销货方记账凭证

产品出库单

2014年12月2日　　№ 0811488

产品名称	计量单位	出库数量	提货单位	备注
A	台	500	先行者有限责任公司	销售

保管:施旋旗　　复核:贡莱　　提货:赵真真

第三联　会计记账

中国工商银行进账单(回单或收账通知)1

年　　月　　日　　　　　　　　第 5143 号

<table>
<tr><td rowspan="3">付款人</td><td>全　称</td><td></td><td rowspan="3">收款人</td><td>全　称</td><td colspan="10"></td></tr>
<tr><td>账　号</td><td></td><td>账　号</td><td colspan="10"></td></tr>
<tr><td>开户银行</td><td></td><td>开户银行</td><td colspan="10"></td></tr>
<tr><td rowspan="2">人民币
(大写)</td><td colspan="4" rowspan="2"></td><td>千</td><td>百</td><td>十</td><td>万</td><td>千</td><td>百</td><td>十</td><td>元</td><td>角</td><td>分</td></tr>
<tr><td></td><td></td><td></td><td></td><td></td><td></td><td></td><td></td><td></td><td></td></tr>
<tr><td>票据种类</td><td></td><td>票据张数</td><td></td><td colspan="11" rowspan="3">中国工商银行
光谷支行
开户银行盖章</td></tr>
<tr><td>票据号码</td><td colspan="3"></td></tr>
<tr><td colspan="4">复核　　记账</td></tr>
</table>

此联是收款人开户银行交收款人的回单或收账通知

2.5 日，收到“产品出库单”记账联。

产品出库单

2014 年 12 月 5 日　　　　　　№ 51470

产品名称	计量单位	出库数量	提货单位(人)
B	件	6 000	共享公司
备注:	委托代销，按上月库存商品账上单位成本 650 元出库。 合同约定共享公司应按每件 800 元对外销售。 本公司按售价的 10%向共享公司支付代销产品的手续费。		

第三联　会计记账

保管:施旋旗　　　　复核:贡莱　　　　提货:苏苍生

3.6 日，填制“内部转账单”。

内部转账单

转账日期:2014 年 12 月 6 日　　　　　　编号:5140

摘　要	金　额
“固定资产清理——出售货车”贷方余额	20 000.00

复核:　　　　　　制单:

4.7 日，填制“内部转账单”。

内部转账单

转账日期：2014 年 12 月 7 日　　　　　　编号：5142

摘　要	金　额
“待处理财产损溢——待处理流动资产损溢”借方余额	93 600.00
核销系自然灾害造成的原材料损失	

制单：　　　　　　　　　　　　复核：

5.8 日，收到“增值税专用发票”及“产品出库单”的记账联，填制“托收”到开户行办理委托收款手续。

00245871　　　　　　　　　　　　　　　　　№ 00257416

增值税专用发票

（印章：全国统一发票监制章 国家税务总局监制）

开票日期：2014 年 12 月 2 日

<table>
<tr><td>购货单位</td><td colspan="5">名称：金太阳有限责任公司
纳税人识别号：999555444111
地址：武汉市长白山小区 666 号
电话：02786868888
开户行及账号：工行木小开发区分理处 547454</td><td>密码区</td><td colspan="2">36＊98774A12166D99877D3366
J987V45698W52499//48793A29
W454539U44633018654214D666
//18863324GK8＊＊// ＊＊//5
5880011449954124＊＊—///541
＊＊//22</td></tr>
<tr><td colspan="2">货物或应税劳务名称</td><td>规格型号</td><td>单位</td><td>数量</td><td>单价</td><td>金额</td><td>税率</td><td>税额</td></tr>
<tr><td colspan="2">C
合计</td><td></td><td>台</td><td>40</td><td>5 500.00</td><td>220 000.00
￥220 000.00</td><td>17%</td><td>37 400.00
￥37 400.00</td></tr>
<tr><td colspan="9">价税合计（人民币大写）贰拾伍万柒仟肆佰元整　　　　（小写）　￥257 400.00</td></tr>
<tr><td>销货单位</td><td colspan="6">名称：武汉晨光有限责任公司
纳税人识别号：420101032635924
地址：东湖高新开发区 121 号
开户行及账号：工行光谷支行 003456</td><td colspan="2">备注：款已进账。</td></tr>
</table>

第一联　记账联　销货方记账凭证

收款人：苏水生　　　复核：范丛政　　　开票人：熊高　　　销货单位（章）：

产品出库单

2014 年 12 月 8 日　　　　　　№ 51471

产品名称	计量单位	出库数量	提货单位(人)
C	台	40	金太阳公司
备注:	按上月库存商品账上单位成本 3 800 元出库。 已得知金太阳公司资金流转发生暂时困难,但为了减少存货积压,同时也为了维持与金太阳公司长期以来建立的商业关系,公司仍将商品发出。		

第三联　会计记账

保管:施旋旗　　　　复核:贡莱　　　　提货:张会讯

托收凭证(受理回单)1

委托号码:第　　号

委托日期　　年　　月　　日

<table>
<tr><td colspan="2">业务类型</td><td colspan="4">委托收款(□邮划、□电划)　　托收承付(□邮划、□电划)</td></tr>
<tr><td rowspan="3">付款人</td><td>全　　称</td><td></td><td rowspan="3">收款人</td><td>全　　称</td><td></td></tr>
<tr><td>账　　号</td><td></td><td>账　　号</td><td></td></tr>
<tr><td>开户银行</td><td></td><td>开户银行</td><td></td></tr>
<tr><td>委收金额</td><td colspan="3">人民币(大写):</td><td colspan="2">千 百 十 万 千 百 十 元 角 分</td></tr>
<tr><td>款项内容</td><td></td><td>委托收款凭据名称</td><td></td><td>附寄单证张数</td><td></td></tr>
<tr><td colspan="2">备注:

复核　　记账</td><td colspan="2">款项收妥日期

年　　月　　日</td><td colspan="2">收款人开户银行签章
中国工商银行 光谷支行
年　　月　　日</td></tr>
</table>

此联是收款人开户银行给收款人的回单

6.26 日,填制"内部转账单"。

内部转账单

转账日期:2014 年 12 月 26 日　　　　编号:5143

摘　要	金　额
金太阳公司经营情况好转,"托收"款转账	220 000.00

制单:　　　　　　复核:

7.30 日，收到“增值税专用发票”的记账联，收到“进账单”的收账通知联。

国统一发票监制
国家税务总局监制

00245871 **增值税专用发票** № 00257417

开票日期：2014 年 12 月 2 日

购货单位	名称：长江有限责任公司 纳税人识别号：545421321321 地址：武汉市区古琴台 1568 号 电话：02786869999 开户行及账号：工行古琴台分理处 02021313				密码区	5698W52499//48793A29W4545 39U44633018654214D666//18G K8＊＊//＊＊//5588001144995 4124＊＊—///541＊＊//22124 578986532010203＊25DK147G 4141B225V	
货物或应税劳务名称	规格型号	单位	数量	单价	金额	税率	税额
钢材 合计		吨	10	7 000.00	70 000.00 ¥70 000.00	17%	11 900.00 ¥11 900.00
价税合计（人民币大写）捌万壹仟玖佰元整					（小写） ¥81 900.00		
销货单位	名称：武汉晨光有限责任公司 纳税人识别号：420101032635924 地址：东湖高新开发区 121 号 开户行及账号：工行光谷支行 003456				备注：材料已发运，款进账。		

第一联 记账联 销货方记账凭证

收款人：苏水生　　复核：范丛政　　开票人：熊高　　销货单位（章）：

中国工商银行进账单（回单或收账通知）1

年　月　日　　　　第 6050 号

付款人	全　称		收款人	全　称	
	账　号			账　号	
	开户银行			开户银行	

人民币（大写）	千	百	十	万	千	百	十	元	角	分

票据种类		票据张数		中国工商银行 光谷支行 开户银行盖章
票据号码				
复核　记账				

此联是收款人开户银行交收款人的回单或收账通知

8.31 日，收到“领料单”会计记账联。

领料单

领料部门或单位：长江公司　　　　2015 年 12 月 31 日　　　　№ 378

材料编号	材料名称	计量单位	数量		单价	金额
			请领	实领		
0144	钢材	吨	10	10	6 000.00	60 000.00
备注	出售					

第三联　会计记账

保管：王宁心　　　　领料：朱晚志　　　　主管：陈中国

9.31 日，收到“进账单”的收账通知联，收到“代销商品清单”的委托方凭证联，开具“增值税专用发票”，留下记账联。

中国工商银行进账单(回单或收账通知)1

年　　月　　日　　　　第 6051 号

付款人	全　　称		收款人	全　　称	
付款人	账　　号		收款人	账　　号	
付款人	开户银行		收款人	开户银行	

人民币(大写)		千	百	十	万	千	百	十	元	角	分

票据种类		票据张数		中国工商银行 光谷支行 开户银行盖章
票据号码				
复核　　记账				

此联是收款人开户银行交收款人的回单或收账通知

代销商品清单

委托方：晨光有限责任公司　　　　2015 年 12 月 31 日

货物名称	规格	单位	数量	单价	金额	税率	税额
B 商品		件	3000	800	2 400 000.00	17%	408 000.00
合计					¥2 400 000.00		¥408 000.00
价税合计(大写)	贰佰捌拾万零捌仟元整					¥2 808 000.00	

第二联　委托方凭证

销售方：共享公司　　　　经手人：罗炳花

00245871

增值税专用发票

№ 00257418

开票日期:2014 年 12 月 31 日

购货单位	名称:共享有限责任公司 纳税人识别号:636396968585 地址电话:武汉市区磨山 02786866666 开户行及账号:工行磨山分理处 25871478				密码区	8793A29W454539U44633018654 214D666//18GK8 * * // * * // 55880011449954124 * * —/// 541 * * //2212457898653201002 03 * 25DK147G4141B225V * * //——0145 * * /2541	
货物或应税劳务名称	规格型号	单位	数量	单价	金额	税率	税额
B		件	3000	800.00	2 400 000.00	17%	408 000.00
合计					¥2 400 000.00		¥408 000.00
价税合计(人民币大写)贰佰捌拾万零捌仟元整					(小写) ¥ 2 808 000.00		
销货单位	名称:武汉晨光有限责任公司 纳税人识别号:420101032635924 地址:东湖高新开发区 121 号 开户行及账号:工行光谷支行 003456				备注:货已发运,款进账。		

第一联 记账联 销货方记账凭证

收款人:苏水生　　复核:范丛政　　开票人:熊高　　销货单位(章):

10.31 日,收到"增值税专用发票"的抵扣联与发票联。

4471515055

增值税专用发票

№ 02547141

开票日期:2015 年 12 月 31 日

购货单位	名称:武汉晨光有限责任公司 纳税人识别号:420101032635924 地址:东湖高新开发区 121 号 开户行及账号:工行光谷支行 003456				密码区	46745619F789965DG86546F875 3789007564D3789H87543X6789 * * NM587463215C987110047 896012 * * //4455 * * 221191 2485G147D22S551	
货物或应税劳务名称	规格型号	单位	数量	单价	金额	税率	税额
代销手续费					240 000.00	17%	40 800.00
合计					¥240 000.00	17%	¥40 800.00
价税合计(人民币大写)贰拾捌万零捌佰元整					(小写) ¥280 800.00		
销货单位	名称:共享有限责任公司 纳税人识别号:00022255588866 地址:武汉市中山大道 2478 号 电话:02789890303 开户行及账号:工行武汉市汉阳支行 0111444				备注:从应收款中抵扣。		

第二联 发票联 购货方记账凭证

第三联 抵扣联 购货方抵扣凭证

收款人:钱小芬　　复核:王丽地　　开票人:张桂花　　销货单位(章):

武汉市共享有限责任公司 00022255588866 发票专用章

11.31 日，填制“地方税收综合纳税(费)申报表”。

地方税收综合纳税(费)申报表

纳税人识别号：420101032635924

纳税人名称：武汉晨光有限责任公司　　微机编号：25741800　　金额单位：元(列至角分)

税种	税目	税费所属期	计税费依据	税率	当期应纳税额	应减免额	已纳税额	累计欠税余额
房产税		2015.12	3 000 000	1.2%	36 000.00			36 000.00
车船使用税		2015.12	4 辆车	400	1 600.00			1 600.00
土地使用税		2015.12	2000 平方	1.5	3 000.00			3 000.00
印花税		2015.12	3 440 000	0.03%	1 032.00			1 032.00
合计							￥41 632.00	
法定代表人： (负责人)： 经办人： 纳税人(章)： 申报日期：2014年 12 月 31 日						主管税务机关(章) 受理人： 受理日期：　年　月　日		

12. 31 日，收到开户行的“银行存款利息凭证”。

中国工商银行存款计息凭证(收账通知)

年　月　日　　　　第　号

付款人	全　称	工商银行光谷支行	收款人	全　称	天河有限责任公司
	账　号			账　号	12341234
	开户银行			开户银行	中国工商银行虎泉支行

人民币(大写)	千	百	十	万	千	百	十	元	角	分
叁仟捌佰元整				￥	3	8	0	0	0	0

你单位存款从　年　月　日起至　年　月　日止，计息积数为　元，利率　%	中国工商银行 光谷支行 收款人开户行盖章

此联是付款人开户银行交给收款人的回单或收账通知

13.31 日，编制"产品销售成本汇总表"。

产品销售成本汇总表

2015 年 12 月 31 日

名称	销售数量	单位成本(元)	总成本(元)	备注
A 产品	500 台	1 200.00	600 000.00	
B 产品	3 000 件	650.00	1 950 000.00	委托代销商品
C 产品	40 台	3 800.00	152 000.00	购方资金困难，记入发出商品
合计			2 702 000.00	

制表：　　　　复核：

14.31 日，编制"地方税收综合纳税申报表"。

地方税收综合纳税(费)申报表

纳税人识别号：420101032635924

纳税人名称：武汉晨光有限责任公司　　微机编号：21215487　　金额单位：元

税种	税目	税费所属期	计税费依据	税率	当期应纳税额	应减免额	已纳税额	累计欠税余额
城建税		2014.12	130 000.00	7%	9 100.00			9 100.00
教育费附加		2014.12	130 000.00	3%	3 900.00			3 900.00
								13 000.00
合计								¥13 000.00

法定代表人：
(负责人)：

经办人：
纳税人(章)：武汉晨光有限责任公司
申报日期：2014 年 12 月 31 日

主管税务机关(章)

受理人：
受理日期：2014 年 12 月 31 日

15.31 日，编制“内部转账单”，将本月损益类账户发生额结转到“本年利润”账户。

内部转账单

2015 年 12 月 31 日　　　　编号：

摘　要	损益类账户	金　额
结转到“本年利润”	主营业务收入	
结转到“本年利润”	其他业务收入	
结转到“本年利润”	营业外收入	
合计		

复核：　　　　制单：

内部转账单

2015 年 12 月 31 日　　　　编号：

摘　要	损益类账户	金　额
结转到“本年利润”	主营业务成本	
结转到“本年利润”	其他业务成本	
结转到“本年利润”	营业税金及附加	
结转到“本年利润”	销售费用	
结转到“本年利润”	管理费用	
结转到“本年利润”	财务费用	
结转到“本年利润”	营业外支出	
合计		

复核：　　　　制单：

16.31 日，编制“企业所得税预缴纳税申报表”。

企业所得税预缴纳税申报表

税款所属期间： 年 月 日至 年 月 日

纳税人识别号： 金额单位：元(列至角分)

地税计算机代码		主管税务机关	
纳税人名称		联系电话	
生产经营地址			

项　目	行次	累计金额
	5	
应纳税所得额(1+2－3－4)	5	
适用税率	6	
应纳所得税额(5×6)	7	
减免所得税额(8≤7)	8	
汇总纳税成员企业就地预缴比例	9	
实际已预缴的所得税额	10	
应补(退)的所得税额[(7－8－10)或(7－8)×9－10]	11	
实行按上年实际数分期预缴的纳税人填列以下第12～14行：		
上一年度实际缴纳的企业所得税额	12	*
本季(月)应预缴所得税额(12行÷4或12行÷12)	13	*
本年实际已预缴的所得税额	14	*

纳税人公章：（武汉晨光有限责任公司 财务专用章） 经办人： 申报日期： 年 月 日	代理申报中介机构公章： 经办人执业证件号码： 代理申报日期： 年 月 日	主管税务机关受理专用章： 受理人： 受理日期： 年 月 日

17.31 日，填制“内部转账单”将所得税费用结转入“本年利润”账户。

内部转账单

2015 年 12 月 31 日 编号：

摘　要	损益类账户	金　额
合计		

复核： 制单：

项目12

财务报告

12.1 财务报告·工作任务·师生教学做

依据天河公司下列有关资料，编制2015年会计报表。

表1—1 **资产负债表** **会企01表**

编制单位：天河有限责任公司 2014年12月31日 单位：元

资 产	期末余额	年初余额	负债和所有者权益	期末余额	年初余额
流动资产：			流动负债：		
货币资金	311 200.00		短期借款	1 600 000.00	
交易性金融资产	300 000.00		交易性金融负债		
应收票据	510 000.00		应付票据	750 000.00	
应收账款	465 600.00		应付账款	300 000.00	
预付款项			预收款项		
应收利息			应付职工薪酬	16 000.00	
应收股利			应交税费	—14 300.00	
其他应收款	22 000.00		应付利息	25 000.00	
存货	3384 400.00		应付股利		
1年内到期非流动资产			其他应付款	20 000.00	
其他流动资产			1年内到期非流动负债		
流动资产合计	4993 200.00		其他流动负债		
非流动资产：			流动负债合计	2 696 700.00	
可供出售金融资产			非流动负债：		
持有至到期投资	120 000.00		长期借款	1 600 000.00	
长期应收款			应付债券	230 000.00	

续表

资　　产	期末余额	年初余额	负债和所有者权益	期末余额	年初余额
长期股权投资	100 000.00		长期应付款	148 000.00	
投资性房地产			专项应付款		
固定资产	1 800 000.00		预计负债		
在建工程	540 000.00		递延所得税负债		
工程物资	800 000.00		其他非流动负债		
固定资产清理	5 000.00		非流动负债合计	1 978 000.00	
生产性生物资产			负债合计	4 674 700.00	
油汽资产			所有者权益：		
无形资产	920 000.00		实收资本	3 312 500.00	
开发支出	30 000.00		资本公积	600 000.00	
商誉			减：库存股		
长期待摊费用	79 000.00		盈余公积	600 000.00	
递延所得税资产			未分配利润	200 000.00	
其他非流动资产			所有者权益合计	4 712 500.00	
非流动资产合计	4 394 000.00				
资产总计	9 387 200.00		负债和所有者权益总计	9 387 200.00	

总分类账

<table>
<tr><td colspan="9">账簿启用表</td></tr>
<tr><td colspan="2">单位名称</td><td colspan="3">天河公司</td><td rowspan="3">单位公章</td><td colspan="3" rowspan="3">武汉天河有限责任公司 公章</td></tr>
<tr><td colspan="2">账簿名称</td><td colspan="3">总分类账</td></tr>
<tr><td colspan="2">账簿编号</td><td colspan="3">总字第 1 号第 1 册共 1 册</td></tr>
<tr><td colspan="2">账簿页数</td><td colspan="2">本册共计 60 页</td><td rowspan="2">会计主管</td><td>姓　名</td><td colspan="3"></td></tr>
<tr><td colspan="2">启用日期</td><td colspan="2">2015 年 1 月 1 日</td><td>盖　章</td><td colspan="3"></td></tr>
</table>

<table>
<tr><td colspan="10">经管人员一览表</td></tr>
<tr><td colspan="2">经管人员</td><td rowspan="2">盖章</td><td colspan="3">接　管</td><td colspan="3">移　交</td><td rowspan="2">附　注</td></tr>
<tr><td>职务</td><td>姓名</td><td>年</td><td>月</td><td>日</td><td>年</td><td>月</td><td>日</td></tr>
<tr><td></td><td></td><td></td><td></td><td></td><td></td><td></td><td></td><td></td><td></td></tr>
<tr><td></td><td></td><td></td><td></td><td></td><td></td><td></td><td></td><td></td><td></td></tr>
<tr><td></td><td></td><td></td><td></td><td></td><td></td><td></td><td></td><td></td><td></td></tr>
<tr><td></td><td></td><td></td><td></td><td></td><td></td><td></td><td></td><td></td><td></td></tr>
<tr><td></td><td></td><td></td><td></td><td></td><td></td><td></td><td></td><td></td><td></td></tr>
</table>

目 录

开户		账号	会计科目	本户起讫页数	装订顺序总页	开户		账号	会计科目	本户起讫页数	装订顺序总页
月	日					月	日				

总分类账

会计科目:库存现金　　　　第 1 页

2015 年		凭　证		摘　要	借　方	贷　方	借或贷	余　额
月	日	字	号					
1	1			上年结转			借	1 200.00
略	略	略	略	略	5 000.00	3 286.00	借	2 914.00
略	略	略	略	略	3 000.00	3 800.00	借	2 114.00
略	略	略	略	略	3 100.00		借	5 214.00
略	略	略	略	略	1 778.00	3 028.00	借	3 964.00
略	略	略	略	略	7 600.00	5 963.00	借	5 601.00

总分类账

会计科目:银行存款　　　　第 2 页

2015 年		凭　证		摘　要	借　方	贷　方	借或贷	余　额
月	日	字	号					
1	1			上年结转			借	300 000.00
略	略	略	略	略	2 000 500.00	800 000.00	借	1 500 500.00
略	略	略	略	略	1 102 900.00	536 118.00	借	2 071 782.00
略	略	略	略	略	280 000.00	900 000.00	借	1 451 782.00
略	略	略	略	略	125 660.00	755 130.00	借	822 312.00
略	略	略	略	略	90 000.00	86 000.00	借	826 312.00
略	略	略	略	略	58 050.00	85 795.00	借	798 567.00

总分类账

会计科目:其他货币资金　　　　第 3 页

2015 年		凭　证		摘　要	借　方	贷　方	借或贷	余　额
月	日	字	号					
1	1			上年结转			借	10 000.00
略	略	略	略	略	100 000.00	40 000.00	借	70 000.00
略	略	略	略	略	100 000.00	42 625.00	借	127 375.00

总分类账

会计科目:交易性金融资产 第 4 页

2015 年		凭证		摘要	借方	贷方	借或贷	余额
月	日	字	号					
1	1			上年结转			借	300 000.00
略	略	略	略	略	40 000.00		借	340 000.00
略	略	略	略	略	42 000.00		借	382 000.00
略	略	略	略	略	38 000.00	70 000.00	借	350 000.00
略	略	略	略	略		30 000.00	借	320 000.00

总分类账

会计科目:应收票据 第 5 页

2015 年		凭证		摘要	借方	贷方	借或贷	余额
月	日	字	号					
1	1			上年结转			借	510 000.00
略	略	略	略	略		290 000.00	借	220 000.00
略	略	略	略	略		220 000.00	平	0
略	略	略	略	略	300 000.00		借	300 000.00
略	略	略	略	略	179 700.00		借	479 700.00

总分类账

会计科目:应收账款 第 6 页

2015 年		凭证		摘要	借方	贷方	借或贷	余额
月	日	字	号					
1				上年结转			借	480 000.00
略	略	略	略	略	280 000.00	500 000.00	借	260 000.00
略	略	略	略	略	230 000.00	490 000.00	平	0
略	略	略	略	略	200 000.00		借	200 000.00
略	略	略	略	略	148 660.00	348 660.00	平	0
略	略	略	略	略	360 000.00		借	360 000.00
略	略	略	略	略	402 840.00		借	762 840.00

总分类账

会计科目:坏账准备　　　　　　　　　　　　　　　　第 7 页

2015 年		凭　证		摘　要	借　方	贷　方	借或贷	余　额
月	日	字	号					
1	1			上年结转			贷	14 400.00
略	略	略	略	略		8 485.20	贷	22 885.20

总分类账

会计科目:其他应收款　　　　　　　　　　　　　　　第 8 页

2015 年		凭　证		摘　要	借　方	贷　方	借或贷	余　额
月	日	字	号					
1	1			上年结转			借	22 000.00
略	略	略	略	略	2 000.00		借	24 000.00
略	略	略	略	略	1 000.00	2 000.00	借	23 000.00
略	略	略	略	略	1 500.00	9 000.00	借	15 500.00
略	略	略	略	略		12 500.00	借	3 000.00
略	略	略	略	略	1 000.00		借	4 000.00

总分类账

会计科目:预付账款　　　　　　　　　　　　　　　　第 9 页

2015 年		凭　证		摘　要	借　方	贷　方	借或贷	余　额
月	日	字	号					
略	略	略	略	略	6 218.00		借	6 218.00

总分类账

会计科目:材料采购 第 10 页

2015 年		凭 证		摘 要	借 方	贷 方	借或贷	余 额
月	日	字	号					
1	1			上年结转			借	35 500.00
略	略	略	略	略	100 000.00		借	135 500.00
略	略	略	略	略	80 000.00	200 000.00	借	15 500.00
略	略	略	略	略	120 000.00	110 000.00	借	25 500.00
略	略	略	略	略	174 800.00	200 300.00	平	0

总分类账

会计科目:原材料 第 11 页

2015 年		凭 证		摘 要	借 方	贷 方	借或贷	余 额
月	日	字	号					
1	1			上年结转			借	500 000.00
略	略	略	略	略	29 328.00		借	529 328.00
略	略	略	略	略	30 000.00		借	559 328.00
略	略	略	略	略	200 000.00	300 000.00	借	459 328.00
略	略	略	略	略	110 000.00		借	569 328.00
略	略	略	略	略	100 000.00		借	669 328.00
略	略	略	略	略	96 889.40	356 000.00	借	410 217.40

总分类账

会计科目:周转材料 第 12 页

2015 年		凭 证		摘 要	借 方	贷 方	借或贷	余 额
月	日	字	号					
1	1			上年结转			借	80 000.00
略	略	略	略	略		220.00	借	79 780.00
略	略	略	略	略		16 000.00	借	63 780.00
略	略	略	略	略		12 000.00	借	51 780.00

总分类账

会计科目:材料成本差异　　　　第 13 页

2015 年		凭证		摘要	借方	贷方	借或贷	余额
月	日	字	号					
1	1			上年结转			借	5 400.00
略	略	略	略	略		2 328.00	借	3 072.00
略	略	略	略	略		3 000.00	借	72.00
略	略	略	略	略	4 110.60		借	4 182.60
略	略	略	略	略		2 407.49	借	1 775.11

总分类账

会计科目:库存商品　　　　第 14 页

2015 年		凭证		摘要	借方	贷方	借或贷	余额
月	日	字	号					
1	1			上年结转			借	2 710 000.00
略	略	略	略	略	200 000.00		借	2 910 000.00
略	略	略	略	略	120 000.00	620 000.00	借	2 410 000.00
略	略	略	略	略	560 000.00		借	2 970 000.00
略	略	略	略	略	263 718.00	987 741.30	借	2 245 976.70

总分类账

会计科目:长期股权投资　　　　第 15 页

2015 年		凭证		摘要	借方	贷方	借或贷	余额
月	日	字	号					
1	1			上年结转			借	100 000.00

总分类账

会计科目:持有至到期投资　　　　　　　　　　第 16 页

2015 年		凭　证		摘　要	借　方	贷　方	借或贷	余　额
月	日	字	号					
1	1			上年结转			借	120 000.00
略	略	略	略	略	560 000.00		借	680 000.00
略	略	略	略	略	440 000.00		借	1 120 000.00
略	略	略	略	略	10 000.00	2 800.00	借	1 127 200.00

总分类账

会计科目:固定资产　　　　　　　　　　第 17 页

2015 年		凭　证		摘　要	借　方	贷　方	借或贷	余　额
月	日	字	号					
1	1			上年结转			借	2 300 000.00
略	略	略	略	略	43 000.00	150 000.00	借	2 193 000.00
略	略	略	略	略		12 000.00	借	2 181 000.00
略	略	略	略	略	31 400.00		借	2 212 400.00

总分类账

会计科目:累计折旧　　　　　　　　　　第 18 页

2015 年		凭　证		摘　要	借　方	贷　方	借或贷	余　额
月	日	字	号					
1	1			上年结转			贷	500 000.00
略	略	略	略	略		5 000.00	贷	505 000.00
略	略	略	略	略		5 854.15	贷	510 854.15
略	略	略	略	略	95 000.00		贷	415 854.15
略	略	略	略	略	10 000.00		贷	405 854.15

总分类账

会计科目：工程物资　　第19页

2015年		凭证		摘要	借方	贷方	借或贷	余额
月	日	字	号					
1	1			上年结转			借	800 000.00
略	略	略	略	略	15 000.00		借	815 000.00
略	略	略	略	略	11 000.00		借	826 000.00

总分类账

会计科目：在建工程　　第20页

2015年		凭证		摘要	借方	贷方	借或贷	余额
月	日	字	号					
1	1			上年结转			借	540 000.00
略	略	略	略	略	115 000.00		借	655 000.00
略	略	略	略	略	90 000.00		借	745 000.00
略	略	略	略	略	70 000.00		借	815 000.00
略	略	略	略	略	31 369.43		借	846 369.43

总分类账

会计科目：固定资产清理　　第21页

2015年		凭证		摘要	借方	贷方	借或贷	余额
月	日	字	号					
1	1			上年结转			借	5 000.00
略	略	略	略	略	38 000.00	38 000.00	借	5 000.00
略	略	略	略	略	21 000.00	26 000.00	平	0

总分类账

会计科目:无形资产　　　　第 22 页

2015 年		凭　证		摘　要	借　方	贷　方	借或贷	余　额
月	日	字	号					
1	1			上年结转			借	950 000.00
略	略	略	略	略	33 000.00		借	983 000.00

总分类账

会计科目:研发支出　　　　第 23 页

2015 年		凭　证		摘　要	借　方	贷　方	借或贷	余　额
月	日	字	号					
1	1			上年结转			借	30 000.00
略	略	略	略	略	3 000.00	33 000.00	平	0

总分类账

会计科目:累计摊销　　　　第 24 页

2015 年		凭　证		摘　要	借　方	贷　方	借或贷	余　额
月	日	字	号					
1	1			上年结转			贷	30 000.00
略	略	略	略	略		90 000.00	贷	120 000.00

总分类账

会计科目：长期待摊费用

第 25 页

2015 年		凭证		摘要	借方	贷方	借或贷	余额
月	日	字	号					
1	1			上年结转			借	79 000.00
略	略	略	略	略		16 000.00	借	63 000.00

总分类账

会计科目：待处理财产损溢

第 26 页

2015 年		凭证		摘要	借方	贷方	借或贷	余额
月	日	字	号					
略	略	略	略	略	1 000.00		借	1 000.00
略	略	略	略	略	1 000.00		借	2 000.00
略	略	略	略	略		2 000.00	平	0

总分类账

会计科目：递延所得税资产

第 27 页

2015 年		凭证		摘要	借方	贷方	借或贷	余额
月	日	字	号					
略	略	略	略	略	4 767.75		借	4 767.75

总分类账

会计科目:生产成本　　　　第 28 页

2015 年		凭证		摘要	借方	贷方	借或贷	余额
月	日	字	号					
1	1			上年结转			借	53 500.00
略	略	略	略	略	800.00		借	54 300.00
略	略	略	略	略	585.41		借	54 885.41
略	略	略	略	略	300 000.00		借	354 885.41
略	略	略	略	略	500 000.00		借	854 885.41
略	略	略	略	略	411 367.28	1 204 182.49	借	62 070.20

总分类账

会计科目:制造费用　　　　第 29 页

2015 年		凭证		摘要	借方	贷方	借或贷	余额
月	日	字	号					
略	略	略	略	略	2 500.00		借	2 500.00
略	略	略	略	略	2 281.24		借	4 781.24
略	略	略	略	略	400.00		借	5 181.24
略	略	略	略	略	25 000.00		借	30 181.24
略	略	略	略	略	28 000.00		借	58 181.24
略	略	略	略	略	22 272.12	80 453.36	平	0

总分类账

会计科目:短期借款　　　　第 30 页

2015 年		凭证		摘要	借方	贷方	借或贷	余额
月	日	字	号					
1	1			上年结转			贷	1 600 000.00

总分类账

会计科目：应付票据　　　　第 31 页

2015 年		凭证		摘要	借方	贷方	借或贷	余额
月	日	字	号					
1	1			上年结转			贷	750 000.00
略	略	略	略	略	400 000.00		贷	350 000.00
略	略	略	略	略	350 000.00		平	0
略	略	略	略	略		546 390.00	贷	546 390.00

总分类账

会计科目：应付账款　　　　第 32 页

2015 年		凭证		摘要	借方	贷方	借或贷	余额
月	日	字	号					
1	1			上年结转			贷	300 000.00
略	略	略	略	略	200 000.00		贷	100 000.00
略	略	略	略	略	100 000.00		平	0

总分类账

会计科目：应付职工薪酬　　　　第 33 页

2015 年		凭证		摘要	借方	贷方	借或贷	余额
月	日	字	号					
1	1			上年结转			贷	16 000.00
略	略	略	略	略	1 000.00		贷	15 000.00
略	略	略	略	略	760.00		贷	14 240.00
略	略	略	略	略	200 000.00		借	185 760.00
略	略	略	略	略	233 943.00	14 746.00	借	404 957.00
略	略	略	略	略	6 919.20	591 997.00	贷	180 120.80

总分类账

会计科目:其他应付款　　第 34 页

2015 年		凭证		摘要	借方	贷方	借或贷	余额
月	日	字	号					
1	1			上年结转			贷	20 000.00

总分类账

会计科目:应交税费　　第 35 页

2015 年		凭证		摘要	借方	贷方	借或贷	余额
月	日	字	号					
1	1			上年结转			借	14 300.00
略	略	略	略	略	24 800.00	100 000.00	贷	60 900.00
略	略	略	略	略	20 080.00	57 080.00	贷	97 900.00
略	略	略	略	略		30 000.00	贷	127 900.00
略	略	略	略	略		21 225.00	贷	149 125.00
略	略	略	略	略	250 000.00	200 000.00	贷	99 125.00
略	略	略	略	略	135 241.71	319 105.17	贷	282 988.46
略	略	略	略	略		100 000.00	贷	382 988.46

总分类账

会计科目:应付利息　　第 36 页

2015 年		凭证		摘要	借方	贷方	借或贷	余额
月	日	字	号					
1	1			上年结转			贷	25 000.00
略	略	略	略	略	9 000.00		贷	16 000.00

总分类账

会计科目：应付股利 第 37 页

2015 年		凭证		摘要	借方	贷方	借或贷	余额
月	日	字	号					
略	略	略	略	略		96 770.70	贷	96 770.70

总分类账

会计科目：长期借款 第 38 页

2015 年		凭证		摘要	借方	贷方	借或贷	余额
月	日	字	号					
1	1			上年结转			贷	1 600 000.00

总分类账

会计科目：长期应付款 第 39 页

2015 年		凭证		摘要	借方	贷方	借或贷	余额
月	日	字	号					
1	1			上年结转			贷	148 000.00

总分类账

会计科目:应付债券　　　　第 40 页

2015 年		凭证		摘要	借方	贷方	借或贷	余额
月	日	字	号					
1	1			上年结转			贷	230 000.00
略	略	略	略	略		500 000.00	贷	730 000.00
略	略	略	略	略		600 000.00	贷	1 330 000.00
略	略	略	略	略	6 200.00	20 000.00	贷	1 343 800.00

总分类账

会计科目:递延所得税负债　　　　第 41 页

2015 年		凭证		摘要	借方	贷方	借或贷	余额
月	日	字	号					
略	略	略	略	略		17 750.00	贷	17 750.00

总分类账

会计科目:实收资本　　　　第 42 页

2015 年		凭证		摘要	借方	贷方	借或贷	余额
月	日	字	号					
1	1			上年结转			贷	3 312 500.00

总分类账

会计科目:资本公积 第 43 页

2015年		凭证		摘要	借方	贷方	借或贷	余额
月	日	字	号					
1	1			上年结转			贷	600 000.00

总分类账

会计科目:盈余公积 第 44 页

2015年		凭证		摘要	借方	贷方	借或贷	余额
月	日	字	号					
1	1			上年结转			贷	600 000.00
略	略	略	略	略		32 256.90	贷	632 256.90

总分类账

会计科目:利润分配 第 45 页

2015年		凭证		摘要	借方	贷方	借或贷	余额
月	日	字	号					
1	1			上年结转			贷	200 000.00
略	略	略	略	略	258 055.20	451 596.58	贷	393 541.38

总分类账

会计科目:本年利润 第 46 页

2015 年		凭 证		摘 要	借 方	贷 方	借或贷	余 额
月	日	字	号					
略	略	略	略	略	400 000.00	500 600.00	贷	100 600.00
略	略	略	略	略	500 000.00	620 000.00	贷	220 600.00
略	略	略	略	略	420 000.00	500 000.00	贷	300 600.00
略	略	略	略	略	300 000.00	380 000.00	贷	380 600.00
略	略	略	略	略	734 275.00	353 675.00	贷	0

总分类账

会计科目:主营业务收入 第 47 页

2015 年		凭 证		摘 要	借 方	贷 方	借或贷	余 额
月	日	字	号					
略	略	略	略	略		524 000.00	贷	524 000.00
略	略	略	略	略		400 000.00	贷	924 000.00
略	略	略	略	略		190 000.00	贷	1 114 000.00
略	略	略	略	略		108 000.00	贷	1 222 000.00
略	略	略	略	略	2 284 000.00	1 062 000.00	平	0

总分类账

会计科目:其他业务收入 第 48 页

2015 年		凭 证		摘 要	借 方	贷 方	借或贷	余 额
月	日	字	号					
略	略	略	略	略		10 000.00	贷	10 000.00
略	略	略	略	略		9 000.00	贷	19 000.00
略	略	略	略	略	19 000.00		平	0

总分类账

会计科目：投资收益　　　　第 49 页

2015 年		凭证		摘要	借方	贷方	借或贷	余额
月	日	字	号					
略	略	略	略	略	625.00		借	625.00
略	略	略	略	略	2 000.00		借	2 625.00
略	略	略	略	略	9 575.00	12 200.00	平	0

总分类账

会计科目：公允价值变动损益　　　　第 50 页

2015 年		凭证		摘要	借方	贷方	借或贷	余额
月	日	字	号					
略	略	略	略	略	38 000.00	38 000.00	平	0

总分类账

会计科目：营业外收入　　　　第 51 页

2015 年		凭证		摘要	借方	贷方	借或贷	余额
月	日	字	号					
略	略	略	略	略		2 000.00	贷	2 000.00
略	略	略	略	略		1 700.00	贷	3 700.00
略	略	略	略	略	3 700.00		平	0

总分类账

会计科目:主营业务成本 第 52 页

2015 年		凭证		摘要	借方	贷方	借或贷	余额
月	日	字	号					
略	略	略	略	略	1 607 741.30	1 607 741.30	平	0

总分类账

会计科目:营业税金及附加 第 53 页

2015 年		凭证		摘要	借方	贷方	借或贷	余额
月	日	字	号					
略	略	略	略	略	31 272.67	31 272.67	平	0

总分类账

会计科目:其他业务成本 第 54 页

2015 年		凭证		摘要	借方	贷方	借或贷	余额
月	日	字	号					
略	略	略	略	略	1 200.00		借	1 200.00
略	略	略	略	略	800.00		借	2 000.00
略	略	略	略	略	8 120.00	10 120.00	平	0

总分类账

会计科目:销售费用　　　　第 55 页

2015 年		凭证		摘要	借方	贷方	借或贷	余额
月	日	字	号					
略	略	略	略	略	13 000.00		借	13 000.00
略	略	略	略	略	12 600.00		借	25 600.00
略	略	略	略	略	4 107.10	29 707.10	平	0

总分类账

会计科目:管理费用　　　　第 56 页

2015 年		凭证		摘要	借方	贷方	借或贷	余额
月	日	字	号					
略	略	略	略	略	5 000.00		借	5 000.00
略	略	略	略	略	2 613.50		借	7 613.50
略	略	略	略	略	2 100.00		借	9 713.50
略	略	略	略	略	2 068.00		借	11 781.50
略	略	略	略	略	50 000.00		借	61 781.50
略	略	略	略	略	120 000.00		借	181 781.50
略	略	略	略	略	32 861.92	214 643.42	平	0

总分类账

会计科目:财务费用　　　　第 57 页

2015 年		凭证		摘要	借方	贷方	借或贷	余额
月	日	字	号					
略	略	略	略	略	4 000.00		借	4 000.00
略	略	略	略	略	6 000.00		借	10 000.00
略	略	略	略	略	18 120.00	28 120.00	平	0

总分类账

会计科目：资产减值损失　　　　第 58 页

2015 年		凭证		摘要	借方	贷方	借或贷	余额
月	日	字	号					
略	略	略	略	略	5 000.00		借	5 000.00
略	略	略	略	略	3 485.20	8 485.20	平	0

总分类账

会计科目：营业外支出　　　　第 59 页

2015 年		凭证		摘要	借方	贷方	借或贷	余额
月	日	字	号					
略	略	略	略	略	3 600.00	3 600.00	平	0

总分类账

会计科目：所得税费用　　　　第 60 页

2015 年		凭证		摘要	借方	贷方	借或贷	余额
月	日	字	号					
略	略	略	略	略	102 556.33	102 556.33	平	0

库存现金日记账

<table>
<tr><td colspan="5">账簿启用表</td></tr>
<tr><td>单位名称</td><td colspan="2">宏达公司</td><td colspan="2" rowspan="3">单位公章　宏达公司(公章)</td></tr>
<tr><td>账簿名称</td><td colspan="2">库存现金日记账</td></tr>
<tr><td>账簿编号</td><td colspan="2">字第　号第　册共　册</td></tr>
<tr><td>账簿页数</td><td>本册共计　　页</td><td rowspan="2">会计主管</td><td>姓　名</td><td></td></tr>
<tr><td>启用日期</td><td>2015 年 1 月 1 日</td><td>盖　章</td><td></td></tr>
</table>

<table>
<tr><td colspan="10">经　管　人　员　一　览　表</td></tr>
<tr><td colspan="2">经管人员</td><td rowspan="2">盖章</td><td colspan="3">接　管</td><td colspan="3">移　交</td><td rowspan="2">附　注</td></tr>
<tr><td>职务</td><td>姓名</td><td>年</td><td>月</td><td>日</td><td>年</td><td>月</td><td>日</td></tr>
<tr><td></td><td></td><td></td><td></td><td></td><td></td><td></td><td></td><td></td><td></td></tr>
<tr><td></td><td></td><td></td><td></td><td></td><td></td><td></td><td></td><td></td><td></td></tr>
<tr><td></td><td></td><td></td><td></td><td></td><td></td><td></td><td></td><td></td><td></td></tr>
<tr><td></td><td></td><td></td><td></td><td></td><td></td><td></td><td></td><td></td><td></td></tr>
<tr><td></td><td></td><td></td><td></td><td></td><td></td><td></td><td></td><td></td><td></td></tr>
<tr><td></td><td></td><td></td><td></td><td></td><td></td><td></td><td></td><td></td><td></td></tr>
<tr><td></td><td></td><td></td><td></td><td></td><td></td><td></td><td></td><td></td><td></td></tr>
<tr><td></td><td></td><td></td><td></td><td></td><td></td><td></td><td></td><td></td><td></td></tr>
<tr><td></td><td></td><td></td><td></td><td></td><td></td><td></td><td></td><td></td><td></td></tr>
<tr><td></td><td></td><td></td><td></td><td></td><td></td><td></td><td></td><td></td><td></td></tr>
<tr><td></td><td></td><td></td><td></td><td></td><td></td><td></td><td></td><td></td><td></td></tr>
<tr><td></td><td></td><td></td><td></td><td></td><td></td><td></td><td></td><td></td><td></td></tr>
<tr><td></td><td></td><td></td><td></td><td></td><td></td><td></td><td></td><td></td><td></td></tr>
<tr><td></td><td></td><td></td><td></td><td></td><td></td><td></td><td></td><td></td><td></td></tr>
<tr><td></td><td></td><td></td><td></td><td></td><td></td><td></td><td></td><td></td><td></td></tr>
</table>

库存现金日记账

第 1 页

2015 年		凭 证		摘 要	借 方	贷 方	借或贷	余 额
月	日	字	号					
1	1			上年结转			借	1 200.00
略	略	略	略	补付李军差旅费		86.00	借	1 114.00
略	略	略	略	从银行提现	5 000.00		借	6 114.00
略	略	略	略	付业务科备用		3 000.00	借	3 114.00
略	略	略	略	支付律师费		1 000.00	借	2 114.00
略	略	略	略	付独生子女费		160.00	借	1 954.00
略	略	略	略	付房屋租金		1 000.00	借	954.00
略	略	略	略	从银行提现	3 000.00		借	3 954.00
略	略	略	略	付职工烤火费		240.00	借	3 714.00
				过次页			借	3 714.00

库存现金日记账

第 2 页

2015 年		凭 证		摘 要	借 方	贷 方	借或贷	余 额
月	日	字	号					
				承前页			借	3 714.00
略	略	略	略	李军借款		1 500.00	借	2 214.00
略	略	略	略	付办公费等		580.00	借	1 634.00
略	略	略	略	付购炊具款		88.00	借	1 546.00
略	略	略	略	付印花税		160.00	借	1 386.00
略	略	略	略	付产品制图费		400.00	借	986.00
略	略	略	略	李军报账交回	378.00		借	1 364.00
略	略	略	略	付清理费用		300.00	借	1 064.00
略	略	略	略	从银行提现	4 500.00		借	5 564.00
				过次页			借	5 564.00

库存现金日记账

第 3 页

2015 年		凭证		摘要	借方	贷方	借或贷	余额
月	日	字	号					
				承前页			借	5 564.00
略	略	略	略	付会计准则款		150.00	借	5 414.00
略	略	略	略	付汽车修理费		280.00	借	5 134.00
略	略	略	略	付展位租金		600.00	借	4 534.00
略	略	略	略	从银行提现	6 000.00		借	10 534.00
略	略	略	略	付商品罚款		1 600.00	借	8 934.00
略	略	略	略	付养路费		800.00	借	8 134.00
略	略	略	略	看病号费		33.00	借	8 101.00
				过次页			借	8 101.00

库存现金日记账

第 4 页

2015 年		凭证		摘要	借方	贷方	借或贷	余额
月	日	字	号					
				承前页			借	8 101.00
略	略	略	略	付装卸费		1 500.00	借	6 601.00
略	略	略	略	李军借差旅费		1 000.00	借	5 601.00

库存现金日记账

第 5 页

2015 年		凭　证		摘　要	借　方	贷　方	借或贷	余　额
月	日	字	号					
							借	

库存现金日记账

第 6 页

2015 年		凭　证		摘　要	借　方	贷　方	借或贷	余　额
月	日	字	号					
							借	

银行存款日记账

账簿启用表					
单位名称	天河公司		单位公章	武汉天河有限责任公司 公章	
账簿名称	银行存款日记账				
账簿编号	字第　号第　册共　册				
账簿页数	本册共计　页	会计主管	姓名		
启用日期	年　月　日		盖章		

经管人员一览表									
经管人员		盖章	接管			移交			附注
职务	姓名		年	月	日	年	月	日	

银行存款日记账(人民币户)

第 1 页

2015 年		凭证		摘要	借方	贷方	借或贷	余额
月	日	字	号					
1	1			上年结转			借	300 000.00
略	略	略	略	销货款	1 017 900.00		借	1 317 900.00
略	略	略	略	付货款		300 000.00	借	1 017 900.00
略	略	略	略	存出购证券		200 000.00	借	817 900.00
略	略	略	略	提现		5 000.00	借	812 900.00
略	略	略	略	付到期票据		500 000.00	借	312 900.00
略	略	略	略	收回货款	480 000.00		借	792 900.00
略	略	略	略	付下年保费		6 218.00	借	786 682.00
略	略	略	略	缴税		35 700.00	借	750 982.00
				过次页			借	750 982.00

银行存款日记账(人民币户)

第 2 页

2015 年		凭证		摘要	借方	贷方	借或贷	余额
月	日	字	号					
				承前页			借	750 982.00
略	略	略	略	收到货款	510 000.00		借	1 260 982.00
略	略	略	略	付票据款		250 000.00	借	1 010 982.00
略	略	略	略	付广告费		20 000.00	借	990 982.00
略	略	略	略	收债券款	1 100 000.00		借	2 090 982.00
略	略	略	略	债券手续费		10 000.00	借	2 080 982.00
略	略	略	略	付运输费		5 600.00	借	2 075 382.00
略	略	略	略	付待业保金		1 600.00	借	2 073 782.00
				过次页			借	2 073 782.00

银行存款日记账(人民币户)

第 3 页

2015 年		凭证		摘要	借方	贷方	借或贷	余额
月	日	字	号					
				承前页			借	2 073 782.00
略	略	略	略	提现		3 000.00	借	2 070 782.00
略	略	略	略	付诉讼费		600.00	借	2 070 182.00
略	略	略	略	支付工程款		5 000.00	借	2 065 182.00
略	略	略	略	购债券		1 002 000.00	借	1 063 182.00
略	略	略	略	支付工资		346 744.00	借	716 438.00
略	略	略	略	付培训费		3 000.00	借	713 438.00
略	略	略	略	付养老金		8 000.00	借	705 438.00
				过次页			借	705 438.00

银行存款日记账(人民币户)

第 4 页

2015 年		凭证		摘要	借方	贷方	借或贷	余额
月	日	字	号					
				承前页			借	705 438.00
略	略	略	略	收回货款	348 660.00		借	1 054 098.00
略	略	略	略	付工程款		200 000.00	借	854 098.00
略	略	略	略	发奖金		40 800.00	借	813 298.00
略	略	略	略	变价收入	38 000.00		借	851 298.00
略	略	略	略	购设备		43 000.00	借	808 298.00
略	略	略	略	付招待费		1 586.00	借	806 712.00
略	略	略	略	收仓库租金	4 000.00		借	810 712.00
略	略	略	略	提现付款		5 000.00	借	805 712.00
				过次页			借	805 712.00

银行存款日记账(人民币户)

第 5 页

2015 年		凭证		摘要	借方	贷方	借或贷	余额
月	日	字	号					
				承前页			借	805 712.00
略	略	略	略	收技术转让费	15 000.00		借	820 712.00
略	略	略	略	付技术转让费		17 000.00	借	803 712.00
略	略	略	略	付水费		5 000.00	借	798 712.00
略	略	略	略	付业务费		3 200.00	借	795 512.00
略	略	略	略	付电费		31 075.00	借	764 437.00
略	略	略	略	购美元		40 500.00	借	723 937.00
略	略	略	略	提现		6 000.00	借	717 937.00
				过次页			借	717 937.00

银行存款日记账(人民币户)

第 6 页

2015 年		凭证		摘要	借方	贷方	借或贷	余额
月	日	字	号					
				承前页			借	717 937.00
略	略	略	略	付专利费		3 000.00	借	714 937.00
略	略	略	略	付购料运费		7 800.00	借	707 137.00
略	略	略	略	付贷款利息		25 220.00	借	681 917.00
略	略	略	略	存款利息	3 600.00		借	685 517.00
略	略	略	略	出售基金款	105 000.00		借	790 517.00

银行存款日记账(美元户)

第 1 页

2015 年		凭证		摘要	借方			贷方			借或贷	余额		
月	日	字	号		外汇	汇率	人民币	外汇	汇率	人民币		外汇	汇率	人民币
略	略	略	略	买入	5 000.00	7.72	38 600.00				借	5 000.00	7.72	38 600.00
略	略	略	略	购设备				4 000.00	7.85	31 400.00	借	1 000.00		7 200.00
略	略	略	略	汇率变动			850.00					1 000.00	8.05	8 050.00

明细分类账

<table>
<tr><th colspan="5">账簿启用表</th></tr>
<tr><td>单位名称</td><td colspan="2">天河公司</td><td rowspan="3">单位公章</td><td rowspan="3">武汉天河有限责任公司
公章</td></tr>
<tr><td>账簿名称</td><td colspan="2">明细分类账</td></tr>
<tr><td>账簿编号</td><td colspan="2">字第　　号第　　册共　　册</td></tr>
<tr><td>账簿页数</td><td>本册共计　　页</td><td rowspan="2">会计主管</td><td>姓　名</td><td></td></tr>
<tr><td>启用日期</td><td>年　月　日</td><td>盖　章</td><td></td></tr>
</table>

经　管　人　员　一　览　表

经管人员		盖章	接　管			移　交			附　注
职务	姓名		年	月	日	年	月	日	

目 录

开户		账号	会计科目	本户起讫页数	装订顺序总页	开户		账号	会计科目	本户起讫页数	装订顺序总页
月	日					月	日				

明细分类账

一级科目:其他货币资金　明细科目:外埠存款　　　第1页

2015年		凭证		摘要	借方	贷方	借或贷	余额
月	日	字	号					
1	1			上年结转			借	10 000.00

明细分类账

一级科目:其他货币资金　明细科目:存出投资款　　　第2页

2015年		凭证		摘要	借方	贷方	借或贷	余额
月	日	字	号					
略	略	略	略	存入购股票款	200 000.00		借	200 000.00
略	略	略	略	购股票		82 625.00	借	117 375.00

明细分类账

一级科目:交易性金融资产　明细科目:股票(成本)　　　第3页

2015年		凭证		摘要	借方	贷方	借或贷	余额
月	日	字	号					
1	1			上年结转			借	100 000.00
略	略	略	略	购股票	82 000.00		借	182 000.00

明细分类账

一级科目:交易性金融资产　明细科目:股票(公允价值变动)　第 4 页

2015 年		凭证		摘要	借方	贷方	借或贷	余额
月	日	字	号					
略	略	略	略	公允价值上升	38 000.00		借	38 000.00

明细分类账

一级科目:交易性金融资产　明细科目:债券(成本)　第 5 页

2015 年		凭证		摘要	借方	贷方	借或贷	余额
月	日	字	号					
1	1			上年结转			借	100 000.00

明细分类账

一级科目:交易性金融资产　明细科目:基金(成本)　第 6 页

2015 年		凭证		摘要	借方	贷方	借或贷	余额
月	日	字	号					
1	1			上年结转			借	100 000.00
略	略	略	略	出售		100 000.00	平	0

明细分类账

一级科目:应收票据　明细科目:丰润公司　　　第 7 页

2015 年		凭证		摘要	借方	贷方	借或贷	余额
月	日	字	号					
1	1			上年结转			借	200 000.00
略	略	略	略	托收票据款		200 000.00	平	0
略	略	略	略	收到汇票	70 200.00		借	70 200.00

明细分类账

一级科目:应收票据　明细科目:丰利公司　　　第 8 页

2015 年		凭证		摘要	借方	贷方	借或贷	余额
月	日	字	号					
1	1			上年结转			借	150 000.00
略	略	略	略	托收票据款		150 000.00	平	0
略	略	略	略	收到汇票	70 200.00		借	70 200.00

明细分类账

一级科目:应收票据　明细科目:众生公司　　　第 9 页

2015 年		凭证		摘要	借方	贷方	借或贷	余额
月	日	字	号					
1	1			上年结转			借	160 000.00
略	略	略	略	托收票据款		160 000.00	平	0
略	略	略	略	收到汇票	339 300.00		借	339 300.00

明细分类账

一级科目:应收账款　明细科目:丰润公司　　第 10 页

2015 年 月	日	凭证 字	号	摘要	借方	贷方	借或贷	余额
1	1			上年结转			借	100 000.00
略	略	略	略	托收票据款	200 000.00		借	300 000.00
略	略	略	略	收回货款		100 000.00	借	200 000.00
略	略	略	略	收回货款		200 000.00	平	0

明细分类账

一级科目:应收账款　明细科目:丰利公司　　第 11 页

2015 年 月	日	凭证 字	号	摘要	借方	贷方	借或贷	余额
1	1			上年结转			借	180 000.00
略	略	略	略	托收票据款	150 000.00		借	330 000.00
略	略	略	略	收回货款		180 000.00	借	150 000.00
略	略	略	略	收回货款		150 000.00	平	0

明细分类账

一级科目:应收账款　明细科目:众生公司　　第 12 页

2015 年 月	日	凭证 字	号	摘要	借方	贷方	借或贷	余额
1	1			上年结转			借	200 000.00
略	略	略	略	托收票据款	160 000.00		借	360 000.00
略	略	略	略	收回货款		200 000.00	借	160 000.00
略	略	略	略	收回货款		160 000.00	平	0
略	略	略	略	销货款未收	348 660.00		借	348 660.00
略	略	略	略	收回货款		348 660.00	平	0
略	略	略	略	托收货款	762 840.00		借	762 840.00

明细分类账

一级科目：坏账准备　明细科目：应收账款的坏账准备　　　　第 13 页

2015 年		凭证		摘要	借方	贷方	借或贷	余额
月	日	字	号					
1	1			上年结转			贷	14 400.00
略	略	略	略	计提准备		8 485.20	贷	22 885.20

明细分类账

一级科目：其他应收款　明细科目：李军　　　　第 14 页

2015 年		凭证		摘要	借方	贷方	借或贷	余额
月	日	字	号					
1	1			上年结转			借	2 000.00
略	略	略	略	报账		2 000.00	平	0
略	略	略	略	借款	1 500.00		借	1 500.00
略	略	略	略	报账		1 500.00	平	0
略	略	略	略	借款	1 000.00		借	1 000.00

明细分类账

一级科目：其他应收款　明细科目：业务科　　　　第 15 页

2015 年		凭证		摘要	借方	贷方	借或贷	余额
月	日	字	号					
略	略	略	略	借备用金	3 000.00		借	3 000.00

明细分类账

一级科目:其他应收款　明细科目:代扣水电费　　　第 16 页

2015 年		凭证		摘要	借方	贷方	借或贷	余额
月	日	字	号					
1	1			上年结转			借	20 000.00
略	略	略	略	发工资扣回		20 000.00	平	0

明细分类账

一级科目:预付账款　明细科目:中财保险公司　　　第 17 页

2015 年		凭证		摘要	借方	贷方	借或贷	余额
月	日	字	号					
略	略	略	略	付下年车保费	6 218.00		借	6 218.00

明细分类账

一级科目:材料采购　明细科目:原材料　　　第 18 页

2015 年		凭证		摘要	借方	贷方	借或贷	余额
月	日	字	号					
1	1			上年结转			借	35 500.00
略	略	略	略	购料付款	474 800.00		借	510 300.00
略	略	略	略	入库		510 300.00	平	0

明细分类账

一级科目:原材料　明细科目:原料及主要材料　　　　第 19 页

2015 年		凭证		摘要	借方	贷方	借或贷	余额
月	日	字	号					
1	1			上年结转			借	410 000.00
略	略	略	略	入库	59 328.00		借	469 328.00
略	略	略	略	入库	506 189.40		借	975 517.40
略	略	略	略	领用		593 730.56	借	381 786.84
略	略	略	略	工程领用		42 269.44		339 517.40

明细分类账

一级科目:原材料　明细科目:其他材料　　　　第 20 页

2015 年		凭证		摘要	借方	贷方	借或贷	余额
月	日	字	号					
1	1			上年结转			借	90 000.00
略	略	略	略	报废品残料	700.00		借	90 700.00
略	略	略	略	领用		20 000.00	借	70 700.00

明细分类账

一级科目:周转材料　明细科目:包装物　　　　第 21 页

2015 年		凭证		摘要	借方	贷方	借或贷	余额
月	日	字	号					
1	1			上年结转			借	20 000.00
略	略	略	略	领用		10 000.00	借	10 000.00

明细分类账

一级科目:周转材料　明细科目:低值易耗品　　第 22 页

2015 年		凭证		摘要	借方	贷方	借或贷	余额
月	日	字	号					
1	1			上年结转			借	60 000.00
略	略	略	略	领用		220.00	借	59 780.00
略	略	略	略	领用		18 000.00	借	41 780.00

明细分类账

一级科目:材料成本差异　明细科目:原材料　　第 23 页

2015 年		凭证		摘要	借方	贷方	借或贷	余额
月	日	字	号					
1	1			上年结转			借	5 000.00
略	略	略	略	入库		5 328.00	贷	328.00
略	略	略	略	入库超支	4 110.60		借	3 782.60
略	略	略	略	分配差异		2 327.49	借	1 455.11

明细分类账

一级科目:材料成本差异　明细科目:包装物　　第 24 页

2015 年		凭证		摘要	借方	贷方	借或贷	余额
月	日	字	号					
1	1			上年结转			贷	200.00
略	略	略	略	分配差异	100.00		贷	100.00

明细分类账

一级科目：材料成本差异　明细科目：低值易耗品　　第 25 页

2015 年		凭证		摘要	借方	贷方	借或贷	余额
月	日	字	号					
1	1			上年结转			借	600.00
略	略	略	略	分配差异		180.00	借	420.00

明细分类账

一级科目：长期股权投资　明细科目：股票投资　　第 26 页

2015 年		凭证		摘要	借方	贷方	借或贷	余额
月	日	字	号					
1	1			上年结转			借	100 000.00

明细分类账

一级科目：持有至到期投资　明细科目：成本　　第 27 页

2015 年		凭证		摘要	借方	贷方	借或贷	余额
月	日	字	号					
1	1			上年结转			借	100 000.00
略	略	略	略	购入债券	1 000 000.00		借	1 100 000.00

明细分类账

一级科目:持有至到期投资　明细科目:利息调整　　第 28 页

2015 年		凭证		摘要	借方	贷方	借或贷	余额
月	日	字	号					
1	1			上年结转			借	10 000.00
略	略	略	略	调息		2 800.00	借	7 200.00

明细分类账

一级科目:持有至到期投资　明细科目:应计利息　　第 29 页

2015 年		凭证		摘要	借方	贷方	借或贷	余额
月	日	字	号					
1	1			上年结转			借	10 000.00
略	略	略	略	本期计息	10 000.00		借	20 000.00

明细分类账

一级科目:固定资产　明细科目:生产用固定资产　　第 30 页

2015 年		凭证		摘要	借方	贷方	借或贷	余额
月	日	字	号					
1	1			上年结转			借	1 250 000.00
略	略	略	略	报废仓库		100 000.00	借	1 150 000.00
略	略	略	略	购进	43 000.00		借	1 193 000.00
略	略	略	略	盘亏设备		12 000.00	借	1 181 000.00

明细分类账

一级科目：固定资产　明细科目：非生产用固定资产　　　　第 31 页

2015 年		凭证		摘要	借方	贷方	借或贷	余额
月	日	字	号					
1	1			上年结转			借	600 000.00
略	略	略	略	购入	31 400.00		借	631 400.00

明细分类账

一级科目：固定资产　明细科目：不需用固定资产　　　　第 32 页

2015 年		凭证		摘要	借方	贷方	借或贷	余额
月	日	字	号					
1	1			上年结转			借	200 000.00
略	略	略	略	转入清理		50 000.00	借	150 000.00

明细分类账

一级科目：固定资产　明细科目：出租用固定资产　　　　第 33 页

2015 年		凭证		摘要	借方	贷方	借或贷	余额
月	日	字	号					
1	1			上年结转			借	250 000.00

明细分类账

一级科目:累计折旧　明细科目:　　　　第 34 页

2015 年		凭　证		摘　要	借　方	贷　方	借或贷	余　额
月	日	字	号					
1	1			上年结转			贷	500 000.00
略	略	略	略	计提		10 854.15	贷	510 854.15
略	略	略	略	盘亏转出	10 000.00		贷	500 854.15
略	略	略	略	清理转出	15 000.00		贷	485 854.15
略	略	略	略	清理转出	80 000.00		贷	405 854.15

明细分类账

一级科目:工程物资　明细科目:专用材料　　　　第 35 页

2015 年		凭　证		摘　要	借　方	贷　方	借或贷	余　额
月	日	字	号					
1	1			上年结转			借	300 000.00
略	略	略	略	残料入库	26 000.00		借	326 000.00

明细分类账

一级科目:工程物资　明细科目:专用设备　　　　第 36 页

2015 年		凭　证		摘　要	借　方	贷　方	借或贷	余　额
月	日	字	号					
1	1			上年结转			借	500 000.00

明细分类账

一级科目:在建工程 明细科目:设备安装工程 第 37 页

2015 年		凭证		摘要	借方	贷方	借或贷	余额
月	日	字	号					
1	1			上年结转			借	540 000.00
略	略	略	略	分配工资	35 140.00		借	575 140.00
略	略	略	略	应付债券利息	13 800.00		借	588 940.00

明细分类账

一级科目:在建工程 明细科目:生产车间扩建工程 第 38 页

2015 年		凭证		摘要	借方	贷方	借或贷	余额
月	日	字	号					
略	略	略	略	支付工程款	5 000.00			5 000.00
略	略	略	略	支付工程款	200 000.00			205 000.00
略	略	略	略	领用原材料(进项税 6 141.71)	42 269.44			247 269.44
略	略	略	略	分配辅助费用	10 159.99			257 429.43

明细分类账

一级科目:固定资产清理 明细科目:报废 第 39 页

2015 年		凭证		摘要	借方	贷方	借或贷	余额
月	日	字	号					
1	1			上年结转			借	5 000.00
略	略	略	略	报废清理	20 000.00		借	25 000.00
略	略	略	略	支付清理费用	300.00		借	25 300.00
略	略	略	略	清理残料入库		26 000.00	贷	700.00
略	略	略	略	结转清理收益		700.00	平	0

明细分类账

一级科目:固定资产清理　明细科目:出售不需用固定资产　　第 40 页

2015 年		凭证		摘要	借方	贷方	借或贷	余额
月	日	字	号					
略	略	略	略	转入清理	35 000.00		借	35 000.00
略	略	略	略	出售收款		38 000.00	贷	3 000.00
略	略	略	略	结转收益	3 000.00		平	0

明细分类账

一级科目:库存商品　明细科目:甲商品　　　　第 41 页

2015 年		凭证		摘要	借方			贷方			借或贷	余额		
月	日	字	号		数量	单价	金额	数量	单价	金额		数量	单价	金额
1	1			上年结转							借	14 286	7.00	100 000.00
略	略	略	略	完工入库	34 500	7.66	264 270.00				借	48 786	7.466 7	364 270.00
略	略	略	略	结转销售成本				12 000	7.466 7	89 600.40	借	36 786	7.466 7	274 669.60
		9												

明细分类账

一级科目:库存商品　明细科目:乙商品　　　　第 42 页

2015 年		凭证		摘要	借方			贷方			借或贷	余额		
月	日	字	号		数量	单价	金额	数量	单价	金额		数量	单价	金额
1	1			上年结转							借	10 000	16.00	160 000.00
略	略	略	略	完工入库	16 000	17.52	280 320.00				借	26 000	16.935 4	440 320.00
略	略	略	略	结转销售成本				8 000	16.935 4	135 483.20	借	18 000	16.935 4	304 836.80
		9												

明细分类账

一级科目:库存商品　明细科目:丙商品　　第 43 页

2015 年		凭证		摘要	借方			贷方			借或贷	余额		
月	日	字	号		数量	单价	金额	数量	单价	金额		数量	单价	金额
1	1			上年结转							借	110 000	20.00	2 200 000.00
略	略	略	略	完工入库	13 800	21.71	299 598.00				借	123 800	20.190 6	2 499 598.00
略	略	略	略	结转销售成本				62 000	20.1906	1 251 817.20	借	61 800	20.1906	1 247 780.80

明细分类账

一级科目:库存商品　明细科目:丁商品　　第 44 页

2015 年		凭证		摘要	借方			贷方			借或贷	余额		
月	日	字	号		数量	单价	金额	数量	单价	金额		数量	单价	金额
1	1			上年结转							借	10 000	25.00	250 000.00
略	略	略	略	完工入库	11 000	27.23	299 530.00				借	21 000	26.168 1	549 530.00
略	略	略	略	结转销售成本				5 000	26.168 1	130 840.50	借	16 000	26.168 1	418 689.50
		9												

明细分类账

一级科目:生产成本　明细科目:基本生产成本(甲产品)　　第 45 页

2015 年		凭证		摘要	成本项目				
月	日	字	号		直接材料	直接人工	制造费用	其他	合计
1	1			上年结转	3 750.00	2 500.00	1 250.00		7 500.00
略	略	略	略	分配电费	5 610.00				5 610.00
略	略	略	略	领用材料	1 980.00				1 980.00
略	略	略	略	领用材料	130461.24				130461.24
略	略	略	略	分配工资		106 814.40			106 814.40
略	略	略	略	分配辅助生产费用	5 188.00				5 188.00
略	略	略	略	分配制造费用			18 254.00		18 254.00
				合计	146 989.24	109 314.40	19 504.00		275 807.64
				约当总产量	36 000(千克)	36 000(千克)	36 000(千克)		36 000(千克)
				单位成本	4.08	3.04	0.54		7.66
略	略	略	略	结转完工产品成本	−140 760.00	−104 880.00	−18 630.00		−264 270.00
				期末在产品成本	6 229.24	4 434.40	874.00		11 537.64

明细分类账

一级科目:生产成本　明细科目:基本生产成本(乙产品)　　　　第 46 页

2015 年		凭证		摘要	成本项目				
月	日	字	号		直接材料	直接人工	制造费用	其他	合计
1	1			上年结转	6 000.00	4 000.00	2 000.00		12 000.00
略	略	略	略	分配电费	6 050.00				6 050.00
略	略	略	略	领用材料	2 574.00				2 574.00
略	略	略	略	领用材料	140 496.72				140 496.72
略	略	略	略	分配工资		108 385.20			108 385.20
略	略	略	略	分配辅助生产费用	6 485.00				6 485.00
略	略	略	略	分配制造费用			20 079.40		20 079.40
				合计	161 605.72	112 385.20	22 079.40		296 070.32
				约当总产量	16 900(千克)	16 900(千克)	16 900(千克)		16 900(千克)
				单位成本	9.56	6.65	13.1		17.52
略	略	略	略	结转完工产品成本	－152 960.00	－106 400.00	－20 960.00		－280 320.00
				期末在产品成本	8 645.72	5 985.20	1 119.40		15 750.32

明细分类账

一级科目:生产成本　明细科目:基本生产成本(丙产品)　　第 47 页

2015 年		凭证		摘要	成本项目				
月	日	字	号		直接材料	直接人工	制造费用	其他	合计
1	1			上年结转	7 000.00	4 500.00	2 500.00		14 000.00
略	略	略	略	分配电费	4 950.00				4 950.00
略	略	略	略	领用材料	2 673.00				2 673.00
略	略	略	略	领用材料	160 567.68				160 567.68
略	略	略	略	分配工资		109 327.68			109 327.68
略	略	略	略	分配辅助生产费用	5 836.50				5 836.50
略	略	略	略	分配制造费用			21 904.80		21 904.80
				合计	181 027.18	113 827.68	24 404.80		319 259.66
				约当总产量	14 700(千克)	14 700(千克)	14 700(千克)		14 700(千克)
				单位成本	12.31	7.74	1.66		21.71
略	略	略	略	结转完工产品成本	−169 878.00	−106 812.00	−22 908.00		−299 598.00
				期末在产品成本	11 149.18	7 015.68	1 496.80		19 661.66

明细分类账

一级科目:生产成本　明细科目:基本生产成本(丁产品)　　第 48 页

2015 年		凭证		摘要	成本项目				
月	日	字	号		直接材料	直接人工	制造费用	其他	合计
1	1			上年结转	10 000.00	6 500.00	3 500.00		20 000.00
略	略	略	略	分配电费	5 390.00				5 390.00
略	略	略	略	领用材料	2 673.00				2 673.00
略	略	略	略	领用材料	150 532.20				150 532.20
略	略	略	略	分配工资		109 206.72			109 206.72
略	略	略	略	分配辅助生产费用	7 133.50				7 133.50
略	略	略	略	分配制造费用			19 715.16		19 715.16
				合计	175 728.70	115 706.72	23 215.16		314 650.58
				约当总产量	11 550(千克)	11 550(千克)	11 550(千克)		11 550(千克)
				单位成本	15.21	10.02	2.00		27.23
略	略	略	略	结转完工产品成本	−167 310.00	−110 220.00	−22 000.00		−299 530.00
				期末在产品成本	8 418.70	5 486.72	1 215.16		15 120.58

明细分类账

一级科目:生产成本　明细科目:辅助生产成本(机修车间)　　第49页

2015年		凭证		摘要	成本项目					
月	日	字	号		水电费	修理费	折旧费	人工费	材料费	合计
略	略	略	略	分配折旧费			633.33			633.33
略	略	略	略	分配水费	750.00					750.00
略	略	略	略	分配电费	495.00					495.00
略	略	略	略	报废低值易耗品残值					−60.00	−60.00
略	略	略	略	分配材料费					2 020.00	2 020.00
略	略	略	略	分配材料费					13 046.12	13 046.12
略	略	略	略	分配工资				11 046.00		11 046.00
				合计	1 245.00		633.33	11 046.00	15 006.12	27 930.45
略	略	略	略	结转辅助生产费用	−1 245.00		−633.33	−11 046.00	−15 006.12	−27 930.45

明细分类账

一级科目:生产成本　明细科目:辅助生产成本(动力车间)　　第 50 页

2015 年		凭证		摘要	成本项目					
月	日	字	号		水电费	修理费	折旧费	人工费	材料费	合计
略	略	略	略	分配折旧费			752.08			752.08
略	略	略	略	分配水费	625.00					625.00
略	略	略	略	分配电费	440.00					440.00
略	略	略	略	报废低值易耗品残值					−50.00	−50.00
略	略	略	略	分配材料费					1 010.00	1 010.00
略	略	略	略	分配材料费					20 070.96	20 070.96
略	略	略	略	分配工资				9 576.00		9 576.00
				合计	1 065.00		752.08	9 576.00	21 030.96	32 424.04
略	略	略	略	结转辅助生产费用	−1 065.00		−752.08	−9 576.00	−21 030.96	−32 424.04

明细分类账

一级科目：制造费用　明细科目：基本生产车间　　第 51 页

2015 年		凭证		摘要	成本项目					
月	日	字	号		水电费	修理费	折旧费	人工费	材料费	合计
略	略	略	略	计提折旧				4 781.24		4 781.24
略	略	略	略	制图费					400.00	400.00
略	略	略	略	分配水费	2 250.00					2 250.00
略	略	略	略	分配电费	385.00					385.00
略	略	略	略	摊销大修费		16 000.00				16 000.00
略	略	略	略	报废低值易耗品残值			−500.00			−500.00
略	略	略	略	领用低值易耗品			10 100.00			10 100.00
略	略	略	略	分配工资					20 020.00	20 020.00
略	略	略	略	领用材料			3 010.64			3 010.64
略	略	略	略	分配辅助生产费用	324.25	23 182.23				23 506.48
				合计	2 959.25	39 182.23	12 610.64	4 781.24	20 420.00	79 953.36
略	略	略	略	结转制造费用	−2 959.25	−39 182.23	−12 610.64	−4 781.24	−20 420.00	−79 953.36

明细分类账

一级科目:无形资产　明细科目:专利权　　第 52 页

2015 年		凭证		摘要	借方	贷方	借或贷	余额
月	日	字	号					
1	1			上年结转			借	500 000.00
略	略	略	略	申报专利成功	33 000.00		借	533 000.00

明细分类账

一级科目:无形资产　明细科目:专有技术　　第 53 页

2015 年		凭证		摘要	借方	贷方	借或贷	余额
月	日	字	号					
1	1			上年结转			借	450 000.00

明细分类账

一级科目:研发支出　明细科目:资本化支出　　第 54 页

2015 年		凭证		摘要	借方	贷方	借或贷	余额
月	日	字	号					
1	1			上年结转			借	30 000.00
略	略	略	略	支付登记费	3 000.00		借	30 000.00
略	略	略	略	研发成功转账		33 000.00	平	0

明细分类账

一级科目:累计摊销 明细科目: 第55页

2015年		凭证		摘要	借方	贷方	借或贷	余额
月	日	字	号					
1	1			上年结转			贷	30 000.00
略	略	略	略	摊销无形资产		90 000.00	贷	120 000.00

明细分类账

一级科目:长期待摊费用 明细科目:固定资产大修费用 第56页

2015年		凭证		摘要	借方	贷方	借或贷	余额
月	日	字	号					
1	1			上年结转			借	79 000.00
略	略	略	略	摊销大修费		16 000.00	借	63 000.00

明细分类账

一级科目:待处理财产损溢 明细科目:待处理固定资产损溢 第57页

2015年		凭证		摘要	借方	贷方	借或贷	余额
月	日	字	号					
略	略	略	略	盘亏设备	2 000.00		借	2 000.00
略	略	略	略	转作支出		2 000.00	平	0

明细分类账

一级科目：递延所得税资产　明细科目：　　　　第 58 页

2015 年		凭证		摘要	借方	贷方	借或贷	余额
月	日	字	号					
略	略	略	略	计算转账	4 767.75		借	4 767.75

明细分类账

一级科目：短期借款　明细科目：生产周转借款　　　　第 59 页

2015 年		凭证		摘要	借方	贷方	借或贷	余额
月	日	字	号					
1	1			上年结转			贷	1 600 000.00

明细分类账

一级科目：应付票据　明细科目：大华公司　　　　第 60 页

2015 年		凭证		摘要	借方	贷方	借或贷	余额
月	日	字	号					
1	1			上年结转			贷	200 000.00
略	略	略	略	支付票据款	200 000.00		平	0
略	略	略	略	购料签票据		84 240.00	借	84 240.00

明细分类账

一级科目:应付票据　明细科目:兴隆公司　　　　第 61 页

2015 年		凭　证		摘　要	借　方	贷　方	借或贷	余　额
月	日	字	号					
1	1			上年结转			贷	300 000.00
略	略	略	略	支付票据款	300 000.00		平	0
略	略	略	略	购料签票据		140 400.00	贷	140 400.00

明细分类账

一级科目:应付票据　明细科目:众健公司　　　　第 62 页

2015 年		凭　证		摘　要	借　方	贷　方	借或贷	余　额
月	日	字	号					
1	1			上年结转			贷	250 000.00
略	略	略	略	支付票据款	250 000.00		平	0
略	略	略	略	购料签票据		321 750.00	贷	321 750.00

明细分类账

一级科目:应付账款　明细科目:大华公司　　　　第 63 页

2015 年		凭　证		摘　要	借　方	贷　方	借或贷	余　额
月	日	字	号					
1	1			上年结转			贷	100 000.00
略	略	略	略	支付货款	100 000.00		平	0

明细分类账

一级科目:应付账款　明细科目:兴隆公司　　第 64 页

2015 年		凭　证		摘　要	借　方	贷　方	借或贷	余　额
月	日	字	号					
1	1			上年结转			贷	110 000.00
略	略	略	略	支付货款	110 000.00		平	0

明细分类账

一级科目:应付账款　明细科目:众健公司　　第 65 页

2015 年		凭　证		摘　要	借　方	贷　方	借或贷	余　额
月	日	字	号					
1	1			上年结转			贷	90 000.00
略	略	略	略	支付货款	90 000.00		平	0

明细分类账

一级科目:应付职工薪酬　明细科目:工资　　第 66 页

2015 年		凭　证		摘　要	借　方	贷　方	借或贷	余　额
月	日	字	号					
略	略	略	略	发工资(其中工程人员工资 35 139.20 元)	382 055.00		借	382 055.00
略	略	略	略	发奖金	40 800.00		借	422 855.00
略	略	略	略	分配工资		422 855.00	贷	0

明细分类账

一级科目:应付职工薪酬　明细科目:职工福利　　第 67 页

2015 年		凭证		摘要	借方	贷方	借或贷	余额
月	日	字	号					
1	1			上年结转			贷	1 400.00
略	略	略	略	付独生子女费	160.00		贷	1 240.00
略	略	略	略	购炊具	88.00		贷	1 152.00
略	略	略	略	看病号	33.00		贷	1 119.00
略	略	略	略	分配福利人员工资	6 886.20		借	5 767.20
略	略	略	略	分配福利		8 457.10	贷	2 689.90

明细分类账

一级科目:应付职工薪酬　明细科目:社会保险费　　第 68 页

2015 年		凭证		摘要	借方	贷方	借或贷	余额
月	日	字	号					
1	1			上年结转			贷	9 600.00
略	略	略	略	扣社会保险		1 892.00	贷	11 492.00
略	略	略	略	支付保险费	1 600.00		贷	9 892.00
略	略	略	略	付养老保险	8 000.00		贷	1 892.00
略	略	略	略	提取保险费		112 056.58	贷	113 948.58

明细分类账

一级科目:应付职工薪酬　明细科目:住房公积金　　第 69 页

2015 年		凭证		摘要	借方	贷方	借或贷	余额
月	日	字	号					
略	略	略	略	扣住房公积金		12 854.00	贷	12 854.00
略	略	略	略	计提		33 828.40	贷	46 682.40

明细分类账

一级科目:应付职工薪酬　明细科目:工会经费　　第 70 页

2015 年		凭证		摘要	借方	贷方	借或贷	余额
月	日	字	号					
略	略	略	略	计提		8 457.10	贷	8 457.10

明细分类账

一级科目:应付职工薪酬　明细科目:职工教育经费　　第 71 页

2015 年		凭证		摘要	借方	贷方	借或贷	余额
月	日	字	号					
1	1			上年结转			贷	5 000.00
略	略	略	略	支付培训费	3 000.00		贷	2 000.00
略	略	略	略	计提		6 342.82	贷	8 342.82

明细分类账

一级科目:其他应付款　明细科目:　　第 72 页

2015 年		凭证		摘要	借方	贷方	借或贷	余额
月	日	字	号					
1	1			上年结转			贷	20 000.00

明细分类账

一级科目:应交税费 明细科目:应交营业税 第 73 页

2015 年		凭证		摘要	借方	贷方	借或贷	余额
月	日	字	号					
略	略	略	略	计提申报		950.00	贷	950.00

明细分类账

一级科目:应交税费 明细科目:应交所得税 第 74 页

2015 年		凭证		摘要	借方	贷方	借或贷	余额
月	日	字	号					
1	1			上年结转			借	50 000.00
略	略	略	略	计提申报		89 574.08	贷	39 574.08

明细分类账

一级科目:应交税费 明细科目:未交增值税 第 75 页

2015 年		凭证		摘要	借方	贷方	借或贷	余额
月	日	字	号					
1	1			上年结转			贷	30 000.00
略	略	略	略	缴纳	30 000.00		平	0
略	略	略	略	应交户转入		302 276.71	贷	302 276.71

明细分类账

一级科目:应交税费　明细科目:应交增值税　　　　第 76 页

2015 年		凭证		摘要	借方		贷方		余额	
月	日	字	号		进项税额	转出未交增值税	销项税额	进项税额转出	借或贷	金额
略	略	略	略	销项税			147 900.00		贷	147 900.00
略	略	略	略	进项税	9 180.00				贷	138 720.00
略	略	略	略	销项税			9 180.00		贷	147 900.00
略	略	略	略	销项税			50 660.00		贷	198 560.00
略	略	略	略	进项税	3 575.00				贷	194 985.00
略	略	略	略	销项税			69 700.00		贷	264 685.00
略	略	略	略	进项税	79 390.00				贷	185 295.00
略	略	略	略	销项税			110 840.00		贷	296 135.00
略	略	略	略	工程用料转出进项税				6 141.71	贷	302 276.71
略	略	略	略	转出未交增值税		302 276.71			平	0

明细分类账

一级科目:应交税费　明细科目:应交城市维护建设费　　第 77 页

2015 年		凭证		摘要	借方	贷方	借或贷	余额
月	日	字	号					
1	1			上年结转			贷	2 100.00
略	略	略	略	缴纳	2 100.00		平	0
略	略	略	略	申报		21 225.87	贷	21 225.87

明细分类账

一级科目:应交税费　明细科目:应交个人所得税　　第 78 页

2015 年		凭证		摘要	借方	贷方	借或贷	余额
月	日	字	号					
1	1			上年结转			贷	3 000.00
略	略	略	略	缴纳	3 000.00		平	0
略	略	略	略	代扣工资		565.00	贷	565.00

明细分类账

一级科目:应交税费　明细科目:应交房产税　　第 79 页

2015 年		凭证		摘要	借方	贷方	借或贷	余额
月	日	字	号					
略	略	略	略	申报		9 300.00	贷	9 300.00

明细分类账

一级科目:应交税费　明细科目:应交教育费附加　　第 80 页

2015 年		凭证		摘要	借方	贷方	借或贷	余额
月	日	字	号					
1	1			上年结转			贷	600.00
略	略	略	略	缴纳	600.00		平	0
略	略	略	略	申报		9 096.80	贷	9 096.80

明细分类账

一级科目:应付利息　明细科目:　　第 81 页

2015 年		凭证		摘要	借方	贷方	借或贷	余额
月	日	字	号					
1	1			上年结转			贷	25 000.00
略	略	略	略	支付利息	9 000.00		贷	16 000.00

明细分类账

一级科目:应付股利　明细科目:　　第 82 页

2015 年		凭证		摘要	借方	贷方	借或贷	余额
月	日	字	号					
略	略	略	略	分配股利		96 770.70	贷	96 770.70

明细分类账

一级科目：长期借款　明细科目：基建借款　　第 83 页

2015 年		凭证		摘要	借方	贷方	借或贷	余额
月	日	字	号					
1	1			上年结转			贷	1 600 000.00

明细分类账

一级科目：长期应付款　明细科目：应付设备款　　第 84 页

2015 年		凭证		摘要	借方	贷方	借或贷	余额
月	日	字	号					
1	1			上年结转			贷	148 000.00

明细分类账

一级科目：应付债券 明细科目：面值　　第 85 页

2015 年		凭证		摘要	借方	贷方	借或贷	余额
月	日	字	号					
1	1			上年结转			贷	200 000.00
略	略	略	略	发行		1 000 000.00	贷	1 200 000.00

明细分类账

一级科目:应付债券　明细科目:利息调整　　第 86 页

2015 年		凭证		摘要	借方	贷方	借或贷	余额
月	日	字	号					
1	1			上年结转			贷	20 000.00
略	略	略	略	溢价发行		100 000.00	贷	120 000.00
略	略	略	略	利息调整	6 200.00		贷	113 800.00

明细分类账

一级科目:应付债券　明细科目:应计利息　　第 87 页

2015 年		凭证		摘要	借方	贷方	借或贷	余额
月	日	字	号					
1	1			上年结转			贷	10 000.00
略	略	略	略	期末计息		20 000.00	贷	30 000.00

明细分类账

一级科目:递延所得税负债　明细科目:　　第 88 页

2015 年		凭证		摘要	借方	贷方	借或贷	余额
月	日	字	号					
略	略	略	略	税差		17 750.00	贷	17 750.00

明细分类账

一级科目:实收资本　明细科目:国家投资　　　　第 89 页

2015 年		凭证		摘要	借方	贷方	借或贷	余额
月	日	字	号					
1	1			上年结转			贷	2 112 500.00

明细分类账

一级科目:实收资本　明细科目:众健公司　　　　第 90 页

2015 年		凭证		摘要	借方	贷方	借或贷	余额
月	日	字	号					
1	1			上年结转			贷	200 000.00

明细分类账

一级科目:实收资本　明细科目:其他　　　　第 91 页

2015 年		凭证		摘要	借方	贷方	借或贷	余额
月	日	字	号					
1	1			上年结转			贷	1 000 000.00

明细分类账

一级科目:资本公积　明细科目:资本溢价　　第 92 页

2015 年		凭　证		摘　要	借　方	贷　方	借或贷	余　额
月	日	字	号					
1	1			上年结转			贷	500 000.00

明细分类账

一级科目:资本公积　明细科目:其他　　第 93 页

2015 年		凭　证		摘　要	借　方	贷　方	借或贷	余　额
月	日	字	号					
1	1			上年结转			贷	100 000.00

明细分类账

一级科目:盈余公积　明细科目:法定盈余公积　　第 94 页

2015 年		凭　证		摘　要	借　方	贷　方	借或贷	余　额
月	日	字	号					
1	1			上年结转			贷	600 000.00
略	略	略	略	提取		32 256.90		632 256.90

明细分类账

一级科目:利润分配 明细科目:提取盈余公积 第 95 页

2015 年		凭证		摘要	借方	贷方	借或贷	余额
月	日	字	号					
略	略	略	略	提取	32 256.90		借	32 256.90
略	略	略	略	转未分配利润		32 256.90	平	0

明细分类账

一级科目:利润分配 明细科目:应付现金股利 第 96 页

2015 年		凭证		摘要	借方	贷方	借或贷	余额
月	日	字	号					
略	略	略	略	提取	96 770.70		借	96 770.70
略	略	略	略	转未分配利润		96 770.70	平	0

明细分类账

一级科目:利润分配 明细科目:未分配利润 第 97 页

2015 年		凭证		摘要	借方	贷方	借或贷	余额
月	日	字	号					
1	1			上年结转			贷	200 000.00
略	略	略	略	本年利润转入		322 568.98	贷	522 568.98
略	略	略	略	其他明细户转入	129 027.60		贷	393 541.38

明细分类账

一级科目:本年利润　明细科目:　　　　　　　　第 98 页

2015 年		凭证		摘要	借方	贷方	借或贷	余额
月	日	字	号					
略	略	略	略	收入转入		2 354 275.00	贷	2 354 275.00
略	略	略	略	费用转入	1 929 149.69		贷	425 125.31
略	略	略	略	所得税转	102 556.33		贷	322 568.98
略	略	略	略	转未分配	322 568.98		平	0

明细分类账

一级科目:主营业务收入　明细科目:甲商品　　　　　　　　第 99 页

2015 年		凭证		摘要	借方	贷方	借或贷	余额
月	日	字	号					
略	略	略	略	销售		120 000.00	贷	120 000.00
略	略	略	略	转本年利润	120 000.00		平	0

明细分类账

一级科目:主营业务收入　明细科目:乙商品　　　　　　　　第 100 页

2015 年		凭证		摘要	借方	贷方	借或贷	余额
月	日	字	号					
略	略	略	略	销售		119 000.00	贷	119 000.00
略	略	略	略	销售		72 000.00	贷	191 000.00
略	略	略	略	转本年利润	191 000.00		平	0

明细分类账

一级科目:主营业务收入　明细科目:丙商品　　　第 101 页

2015 年		凭证		摘要	借方	贷方	借或贷	余额
月	日	字	号					
略	略	略	略	销售		870 000.00	贷	870 000.00
略	略	略	略	销售		54 000.00	贷	924 000.00
略	略	略	略	销售		290 000.00	贷	1 214 000.00
略	略	略	略	销售		580 000.00	贷	1 794 000.00
略	略	略	略	转本年利润	1 794 000.00		平	0

明细分类账

一级科目:主营业务收入　明细科目:丁商品　　　第 102 页

2015 年		凭证		摘要	借方	贷方	借或贷	余额
月	日	字	号					
略	略	略	略	销售		179 000.00	贷	179 000.00
略	略	略	略	转本年利润	179 000.00		平	0

明细分类账

一级科目:其他业务收入　明细科目:　　　第 103 页

2015 年		凭证		摘要	借方	贷方	借或贷	余额
月	日	字	号					
略	略	略	略	收仓库租金		4 000.00	贷	4 000.00
略	略	略	略	收技术转让费		15 000.00	贷	19 000.00
略	略	略	略	转本年利润	19 000.00		平	0

明细分类账

一级科目：投资收益　明细科目：　　　　第 104 页

2015 年		凭证		摘要	借方	贷方	借或贷	余额
月	日	字	号					
略	略	略	略	购债券手续费	625.00		借	625.00
略	略	略	略	购债券手续费	2 000.00		借	2 625.00
略	略	略	略	售基金净收益		5 000.00	贷	2 375.00
略	略	略	略	利息收入		7 200.00	贷	9 575.00
略	略	略	略	转本年利润	9 575.00		平	0

明细分类账

一级科目：公允价值变动损溢　明细科目：　　　　第 105 页

2015 年		凭证		摘要	借方	贷方	借或贷	余额
月	日	字	号					
略	略	略	略	公允价值变动		38 000.00	贷	38 000.00
略	略	略	略	转本年利润	38 000.00		平	0

明细分类账

一级科目：营业外收入　明细科目：　　　　第 106 页

2015 年		凭证		摘要	借方	贷方	借或贷	余额
月	日	字	号					
略	略	略	略	出售设备净收益		3 700.00	贷	3 700.00
略	略	略	略	转本年利润	3 700.00		平	0

明细分类账

一级科目:主营业务成本　明细科目:甲商品　　　　第 107 页

2015 年		凭 证		摘 要	借 方	贷 方	借或贷	余 额
月	日	字	号					
略	略	略	略	销售结转	89 600.40		借	89 600.40
略	略	略	略	转本年利润		89 600.40	平	0

明细分类账

一级科目:主营业务成本　明细科目:乙商品　　　　第 108 页

2015 年		凭 证		摘 要	借 方	贷 方	借或贷	余 额
月	日	字	号					
略	略	略	略	销售结转	135 483.20		借	135 483.20
略	略	略	略	转本年利润		135 483.20	平	0

明细分类账

一级科目:主营业务成本　明细科目:丙商品　　　　第 109 页

2015 年		凭 证		摘 要	借 方	贷 方	借或贷	余 额
月	日	字	号					
略	略	略	略	销售结转	1 251 817.20		借	1 251 817.20
略	略	略	略	转本年利润		1 251 817.20	平	0

明细分类账

一级科目：主营业务成本　明细科目：丁商品　　第 110 页

2015 年		凭证		摘要	借方	贷方	借或贷	余额
月	日	字	号					
略	略	略	略	销售结转	130 840.50		借	130 840.50
略	略	略	略	转本年利润		130 840.50	平	0

明细分类账

一级科目：其他业务成本　明细科目：　　第 111 页

2015 年		凭证		摘要	借方	贷方	借或贷	余额
月	日	字	号					
略	略	略	略	计提折旧	2 000.00		借	2 000.00
略	略	略	略	分配工资	8 120.00		借	10 120.00
略	略	略	略	转本年利润		10 120.00	平	0

明细分类账

一级科目：营业税金及附加　明细科目：　　第 112 页

2015 年		凭证		摘要	借方	贷方	借或贷	余额
月	日	字	号					
略	略	略	略	申报	31 272.67		借	31 272.67
略	略	略	略	转本年利润		31 272.67	平	0

明细分类账

一级科目:销售费用　明细科目:　　　　第 113 页

2015 年		凭证		摘要	借方	贷方	借或贷	余额
月	日	字	号					
略	略	略	略	付广告费	20 000.00		借	20 000.00
略	略	略	略	付运输费	5 600.00		借	25 600.00
略	略	略	略	付养路费	600.00		借	26 200.00
略	略	略	略	付装卸费	1 500.00		借	27 700.00
略	略	略	略	付材料费	2 007.10		借	29 707.10
略	略	略	略	转本年利润		29 707.10	平	0

明细分类账

一级科目:管理费用　明细科目:　　　　第 114 页

2015 年		凭证		摘要	借方	贷方	借或贷	余额
月	日	字	号					
略	略	略	略	报销差旅费	2 086.00		借	2 086.00
略	略	略	略	付顾问费	1 000.00		借	3 086.00
略	略	略	略	折旧	2 687.50		借	5 773.50
略	略	略	略	付房屋租金	1 000.00		借	6 773.50
略	略	略	略	付烤火费	240.00		借	7 013.50
				过次页	7 013.50		借	7 013.50

明细分类账

一级科目:管理费用　明细科目:　　　　第 115 页

2015 年		凭证		摘要	借方	贷方	借或贷	余额
月	日	字	号					
				承前页	7 013.50		借	7 013.50
略	略	略	略	付诉讼费	600.00		借	7 613.50
略	略	略	略	付办公费	220.00		借	7 833.50
略	略	略	略	业务科办公费	580.00		借	8 413.50
略	略	略	略	付印花税	160.00		借	8 573.50
				过次页	8 573.50		借	8 573.50

明细分类账

一级科目:管理费用　明细科目:　　　　　　　　　　　　　　　　　　　　　　　　　第 116 页

2015 年		凭证		摘要	借方	贷方	借或贷	余额
月	日	字	号					
				承前页	8 573.50		借	8 573.50
略	略	略	略	报销差旅费	1 122.00		借	9 695.50
略	略	略	略	付招待费	1 586.00		借	11 281.50
略	略	略	略	购灭火器	500.00		借	11 781.50
略	略	略	略	购参考书	150.00		借	11 931.50
				过次页	11 931.50		借	11 931.50

明细分类账

一级科目:管理费用　明细科目:　　　　　　　　　　　　　　　　　　　　　　　　　第 117 页

2015 年		凭证		摘要	借方	贷方	借或贷	余额
月	日	字	号					
				承前页	11 931.50		借	11 931.50
略	略	略	略	付技术转让费	17 000.00		借	28 931.50
略	略	略	略	付小车修理费	280.00		借	29 211.50
略	略	略	略	分配水费	1 375.00		借	30 586.50
略	略	略	略	付办公费	3 200.00		借	33 786.50
				过次页	33 786.50		借	33 786.50

明细分类账

一级科目:管理费用　明细科目:　　　　　　　　　　　　　　　　　　　　　　　　　第 118 页

2015 年		凭证		摘要	借方	贷方	借或贷	余额
月	日	字	号					
				承前页	33 786.50		借	33 786.50
略	略	略	略	分配电费	4 180.00		借	37 966.50
略	略	略	略	付展位租金	600.00		借	38 566.50
略	略	略	略	付养路费	200.00		借	38 766.50
略	略	略	略	摊销专利	90 000.00		借	128 766.50
				过次页	128 766.50		借	128 766.50

明细分类账

一级科目:管理费用　明细科目:　　　　第 119 页

2015 年		凭证		摘要	借方	贷方	借或贷	余额
月	日	字	号					
				承前页	128 766.50		借	128 766.50
略	略	略	略	报废残值		90.00	借	128 676.50
略	略	略	略	领用材料	5 050.00		借	133 726.50
略	略	略	略	分配工资	67 474.80		借	201 201.30
略	略	略	略	领用材料	2 007.10		借	203 208.40
				过次页	203 298.40	90.00	借	203 208.40

明细分类账

一级科目:管理费用　明细科目:　　　　第 120 页

2015 年		凭证		摘要	借方	贷方	借或贷	余额
月	日	字	号					
				承前页	203 298.40	90.00	借	203 208.40
略	略	略	略	分配水电费	2 045.02		借	205 253.42
略	略	略	略	房产税等	9 300.00		借	214 553.42
略	略	略	略	转本年利润		214 553.42	平	0

明细分类账

一级科目:资产减值损失　明细科目:　　　　第 121 页

2015 年		凭证		摘要	借方	贷方	借或贷	余额
月	日	字	号					
略	略	略	略	计提坏账准备	8 485.20		借	8 485.20
略	略	略	略	转本年利润		8 485.20	平	0

明细分类账

一级科目:财务费用　明细科目:　　　　　　　　　　第122页

2015年		凭证		摘要	借方	贷方	借或贷	余额
月	日	字	号					
略	略	略	略	债券手续费	10 000.00		借	10 000.00
略	略	略	略	汇率变动外币减值	1 900.00		借	11 900.00
略	略	略	略	贷款利息	16 220.00		借	38 120.00
略	略	略	略	存款利息		3 600.00	借	24 520.00
略	略	略	略	汇率变动美元升值		850.00	借	23 670.00
略	略	略	略	转本年利润		23 670.00	平	0

明细分类账

一级科目:营业外支出　明细科目:　　　　　　　　　　第123页

2015年		凭证		摘要	借方	贷方	借或贷	余额
月	日	字	号					
略	略	略	略	商品罚款	1 600.00		借	1 600.00
略	略	略	略	设备报废损失	2 000.00		借	3 600.00
略	略	略	略	转本年利润		3 600.00	平	0

明细分类账

一级科目:所得税费用　明细科目:　　　　　　　　　　第124页

2015年		凭证		摘要	借方	贷方	借或贷	余额
月	日	字	号					
略	略	略	略	计算申报	102 556.33		借	102 556.33
略	略	略	略	转本年利润		102 556.33	平	0

资产负债表

会企 01 表

编制单位：　　　　　　　　　　　　　年　　月　　日　　　　　　　　　　　　　单位：元

资　　产	期末余额	年初余额	负债和所有者权益	期末余额	年初余额
流动资产：			流动负债：		
货币资金			短期借款		
交易性金融资产			交易性金融负债		
应收票据			应付票据		
应收账款			应付账款		
预付款项			预收款项		
应收利息			应付职工薪酬		
应收股利			应交税费		
其他应收款			应付利息		
存货			应付股利		
1 年内到期的非流动资产			其他应付款		
其他流动资产			1 年内到期非流动负债		
流动资产合计			其他流动负债		
非流动资产：			流动负债合计		
可供出售金融资产			非流动负债：		
持有至到期投资			长期借款		
长期应收款			应付债券		
长期股权投资			长期应付款		
投资性房地产			专项应付款		
固定资产			预计负债		
在建工程			递延所得税负债		
工程物资			其他非流动负债		
固定资产清理			非流动负债合计		
生产性生物资产			负债合计		
油汽资产			所有者权益：		
无形资产			实收资本		
开发支出			资本公积		
商誉			减：库存股		
长期待摊费用			盈余公积		
递延所得税资产			未分配利润		
其他非流动资产			所有者权益合计		
非流动资产合计					
资产总计			负债和所有者权益总计		

利润表

会企02表

编制单位：　　　　2009年　　月　　　　单位:元

项　目	本期金额	上期金额
一、营业收入		
减:营业成本		
营业税金及附加		
销售费用		
管理费用		
财务费用		
资产减值损失		
加:公允价值变动收益(损失以"－"号填列)		
投资收益(损失以"－"号填列)		
其中:对联营企业和合营企业投资收益		
二、营业利润(亏损以"－"号填列)		
加:营业外收入		
减:营业外支出		
其中:非流动资产处置损失		
三、利润总额(亏损总额以"－"号填列)		
减:所得税费用		
四、净利润(净亏损以"－"号填列)		

现金流量表工作底稿

项　目	期初数	调整分录		期末数
		借方	贷方	
一、资产负债表项目				
借方项目:				
货币资金				
交易性金融资产				
应收票据				
应收账款				
预付款项				
其他应收款				
存货				
持有至到期投资				
长期股权投资				

续表

项　　目	期初数	调整分录		期末数
		借方	贷方	
固定资产				
在建工程				
工程物资				
固定资产清理				
无形资产				
开发支出				
长期待摊费用				
递延所得税资产				
借方项目合计				
贷方项目：				
短期借款				
应付票据				
应付账款				
应付职工薪酬				
应交税费				
应付利息				
应付股利				
其他应付款				
长期借款				
应付债券				
长期应付款				
递延所得税负债				
实收资本				
资本公积				
盈余公积				
未分配利润				
贷方项目合计				
二、利润表项目		借方	贷方	本期数
营业收入				
营业成本				
营业税金及附加				
销售费用				
管理费用				

续表

项　　目	期初数	调整分录		期末数
		借方	贷方	
财务费用				
投资收益				
营业外收入				
营业外支出				
所得税费用				
净利润				
三、现金流量表项目		借方	贷方	本期数
1. 经营活动产生的现金流量				
销售商品提供劳务收到的现金				
现金收入小计				
购买商品接受劳务支付的现金				
支付给职工以及为职工支付的现金				
支付的各种税费				
支付其他与经营活动有关的现金				
现金支出小计				
经营活动产生的现金流量净额				
2. 投资活动产生的现金流量				
收回投资收到的现金				
取得投资收益收到的现金				
处置固定资产收到的现金净额				
现金收入小计				
购建固定资产支付的现金				
投资支付的现金				

续表

项目	期初数	调整分录		期末数
		借方	贷方	
现金支出小计				
投资活动产生的现金流量净额				
3. 筹资活动产生的现金流量				
吸收投资收到现金				
取得借款收到的现金				
现金收入小计				
偿还债务支付的现金				
分配股利、利润和偿还利息支付的现金				
现金流出小计				
筹资活动产生的现金流量净额				
汇率变动对现金及现金等价物的影响				
现金及现金等价物净增加额				
调整分录借贷合计				

现金流量表

会企 03 表

编制单位： 年 月 单位：元

项目	本期金额	上期金额
一、经营活动产生的现金流量：		
销售商品、提供劳务收到的现金		
收到的税费返还		
收到其他与经营活动有关的现金		
经营活动现金流入小计		
购买商品、接受劳务支付的现金		
支付给职工以及为职工支付的现金		
支付的各项税费		
支付其他与经营活动有关的现金		
经营活动现金流出小计		

续表

项　目	本期金额	上期金额
经营活动产生的现金流量净额		
二、投资活动产生的现金流量：		
收回投资收到的现金		
取得投资收益收到的现金		
处置固定资产、无形资产和其他长期资产收回的现金净额		
处置子公司及其他营业单位收到的现金净额		
收到其他与投资活动有关的现金		
投资活动现金流入小计		
购建固定资产、无形资产和其他长期资产支付的现金		
投资支付的现金		
取得子公司及其他营业单位支付的现金净额		
支付其他与投资活动有关的现金		
投资活动现金流出小计		
投资活动产生的现金流量净额		
三、筹资活动产生的现金流量：		
吸收投资收到的现金		
取得借款收到的现金		
收到其他与筹资活动有关的现金		
筹资活动现金流入小计		
偿还债务支付的现金		
分配股利、利润或偿付利息支付的现金		
支付其他与筹资活动有关的现金		
筹资活动现金流出小计		
筹资活动产生的现金流量净额		
四、汇率变动对现金及现金等价物的影响		
五、现金及现金等价物净增加额		
加：期初现金及现金等价物余额		
六、期末现金及现金等价物余额		

现金流量表附注

补充资料	本期金额	上期金额
1. 将净利润调节为经营活动现金流量：		
净利润		
加：资产减值准备		
固定资产折旧、油气资产折耗、生产性资产折旧		
无形资产摊销		
长期待摊费用摊销		
处置固定资产、无形资产和其他长期资产的损失（收益以“—”号填列）		
固定资产报废损失（收益以“—”号填列）		
公允价值变动损失（收益以“—”号填列）		
财务费用（收益以“—”号填列）		
投资损失（收益以“—”号填列）		
递延所得税资产减少（增加以“—”号填列）		
递延所得税负债增加（减少以“—”号填列）		
存货的减少（增加以“—”号填列）		
经营性应收项目的减少（增加以“—”号填列）		
经营性应付项目的增加（减少以“—”号填列）		
其他		
经营活动产生的现金流量净额		
2. 不涉及现金收支的重大投资和筹资活动：		
债务转为资本		
一年内到期的可转换公司债券		
融资租入固定资产		
3. 现金及现金等价物净增加情况：		
现金的期末余额		
减：现金的期初余额		
加：现金等价物的期末余额		
减：现金等价物的期初余额		
现金及现金等价物净增加额		

所有者权益变动表

会企 04 表

编制单位： 2009 年度 单位：元

项目	本年金额						上年金额					
	实收资本(或股本)	资本公积	减:库存股	盈余公积	未分配利润	所有者权益合计	实收资本(或股本)	资本公积	减:库存股	盈余公积	未分配利润	所有者权益合计
一、上年年末余额												
加:会计政策变更												
前期差错更正												
二、本年年初余额												
三、本年增减变动金额(减用"—"号)												
(一)净利润												
(二)直接计入所有者权益的利得、损失												
1.可供出售金融资产公允价值变动净额												
2.权益法下被投资单位其他所有者权益变动影响												
3.与计入所有者权益项目相关的所得税影响												
4.其他												
上述(一)和(二)小计												
(三)所有者投入、减少资本												

续表

项目	本年金额						上年金额					
	实收资本(或股本)	资本公积	减:库存股	盈余公积	未分配利润	所有者权益合计	实收资本(或股本)	资本公积	减:库存股	盈余公积	未分配利润	所有者权益合计
1. 所有者投入资本												
2.股份支付计入所有者权益的金额												
3.其他												
(四)利润分配												
1.提取盈余公积												
2.对所有者或股东分配												
3.其他												
(五)所有者权益内部结转												
1.资本公积转增资本												
2.盈余公积转增资本												
3.盈余公积弥补亏损												
4.其他												
四、本年年末余额												

12.2 财务报告·工作任务·学生独立做

依据晨光公司2014年11月份下列有关账户资料，编制2014年11月份会计报表。

晨光公司账户余额表

2014年11月30日　　　　单位：元

总分类账户	明细分类账户	借方余额	贷方余额
库存现金		15 000	
银行存款		860 000	
其他货币资金		95 000	
应收账款	东方公司	650 000	
应收账款	远大公司		40 000
预付账款	天地公司	117 000	
预付账款	金鑫公司		34 000
其他应账款		3 000	
坏账准备			3 000
原材料		1360 000	
库存商品		716 000	
生产成本		124 000	
持有至到期投资	债券投资	760 000	
固定资产		6700 000	
累计折旧			1 200 000
无形资产		389 000	
累计摊销			50 000
短期借款			1 000 000
应付账款			650 000
预收账款	发达公司		440 000
预收账款	胜利公司	20 000	
应交税费			19 000
长期借款			1 500 000
本年利润			1 325 000
利润分配	未分配利润		119 000
实收资本			5 000 000
盈余公积			320 000
资本公积			100 000
合计		11 809 000	11 809 000

晨光公司损益类账户发生额资料

2014 年 11 月　　单位:元

科目名称	借方发生额	贷方发生额
主营业务收入		2 600 000
主营业务成本	2 200 000	
其他业务收入		100 000
其他业务成本	70 000	
营业税金及附加	16 000	
销售费用	80 000	
管理费用	28 000	
财务费用	4 000	
资产减值损失	8 000	
公允价值变动损益		160 000
投资收益		200 000
营业外收入		30 000
营业外支出	9 000	
所得税费用	140 000	

资产负债表

会企 01 表

编制单位:晨光有限责任公司　　年　月　日　　金额单位:元

资　产	行次	年初数	期末数	负债及所有者权益	行次	年初数	期末数
流动资产:	1			流动负债:	31		
货币资金	2	280 000		短期借款	32	200 000	
交易性金融资产	3			交易性金融负债	33		
应收票据	4	30 000		应付票据	34		
应收账款	5	200 000		应付账款	35	160 000	
预付账款	6	25 000		预收账款	36	50 000	
应收利息	7			应付职工薪酬	37		
应收股利	8			应交税费	38	7 000	
其他应收款	9			应付利息	39		
存货	10	200 000		其他应付款	40	3 000	
一年内到期的非流动资产	11			一年内到期的非流动负债	41		

续表

资　产	行次	年初数	期末数	负债及所有者权益	行次	年初数	期末数
其他流动资产	12			其他流动负债	42		
流动资产合计	13	735 000		流动负债合计	43	420 000	
非流动资产：	14			非流动负债：	44		
可供出售金融资产	15			长期借款	45	100 000	
持有至到期投资	16			应付债券	46	200 000	
长期应收款	17			长期应付款	47	150 000	
长期股权投资	18			预计负债	48		
固定资产	19	1 500 000		递延所得税负债	49		
在建工程	20			其他非流动负债	50		
工程物资	21			非流动负债合计	51	450 000	
固定资产清理	22			负债合计	52	870 000	
无形资产	23	430 000		所有者权益：	53		
开发支出	24			实收资本	54	1 500 000	
商誉	25			资本公积	55	100 000	
长期待摊费用	26			盈余公积	56	30 000	
递延所得税资产	27			未分配利润	57	165 000	
其他非流动资产	28				58		
非流动资产合计	29	1 930 000		所有者权益合计	59	1 795 000	
资产总计	30	2 665 000		负债及股东权益总计	60	2 665 000	

单位负责人：　　　　财会负责人：　　　　复核：　　　　制表：

利润表

会企 02 表

编制单位：　　　　年　　月　　日　　　　金额单位：元

项　目	本期金额	上期金额
一、营业收入		
减：营业成本		
营业税金及附加		
销售费用		
管理费用		
财务费用		
资产减值损失		

续表

项　目	本期金额	上期金额
加:公允价值变动收益(损失以“－”号填列)		
投资收益(损失以“－”号填列)		
其中:对联营企业和合资企业的投资收益		
二、营业利润(损失以“－”号填列)		
加:营业外收入		
减:营业外支出		
其中:非流动资产处置损失		
三、利润总额(损失以“－”号填列)		
减:所得税费用		
四、净利润(损失以“－”号填列)		
五、每股收益		
(一)基本每股收益		
(二)稀释每股收益		

单位负责人:　　　　财会负责人:　　　　复核:　　　　制表: